WORLD NEWS

퀘일 스튜디오 벽에 장식된 이번 시즌 화보 사진

Europe 유럽
DMC 재팬 사장의 유럽 뜨개 출장 리포트

수공예전시회에서 발표한 로완의 케이프·퍼 세트로 출시된 새로운 색상

올봄 5년 만에 유럽을 방문해서 로완(ROWAN)과 DMC 사무실 그리고 독일 쾰른에서 열린 세계 최대 규모의 수공예품 전시회 'h+h cologen'(일본에서의 통칭: 한다바이트)에 참가했습니다. 현장의 모습을 여러분에게 전하고자 합니다.

일본 하네다공항에서 약 14시간을 날아서 영국의 히스로공항에 도착하자마자 처음으로 방문한 곳은 로완 사무실이었습니다. 작년 일본에서 출간해서 로완 본사에서도 호평을 받은 《amuhibi meets ROWAN》의 저자이자 디자이너인 우메모토 씨에게 선물 받은 특대 사이즈 스웨터를 입고 갔더니 스태프가 모두 기뻐했습니다. 또 로완의 디자인 작업의 대부분이 이루어지는 퀘일 스튜디오(Quail Studio)도 처음으로 방문했습니다. 여기저기에 놓인 샘플과 실을 보며 디자인의 숨결을 느끼는 한때를 보냈습니다.

다음에는 독일 쾰른으로 향했습니다. h+h cologne에는 전세계에서 DMC그룹 관계자 50여 명이 모였습니다. 평소 온라인 회의로는 자주 만나는 멤버들과 실제로 대면하는 기회가 됐습니다. DMC 부스에서는 앞으로 발매 예정인 신제품을 중심으로 세계 각국의 바이어와 활발하게 상담이 이뤄졌습니다. 이 전시회는 사업자 대상으로 해서 일반인은 참가할 수 없지만, 그만큼 세계 수공예 크래프트 업계를 선도하는 비즈니스가 펼쳐지는 곳이었습니다.

쾰른에서 전시회가 끝난 후에는 프랑스로 건너갔습니다. DMC 본사와 공장이 있는 뮐루즈(Mulhouse, DMC를 창업한 곳)에서 업무를 보고 마지막 목적지인 파리에 갔습니다. DMC 프랑스의 톱 세일즈맨인 에릭 씨가 담당하는 수예점을 안내받았습니다. 사크레쾨르 대성당(Basilica of Sacre-Coeur)을 중심으로 한 파리 18구 몽마르트르. 그 한 자락에 펼쳐진 원단 거리 '마르쉐 생피에르(Marché Saint-Pierre)'에는 오랜 역사를 지닌 종합수예점이 늘어서 있었습니다. 그 가운데서도 마르쉐 생피에르 매장 안에 DMC와 로완의 실이 쭉 진열된 모습은 압권이었습니다.

프랑스에서 18세기에 창업한 DMC는 뛰어난 품질과 염색 기술로 만들어내는 자수실로 세계를 석권하고 21세기의 시작과 동시에 손뜨개 실 시장에 뛰어들었습니다. 2016년 이후에는 영국의 명문 브랜드 울 앤 더 갱(WOOL AND THE GANG), 서다(SIRDAR), 로완을 차례로 매수했는데 각 브랜드의 개성을 존중하면서 글로벌 비즈니스를 전개하고 있습니다. 그룹은 세계 No.1 니트 크래프트 브랜드를 목표로 앞으로도 새로운 상품과 서비스를 제공하기 위해 노력하고 있습니다. 수공예를 통해서 더욱 많은 사람이 즐겁고 행복한 시간을 보낼 수 있도록 우리들의 도전은 계속 이어질 것입니다.

취재/오야마다 미쓰하루(DMC)

h+h colonge 수공예 전시회의 DMC 그룹 부스에 있는 로완 코너

로완 사무실에서, 왼쪽부터 재키(DMC 디렉터), 나, 샤론(로완 디렉터), 데이비드(로완 브랜드 매니저)

오른쪽 위/h+h colonge 수공예전시회 때 개최한 패션쇼에서는 로완 2025 가을·겨울 런웨이. 왼쪽 위/영국 존 루이스(John Lewis) 백화점에 있는 로완 코너. 오른쪽 아래/파리를 중심으로 활약하는 DMC 프랑스의 톱 세일즈맨 에릭. 왼쪽 아래/퀘일 스튜디오 사무실(https://quail.studio).

KEITODAMA

The UK 영국
런던 개최. 노구치 히카루의 다닝 워크숍

3월 9일까지 런던의 나우 갤러리에서 개최한 〈양말: 돌봄과 수선의 예술〉은 텍스타일 디자이너이자 아티스트인 세리아 핌(Celia Pym)이 다닝을 주제로 만든 작품을 소개하는 전시회였습니다. 세리아 씨의 지도로 지역 초등학생들이 산업폐기물로 버려질 뻔한 488켤레의 양말을 다닝한 작품을 전시했는데 수선하는 행동의 의미를 생각해 보면서 새로운 가치를 발견하는 데 목적이 있었습니다.

전시회 기간 중에 《털실타래》의 인기 연재 '노구치 히카루의 다닝을 이용한 리페어 메이크'로 익숙한 노구치 히카루의 다닝 워크숍도 열렸습니다. 노구치 씨는 "세리아 씨는 예전부터 니트와 다닝을 창조적으로 표현하는 방법을 연구한 동료"라며 이번에 '다닝 지도의 일인자'로 자기를 추천한 사람도 세리아 씨였다고 합니다.

노구치 씨의 시범이 시작되자 모두 진지한 표정으로 그녀의 말에 귀 기울이며 손끝을 응시했고 그 가운데는 촬영하는 사람도 있었습니다.

"다닝은 영국에서 예로부터 이어져 온 수선 기법이지만 이번에는 노구치 씨의 개성 이 그대로 담긴 독특한 기법을 배워서 정말 큰 자극이 됐습니다"라고 수강생 중 한 여성이 말했습니다.

워크숍이 끝난 후에 노구치 씨에게 감상을 물어봤습니다. "모인 분들 대부분이 평소에도 수공예를 즐기셔서 지도하기 쉬웠어요. 영국에서는 온종일 양말을 신고 있어서인지 양말이 쉽게 해지거든요. 제가 고안한 스타킹 천을 대고 꿰매는 방법이 굉장히 도움이 됐어요." 덧붙여서 "대다수의 참가자가 바늘을 움직이는 시간을 여유롭게 즐기는 모습이 인상적이었어요"고도 말했습니다.

수강생들이 직접 작성한 앙케이트를 살짝 엿보는데 모두가 평가에 만점을 체크하며 환한 표정으로 귀갓길에 올랐습니다.

취재/사카모토 미유키

위/모두가 2~3켤레의 양말을 수선할 수 있었습니다. 아래/작업하는 수강생의 손길. 입고 있는 스웨터도 다닝했네요.

다닝 시연을 하며 수강생에게 보여주는 노구치 씨(왼쪽 아래). 수강생은 모두 진지합니다!

The U.S.A 미국
열기에 가득 찬 Vogue Knitting LIVE

올 1월 뉴욕 타임스 스퀘어의 한가운데에 자리한 별 4개짜리 호텔에서 연례행사인 'Vogue Knitting LIVE(이하 VKL)'가 개최됐습니다. 저는 5년 만에 이 행사에 참여했는데요. 올해도 놀라움과 열기로 가득한 나흘이었습니다.

VKL은 미국의 손뜨개 전문지 《Vogue Knitting》이 2011년에 시작한 이벤트입니다. 마켓 공간에서는 털실과 뜨개 도구 부스가 늘어서 있고, 최신 니트 패션쇼, 유명한 강사의 강좌, 밤에는 교류의 장이 되는 파티도 열렸습니다. 더욱이 얀토스(yarn toss, 실을 던져서 잡는 사람이 가져가는 이벤트)와 양털·털실을 사용한 예술 작품 갤러리 코너도 마련됐습니다.

올해 행사 중 주목 포인트는 VKL 사상 최초로 마련된 'Featured Aritist(초대 아티스트)' 구역입니다. 역대 가장 많은 아티스트가 참가한 이번 전시회에서 여러 아티스트 가운데 유일한 일본인으로 제가 선정됐습니다. 빛과 그림자로 사람의 얼굴을 그린 뜨개 그림, 큰 양털 드래곤, 다양한 자세의 고양이 뜨개 인형이 기지개를 켠다든가 어항의 금붕어를 노린다든가 하는 장면의 디 오라마 등 압도적인 스케일이 가득했습니다. 저도 참가자라는 사실을 잊고 작품들에 마음을 빼앗겼습니다.

제가 VKL 매력에 빠져서 5번이나 참가한 이유 중 하나가 누구나 허물없이 자유롭게 뜨개를 즐기는 모습입니다. 전시회장에는 휠체어를 탄 출품자, 돌봄견을 데려온 관람객, 다양한 국적과 연령의 사람들이 모여서 뜨개를 매개로 자유롭게 교류했습니다.

VKL는 '인종·성별·종교를 불문하고 모든 사람이 환영받는 곳'이라는 점을 명확하게 내세우며 이 이념이 행사 전체에 녹아 있었습니다.

세계 곳곳에서 뜨개를 좋아하는 사람이 모여 서로를 자극하면서 새로운 창작의 기회를 만들어가는 곳, Vogue Knitting LIVE. 내년에도 반드시 더욱 진화한 모습을 보여줄 것입니다.

취재/미쓰에(https://mitsue-amigurumi.com/)

위/VKL에서 공개한 초밥곰(스시구마). 어획량이 문제가 되고 있는 초밥 재료를 머리에 올리고, 초밥 밥으로는 멸종위기종인 북극곰 인형을 만들었습니다. 일본의 KAWAII(귀여움)에 사회 문제를 담아서 만든 작품입니다. 아래/5층과 6층에 있는 마켓 플레이스(사진은 6층). 왼쪽 안쪽에 이벤트 무대가 보입니다.

옆 부스에 출품한 휠체어 이용자 앤디와 교류. 뜨개는 국경이 없다는 것을 실감했습니다.

ETIMO
Murasaki

8월 출시 예정

보라빛의 자초(무라사키) 뿌리로 염색한 자근염(紫根染)은 예로부터 일본에서 왕족만이 사용할 수 있는 매우 귀한 색으로 여겨왔으며, 오늘날까지도 고귀하고 신비로운 색으로 많은 이들의 사랑을 받고 있습니다. 오랜 역사와 깊은 의미를 지닌 무라사키의 마음을 느끼며 일본 전통색을 활용한 **에티모 쿠션그립 코바늘**로 뜨개의 즐거움을 느껴보시길 바랍니다.

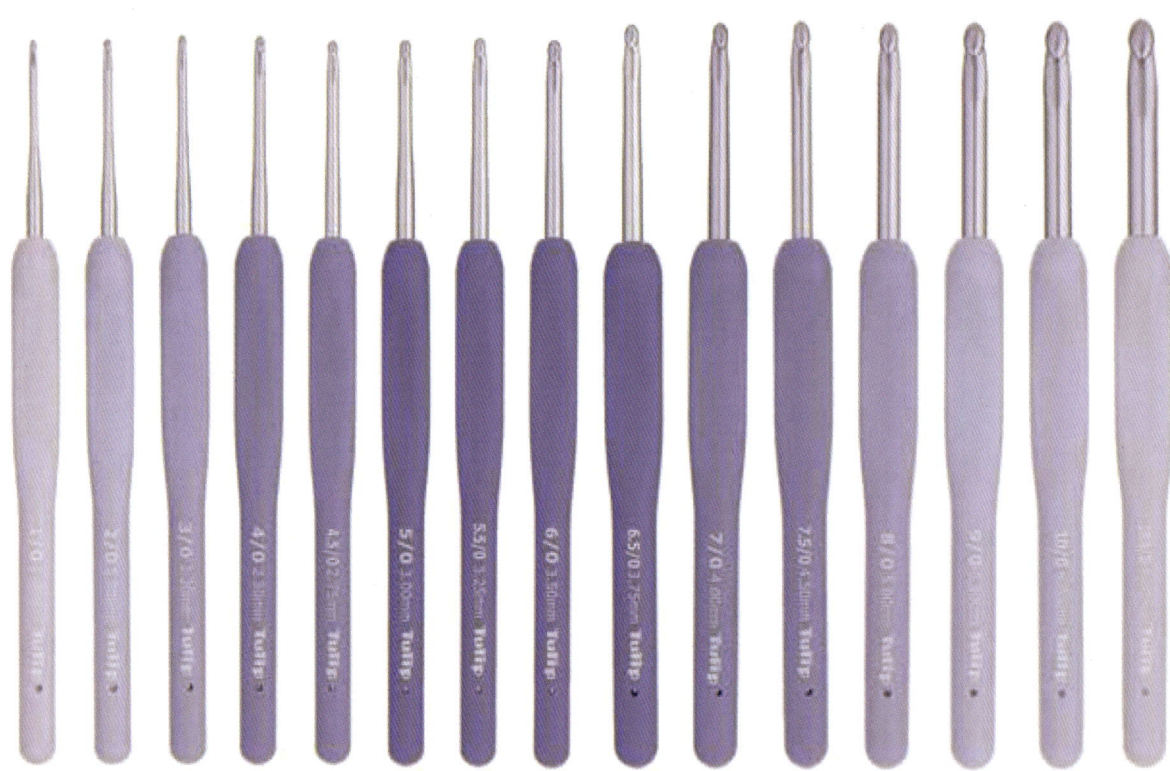

사이즈 구성 (15size)

1/0, 2/0, 3/0, 4/0, 4.5/0, 5/0, 5.5/0, 6/0, 6.5/0, 7/0, 7.5/0, 8/0, 9/0, 10/0, 10.5/0

TULIP KOREA CO.,LTD
E-mail / info@tulip-korea.com
www.tulip-korea.co.kr / www.tulip-korea.com

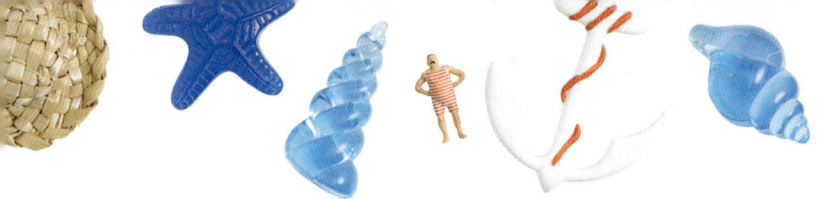

털실타래
keitodama 2025 vol.12 [여름호]

Contents

World News … 4

목둘레부터 쉽게 뜨는

여름 톱다운 웨어
… 8

knit design Saori Okada
photograph Shigeki Nakashima
styling Kuniko Okabe, Yuumi Sano
hair&make-up Hitoshi Sakaguchi
model Ana
book design Fumie Terayama

루나 헤브리의 꽃 소식 vol.7
꽃잎을 흩날리며 … 18

노구치 히카루의 다닝을 이용한 리페어 메이크 … 19

Michiyo의 4사이즈 니팅 … 20

뜨개 피플 아미다오레 전도사 … 22

파인애플 무늬 레이스 웨어 … 24

세계 수예 기행 / 브라질 연방공화국
브라질의 수공예 … 28

Event Keito … 32

삶을 물들이는 이벤트용 니트
비오는 계절을 즐겨보아요 … 34
어른스럽고 사랑스러운, 캐미솔 +a … 36
자투리 실 활용술 … 40

Color Palette 플라워 에지 레이스 크로셰 … 42

(한국어판) 나리뜨개의 겐모우 튤립 스틱 베스트 … 44

Yarn Catalogue 봄·여름 실 연구 … 46

(한국어판) 임금손의 맛있는 코바늘 소품 … 50

Yarn World 신여성의 수예 세계로 타임슬립!
팔꿈치 패드(코바늘뜨기) … 52

Yarn World 역시 궁금하다! 뜨개의 수수께끼
코바늘뜨기의 초심자 함정 … 53

이제 와 물어보기 애매한!?
뜨개 고민 상담실 … 54

Let's Knit in English! 니시무라 도모코의 영어로 뜨자
더운 여름에도 뜨개 … 60

읽고 조사하고 떠보다
하야시 고토미의 Happy Knitting … 62

소장욕구 뿜뿜! 가방&모자 … 64

(한국어판) EVENT … 69

Chappy의 세계의 손염색을 찾아 떠나는 여행
불가능을 가능케 하는 상냥한 열정의 실 … 70

뜨개질 자유 연구 싱글 훅 아프간 … 72

Couture Arrange 시다 히토미의 쿠튀르 어레인지
메시 무늬와 지그재그 레이스의 풀오버 … 76

오카모토 게이코의 Knit+1 … 78

(한국어판) 독자 코너 … 80

스윽스윽 뜨다 보니 자꾸 즐거워지는
비기너를 위한 신·수편기 스이돈 강좌 … 84

뜨개꾼의 심심풀이 뜨개
굵은 분쇄·중간 분쇄·수동 분쇄로 취향껏
'뜨개 커피 그라인더'가 있는 풍경 … 90

Topdown Wear in Summer
목둘레부터 쉽게 뜨는
여름 톱다운 웨어

목둘레부터 떠 내려가는 톱다운 웨어는 꿰매거나 잇는 과정이 거의 없어서 뜨기 수월하기 때문에 인기가 많습니다.
전체 기장과 소매의 길이를 뜨면서 자유롭게 조절할 수 있다는 것도 장점입니다.
입체적인 옷을 평면 도안으로 나타내기 때문에 도안을 알아보기 어려울 수 있다는 것이 옥에 티지만 실제로 떠보면 금방 이해할 수 있을 거예요.
도안 보는 법을 54페이지에서 설명하므로 참고해주세요.
여름에도 손뜨개를 즐겨보세요!

photograph Shigeki Nakashima styling Kuniko Okabe,Yuumi Sano hair&make-up Hitoshi Sakaguchi model Ana(174cm),Artemy(181cm) special thanks PROPS NOW

고무뜨기 베이스의 단순한 무늬를 요크에 배치한 유니섹스 사이즈의 심플한 풀오버. 어스 컬러의 그러데이션 실이 가느다란 줄무늬처럼 보입니다. 톱다운으로 뜨므로 기장과 소매길이는 원하는 대로 조절하세요.

Design／효도 요시코
Knitter／가타야마 가요
How to make／P.92
Yarn／퍼피 아게이트

Topdown Wear in Summer

마의 한 종류인 헴프와 아크릴 혼방의 매끄러운 실로 바람이 솔솔 통하는 풀오버를 떴어요. 마음이 편안해지는 부드러운 파스텔 그린으로 뜨는 섬세하고 아름다운 비침무늬를 만끽해보세요. 낙낙한 사이즈인데 실은 250g밖에 들지 않아서 좋아요.

Design／바람공방
How to make／P.98
Yarn／퍼피 생파두스

Topdown Wear in Summer

가는 프렌치 리넨 실을 합사해 원통뜨기라서 가능한 1단 보더 형태로 배색한 상쾌한 풀오버. 안뜨기와 돌려뜨기를 짝지어 큼직한 지그재그 무늬를 그립니다. 넓은 목둘레는 뜨개 시작 부분을 안으로 접으면 폭신하게 만들어져서 디자인의 포인트가 됩니다.

Design／시바타 준
How to make／P.94
Yarn／데오리야 프렌치 리넨

보드라운 코튼사로 뜬 편하게 입을 수 있는 카디건. 비침무늬 2가지를 조합해 뜨고, 돌려 1코 고무뜨기풍의 무늬로 마무리합니다. 여기서는 시크한 그린을 사용해 성숙한 느낌으로 떴지만, 좋아하는 색을 골라 떠보세요.

Design／yohnKa
How to make／P.109
Yarn／데오리야 오리지널 코튼

Topdown Wear in Summer

세 가지 색을 대담하게 배치하는 트리콜로르(Tricolore), 유니크한 실루엣이 매력적이에요. 목둘레의 슬릿, 늘림코로 뜬 래글런선, 아일릿 구멍과 구슬뜨기 등 디테일에서 센스가 빛납니다. 리사이클 코튼으로 만든 릴리 안의 소재감에도 마음이 끌립니다.

Design／우노 지히로
How to make／P.96
Yarn／DMC 에코 비타 388 리사이클 코튼

코바늘로 뜨는 톱다운 웨어도 매력이 있어요. 큰 비침무늬를 넣은 요크 부분과 몸판의 바탕무늬, 소맷부리와 밑단의 프릴이 균형 있게 조화를 이뤘어요. 요크 아래의 몸판 부분은 바늘 호수를 바꿔 게이지 조정을 해서 완만한 A라인 실루엣으로.

Design／오카다 사오리
Knitter／아틀리에 사이
How to make／P.99
Yarn／DMC 에코 비타 388 리사이클 코튼

Topdown Wear in Summer

차분한 라메가 들어간 그러데이션 실을 솔리드 컬러의 리넨 실크 혼방사로 빙 둘러 뜬 카디건은 어떤 스타일에도 OK. 코바늘뜨기 무늬를 맛봤으면 대바늘뜨기로 이동하고, 마지막 마무리는 다시 코바늘뜨기를 하는, 드라마틱한 뜨개 여행을 즐길 수 있습니다.

Design／기시 무쓰코
How to make／P.106
Yarn／스키 얀 스키 크로네, 스키 리넨 실크

믹스 컬러의 리넨과 울 연사로 남녀가 함께 즐길 수 있는 폴로셔츠 타입의 코바늘뜨기 옷은 어떠세요? 한길 긴뜨기에 변화를 주며 래글런선에서 코를 늘려가는 심플한 형태. 스키퍼 칼라도 신선해요. 기장은 몸에 맞춰 자유롭게 조절하세요.

Design／가와이 마유미
Knitter／구리하라 유미
How to make／P.102
Yarn／스키 얀 스키 부케

루나 헤븐리의 꽃 소식 vol.7
꽃잎을 흩날리며

나비 작품에 이끌려서 《나비를 뜨는 사람》(다치하라 에리카)이라는 책을 소개한 적이 있습니다. 숲으로 둘러싸인 마을의 호텔에서 온종일 뜨개하는 할머니에 관한 짧은 이야기입니다. 알록달록한 꽃잎 같은 것을 계속해서 뜨는 할머니. 우아하고 평화로운 풍경에 작품을 겹쳐 보면서 가끔 추억에 잠깁니다. 저도 이 할머니처럼 살고 싶은지도 모르겠네요.

파란 양귀비, 초롱꽃, 네모필라, 플럼바고, 레몬.
초여름이 떠오르는 식물을 골라 나비 모양으로 모아서 브로치를 완성했습니다.

흩날리는 꽃잎과 춤추는 나비.
계절을 물들이듯이 앞으로도 계속 만들고 싶은 작품입니다.

photograph Toshikatsu Watanabe   styling Akiko Suzuki
How to make／P.56
Yarn／DMC 콜도넷 스페셜 no.80

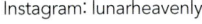

Lunarheavenly
나가자토 가나

레이스 뜨개 작가. 2009년 Lunarheavenly를 설립. 극세 레이스실로 만든 꽃으로 정교한 액세서리를 만들어 개인전을 열거나 이벤트에 출품해 전시하고 있다. 꽃을 완성한 후에 염색하는 방식으로 섬세한 그러데이션 색 연출과 귀여운 작품으로 정평이 나 있다. 보그학원 강사로 활동 중이다. 저서로 《루나 헤븐리의 코바늘로 뜬 꽃 장식》 외 다수가 있다.

Instagram: lunarheavenly

노구치 히카루의 다닝을 이용한 리페어 메이크

'리페어 메이크'라는 말에는 수선하면서 그 작업을 통해 그 물건이 발전하고 진보한다는 생각을 담았습니다.

노구치 히카루(野口光)
'hikaru noguchi'라는 브랜드를 운영하는 니트 디자이너. 유럽의 전통적인 의류 수선법 '다닝(Darning)'에 푹 빠져 다닝을 지도하고 오리지널 다닝 기법을 연구하는 등 다양하게 활동하고 있다. 심혈을 기울여 오리지널 다닝 머시룸(다닝용 도구)까지 만들었다. 저서로는 《노구치 히카루의 다닝으로 리페어 메이크》, 제2탄 《수선하는 책》 등이 있다.
http://darning.net

【이번 타이틀】
안 입는 옷에 지금의 마음을 겹쳐서

before

해진 데는 없지만
왠지 모르게 안 입게 돼서…

photograph Toshikatsu Watanabe styling Akiko Suzuki

이번에는 '다닝 구라게'를 사용했습니다.

부드러운 울 극세사를 하이 게이지로 뜬 심플한 영국 카디건. 봄과 가을에 요긴하게 입었지만, 최근에는 입을 기회가 줄었습니다. 와이드 실루엣이 유행해서 요즘 트렌드가 아닌가? 너무 심플해서 심심해 보이나? 어느 쪽이든 일상생활에서 뚜렷한 이유도 없이 '안 입는 옷'이 있게 마련입니다. 그런 옷을 처분하기 전에 천을 덧대는 다닝을 해보면 어떨까요?

마음에 든 원단을 잘라 5군데 정도에 배치하고, 홈질이나 반박음질로 꿰매 달면 끝이에요. 시접을 처리하지 않은 천은 한 번 세탁하면 가장자리가 살짝 풀려서 부드러운 느낌을 줍니다. 이번에는 낡은 사리(인도 전통 의상) 등의 얇은 원단을 여러 겹 겹쳐서 홈질로 꿰매는 인도의 랄리 퀼트로 만든 침대 커버의 자투리 천을 사용했습니다. 원단 자체가 누군가의 손때가 묻은 사리를 누군가 공들여 꿰매 이은 것이라고 생각하니, 낯선 사람들과의 유대에 흐뭇해집니다. 지금 자신의 마음이 가는 원단을 사용하면, 안 입는 옷에 지금의 마음이 겹쳐져서 다시 한동안 곁에 두고 애용하게 될 것 같습니다.

michiyo의 4 사이즈 니팅

더운 여름에는 바람이 잘 통하는 니트를 추천합니다.
중앙에 개더를 잡아 포인트를 준 루즈한 옷을 즐겨보세요.

photograph Shigeki Nakashima styling Kuniko Okabe,Yuumi Sano hair&make-up Chie Ishikawa   model Robin J(165cm)

중앙에 개더를 잡은 루즈한 풀오버

여름에 입는 니트는 바람이 잘 통하는 산뜻한 편물이 알맞아요.

이번에는 실루엣이 다소 넉넉하고, 앞중심에 주름잡아뜨기 무늬를 넣어서 개더가 약간 잡히는 디자인입니다. 앞판이 위로 들려서 밑단 너비가 좁아지는 만큼 뒤판에서 앞으로 흘러 풍선 모양이 됩니다.

어깨선은 되돌아뜨기가 아니라 가장자리 코를 2코 세워서 2코씩 줄여 사선을 만들었습니다. 이 줄임코의 사선(어깨선의 경사)에 대해서 가장자리 2코의 길이를 만들 수 없기 때문에 느슨하게 떠서 코의 높이를 만듭니다. 떠서 꿰매기를 할 때도 되도록 줄어들지 않게 꿰맵니다. 스팀다리미로 마무리할 때는 V넥의 아래쪽을 중심으로 해서 주름잡아뜨기 무늬를 밑단 방향으로 늘어지지 않게 놓고, 다른 부분은 가로세로로 약간 늘이듯이 매만지면 편물도 예뻐집니다. 색다른 형태를 즐겨보세요.

산뜻한 실로 낙낙하고 시원한 옷을 디자인했습니다. 앞판 중앙에는 주름잡아뜨기로 개더를 잡아서 유니크한 실루엣을 만들었습니다. 어깨 경사 라인은 간단히 뜰 수 있도록 되돌아뜨기가 아니라 가장자리 코를 세운 줄임코를 했습니다.

Knitter/kaoruco
How to make/P.112
Yarn/퍼피 샘파두스

뒤목둘레

목둘레를 주울 때 코를 줄이는데, 사이즈가 커질수록 줄임코의 밀도를 높여서 개더가 나타나게 했습니다.

무늬뜨기(앞중심)

무늬의 단수는 4사이즈 모두 같고, 각각 무늬가 시작되는 단을 바꿨습니다.

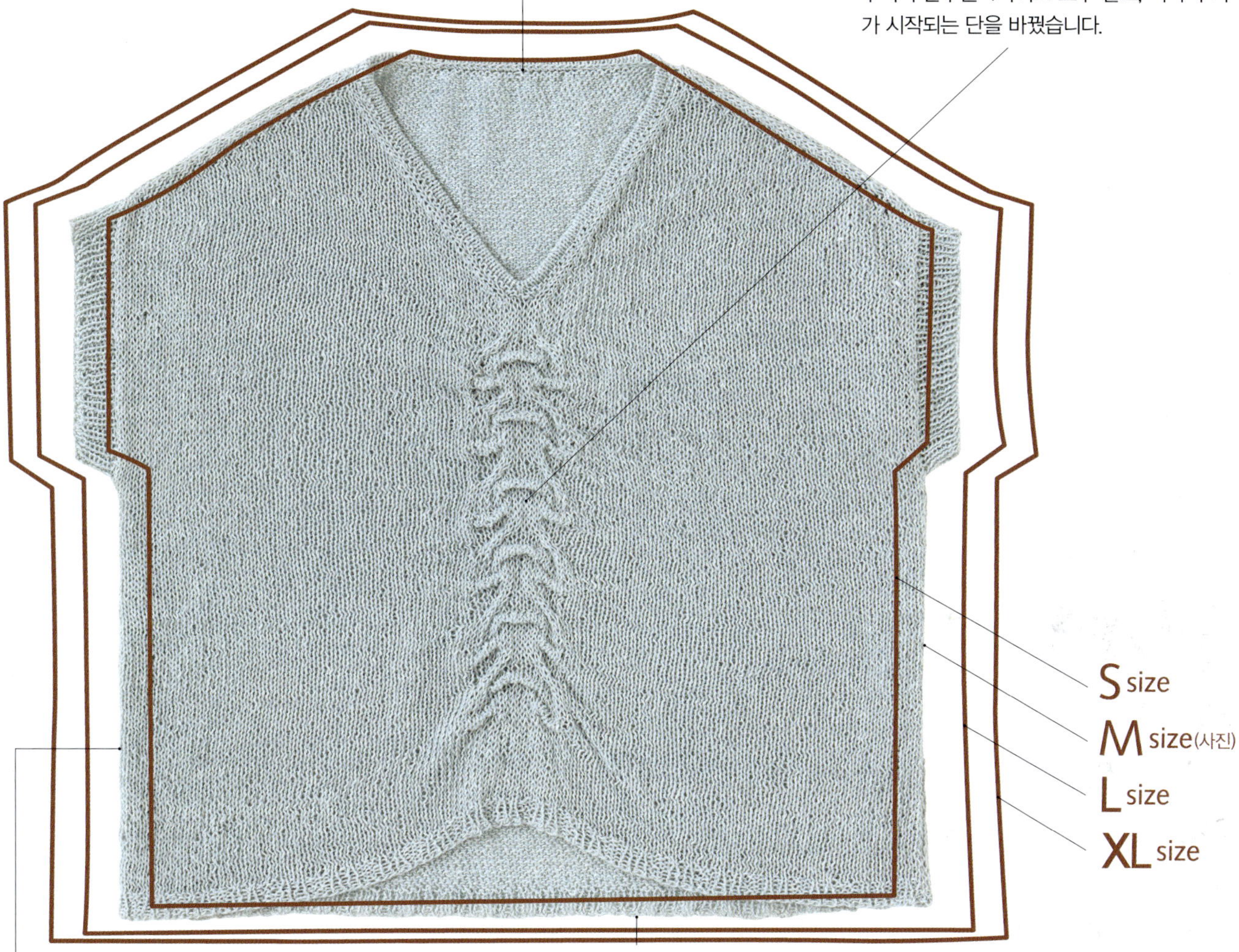

S size
M size(사진)
L size
XL size

품

앞판과 뒤판 너비가 다른 디자인입니다. 뒤판은 앞판의 밑단이 올라가서 품이 줄어드는 만큼 너비의 차이를 크게 뒀습니다.

착장

품이 넉넉한 만큼 기장은 차이가 많이 나지 않게 해서 산뜻해 보입니다.

michiyo の 4 size knitting

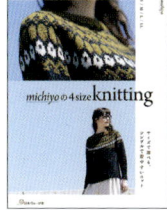

michiyo

어패럴 메이커에서 니트 기획 업무를 하다가 현재는 니트 작가로 활동하고 있다. 아기 옷부터 성인 옷까지, 여러 권의 저서가 있다. 현재는 온라인 숍(Andemee)을 중심으로 디자인을 발표하고 있다. 〈털실타래〉에 실린 작품을 모아서 엮은 책 《michiyo의 4사이즈 니팅》이 일본과 한국에서 출간되었다.
Instagram: michiyo_amimono

※무늬를 기준으로 한 사이즈이므로 치수 차이는 균등하지 않습니다.

뜨개 피플

아미다오레 전도사
아라타니 가즈키

photograph Bunsaku Nakagawa text Hiroko Tagaya

아내에게 준 크리스마스 선물.
바람공방의 디자인을 바탕으로 했다.

자기에게 딱 어울리는 옷을 뜬다. 미쿠니
마리코의 디자인을 변형했다.

이벤트 때는 자기가 뜬 옷을 입는다.
대부분 책에 실린 작품을 변형한다.

아라타니 가즈키(荒谷一輝)

교토 거주. 하마나카(주) 근무. 대학 시절부터 뜨개를 시작해 수예점에서 근무한 뒤 하마나카에 입사해 본격적으로 뜨개를 배웠다. 현재는 하마나카가 주최하는 아미다오레 페스의 담당자로서 각지를 돌아다니고 있다. 버드 워칭 외에 독서, 라디오, 음악, 아웃도어 액티비티 등 취미가 다양하다.

X: 아무유즈 from 하마나카 공식 @AMUUSE_JP
Instagram: 즐거운 수예의 하마나카 @hamanakaamuuse
Youtube: amuusejp(하마나카 공식) @amuusejp

이번 게스트는 '아미다오레 페스'의 담당자가 된 지 1년 반이 지난 하마나카 주식회사의 아라타니 가즈키 씨입니다. 맨 먼저 어떻게 뜨개와 만났는지가 궁금한데요.

"대학생일 때 여자친구(현재의 아내)가 머플러를 떠서 선물해줬어요. 그런데 가장자리를 고무뜨기로 하지 않아서 돌돌 말려 있더라고요. 여자친구한테 '이거 왜 이래?' 하고 물었더니 '나도 잘 모르겠는데 이렇게 말리네'라고. 그래서 나도 떠볼까 해서 엄마한테 보여줬더니 어쩐 일인지 엄마가 뜨개질을 할 수 있더라고요(웃음). 저희 엄마는 행동파라서, 스무 살이 되고서야 처음 엄마의 비밀을 안 것 같은 기분이었어요(웃음)."

여담이지만 어머니께서 '행동파'라는 건 활동적이라는 뜻이라네요. 60세를 앞두고 스쿠버다이빙에 도전하셨답니다. 그리고 아내분은 양재가 특기라고 합니다.

"아내한테 머플러를 받은 해의 크리스마스에 모자를 떠서 선물했어요. 지금 생각하면 얄미운 짓을 했죠(웃음). 그 무렵에 뜨개에 빠져서 처음에는 수예 체인점에 취직했지만 털실에 관해 좀 더 알고 싶어서 하마나카에 입사했어요. 똑같은 울 100%의 실이라도 뭐가 다른지 공부할 수 있을까 해서요."

그는 '아미다오레 페스'에서 실에 관해 손수 알려줄 수 있어서 기쁜 모양입니다. 직접 뜰 때도 '이 실로 뭘 뜰까'라는 생각부터 한다고 합니다.

"이 몬드리안풍 숄은 2년 전 크리스마스에 아내에게 떠줬는데, 재료인 모헤어는 앙고라염소의 털이에요. 동물 털은 깎으면 깎을수록 굵어지기 때문에 어렸을 때의 털이 가장 품질이 좋아요. 이건 키드모헤어라고 해서 새끼 염소의 털 중에서도 처음 깎은 모헤어만 사용한 실이라 무척 사치스럽죠."

그의 실 이야기는 무엇이든 재미있었습니다. 그러면 뜨개 이외의 즐거움은?

"버드 워칭을 좋아해요. 교토에 오고 나서 제대로 즐기게 됐는데, 교토는 자연이 풍부하거든요. 하지만 시내에서도 볼 수 있어요. 처음에는 찾기 어려운데 자꾸 하다 보면 새소리나 흔들리는 나무에 '있다' 하고 발견하게 돼요. 그 부분은 뜨개와도 닮은 것 같아요. 새는 통근할 때만 해도 10종류 정도 만나요. 까마귀도 2종류 있고요. 가모가와 강을 지나면 물새가 있고, 편의점을 걷고 있는 할미새를 본 적도 있어요. 늘 같은 길을 걷는 일상 속에 취미가 들어온 느낌이 재미있어요."

앞으로의 꿈이 뭔지 물었습니다.

"아미다오레가 더 커져서 뜨개를 즐기는 사람이 늘었으면 좋겠어요. 말 그대로 꿈이지만, 페스티벌처럼 음악과 함께 할 수 있다면. 신나는 음악에 맞춰 몸을 흔들면서 모두가 뜨개를 하는 모습, 재미있을 것 같지 않나요(웃음)?"

유머러스한 면이 멋진 아라타니 씨.

"뜨개 교실은 있어도 '뜨개 애호가'가 그저 모여서 함께 뜰 수 있는 곳은 그리 많지 않았어요. 아미다오레에는 다른 제조사의 실을 가져와도 괜찮고, 정말 페스티벌처럼 할 수 있다면 다른 회사와 함께해도 즐거울 거예요."

선생님과 학생이라는 상하관계가 아니라 수평적인 관계로 말이죠. 뜨개도 새로운 시대입니다.

人気の ねこ シリーズ

1／손뜨개 디자이너 시즈쿠도의 워크숍에 참가해 뜬 넥워머. 2／2월 22일(고양이의 날)에 열린 '다마오프'와 '아미다 오레 페스'의 콜라보 이벤트에 출품된 고양이 아이템. 3／틈틈이 가지각색의 작품을 뜬다. 4／몬드리안풍 숄 외의 다른 작품도 보여줬다. 책에 수록된 작품을 변형해 뜨는 일이 많다고 한다. 5／이번 취재는 이벤트 중에. 약 140명의 참가자가 놀러 왔다. 6／버드 워칭 중에 찍힌 오목눈이. 7／이벤트나 방송 중에는 어깨에 직접 뜬 흰머리오목눈이 인형을 올려둔다. 8／딱새(암컷). 새 사진은 쿄토부에서 찍었다. 9／이벤트 중간에 서서 뜨는 것도 거뜬하다.

파인애플 무늬 레이스 웨어

가볍고 우아해서 늘 입고 싶은 레이스, 파인애플 무늬의 크로셰 웨어. 뜨다 보면 드러나는 개성 넘치는 편물의 아름다움을 즐겨보세요.

photograph Shigeki Nakashima styling Kuniko Okabe, Yuumi Sano hair&make-up Chie Ishikawa model Robin (165cm)

어깨에서 밑단으로 흐르듯 이어지는 무늬가 아름다운 코튼 소재의 카디건. 차분한 느낌의 분홍색과 밑단의 스캘럽이 여성스러운 인상을 더욱 끌어냅니다. 단추를 잠그면 우아하게, 풀면 캐주얼하게, 코디의 폭이 넓은 앞여밈 디자인은 앞으로 대활약하겠지요? 이번 시즌 트렌드인 로맨틱한 스타일에도 딱입니다.

Design/오카 마리코
Knitter/우치우미 리에
How to make/P.114
Yarn/고쇼산업 게이토피에로 코튼맘

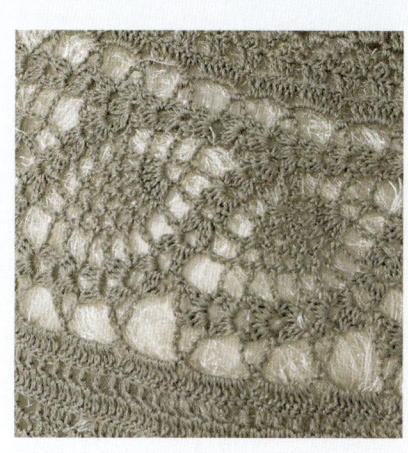

깔끔한 실루엣이 매력적인 둥근 요크 풀오버. 파인애플 무늬로 브레이드를 뜨고, 요크 부분은 브레이드에서 코를 주워서 뜹니다. 레이스처럼 보이는 브레이드의 비침무늬가 시원함을 더해 줍니다. 매끈매끈한 여름 실은 촉감도 좋고 착용감도 뛰어납니다. 질리지 않고 오랫동안 입을 수 있는 디자인입니다.

Design／오카모토 마키코
How to make／P.117
Yarn／고쇼산업 게이토피에로 샹브르(Chanvre)

시원해 보이는 투명함과 무늬를 활용한 소맷부리와 밑단의 스캘럽이 화사한 볼레로. 진동 둘레와 목둘레를 직선으로 뜨는 디자인이라서 전체를 파인애플 무늬로 뜨는 데도 고민할 필요 없이 뜰 수 있습니다. 경쾌해 보이는 짧은 기장은 원피스를 비롯해 데님이나 볼륨감 있는 치마와도 잘 어울려서 세련되게 코디할 수 있습니다.

Design／가와이 마유미
Knitter／오키타 기미코
How to make／P.122
Yarn／올림포스 에미그란데

레이스와 프릴이 주인공인 크로셰 웨어도 산뜻한 비타민 컬러로 뜨면 신기하게도 너무 여성스럽지 않은 캐주얼한 분위기로 만들 수 있어요. 가슴 라인을 경계로 퍼져나가는 파인애플 무늬는 배 부분을, 사랑스러운 소맷부리의 프릴은 팔뚝 주변과 그밖에 신경 쓰이는 부분을 절묘하게 커버해 주는 디자인의 프렌치 슬리브 풀오버입니다.

Design／바람공방
How to make／P.126
Yarn／올림포스 에미그란데

브라질은 남미대륙에 위치합니다. 1500년에 포르투갈인이 발을 디디기 전에는 선주민족이 독자적인 사회를 이뤘습니다. 그 후 포르투갈의 식민지가 되고 아프리카대륙의 앙골라를 비롯한 서아프리카 지역에서 많은 흑인이 노예로 끌려와서 포르투갈인, 아프리카계 사람들 그리고 선주민족이 어우러져서 자기들만의 문화를 형성해 왔습니다. 1882년에 독립을 이룩한 후에도 세계 각국에서 많은 이민자를 받아들여서 지금은 다양한 인종이 공존하는 나라 중 하나가 됐습니다.

황금의 풀
'카핌 도우라도'와의 만남

스페인어를 전공하던 대학 시절, 스페인어와 비슷한 포르투갈어권인 브라질에서 귀국한 친구, 일본계 브라질 친구를 사귀면서 그 인연으로 브라질에 관심이 생겼습니다. 졸업한 후에 취직한 여행사의 일본지점이 문을 닫았는데 그때 퇴직금 대신에 브라질행 항공권을 받아서 처음으로 브라질로 건너갔습니다. 브라질은 아프로 문화(아프리카계 문화)도 섞여 있어서 그런지 다채롭고 이국적인 분위기가 느껴졌습니다. 브라질 음악에도 잘 드러나듯이 수공예나 포크 아트에도 어딘가 유머러스하고 센스가 넘치는 부분이 인상적이었습니다.

할라파웅 주립공원에 점재하는 페르베도우루(Fervedouro)라고 불리는 용천수 천연 수영장. 바닥은 없지만 물이 솟아오르는 힘 덕분이 몸이 가라앉지 않습니다. 여기에만 야자나무와 바나나 나무가 우거져서 마치 사반나의 오아시스 같습니다. 지역 가이드가 드론으로 촬영해 줬습니다.

세계 수예 기행 「브라질 연방공화국」
다양한 인종에게서 탄생한
브라질의 수공예

취재·글·사진/Yasuko(야마모토 야스코) 편집 협력/가스가 가즈에

브라질 사람과 이어지는 일을 하고 싶어서 움직이기 시작한 것이 2009년이었습니다. 예전에 사진에서 본, 식물이라고 여겨지지 않는 금빛으로 빛나는 풀 '카핌 도우라도(Capim Dourado)'로 만든 수공예품이 잊히지 않아서 브라질의 여러 업체에 문의해서 실제로 손에 넣었을 때, 그 아름다움에 충격을 받은 것이 계기였습니다. 다음 해인 2010년에는 꼬로리다스(coloridas)를 설립해서 본격적으로 브라질 수공예를 취급하기 시작했습니다.

브라질에는 비오조이아스(Biojoias)라는 말이 있습니다. 나무 열매나 가구의 폐자재, 풀과 야자잎의 섬유 같은 천연 소재로 만든 액세서리를 가리킵니다. 풍요로운 대지에서 키운 다양한 소재가 아주 아름다워서 자연의 은혜로움에 경의를 표하는 마음에서 카핌 도우라도로 만든 액세서리를 일본어로 '비오 주얼리(ビオジュエリー)®'라고 이름을 붙였습니다. 차츰 비오 주얼리의 너머로 천연 소재를 생업으로 삼는 브라질 장인들이 눈에 들어오기 시작했습니다. 이 사람들의 작품을 일본에서 소개하고 싶은 마음이 강해져서 지금은 함께 제품을 만들고 있습니다. 또 '브라질 섭씨 40℃ 수공예 프로젝트'를 설립해서 세계적으로 사라지는 추세인 수공예 레이스 제품을 일본에서 판매하는 한편, 포크 아트와 선주민족의 수공예품도 취급하고 있습니다. 이번에는 비오 주얼리와 레이스를 소개하겠습니다.

궁극의 지속가능(Sustainable)한 수공예

카핌 도우라도 수공예를 조사하면서 단지 멋지게 반짝이기만 하는 것이 아니라 자연의 순환과 현지 장인의 일을 지킬뿐더러 지속가능한 수공예라는 사실에 더욱 매력을 느꼈습니다. 이 수공예를 일본에 제대로 된 형식을 갖춰서 소개하고 싶고, 수확부터 제작까지의 과정을 보고 싶은 마음이 점점 커져서 브라질 중부의 토칸칭스(Tocantins)주를 여러 번 방문했습니다.

브라질에서는 예로부터 선주민족이 바구니를 만들어 왔습니다. 1900년대 중반에 킬롬보(Quilombo)로 불리는 아프리카계 브라질 사람들이 선주민족에게 카핌 도우라도 엮는 법을 배우면서 마을 사람에게 퍼져나갔고 지금은 그 지방의 중요한 수공예품이 됐습니다. 현재 바구니, 소품함, 벽걸이, 액세서리 등을 만들고 있습니다.

카핌 도우라도는 브라질 중부 사바나 지대의 자연보호지구, 토칸칭스주의 할라파웅 주립공원(Parque Estadual do Jalapão)의 오아시스에서만 자생하는 곡정초과(Eriocaulaceae) 식물입니다. 현지에서는 세라도라고 부르는 초원이 끝없이 이어지는데 1,600제곱 킬로의 사람의 손이 닿지 않은 자연이 남아 있습니다. 낮 기온이 40℃ 넘게 올라가고 키가 큰 나무가 없이 풀만 있습니다. 건조한 땅에 갑자기 거대한 폭포가 나타나기도 하고 물이 솟아오르기도 합니다. 이것은 지하에 거대한 강이 흐르기 때문이라고 합니다. 카핌 도우라도는 1년 중 9월과 10월 두 달밖에 수확할 수 없습니다. 한 포기 한 포기 손으로 수확하는데 다음 해에도 싹이 나도록 씨가 달린 꽃을 떨어뜨려 놓습니다. 주립

카핌 도우라도 수확 풍경. 사진에 찍힌 풀 대부분은 다른 종류의 풀로 이 가운데에서 한 포기 한 포기 찾아서 손으로 수확합니다. 수확이 허락된 것은 수확 규칙을 지키는 지역의 허가받은 장인뿐.

A／수확 후에 굵은 풀과 가는 풀을 분류해서 꽃 부분은 제거하고 깨끗하게 씻은 다음에야 수공예 재료가 됩니다. 광장히 희귀한 식물이라서 카핌 도우라도가 자생하는 오지까지 가기 힘든 장인은 그램 단위로 구매해서 제품을 제작합니다. B／머리에 하얀 꽃이 달린 카핌 도우라도. 꽃에 씨가 있어서 다음 해에도 자랄 수 있도록 수확하자마자 그 자리에 꽃을 떨궈 놓습니다. 자연의 순환 리듬에 따라서 지켜지고 있는 식물이랍니다. C／늘 제작을 부탁하는 장인 중 한 사람인 하이문지냐 씨. 자택에서 집안일과 육아를 하는 틈틈이 만들고 있습니다. 어머니에게 배워서 카핌 도우라도 공예를 시작한 지 15년이 되었습니다. 남녀를 불문하고 이 지역 대부분의 사람이 카핌 도우라도 수공예에 관련된 일을 하며 주요 수입원 중의 하나입니다. D／카핌 도우라도는 단단하고 윤기가 있어 물에 젖어도 잘 휘지 않기에 손끝까지 힘을 사용합니다. 숙련된 장인이 아니면 깔끔하게 엮기 힘듭니다. E／완성한 카핌 도우라도 모티브. 일본에 도착하면 귀걸이나 목걸이가 됩니다. F／카핌 도우라도 벽걸이. 햇빛과 불빛이 닿으면 금속처럼 빛을 반사하며 빛납니다.

피아우이주 대서양 연안부에 있는 모호스 다 마리아나(Morros da Mariana) 레이스 장인 조합에서. 굉장히 밝은 여성들. 사진을 찍은 후에 특산물인 게 요리를 대접받았습니다.

공원의 깊은 곳에 살며 허가받은 장인이 수확한 것을 다시 허가받은 장인의 손을 거쳐서 공예품으로 가공해서 제품으로 완성합니다.

지역 장인의 손에서 완성된 제품이 아니면 국내 및 해외로 반출이 안 됩니다. 카핌 도우라도 '산성이라서 아무것도 자라지 않는 불모의 대지'라고 불리는 땅에 사는 사람들의 생활 수단이라서 원재료 상태로 판매하는 것이 금지돼 있습니다. 이 카핌 도우라도 수공예는 2024년 9월에 브라질 정부의 인정을 받았습니다.

바다를 건너온 레이스

유럽에서 건너온 이민자들과 함께 보빈 레이스, 바늘 레이스, 필레 레이스, 아일랜드 레이스, 리슐리외 레이스 등 브라질에는 다양한 레이스 뜨기 기법이 들어 왔습니다.

보빈 레이스는 브라질에 17세기에 포르투갈에서 들어와서 19세기에는 가내수공업으로 활발하게 제작됐습니다. 포르투갈에서는 항만도시에서 발전했는데 브라질에서도 마찬가지로 해안가나 강가에 정착했습니다.

어부인 남편이 어업을 나간 사이에 여성들은 보빈 레이스를 뜨면서 가계를 지탱해 왔기 때문에 '레이스가 있는 곳에 그

알모파다(쿠션)라고 불리는 대 위에서 실을 빌호(보빈)에 감고, 그것을 교차시키면서 시침 핀으로 고정하면서 무늬를 짜 나갑니다. 예전에는 시침핀 대신에 만다카루(mandacaru)라는 선인장의 가시를 사용했다고 합니다. 브라질다운 에피소드이지요.

물 있다(Onde há renda, há rede)'는 고전적인 격언이 있을 정도입니다. 레이스를 의미하는 포르투갈어 헨다(Renda)는 수입이라는 의미도 있으니 말 그대로 레이스가 수입원이었다는 사실을 엿볼 수 있습니다. 지금은 브라질 북동부 연안 지역과 산타 카탈리나(Santa Catalina)주의 플로리아노폴리스(Florianópolis)에서 주로 보이며 그밖에 내륙지방에서도 뜨는 곳이 있습니다.

2015년에 브라질 북동부 보빈 레이스의 땅을 둘러보는 여행을 하면서 피아우이(Piauí)주의 변두리에 있는 보빈 레이스 조합을 방문했습니다. 20~60대 정도의 여성이 보빈 레이스를 뜨고 있었습니다. 알모파다(Almofada)라고 불리는 둥근 쿠션 위에 빌호(bilro)라고 불리는 보빈에 실을 감아서 여러 개 준비하고 이 실을 시침핀으로 고정한 다음에 보빈을 교차시키면서 무늬를 짭니다.

이 지역은 관광객도 많고 직접 판매할 기회도 많아 보였습니다. 무엇보다 사람이 굉장히 밝았고, 보빈 레이스를 뜨는 소리가 리드미컬하게 울리며 활기로 넘쳤습니다. 룰라 대통령 부인의 보빈 레이스 양복을 짠 적도 있는 조합에서는 모두가 정성스럽게 작업하고 있습니다. 콜로리다스(Coloridas)에서는 재봉실 굵기의 가는 실로 액세서리의 모티브를 제작하고 있습니다.

브라질에서 독자적으로 진화한 '르네상스 레이스'

나아가 브라질에서는 바늘 레이스 기법을 사용해서 독자적으로 진화한 '르네상스(Renaissance) 레이스'가 있습니다. 둥근 쿠션에 붙인 디자인 그림을 따라서 브레이드를 꿰매서 달고, 그 사이를 바늘 레이스 기법을 사용해서 바늘 한 개

와 실을 사용해서 뜹니다. 바늘 레이스 기법은 19세기 프랑스 수녀들에 의해 페르남부쿠(Pernambuco)주 올린다(Olinda)의 수도원으로 건너와서 한동안 베일에 싸인 기법이었습니다. 1930년대에 들어서며 수도원에서 일하는 브라질인 마리아 파스토라가 내륙에 사는 여성들에게 기법을 가르치면서 널리 퍼졌습니다. 바늘 레이스는 16세기에 유럽에서 활발하게 떴기 때문에 브라질 땅에서 르네상스 레이스라는 이름이 붙었습니다. 남편이 낙농과 농사일에 전념하는 동안 여성들은 이 르네상스 레이스 뜨기로 생계를 지탱해 왔습니다. 지금도 많은 여성의 수입원입니다.

현재 르네상스 레이스를 뜨는 지역은 브라질 북동부의 파라이바(Paraíba)주와 페르남부쿠주의 주도가 있는 연안 지역에서 200km 정도 떨어진 내륙 일부 지역에 한합니다. 처음 방문한 해는 2015년. 정보가 적은 지역이었지만 어찌저찌 레이스 뜨기 협동조합의 조합장과 연락이 닿아서 거래를 시작했습니다. 그 후로도 여러 번 방문했는데 코로나 팬데믹 사태가 터지면서 현지 생산이 순조롭지 않아서 일시적으로 중단했습니다. 2023년 초에 같은 지역의 레이스 장인인 호자 씨를 만나서 지금은 안정적으로 거래를 유지하고 있습니다.

호자 씨는 레이스에 관련된 일을 60년 넘게 해왔는데 레이스 디자인과 제작 지휘도 하고 있어서 가장 왕성하게 일했을 때는 벨기에 같은 유럽 국가와 거래도 하면서 해외 출장도 갔다고 합니다. 이렇게 그토록 염원하던 르네상스 레이스를 넣은 리넨 원피스와 블라우스를 만들게 됐습니다. "레이스라고 하면 유럽계 사람이 뜬다고 여기기 십상인데 여기에서는 다양한 인종의 뜨개 장인이 활동하고 특히 선주민 출신 장인 중에 솜씨가 뛰어난 사람이 많아요"라고 호자 씨가 알려줬습니다.

르네상스 레이스는 가로세로 10cm 크기를 뜨는 데에 하루가 걸립니다. 작품 크기에 따라서는 팀을 구성해서 4개월에서 1년이 걸리는 것도 있습니다. 그렇지만 레이스 장인은 레이스를 뜰 때가 가장 편안한 시간이라고 입을 모아 이야기합니다. 자기들이 만든 새하얀 레이스를 자랑스럽게 펼쳐 보이는 모습이 인상적이었습니다. 현재 바늘 레이스 생산은 본가 유럽에서도 장인의 고령화가 진행 중이며 다른 지역에서도 보기 힘들어지면서 감소 추세를 보이고 있습니다. 현역 장인이 왕성하게 레이스를 만드는 브라질은 세상에 남은 마지막 장소일지도 모르겠습니다.

앞으로의 전망

올해는 일본에서 브라질 이민이 시작된 지 130주년인 해입니다. 제가 학생 때부터 오랫동안 알고 지낸 일본계 브라질 가족에게는 브라질 출장 때마다 신세를 지고 있습니다. 먼 나라이지만 굉장히 친근한 나라이기도 합니다. 세계적으로 잘 알려지지 않은 브라질 수공예의 명맥이 끊어지지 않도록 미력하나마 보탬이 되고 싶은 마음에 일본의 라이프 스타일에 잘 어울리는 제품 제작에 힘쓰고 있습니다.

재봉실로 제작한 귀걸이 모티브. 보빈 레이스만이 표현할 수 있는 섬세함이 두드러집니다.

G/프랑스 바늘 레이스에 뿌리를 둔 르네상스 레이스지만 브라질에서 독자적으로 진화한 무늬가 많습니다. 레이스 무늬에 브라질다운 이름이 붙어 있습니다. Abacaxi 파앤애플(①), Aranha 거미(②), Casinha de abelha 벌집(③), Pipoca 팝콘(④), Mosca 파리(⑤), Traça 나방(⑥). H/하얀 브레이드에 갈색 그러데이션 실과 하얀색 실로 레이스를 뜨는 모습. 브라질산 르네상스 레이스 전용 100% 코튼실로 쫀쫀하게 떠서 굉장히 튼튼한 제품이 완성됩니다. I/베이지색 브레이드와 실로 짠 테이블 러너. 알라냐(aranha)라고 불리는 동그란 무늬가 물방울처럼 보이는 게 특징입니다. J/레이스 디자이너인 호자 씨. 맨손으로 속속 디자인을 그립니다. K/호자 씨가 디자인해 준 블라우스의 목둘레 L/목둘레 부분만 브라질에서 뜨고 일본에서 100% 리넨 천으로 블라우스나 원피스를 완성하는 프로젝트를 전개하고 있습니다.

Yasuko(야스코, 야마모토 야스코, 山本康子)

일본 도쿄 출신. 꼴로리다스 대표. 대학생 때 중남미 배낭여행을 하고 졸업 후에 사회 경험을 쌓은 다음에 브라질로 유학을 떠났다. 그 후로 여행사와 무역회사에서 실무를 경험하면서 브라질과 일본을 잇는 일을 하고 싶어 꼴로리다스를 설립했다. 황금 풀 액세서리를 'Bio Jewelry 비오 주얼리®'라는 이름으로 브랜드화했다. 가마쿠라에 매장이 있다.

http://coloridas.jp

Enjoy Keito

여름 햇살과 냉방에 대비해서 활용도가 높은 필수 아이템을 소개합니다. 둘 다 가볍고 콤팩트해서 들고 다니기에도 안성맞춤이에요.

photograph Hironori Handa styling Masayo Akutsu hair&make-up AKI model Edwina(170cm)

AMANO MAYU LACE
아마노 마유 레이스

로열 알파카 60%, 캐시미어 20%, 실크 20%, 색상 수/4, 1타래/50g, 실 길이/약 400m, 실 종류/극세, 권장 바늘/대바늘 0~5호
알파카와 캐시미어, 실크를 섞어서 만든 실은 부드럽고 아름다운 편물이 완성됩니다. 고전적인 딥 다이(deep dye) 기법으로 시간과 수고를 아끼지 않고 염색한 고품질의 레이스 실입니다.

기본적인 다이아몬드 무늬의 숄

가터뜨기를 중심으로 걸기코와 2코 모아뜨기, 3코 모아뜨기로 뜨는 베이직한 무늬의 숄. 샘플 색상인 에크뤼 외에도 사용하기 쉬운 색깔의 실로 균일한 단색이 아니라 조금씩 농담이 달라지는 법으로 염색했습니다. 부드러운 촉감에 가벼우면서도 따스해서 매일 들고 다니고 싶은 숄입니다.

Design/Keito
Knitter/스토 데루요
How to make/P.125
Yarn/아마노 마유 레이스
Tops/SLOW 오모테산도점

삶을 물들이는 이벤트용 니트

비 오는 계절을 즐겨보아요

비가 오는 날엔 좋아하는 우산을 들고 나가보세요. 수국이 활짝 핀 길을 따라 천천히 산책하는 것도 참 좋답니다.
장화를 신으면 물웅덩이도 걱정 없지요. 짧은 장마철, 아름다운 풍경을 즐겨보는 건 어떨까요?

photograph Toshikatsu Watanabe styling Akiko Suzuki

수국

동글동글 사랑스러운 수국은 장마철 풍경을 한 층 더 아름답게 물들이지요.
수국은 토양의 산성도에 따라 색이 달라지는데, 일본에서는 주로 시원한 파란색 수국을 많이 볼 수 있답니다.

Design／마쓰모토 가오루
How to make／P.134
Yarn／DMC DMC 25번 실

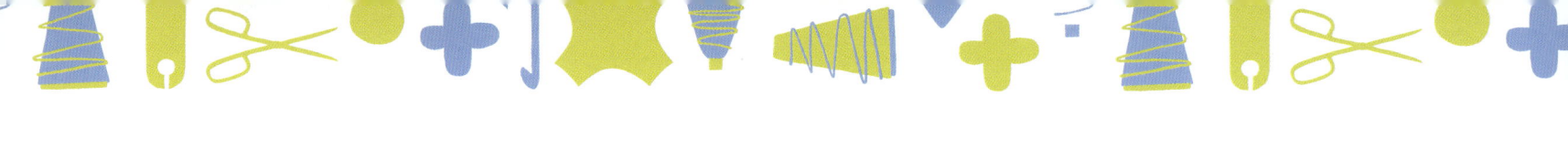

saredo
re-specked cotton
사레도 리·스펙트 코튼

리사이클 코튼 100%, 색상 수/12, 1콘/200g, 실 길이/약 780m, 실 종류/중세, 권장 바늘/대바늘 3~6호
일본 방직공장에서 생산할 때 생긴 솜 부스러기(미사용 섬유)를 100% 재활용한 리사이클 코튼 중세사. 'MADE IN JAPAN'의 친환경 리사이클 소재입니다. 사레도의 다른 리사이클 코튼으로도 바꿔서 뜰 수 있습니다.

산뜻한 코튼 볼레로

부분적으로 배치한 비침무늬와 테두리뜨기가 깜찍한 한 벌. 짧은 기장이라 티셔츠와 원피스 위에 걸치면 멋지게 연출할 수 있습니다. 밝은 색도 차분한 색도 모두 갖추고 있어서 사용하기 편한 색을 골라서 쓰면 됩니다. XS~XL 5사이즈의 도안 모두 1콘으로 만들 수 있습니다.

Design／miu_seyarn
Knitter／스토 데루요
How to make／P.130
Yarn／사레도 리·스펙트 코튼

One-piece／산타모니카 하라주쿠

달팽이, 장화, 그리고 우산

달팽이는 육지에 사는 나선형 껍데기를 가진 복족류로, 사실은 연체동물이라고 해요. 건조한 날씨에 약해서 무더운 여름엔 여름잠을, 추운 겨울엔 겨울잠을 잔다고 하네요.

Design／마쓰모토 가오루
How to make／P.134
Yarn／DMC DMC 25번 실

자수실로 만든 미니 장화와 우산이에요. 장화는 4cm, 우산은 약 11cm 크기로 만들었어요. 정교하고 퀄리티가 높아 작은 인형들과도 잘 어울릴 것 같아요. 우산대는 와이어로 표현했고, 우산 천 부분은 짧은뜨기에 사슬코를 넣어 세심하게 접힌 느낌까지 살렸어요. 수국의 꽃처럼 보이는 부분은 사실 꽃이 아니라 꽃받침이 변한 거예요. 미묘한 그레데이션 색감은 세 가지 색의 꽃받침을 조화롭게 섞어 만든 여섯 개의 꽃송이를 합쳐서 연출했어요. 달팽이의 귀여운 더듬이는 시드 비즈로 표현했고요. 솜을 넣은 몸통에 껍데기 두 장을 덧붙인 구조라 몸통을 더 나오게 하거나 껍데기를 바꿀 수도 있고, 껍데기를 아예 벗겨서 민달팽이 버전으로도 즐길 수 있답니다.

어른스럽고 사랑스러운, 캐미솔+α

여름 실로 뜬 캐미솔은 여름 코디의 주인공! 같은 실로 만든 아이템을 더해 세트로 입으면 코디가 한층 완성도 있어 보여요.

photograph Hironori Handa styling Masayo Akutsu
hair&make-up AKI model Edwina(170cm)

크롭 기장의 캐미솔에 랩오버 스커트를 매치하면 멋스러운 셋업이 완성돼요. 물론 각각 따로 입어도 활용도 만점이랍니다. 캐미솔의 어깨끈은 단추 위치로 조절할 수 있어 체형에 맞춰 입을 수 있어요. 와이드 팬츠나 데님과 함께 매치해 내추럴한 여름 스타일을 완성해보세요. 수영복 위에 걸쳐도 정말 예뻐요.

Design／오타 신코
Knitter／스토 데루요
How to make／P.136
Yarn／퍼피 퍼피 리넨 100

Pants／SLOW 오모테산도점
Bangle white×gold／하라주쿠 시카고(하라주쿠/진구마에점)
Clear Bangle／산타모니카 하라주쿠점

뒤쪽에서 묶는 앞치마 스타일 덕분에 무더운 날씨에도 시원하게 입을 수 있어요. 또 파도처럼 퍼지는 비침무늬가 여름 분위기를 더해주지요. 화려한 멀티 컬러 캐미솔에 같은 디자인의 가방을 매치하면 마치 캐미솔이 하나 더 생긴 듯한 느낌도 든답니다. 기분 좋은 유쾌함이 느껴지는 디자인이에요.

Design／오쿠즈미 레이코
How to make／P.132
Yarn／퍼피 아게이트

Pants／하라주쿠 시카고(하라주쿠/진구마에점)
Tank top・Bangle／SLOW 오모테산도점

코바늘뜨기와 대바늘뜨기를 조합해 만든 캐미솔은 기장을 늘리면 캐미솔 원피스로 변신한답니다. 뜨개 기법에 따라 달라지는 그러데이션 얀의 변화가 정말 예쁘게 드러나는 작품이에요. 어깨끈의 테두리뜨기는 목둘레와 진동둘레에서 앞뒤 몸판을 이어 한 번에 뜨는 디자인이라 완성도도 높아요.

Design／가마타 에미코
Knitter／이즈카 시즈요
How to make／P.144
Yarn／다이아몬드케이토 다이아 오랑주

Tank top／SLOW 오모테산도점
Scarf／하라주쿠 시카고 하라주쿠점
Bangle／하라주쿠 시카고(하라주쿠/진구마에점)

편집부 추천! 자투리 실 활용술

뜨개인들의 공통적인 고민은 '자투리 실'. 《털실타래》에도 지금까지 여러 번 그 활용 기술을 실었습니다. 이번 호에서는 《털실타래》에서 '만드는 법' 페이지를 담당하는 스태프 중 한 사람인 '공장장(뜨개를 너무 좋아해서 바로 공장처럼 양산해 버리기 때문에 붙은 별명)'의 자투리 실 활용법을 소개하겠습니다.

먼저 실 정리를

뜨개질하다 보면 쌓이는 자투리 실. 일단 남은 양별로 나눠서 분류해 놓으면 사용하기 쉽습니다. 어느 정도 양이 되는 실은 모티브나 액세서리를 뜬다든지 코스터를 만든다든지 다양한 작품으로 활용하면 되는데 그렇게 하기 힘든, 애매한 양의 실도 제대로 활용할 수 있습니다.

어느 정도 넉넉하게 남은 실은 다른 방법으로 활용합니다(P.41).

비슷한 색별로 병이나 지퍼백 같은 데에 나눠서 보관하면 쓰기 편합니다.

애매한 길이의 실이 꽤 쌓였습니다.

실을 이어서 새로운 실로

색의 균형을 생각하면서 애매하게 남은 실을 이어서 길게 만듭니다. 실 잇는 방법은 무엇이든 상관없지만, 매듭이 작고 잘 풀리지 않는 '직조매듭(はた結び)'을 추천합니다.

[직조매듭]

❶실꼬리끼리 교차시킵니다.

❷실이 만나는 지점을 누른 채로 엄지손가락에 실을 감아서 왼쪽에 원을 만들고, 오른쪽에 있는 실꼬리를 원 사이에 넣습니다.

❸화살표 방향으로 긴 쪽의 실을 당깁니다.

❹직조매듭을 완성했습니다. 매듭이 쉽게 풀어지지 않는지 좌우로 당겨서 확인해 보세요.

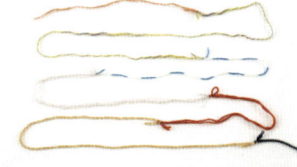
❺계속해서 실을 이어갑니다.

[가는 실의 경우]
거의 굵기가 비슷하도록 실을 연결하세요. 실이 가는 경우에는…

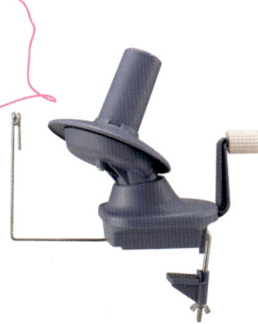
실 감는 기계를 가지고 계신 분은 당연히 기계로 감으면 빠르겠지요!

❶다른 실과 합사해서 굵기를 조절합니다.
❷가는 실끼리는 반으로 접어서 교차시켜 놓으면 묶을 필요가 없습니다.

실을 감아서 실뭉치를 만든다

실을 이었으면 잘 감아서 실뭉치를 만듭니다. 실 감는 기계(실 와인더)가 없어도 손쉽게 사용할 수 있는 실뭉치를 만들 수 있습니다.

❶실꼬리를 길게 남기고 손바닥쪽에서 엄지손가락에 실을 겁니다.

❷실꼬리를 엄지손가락으로 누른 상태에서 새끼손가락과 약지손가락 사이를 지나서 새끼손가락에 실을 걸어서 엄지손가락으로 돌아옵니다.

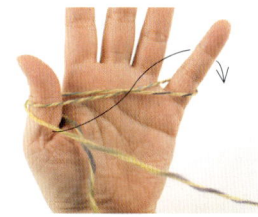
❸엄지손가락 바깥쪽에서 앞쪽으로 실을 걸고 새끼손가락에 다시 겁니다.

❹8자를 그리듯이 엄지손가락과 새끼손가락에 실을 걸며 감습니다.

❺8자를 그리면서 나비 모양으로 감을 수 있을 때까지 감습니다.

❻손가락이 꽉 찰 때까지 감으면 8자 모양이 무너지지 않도록 손가락에서 빼냅니다.

❼반으로 접어서 그것을 심으로 삼아서 계속 실을 동글게 감습니다. 이때 시작 쪽의 실꼬리를 밖으로 꺼내놓습니다.

❽시작 쪽 실꼬리가 도망가지 않도록 주의하면서 단단하지 않게 모양을 둥글게 잡으며 감습니다.

시작 쪽 실꼬리는 실뭉치 안쪽에서 나오니 여기부터 사용하면 실뭉치가 굴러다니지 않고 뜨기도 쉽습니다.

[정사각형으로 뜨기]

좌우에서 줄임코하면 역삼각형 모양으로 코가 줍니다. 삼각형 단 쪽의 변이 원하는 길이가 되면 줄임코를 시작합니다.

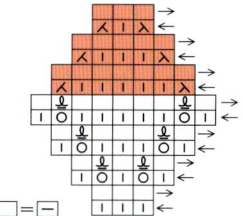

[직사각형으로 뜨기]

삼각형의 단 쪽 변을 원하는 길이만큼 뜨면 오른쪽은 늘림코, 왼쪽은 줄임코하면서 직사각형으로 만듭니다. 오른쪽 변이 긴 변이 되니 마음에 드는 길이만큼 뜨면 오른쪽도 줄임코해서 직사각형을 완성합니다.

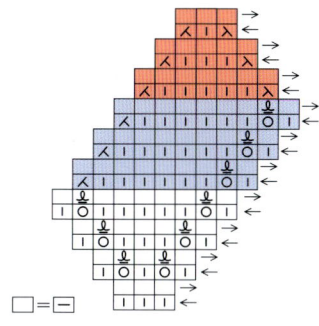

🌀 연결한 실로 뜨기

자투리 실을 연결해서 만든 실은 이른바 '셀프 그러데이션 실'입니다. 실꼬리도 그대로 살려서 뜨면 귀엽습니다. 어떻게 사용하든 자유지만 공장장의 추천은 마음에 드는 크기로 넓혀 가며 뜨는 가터뜨기입니다.

이 뜨개의 좋은 점은 뜨면서 크기를 정할 수 있어 게이지를 낼 필요가 없다는 것입니다. 크기가 마음에 들 때까지 자유롭게 떠 보세요.

[삼각형으로 뜨기]

좌우에서 늘림코해서 펼쳐가며 뜹니다.

3코로 뜨개를 시작해서 좌우에서 늘림코하며 왕복뜨기합니다.

원하는 크기로 뜹니다.

좌우 가장자리의 1코 안쪽을 걸기코를 해서 코를 늘리고 다음 단에서는 걸기코를 돌려뜨기만 하면 됩니다. 같은 과정을 반복해서 넓혀갑니다.

🌀 어느 정도 넉넉한 양이 남은 실로 뜨기

어느 정도 분량이 남은 실은 랜덤으로 떠서 줄무늬뜨기하는 것을 추천합니다. 코바늘뜨기로 다양한 실을 조합해서 만든 멀티 줄무늬 목도리는 어떨까요? 뜨개 시작과 뜨개 끝의 꼬리실을 프린지처럼 남겨 놓으면 실정리할 필요도 없습니다.

다양한 타입의 실을 조합해서 뜬 스와치입니다. 기본 짧은뜨기를 하는데 굵은 실은 사이에 사슬뜨기를 넣어서 짧은뜨기하거나 더 굵은 실은 링뜨기를 하면 굵기가 다른 실도 자연스럽게 조합할 수 있습니다.

다양한 종류의 실로 떠 봤어요.

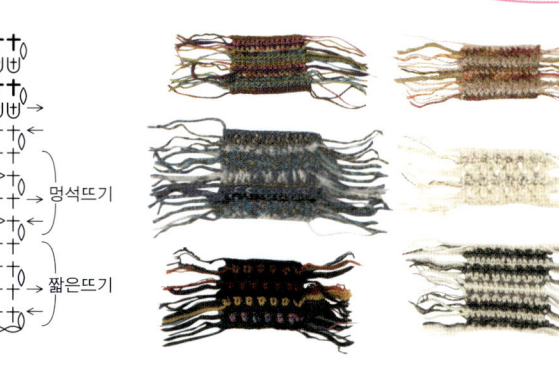

→ 멍석뜨기
→ 짧은뜨기

U = 짧은뜨기 링뜨기
+ = 링뜨기의 고리에 뜨다

달팽이 매트도 추천!

작년 겨울호에 소개한 가터뜨기를 튜브 모양으로 만들어서 만든 달팽이 매트도 자투리 실 활용법으로 강력하게 추천합니다 (자세한 내용은 《털실타래 2024 Vol.10 겨울호》 89쪽 참고).

스와치 담요

남은 실로 사각형을 떠 놓았다가 이어 붙여서 담요로 만들어도 멋집니다. 게이지를 낸 스와치나 무늬뜨기를 샘플뜨기한 것들도 함께 조합할 수 있습니다. 모티브끼리 잇는 감칠질 실도 자투리 실을 사용해 보세요!

작품을 떴을 때의 추억이 되살아나는 스와치를 조합했습니다. 작은 틈에는 코바늘로 뜬 모티브를 연결하면 어떨까요?

멋지게 빈틈없이 연결하기 힘들 때는 작은 파트를 추가로 떠서 틈을 메우세요.

다양한 아이템으로 남은 실을 활용해 보세요!

Color Palette

플라워 에지 레이스 크로셰

고급 레이스 실로 정성껏 뜬 작품들은 여름 코디에 감각적인 포인트가 되어준답니다. 섬세한 편물에 꽃 모양의 연속 모티브를 곁들여 로맨틱한 분위기를 연출했어요.

photograph Shigeki Nakashima styling Kuniko Okabe, Yuumi Sano
hair&make-up Chie Ishikawa   model Robin J(165cm)

Green × Pink

'바브슈카'는 러시아어로 '할머니'라는 뜻인데, 할머니들이 머리에 두르던 스카프에서 유래된 이름이에요. 요즘에는 크로셰의 인기 덕에 복고풍의 사랑스러운 아이템으로 다시 주목받고 있답니다. 클래식한 헤어밴드도 바브슈카 스타일로 스타일링하면 트렌디하고 핫한 룩이 될 수 있어요.

Design／오쿠즈미 레이코
Knitter／오카 지요코
How to make／P.146
Yarn／올림포스 금표 40번 레이스 실

Pink × Babyblue

롱 타입의 레이스 타이는 은은한 투톤 배색으로 시크하면서도 부드러운 스타일로 완성했어요. 얼굴을 밝고 생기 있게 보이게 해주는 색감으로 만들어보세요. 과하지 않으면서도 멋스러운 포인트가 되어줄 거예요.

Babyblue × Pink

고급 이집트 면사 특유의 실크처럼 은은한 광택이 매력적인 장갑이에요. 클래식한 핑거리스 장갑은 원형 뜨기로 뜨다가 엄지 부분만 왕복뜨기로 뜨고 손가락 구멍을 내주면 완성되지요.

Blue

암 커버가 있다면 여름철 자외선과 에어컨 바람도 걱정 없답니다. 손가락 부분에도 같은 색으로 모티브를 떠 넣으면 고급스러운 분위기를 연출할 수 있어요.

Yellow × Babyblue

한 바퀴 가볍게 두를 수 있을 정도의 길이감으로 만든 레이스 타이예요. 가볍지만 존재감이 있어서 목에 포인트를 주기에 딱이랍니다. 컬러 배색을 취향껏 바꿔서 다양하게 즐겨보세요.

나리뜨개의
겐모우 튤립 스틱 베스트

튤립 무늬를 가로로 배색하고 스틱(steek) 기법을 이용해 만드는 베스트입니다.
바탕색과 튤립색에 따라 톡톡 튀는 느낌부터 은은하고 차분한 느낌까지 연출할 수 있는 디자인입니다.
취향에 따라 좋아하는 색을 골라 마음에 드는 베스트를 떠보세요.

도안 디자인 : 나리뜨개 / 촬영 : 김신정(p.44, p.45 오른쪽 상단) / 사진 제공 : 나리뜨개

아래부터 떠 올라가는 보텀업 방식의 베스트입니다. 소매와 목까지 원통으로 뜬 후 자르는 스틱 기법을 사용합니다. 겐모우 실은 잘 엉기고 가벼워서 배색 뜨기와 스틱 기법에 적합합니다. 배색 부분에 실을 걸쳐 뜨는 방법과 편물을 잘라 만드는 기법을 재미있게 익힐 수 있는 작품입니다.

Design／나리뜨개
How to make／P.187
Yarn／겐모우

키트 구매

Yarn Catalogue

봄·여름 실 연구

가벼움과 소재감에 신경 쓴 매력적인 실을 소개합니다.

photograph Toshikatsu Watanabe styling Akiko Suzuki

샹브르(Chanvre)
고쇼산업 게이토피에로

최고급 품질을 자랑하는 프렌치 리넨 100%의 실. 리넨 중에서도 부드러움과 탄력이 있고, 독특한 서걱거림을 즐길 수 있으며 감촉이 뛰어난 것이 특징입니다. 세탁에 강해 오래 애용할 수 있는 것도 리넨의 장점입니다.

Data
마 100%, 색상 수／12, 1볼/40g·약 225m, 실 종류／합세, 권장 바늘／1~2호(대바늘)·2~0호(레이스바늘)

Designer's Voice
리넨의 독특한 탄력과 서걱거리는 느낌이 기분 좋고, 산뜻한 질감은 여름에 딱 어울립니다. 꼬임을 강하게 줘서 무늬도 예쁘게 나타납니다.(오카모토 마키코)

코튼 맘
고쇼산업 게이토피에로

질감이 촉촉한 코튼을 100% 사용했습니다. 폭신하고 약간 약하게 연사한 실은 촉감이 좋아 부드럽게 감싸줍니다. 너무 단단하거나 느슨하지 않은 적당한 꼬임은 균일한 굵기로 뜨기 쉬우며 바늘도 매끄럽게 움직입니다. 피부가 약한 분에게도 권합니다.

Data
면 100%, 색상 수／8, 1볼/40g·약 125m, 실 종류／합태, 권장 바늘／4~5호(대바늘)·3/0~4/0호(코바늘)

Designer's Voice
면 100%인데 가볍고, 정통적인 파스텔컬러가 밸런스 좋게 갖춰져 있어서 여름 캐주얼웨어에도 안성맞춤이에요. 대바늘과 코바늘 어느 쪽으로나 무척 뜨기 쉬운 실이었습니다.(오카 마리코)

다이아오랑주
다이아몬드 모사

2색의 단색사와 그러데이션 실을 조합해 믹스 컬러를 만들었습니다. 실 표면에는 투명한 극세사를 커버링해서 섬세한 무늬의 편물에 자잘한 빛이 감돕니다. 질감이 부드러워 착용감이 좋아 초봄부터 오랜 기간 착용할 수 있는 작품이 만들어집니다.

Data
아크릴 41%, 폴리에스테르 37%, 레이온 20%, 나일론 2%, 색상 수／8, 1볼／30g・약 99m, 실 종류／합태, 권장 바늘／5~6호(대바늘)・4/0~5/0호(코바늘)

Designer's Voice
대바늘과 코바늘 어느 쪽이든 사용하기 알맞은 굵기의 그러데이션 실입니다. 자연스러운 투명한 반짝임이 지나치게 매트하지 않은 고급스러운 작품을 만들어줍니다.(가마타 에미코)

다이아티아라
다이아몬드 모사

릴리 안에 라메를 넣은 호화로운 실은 스타일리시한 소품 제작에 그만입니다. 소소한 의류를 떠도 근사합니다. 폭신하고 신축성이 있는 릴리 안은 굵은 바늘로 술술 뜰 수 있습니다. 시크한 색상이라서 전 시즌에 사용하고 싶은 소재입니다.

Data
폴리에스테르 100%, 색상 수／6, 1볼／50g・약 92m, 실 종류／초극태, 권장 바늘／15호~7mm(대바늘)・8/0~10/0호(코바늘)

Designer's Voice
극태사라서 숭덩숭덩 뜰 수 있어 큰 가방도 금방 만들 수 있습니다. 라메가 고급스러워서 심플한 편물도 화사해지므로 뜨는 것도 즐거운 실입니다.(ATELIER*mati*)

아게이트
퍼피

'무늬가 있는 마노'를 뜻하는 그 이름처럼, 지구 깊숙이에서 오랜 시간에 걸쳐 결정화된 아게이트 같은 그레데이션 색이 흐르는 실입니다. 느슨하고 부드러운 질감이라 뜨기 쉬워서 의류·소품 모두 즐길 수 있습니다.

Data
코튼 100%, 색상 수/5, 1볼/50g·약 135m, 실 종류/병태, 권장 바늘/6~8호(대바늘)·7/0~8/0호(코바늘)

Designer's Voice
굵은 면사지만 무척 가볍습니다. 드라이한 감촉이라서 뜨기 좋고, 개성적인 색 전개가 즐거운 실입니다.(오쿠즈미 레이코)

플래시 얀
메르헨아트

눈부시게 빛나는 테이프 얀입니다. 물에 젖거나 세탁해도 광택이 유지됩니다. 니시진오리 직물의 금사와 은사에도 쓰이는 착색 기술을 이용했으며, 검은색 외에는 대전 방지 효과도 있습니다. 보온성도 뛰어나 런치백 등에도 좋습니다.

Data
폴리에스테르 100%, 색상 수/4, 1볼/20g·약 40m, 실 종류/병태, 권장 바늘/8~10호(대바늘)·7/0~9/0호(코바늘)

Designer's Voice
대단히 탄력이 있는 실이므로 탄탄하게 뜨기를 권합니다. 풀어서 다시 뜨면 실이 구겨지므로 되도록 다시 뜨지 않도록 주의하며 뜹니다. 다리미로 다릴 수 없지만 단단한 물건으로 표면을 매만지면 코가 예뻐집니다.(Little Lion 지바 아야카)

대바늘 뜨개 대백과
전 세계 니터들의 뜨개 바이블
THE ULTIMATE KNITTING BOOK

100만 부 이상 판매된 뜨개 교과서
30년 넘게 사랑받은 궁극의 뜨개 안내서
전 세계 니터들을 위한 단 한 권의 대바늘 백과사전

1989년에 출간하고 최신 테크닉을 추가한 전면 개정판
실, 바늘, 도구 설명부터 현존하는 모든 대바늘 뜨개 기법까지!

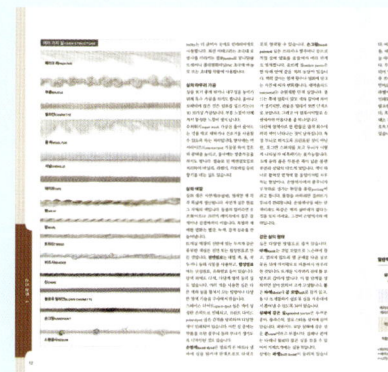  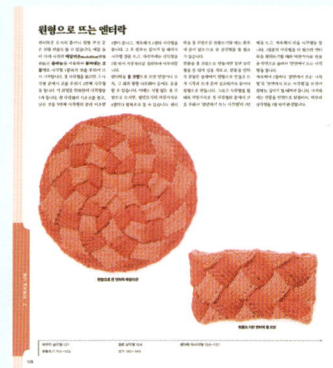 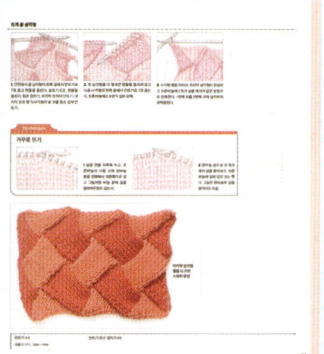

니터를 위한 뜨개 팁과 보그 과정 워크 시트,
뜨개 편물 디자인에 대한 모든 것!

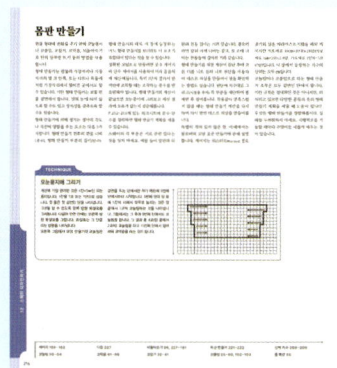 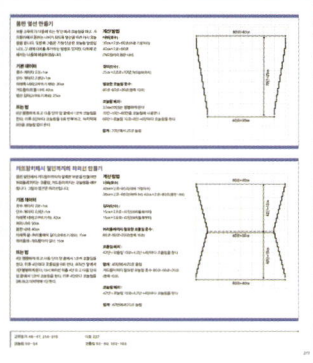 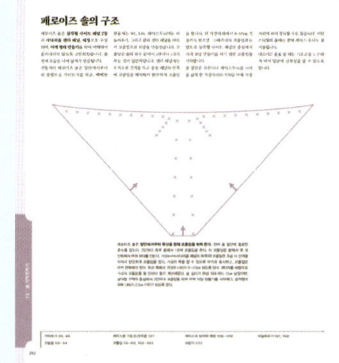 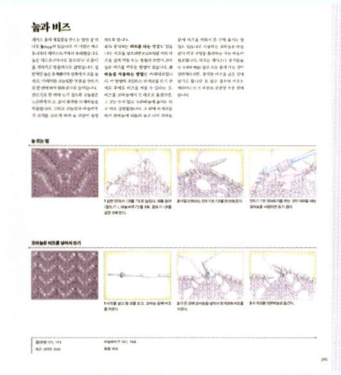

임금손의
맛있는 코바늘 소품

입맛이 없는 여름, 맛있는 코바늘 소품을 만들어 보세요.
입맛을 돋우는 핫케이크 휴지 케이스와 수분을 채워 주는 마토마 텀블러백을 소개합니다.
재치 있는 임금손의 코바늘 소품으로 유쾌한 여름나기!

도안 디자인 : 임금손 / 촬영 : 김신정 / 사진 제공 : 임금손(p.51 왼쪽 상단, 오른쪽 하단)

2

시원한 그물 형태의 마토마 텀블러백입니다. 토마토 모양의 키링으로 가방에 달고 다니다가 속에 있는 그물백을 꺼내면 가방으로 변신합니다. 생수병이나 텀블러를 넣어 더운 여름, 수분을 충전하세요.

Design／임금손
How to make／P.184
Yarn／로미오

포근하고 부드러운 알리제 벨루토 실로 만드는 핫케이크 휴지 케이스입니다. 맛좋은 핫케이크처럼 보이지만 두루마리 휴지를 쏙 숨길 수 있습니다. 핫케이크 꼭대기에 올라가는 버터 뚜껑을 열고 휴지를 꺼내면 기분이 좋아질 거예요.

Design／임금손
How to make／P.186
Yarn／알리제 벨루토

KEITODAMA EXPRESS

Yarn World

신여성의 수예 세계로 타임슬립!
팔꿈치 패드 (코바늘뜨기)

팔꿈치 패드에도 사용했던 꽃병 깔개 삽화.

가지야마 아키라의
《여자 기예 편물 신서》

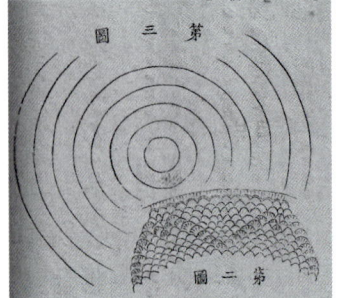

벚꽃 레이스뜨기 도안

벚꽃 레이스뜨기 삽화

이시이 도미코의
《속편물 안내서》

털실로 뜬
국화 팔꿈치 패드를 재현

레이스뜨기를 씌운
팔꿈치 패드를 재현

《소녀 구락부》 부록 〈소녀 편물 수예〉와 삽화

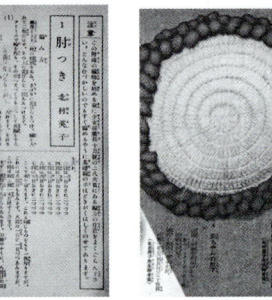

이로도리 레이스 자료실 기타가와 게이

일본 근대 서양 기예사 연구가. 일본 근대 수예가의 기술력과 열정에 매료되어 연구에 매진하고 있다. 공익재단법인 일본수예보급협회 레이스 사범. 일반사단법인 이로도리 레이스 자료실 대표. 유자와야 예술학원 가마타교·우라와교 레이스뜨기 강사. 이로도리 레이스 자료실을 가나가와현 유가와라에서 운영하고 있다.

http://blog.livedoor.jp/keikeidaredemo

저는 '생활 소품 만들기 배움 네트워크' 아이코쿠가쿠엔 단기대학 가메이 유코 특임 교수가 여는 초등학생 뜨개질 자원봉사 활동에 10년째 참가하고 있습니다.

최근 두드러진 경향 중 신경 쓰이는 점이 있습니다. 아이들의 좌우 손가락 힘이 불균형한 것입니다. 어깨에도 힘이 지나치게 들어가 뜨개질도 딱딱, 몸도 딱딱한 것 같습니다. 이것은 아이들만의 일이 아닙니다.

그래서 제 교실에서는 힘을 빼기 위한 대책으로 무릎 위나 테이블에 팔꿈치를 괴고 뜨개질을 하고 있습니다. 어깨에서 손끝까지 생기는 부담이 줄기 때문입니다. 보기에는 나쁘지만요. 사실은 신여성들도 팔꿈치를 괴고 뜨개질을 했습니다. 좌탁이 마침 팔꿈치를 괴고 뜨기 좋은 높이였던 것이겠지요. 그때 필요한 굿즈가 팔꿈치 패드입니다. 그녀들이 방석이나 꽃병 깔개(도일리)처럼 둥글게 뜨는 법을 마스터한 뒤에 떠올린 발상일 겁니다. 이번에는 코바늘로 뜨는 팔꿈치 패드를 소개합니다.

첫 번째는 1907년 《여자 기예 편물 신서》(광문당)에 실린 팔꿈치 패드입니다. 편물 기사 편집자인 가지야마 아키라 씨가 소개한 작은 조릿대뜨기 테두리가 있는 도일리를 2장 꿰맨 것입니다. 솜을 넣는 방법을 궁리한 디자인으로, 둘레는 조금 얇아도 지장이 없다고 보고 팔꿈치가 닿는 중앙 부분을 가장 신경 써서 단단하고 두툼하게 넣었습니다. 교본의 삽화는 팔꿈치 패드가 아니라 도일리 도안을 그대로 실었습니다. 당시 출판사에는 뜨개 전문 부서가 있는 게 아니라서 삽화가에게 편물 지식이 없었던 것을 짐작할 수 있는 페이지입니다.

두 번째는 1910년 《소년 세계》, 《속편물 안내서》(박문관)에도 실려 있습니다. 인기 편물 작가 이시이 도미코 씨에 따르면, 단색 털실로 2장 떠 잇대어 붙이고 솜을 채웁니다. 그런 다음 레이스뜨기로 벚꽃무늬가 떠오르는 작은 도일리를 2장 뜨고 속 부분에 씌워 떠서 연결합니다. 일본의 벚꽃무늬 팔꿈치 패드입니다.

세 번째는 1935년 《소년 구락부》에 실렸던 역시 일본 특유의 국화를 본뜬 털실 팔꿈치 패드입니다. 메이지 시대부터 귀여운 팔꿈치 패드는 뜨개질에 빼놓을 수 없는 굿즈였지만, 지금은 컴퓨터 작업을 할 때 손목의 부담을 덜어줄 손목 받침대로 쓸 수 있을 것 같습니다. 신여성의 기분으로 꼭 한번 떠보는 건 어떨까요.

Yarn World
KEITODAMA EXPRESS

역시 궁금하다! 뜨개의 수수께끼
코바늘뜨기의 초심자 함정

뜨개 요정(설정)입니다. 여기서는 '뜨개질에 관한 의문점이나 궁금증, 수수께끼 등을 속 시원하게 해결!' 하면 좋겠지만 그것을 최종 목표로 삼지 않고 푸념을 담아 여러분과 공유해버리자는 컨셉이니 미리 양해 부탁드립니다.

이번에는 코바늘뜨기의 '초심자 함정'에 대한 이야기입니다. 첫 번째 타자는 '다발'. 주로 사슬뜨기가 포함된 무늬일 때 사용되는 코줍기 방법입니다. 보통 앞단의 코의 머리를 주울 때 사슬코를 휘감으며 뜹니다. 도안에도 나오지만 이 경우 1단째와 가장자리가 아닌 코, 특별히 지정하지 않는 한은 다발로 줍습니다.

또 보빈레이스 수준으로 세세한 이야기를 하자면, 코바늘뜨기의 뜨개 기호, 예를 들면 짧은뜨기의 정식 명칭은 '짧은뜨기 코'입니다. 눈치챘나요. 코바늘뜨기만 끝에 '코'가 붙는 것을요. 알고 있었나요? 참고로 대바늘뜨기는 뒤죽박죽…. 이걸 생각한 것만으로 잠들 수 없는 날들을 보냈습니다.

기초코 문제도 있습니다. 대바늘뜨기는 기초코를 1단으로 세는데(일본 보그사의 경우), 코바늘뜨기의 사슬 기초코는 1단으로 세지 않습니다. 애초에 근본이 다른 건 이해하지만 역시 신경 쓰입니다. 그러고 보니 '기둥코'에 대해서도 충분히 이해하지 못했습니다(정말로).

쓰다 보니 자신의 무지함에 회복할 수 없는 충격을 받은 역사가 되살아나는 듯합니다. 어쩌면 저처럼 대바늘뜨기를 한 뒤 코바늘뜨기를 시작한 사람은 특히 이 '초심자 함정'으로 적잖이 혼란스러워하지 않았을까요. 지난 화처럼 푸념처럼 되어 민망하지만 코바늘뜨기의 수수께끼, 여러분도 있지 않나요?

'다발로 줍다(뜨다)'에 대해서 (한길 긴뜨기를 2코 떠 넣는 경우)

다발로 줍다

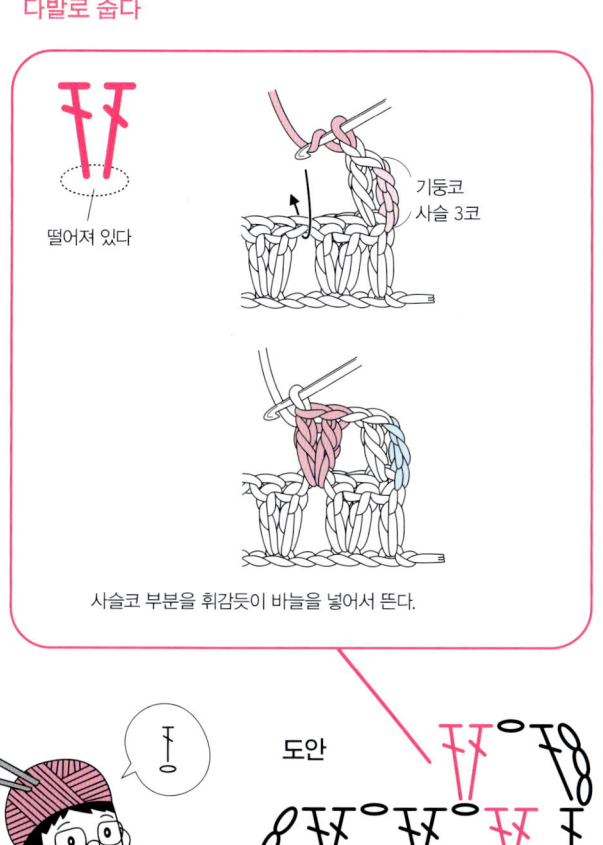

1코의 경우도 지정하지 않으면 다발로 주워도 된대!?

코를 줍다

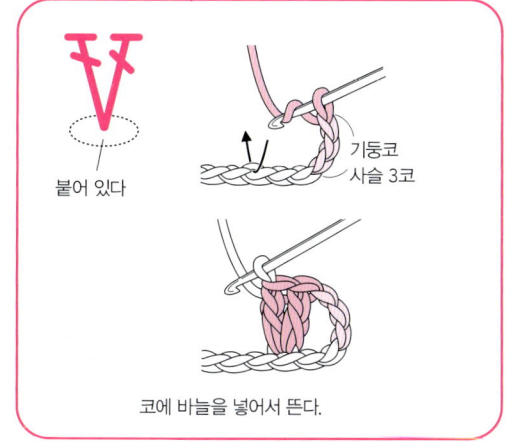

[추천하는 기본서]

セーターの編み方ハンドブック
(스웨터 뜨는 법 핸드북)
스웨터 뜨는 법부터 실패하기 쉬운 포인트까지 친절하고 자세하게 설명한다.

새로운 대바늘 손뜨개의 기초
바늘 잡는 법부터 뜨개 기호까지 망라. 단계별로 작품을 뜰 수 있도록 구성했다.

새로운 코바늘 손뜨개의 기초
초심자가 작품을 뜰 수 있을 때까지 보조해주는 스테디셀러 중 하나.

뜨개 요정
손뜨개와 지독한 사랑에 빠진 손뜨개 책 편집자. 인간과 동물에 무해한 뜨개 요정이라는 설정입니다. 비공식&요정의 시선으로 손뜨개의 매력을 집요하게 업로드 중.
X : @nv_amimono Instagram : amimonojapan Web : amimono.me

이제 와 물어보기 애매한!?

뜨개 고민 상담실

톱다운 의류 뜨는 법

꿰매 잇기 없이 뜰 수 있는 톱다운 의류는 인기가 있지만 평면적으로 나타낸 도안을 보면 실제로 어떻게 떠지는지 이미지가 잘 그려지지 않는 것 같습니다.
이번에는 도안과 맞추며 뜰 때의 이미지를 소개합니다.

촬영/모리야 노리아키

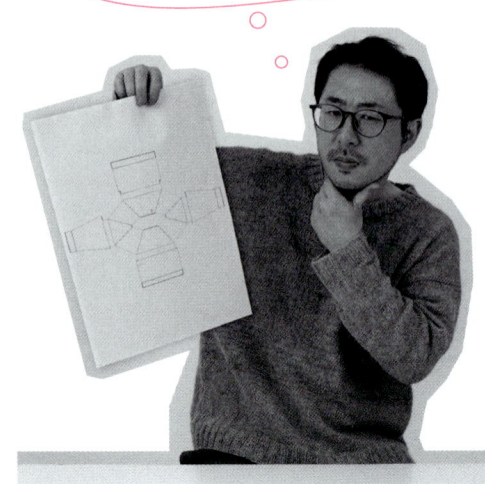

톱다운은 거꾸로 뜬 것.
도안을 보고 머리로 생각하는 것보다,
일단 뜨기 시작해버리면 이해가 될지도!

이제 와 새삼 고민 해결사

상담

- 톱다운 의류에 도전하고 싶은데
- 평소와 다른 도안 때문에 당황스럽습니다
- 위에서부터라니, 어떻게 뜨면 될까요?

톱다운 풀오버 뜨는 법
(대바늘뜨기, 래글런 슬리브)

톱다운의 정석, 래글런 슬리브 풀오버로 뜨는 순서를 살펴봅시다.
도안만 봤을 때 잘 이해되지 않는 것은 실제로는 원형뜨기로 연결해서 뜬 부분이 떨어져서 표기되기 때문입니다.
뜨는 순서를 이 도안과 오른쪽 페이지의 그림 순서와 비교하면서 봅시다.

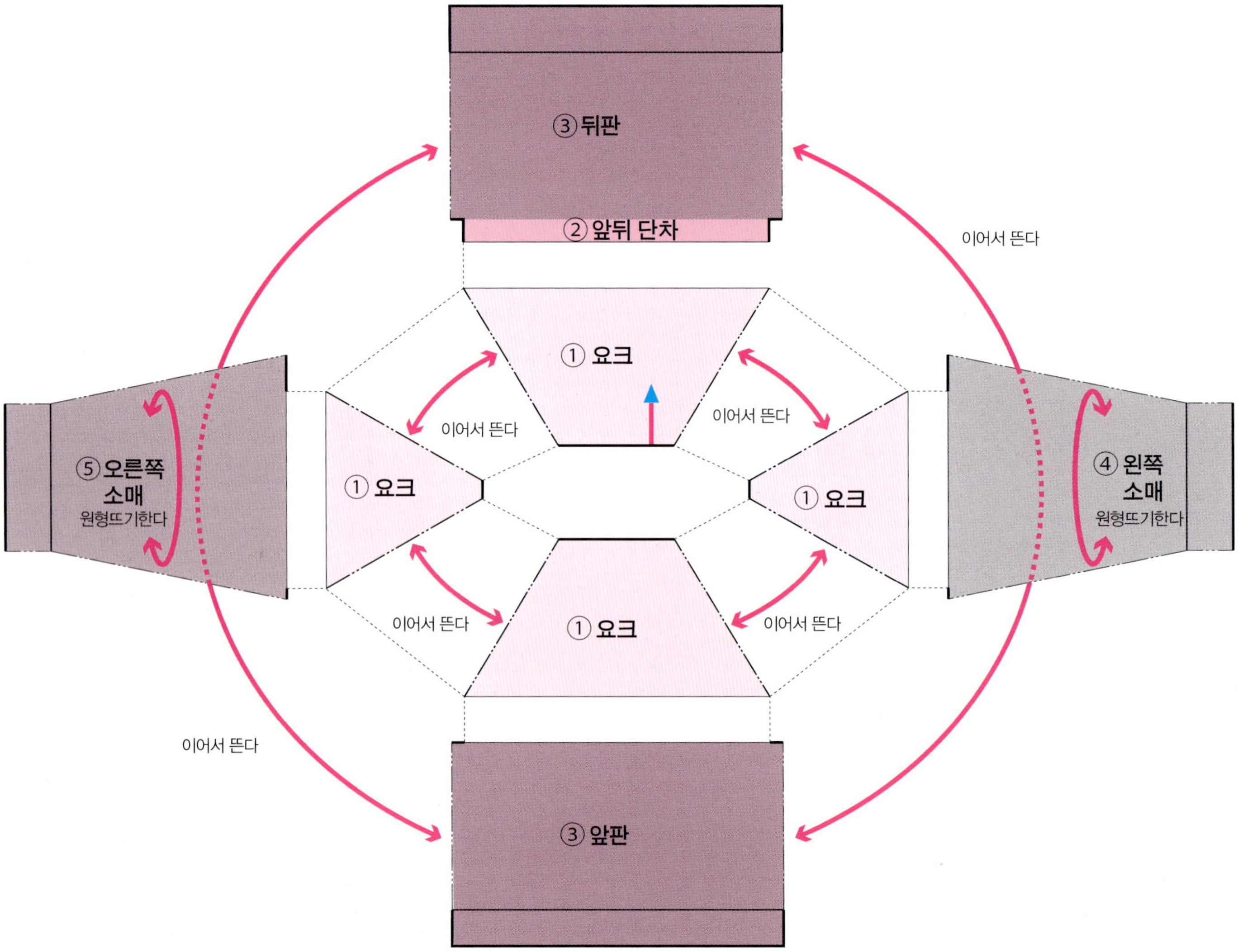
③ 뒤판
② 앞뒤 단차
이어서 뜬다
① 요크
이어서 뜬다
이어서 뜬다
① 요크
① 요크
⑤ 오른쪽 소매
원형뜨기한다
④ 왼쪽 소매
원형뜨기한다
이어서 뜬다
① 요크
이어서 뜬다
이어서 뜬다
③ 앞판

뜨는 법 순서

줄바늘로 뜨는 것을 추천해요.

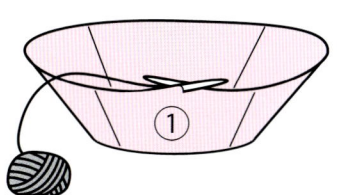

❶ 목둘레선부터 기초코를 만들고 원형으로 뜨기 시작합니다. 뒤판, 오른쪽 소매, 앞판, 왼쪽 소매의 총 콧수로 만듭니다. 4군데의 래글런선에서 지정 늘림코를 하고 요크를 뜹니다.

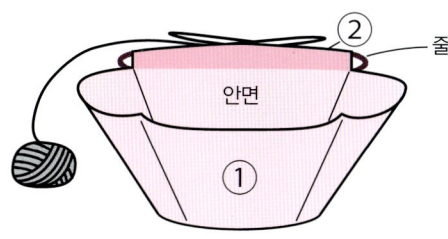

❷ 뒤판만 앞뒤 단차를 왕복뜨기로 떠서 늘립니다.

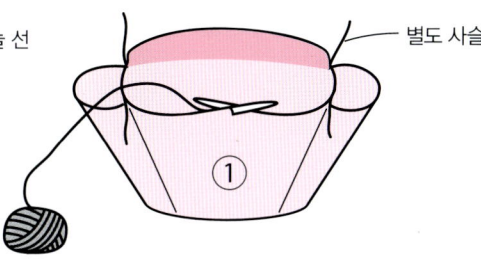

❸ 좌우 소매 부분의 요크의 코를 각각 별실에 옮겨 쉬어둡니다. 거싯이 별도 사슬인 경우는 별도 사슬을 각각 만들고, 뒤판, 오른쪽 거싯, 앞판, 왼쪽 거싯을 이어서 줍니다.
★옆선에 실을 잇는 경우나, 감아 늘림코를 해서 뜨기 시작하는 경우도 있습니다.

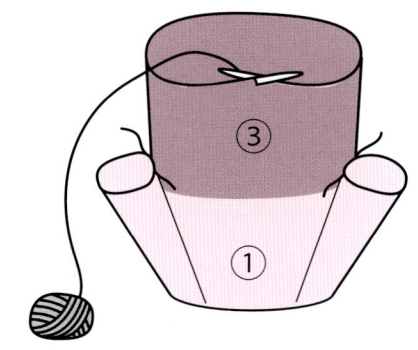

❹ 원형뜨기로 몸판을 뜹니다.

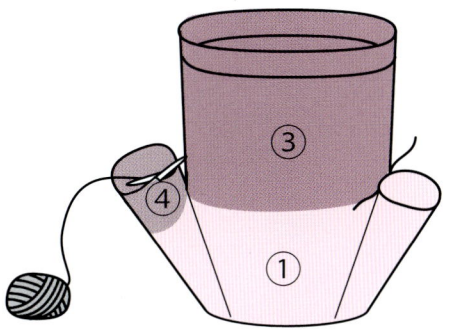

❺ 밑단까지 떴으면 쉬어둔 요크의 소매 부분의 코를 바늘에 옮깁니다. 거싯의 중심에 실을 잇고, 거싯의 코와 뒤판의 앞뒤 단차의 단에서 코를 주워 소매를 원형 뜨기합니다.

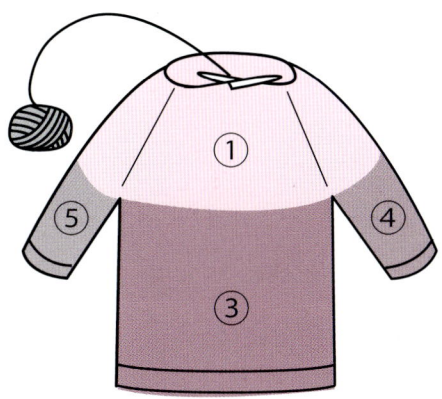

❻ 목둘레를 나중에 뜨는 경우는 목둘레의 기초코에서 코를 주워 뜹니다.

이미지가 아무리 해도 상상되지 않을 때는?

 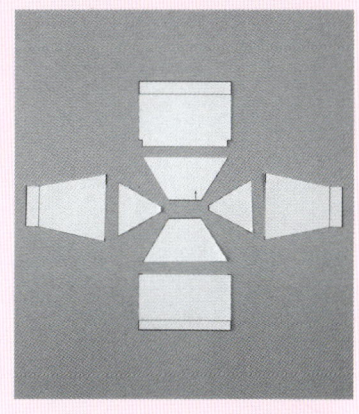  

❶ 프린트한 도안을 준비합니다. 뜰 부분만 잘라냅니다.

❷ 뜰 부분을 잘라냈습니다. 이걸 테이프로 붙여봅시다.

❸ 래글런선을 붙인 다음, 옆선과 소매 밑선을 붙이면 점점 입체적인 스웨터 모양이…!!

❹ 흩어져 있던 도안이 래글런 슬리브 스웨터 모양이 되었습니다! 뜨개 시작 화살표가 목둘레선에 있는 것이 보이나요?

톱다운 풀오버라면 둥근 요크나 코바늘뜨기라도 뜨는 요령은 같습니다.
꿰매 잇기 없이 뜰 수 있는 톱다운 작품은 마무리가 편하니 꼭 도전해보세요!

루나 헤븐리의 꽃 소식
18 page ★★★

콜도넷 스페셜 no.80

재료
실…DMC 콜도넷 스페셜 no.80 흰색(BLANC)
부자재…꽃철사(지철사) #35, 경화액 스프레이(Neo Rcir), 수예용 솜 적당량, 접착제, 양면테이프, 펠트·열접착 펠트·가방용 심지(얇은 것)·레이스 천 7cm×5cm 1장씩, 폭 35mm 브로치 핀 1개, 지름 0.8mm 유리 브리온 비즈 조금, 지름 2mm 펄 비즈 2개, 유성 매직(노란색·회색), 액체 염료(Roapas Rosti, Roapas Batik), 사용하는 색은 도안 표를 참고하세요.

도구
레이스 바늘 14호

완성 크기
도안 참고

POINT
● 도안을 참고해서 각 파트를 뜹니다. 지정한 색으로 물들이고, 모양을 잡아서 경화 스프레이를 뿌립니다. 브로치 마무리하는 법을 참고해서 완성하세요.

염료와 사용색

	염료	사용색
초롱꽃	Roapas Rosti	파란색, 보라색
레몬 열매	Roapas Rosti	노란색, 레몬 옐로
네모필라	Roapas Rosti	파란색
파란 양귀비	Roapas Rosti	파란색
납풀	Roapas Batik	하늘색
이파리	Roapas Batik	초록색, 노란색
작은 꽃 A, B	Roapas Batik	하늘색
	Roapas Rosti	파란색, 보라색

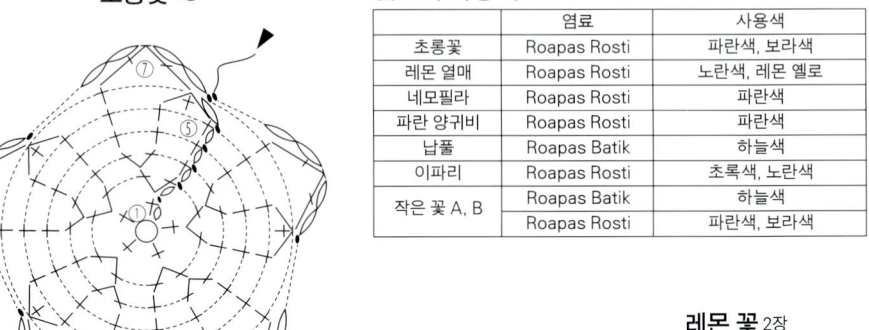

초롱꽃 5장

레몬 꽃 2장

레몬 열매 증감코
단	콧수	
11단	4코	(-4코)
10단	8코	(-5코)
9단	13코	(-7코)
5~8단	20코	
4단	20코	(+10코)
3단	10코	(+5코)
1,2단	5코	

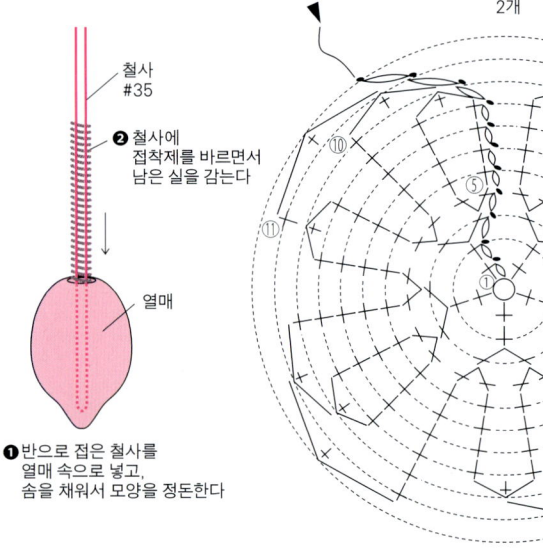

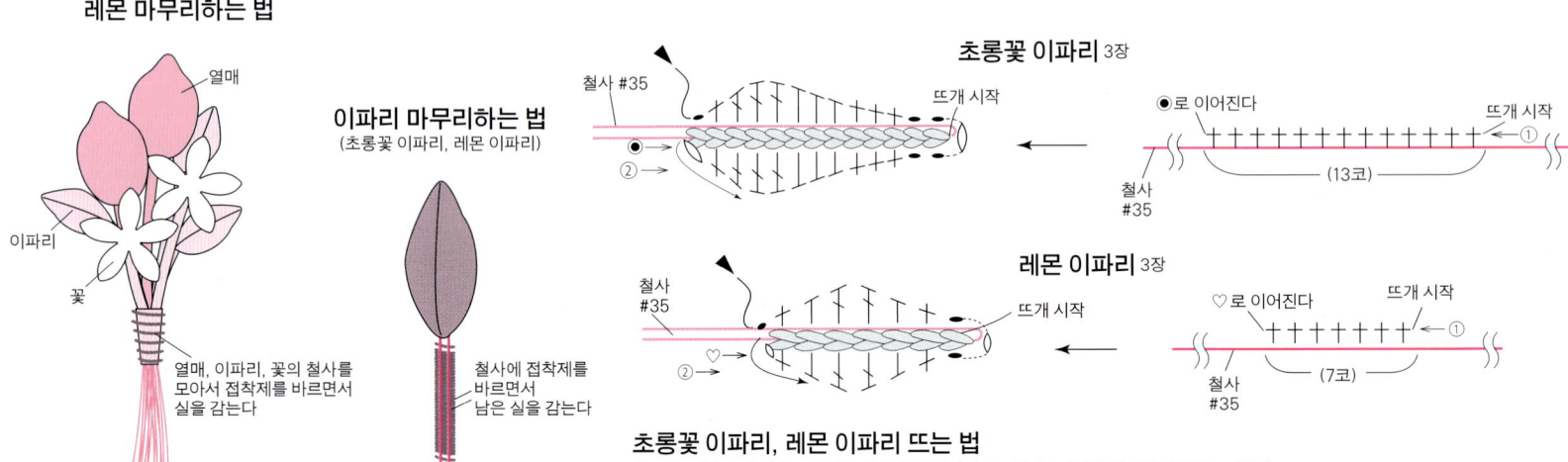

초롱꽃 이파리, 레몬 이파리 뜨는 법
① 1단…사슬뜨기 기초코의 매듭에 철사를 통과시키고 철사 1가닥을 감싸면서 짧은뜨기한다.
② 2단…1단의 짧은뜨기 코머리의 뒤 반 코를 주워서 뜨는데 1단의 뜨개 시작 쪽에서 철사를 접고 남은 코와 함께 감싸면서 뜬다.

네모필라 이파리 1장

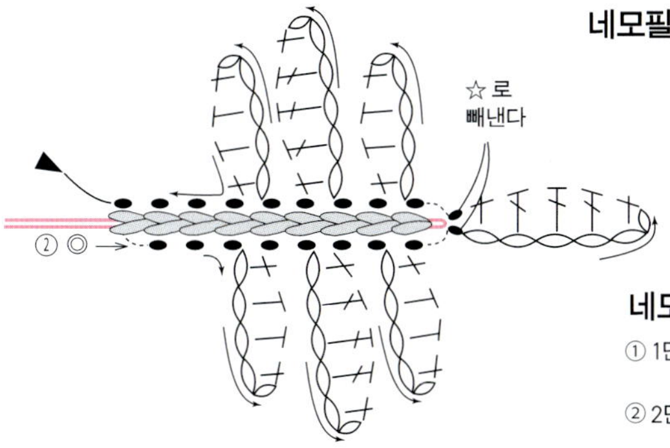

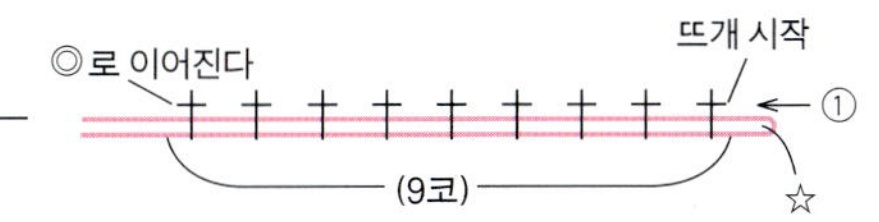

→ =실을 길게 남기고 자른다
◎로 이어진다
뜨개 시작
☆로 빼낸다
(9코)

네모필라 이파리 마무리하는 법
① 1단…철사를 반으로 접고, 접은 부분에 실을 이어서 철사 2가닥을 감싸면서 짧은뜨기한다.
② 2단…짧은뜨기 코머리가 위쪽을 향하게 잡고 양쪽에서 반 코를 주워서 뜬다.

나비 모양 종이
※실물 크기.
4.5
6.8

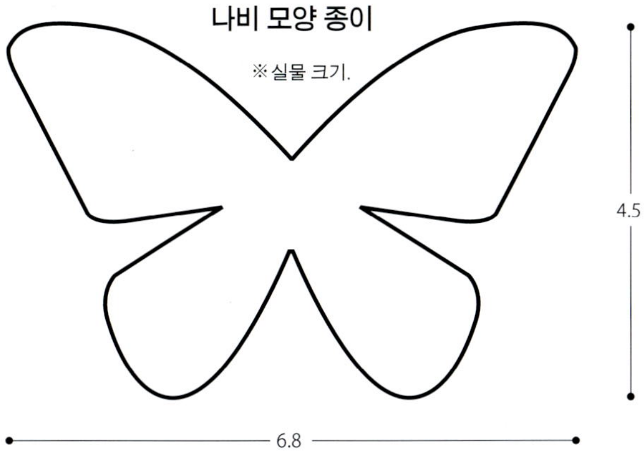

※ 펠트를 나비 모양 종이에 맞춰서 자른다(토대 A).
※ 열접착 펠트에 레이스 천을 붙이고 나비 모양 종이에 맞춰서 자른다(토대 B).
※ 심지를 나비 모양 종이보다 조금 작게 자른다(토대 C).

네모필라 꽃 3장

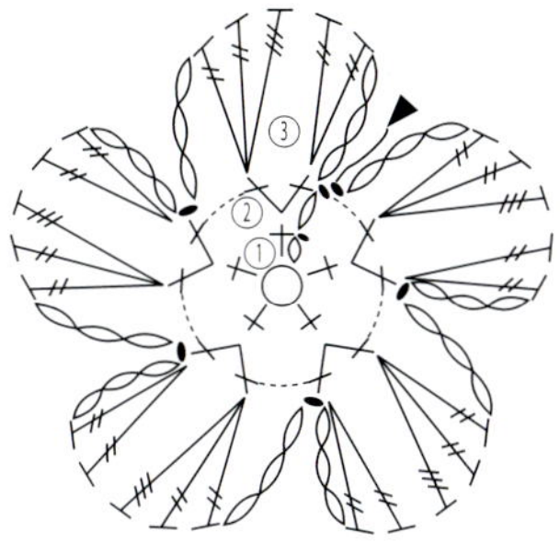

파란 양귀비 2장

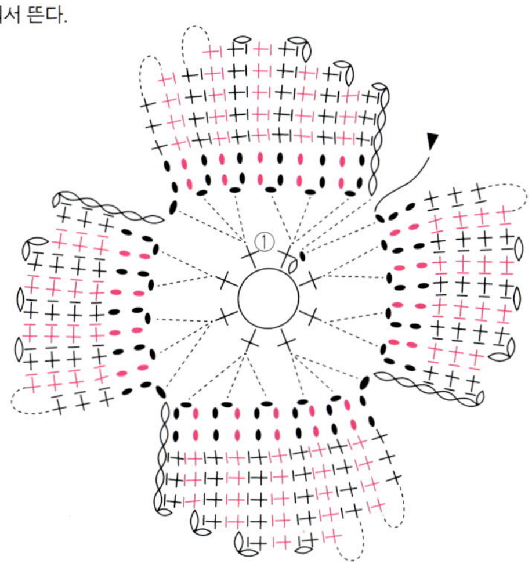

※ 모두 겉면을 보고 뜬다.
● =앞단 코의 뒤 반 코에 겉면에서 바늘을 넣어서 빼뜨기한다.
† =❶ 앞단의 짧은뜨기의 뒤 반 코에 바늘을 넣는다.
❷ 실을 걸고, ❶과 바늘에 걸린 고리 사이로 실을 빼낸다.
❸ 다시 실을 걸고 바늘에 걸린 고리 2개를 빼낸다.

브로치 마무리하는 법

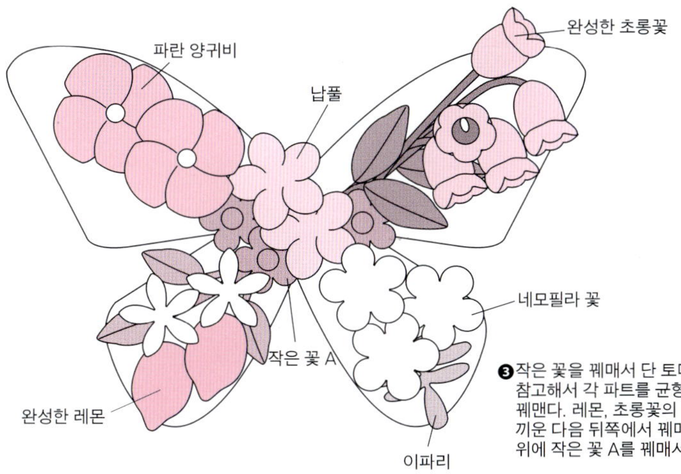

파란 양귀비
납풀
완성한 초롱꽃
네모필라 꽃
작은 꽃 A
완성한 레몬
이파리

❸ 작은 꽃을 꿰매서 단 토대 A에 도안을 참고해서 각 파트를 균형을 고려하면서 꿰맨다. 레몬, 초롱꽃의 줄기는 ❷의 칼집에 끼운 다음 뒤쪽에서 꿰매서 고정하고, 줄기 위에 작은 꽃 A를 꿰매서 빈 곳을 채운다.

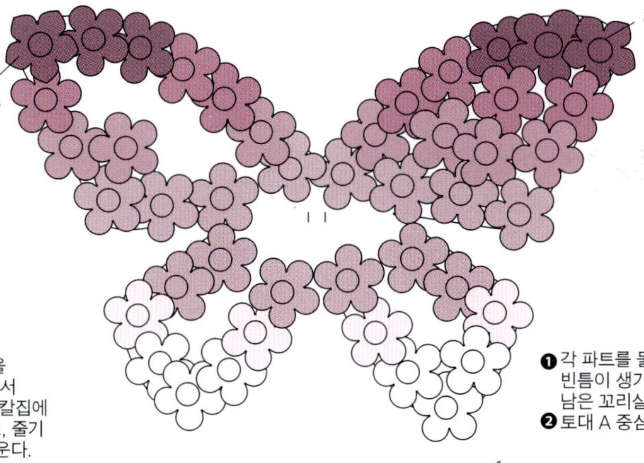

작은 꽃 B
작은 꽃 B

❶ 각 파트를 물들이고 토대 A의 가장자리에 빈틈이 생기지 않도록 작은 꽃 A, B를 남은 꼬리실로 꿰맨다.
❷ 토대 A 중심에 칼집을 낸다.

겉면

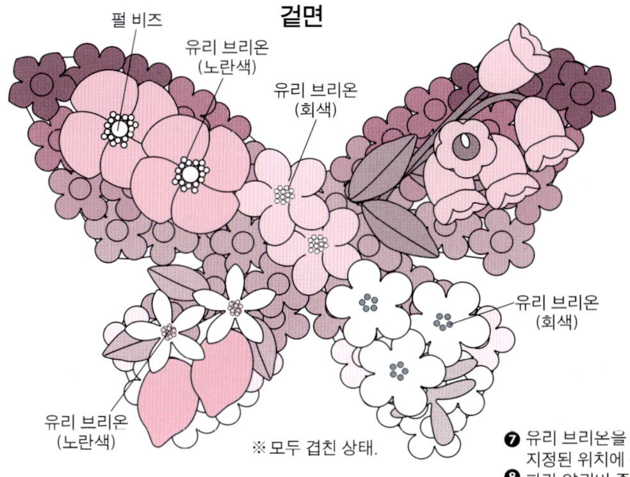

펄 비즈
유리 브리온 (노란색)
유리 브리온 (회색)
유리 브리온 (회색)
유리 브리온 (노란색)
※ 모두 겹친 상태.

❼ 유리 브리온을 지정된 색의 유성 매직으로 색칠해서 지정된 위치에 접착제로 붙인다.
❽ 파란 양귀비 중심에 펄 비즈를 접착제로 붙인다.

안면

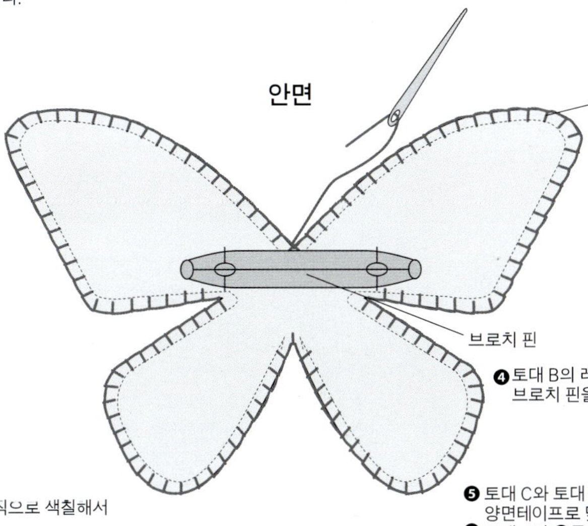

블랭킷 스티치
브로치 핀

❹ 토대 B의 레이스 면에 브로치 핀을 꿰매서 단다.
❺ 토대 C와 토대 B의 펠트 면을 양면테이프로 맞대어 붙인다.
❻ 토대 A와 ❺를 양면테이프로 맞대어 붙이고 가장자리에 블랭킷 스티치를 놓는다.

◀ 납풀과 작은 꽃 A, B 뜨는 법→P.93

코바늘로 뜬 여름의 모양

뜨개의 제철은 여름!
코바늘뜨기가 처음이라도,
즐겁게 만들 수 있는 산뜻한 제철 소품

뜨개의 기초는 물론, 기호도 읽는 법까지 친절하고 꼼꼼하게!

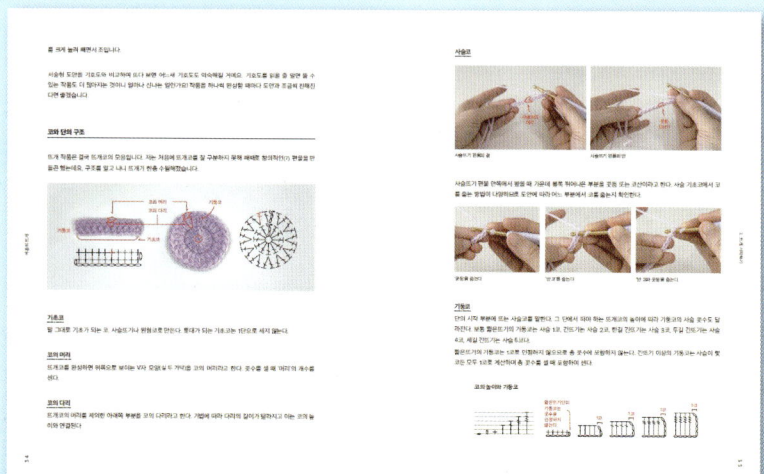

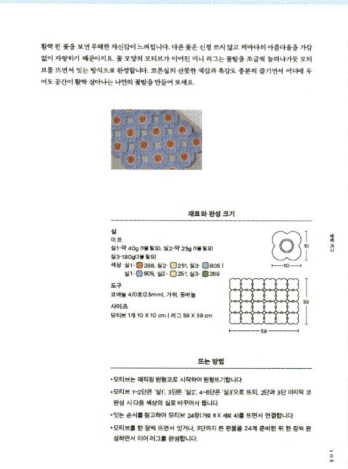

바다를 모티브로 한 파도, 조개 그리고 별 코스터

유니크한 색이 귀여운 동그리 지갑

바닥의 네잎클로버 모양이 포인트인 보자기

짜임이 매력적인 울타리 팟커버

보송보송한 미니 선인장, 콩란, 원숭이 꼬리 선인장

위트가 느껴지는 덩굴 의자 양말

Let's Knit in English!
니시무라 도모코의 영어로 뜨자

더운 여름에도 뜨개!

photograph Toshikatsu Watanabe　styling Akiko Suzuki

요즘은 여름이 너무 더워졌다는 말을 듣는 일이 많아졌습니다. 이번에는 그래도 어떻게든 여름에 뜨개를 즐기고 싶다는 마음에 응답할 수 있는 비침무늬 손뜨개를 소개합니다. 시원해 보일뿐더러 어느 쪽이든 리드미컬하게 뜰 수 있는 생동감 있는 무늬입니다.
또 보기보다 단순하게 뜰 수 있어서 추천해요.

패턴 A의 비침무늬는 좌우 2코 모아뜨기의 연속무늬를 2단마다 살짝 이동시키면서 생동감을 줍니다.
패턴 B는 일관되게 줄임코 기법(sk2po)은 변함없고, 걸기코의 간격이 변하는 큰 무늬와 세로로 긴 단순한 비침무늬를 조합한 것. 이 조합으로 재미가 생깁니다.
큰 무늬의 줄임코는 sk2po=slip 1 stitch knitwise, knit 2 stitches together, pass slipped stitch over knit stitch(해석 : 겉뜨기하듯 1코를 오른 바늘에 옮기고, 다음 2코를 한 번에 겉뜨기하고, 오른 바늘에 옮긴 코를 뜬 코에 덮어씌운다=오른코 3코 모아뜨기)나 s2kpo=slip 2 stitches together knitwise, knit 1 stitch, pass slipped stitches over knit stitch(해석 : 겉뜨기를 하듯 2코를 같이 오른 바늘에 옮기고, 다음 1코를 겉뜨기하고, 오른 바늘에 옮긴 2코를 뜬 코에 덮어씌운다=중심 3코 모아뜨기)를 사용해서 변화를 즐기는 것도 재미있을 것 같습니다.

2가지 무늬 모두 의류뿐 아니라 숄 등으로 만들어 햇빛 가리개나 에어컨 바람 차단용으로도 활용할 수 있어요. 여름이라고 해서 뜨개와 거리를 두지 말고 작은 아이디어로 여름 뜨개를 즐겨보세요.

뜨개 약어

약어	영어 원어	우리말 풀이
k	knit	겉코, 겉뜨기
k2tog	knit 2 sts together	왼코 2코 모아뜨기
kwise	knitwise	겉뜨기를 하듯
p	purl	안코, 안뜨기
rem	remain	남아 있는, 남다
rep	repeat	반복, 반복하다
RS	Right Side	겉면
ssk	slip, slip, knit	코에 각각 겉뜨기를 하듯 오른 바늘을 넣어 옮기고 뜨개코의 방향을 바꿔 꼬아뜨기를 하듯 2코 모아뜨기를 한다.=오른코 2코 모아뜨기
st(s)	stitch(es)	뜨개코, 코
WS	Wrong Side	안면
yo	yarn over	걸기코

<Pattern A>

multiple of 9 sts + 2 sts + 2 sts for each edge
CO 31 sts.
Row 1 and all WS rows: k1, p to last st, k1.
Row 2 (RS): k2, *k1, yo, k2, ssk, k2tog, k2, yo; rep from * until 2 sts rem, k2.
Row 4: k2, *yo, k2, ssk, k2tog, k2, yo, k1; rep from * until 2 sts rem, k2.
Rep Rows 1 to 4 and end after working Row1.

<패턴 A>

기초코는 9코의 배수+2코+가장자리 코 2코
기초코 31코.
1단째와 안단 모두 : 겉뜨기 1, 마지막에 1코가 남을 때까지 안뜨기, 겉뜨기 1.
2단째(겉면) : 겉뜨기 2, 【겉뜨기 1, 걸기코, 겉뜨기 2, 오른코 2코 모아뜨기, 왼코 2코 모아뜨기, 겉뜨기 2, 걸기코】, 마지막에 2코가 남을 때까지 【~】를 반복하고, 겉뜨기 2.
4단째 : 겉뜨기 2, 【걸기코, 겉뜨기 2, 오른코 2코 모아뜨기, 왼코 2코 모아뜨기, 겉뜨기 2, 걸기코, 겉뜨기 1】, 마지막에 2코가 남을 때까지 【~】를 반복하고, 겉뜨기 2.
1~4단째를 반복하고, 마지막은 1단째에서 떠서 끝낸다.

<패턴 B>

기초코는 12코의 배수+좌우를 맞추기 위한 4코+가장자리 코 3코
기초코 31코.
1단째와 안단 모두(안면) : 겉뜨기 2, 안뜨기 3, 겉뜨기 1, 【안뜨기 7, 겉뜨기 1, 안뜨기 3, 겉뜨기 1】, 마지막에 1코가 남을 때까지 【~】를 반복하고, 겉뜨기 1.
2단째(겉면) : 겉뜨기 1, 안뜨기 1, 걸기코, 오른코 3코 모아뜨기, 걸기코, 안뜨기 1, 【걸기코, 겉뜨기 2, 오른코 3코 모아뜨기, 겉뜨기 2, 걸기코, 안뜨기 1, 걸기코, 오른코 3코 모아뜨기, 걸기코, 안뜨기 1】, 마지막에 1코가 남을 때까지 【~】를 반복하고, 겉뜨기 1.
4단째 : 겉뜨기 1, 안뜨기 1, 겉뜨기 3, 안뜨기 1, 【겉뜨기 1, 걸기코, 겉뜨기 1, 오른코 3코 모아뜨기, 겉뜨기 1, 걸기코, 겉뜨기 1, 안뜨기 1, 겉뜨기 3, 안뜨기 1】, 마지막에 1코가 남을 때까지 【~】를 반복하고, 겉뜨기 1.
6단째 : 겉뜨기 1, 안뜨기 1, 걸기코, 오른코 3코 모아뜨기, 걸기코, 안뜨기 1, 【겉뜨기 2, 걸기코, 오른코 3코 모아뜨기, 걸기코, 겉뜨기 2, 안뜨기 1, 걸기코, 오른코 3코 모아뜨기, 걸기코, 안뜨기 1】, 마지막에 1코가 남을 때까지 【~】를 반복하고, 겉뜨기 1.
8단째 : 겉뜨기 1, 안뜨기 1, 겉뜨기 3, 안뜨기 1, 【걸기코, 겉뜨기 2, 오른코 3코 모아뜨기, 겉뜨기 2, 걸기코, 안뜨기 1, 겉뜨기 3, 안뜨기 1】, 마지막에 1코가 남을 때까지 【~】를 반복하고, 겉뜨기 1.
10단째 : 겉뜨기 1, 안뜨기 1, 걸기코, 오른코 3코 모아뜨기, 걸기코, 안뜨기 1, 【걸기코, 겉뜨기 1, 걸기코, 오른코 3코 모아뜨기, 걸기코, 겉뜨기 1, 걸기코, 안뜨기 1, 걸기코, 오른코 3코 모아뜨기, 걸기코, 안뜨기 1】, 마지막에 1코가 남을 때까지 【~】를 반복하고, 겉뜨기 1.
12단째 : 겉뜨기 1, 안뜨기 1, 겉뜨기 3, 안뜨기 1, 【겉뜨기 2, 걸기코, 오른코 3코 모아뜨기, 걸기코, 겉뜨기 2, 안뜨기 1, 겉뜨기 3, 안뜨기 1】, 마지막에 1코가 남을 때까지 【~】를 반복하고, 겉뜨기 1.
1~12단째를 반복하고, 마지막은 1단째에서 떠서 끝낸다.

<Pattern B>

multiple of 12 sts + 4 sts for symmetry + 3 edge sts
CO 31 sts.
Row 1 and all WS rows (WS): k2, p3, k1, *p7, k1, p3, k1; rep from * to last st, k1.
Row 2 (RS): k1, p1, yo, sk2po, yo, p1, *yo, k2, sk2po, k2, yo, p1, yo, sk2po, yo, p1; rep from * until last st, k1.
Row 4: k1, p1, k3, p1, *k1, yo, k1, sk2po, yo, k1, p1, k3, p1; rep from * until last st, k1.
Row 6: k1, p1, yo, sk2po, yo, p1, *k2, yo, sk2po, yo, k2, p1, yo, sk2po, yo, p1; rep from * until last st, k1.
Row 8: k1, p1, k3, p1, *yo, k2, sk2po, k2, yo, p1, k3, p1; rep from * until last st, k1.
Row 10: k1, p1, yo, sk2po, yo, p1, *k1, yo, k1, sk2po, k1, yo, k1, p1, yo, sk2po, yo, p1; rep from * until last st, k1.
Row 12: k1, p1, k3, p1, *k2, yo, sk2po, yo, k2, p1, k3, p1; rep from * until last st, k1.
Rep Rows 1 to 12 and end after working Row 1.

니시무라 도모코(西村知子)

니트 디자이너. 공익재단법인 일본수예보급협회 손뜨개 사범, 보그학원 강사 '영어로 뜨자'의 강사. 어린 시절 손뜨개와 영어를 만나서 학창 시절에는 손뜨개에 몰두했고, 사회인이 되어서는 영어와 관련된 일을 했다. 현재는 양쪽을 살려서 영문 패턴을 사용한 워크숍·통번역·집필 등 폭넓게 활동하고 있다. 저서로는 국내에 출간된 《손뜨개 영문패턴 핸드북》 등이 있다.

Instagram : tette.knits

읽고·조사하고·떠보다
하야시 고토미의 Happy Knitting

photograph Toshikatsu Watanabe, Nobuhiko Honma(process) styling Akiko Suzuki

가터뜨기에 비즈를 떠넣은 행복한 작은 손뜨개

2002년에 출간한 《비즈 니팅》(문화출판국).

리투아니아의 전통적인 비즈를 떠넣은 손목 워머의 뮤지엄 컬렉션 북.

왼쪽은 노르웨이의 심포지엄에서 뜬 것.
오른쪽은 리투아니아의 소나타 씨에게 받은 선물.

스웨덴에서 출간된 북유럽 뜨개 책의 영어판.
표지 사진은 그린란드의 손목 워머.

색 조합을 고민하는 것도 즐겁다.

할머니가 떠준 비즈를 떠넣은 파우치.
코바늘로 떴다.

손목에 끼워서 쓰는 작은 니트 아이템인 손목 워머에 비즈를 떠넣으면 사치스러운 소품이 됩니다. 제가 이 손목 워머를 알게 된 것은 2001년, 노르웨이에서 열린 두 번째 니트 심포지엄에서였습니다. 계획에 없던 일정이었지만 비비안 씨의 《비비안의 즐거운 도미노뜨기》를 출간하게 되어 내용을 본인에게 확인받고자 참가했습니다. 그때 열린 클래스 중 하나가 비즈 니팅 손목 워머였습니다. 비즈를 넣어 코바늘로 뜬 지갑은 알았어도 대바늘 비즈뜨기는 처음이었습니다. 손목 워머도 당시에는 스포츠용 손목 밴드는 있었지만 패션 아이템으로는 알려지지 않았습니다. 심포지엄에 참가하기 전에 갔던 베르겐에서 비즈를 떠넣은 손목 워머를 보고, 이런 걸 뜨겠지 하고 개최지로 향했습니다. 재료는 클래스에서 구입했는데, 작은 비즈를 철사 같은 바늘로 제대로 떠야 하니 도무지 진도가 나가지 않습니다. 말도 못 해서 묵묵히 뜨기만 했는데 마칠 즈음 참가자 중 한 명이 "다른 한 짝은 직접 뜨세요"라며 한쪽만 뜬 것을 주었습니다. 바로 그녀가 아직도 가끔 책을 보내주는 잉게 씨입니다. 심포지엄이 끝나고 오슬로로 이동하는 열차 안에서도 부지런히 떴습니다. 비즈로 무늬가 만들어지는 것이 재미있어서 2002년에 《비즈 니팅》(문화출판국)을 출간했습니다. 이 비즈 니팅의 가장 힘든 작업은 실에 비즈를 통과시키는 일입니다. 노르웨이에서 썼던 비즈를 찾을 수 없고, 현지에서 구입한 바늘(아마도 1.75mm)도 구하기 어려워 쉽게 구할 수 있는 비즈로 뜨기로 했습니다. 이 책을 출간하고 몇 년이 지난 어느 날, 출판사에서 제 앞으로 온 책을 보내왔습니다. 동봉된 편지를 읽어보니 삿포로에서 '프레세'라는 북유럽 관련 잡화를 판매하는 곳에서 보낸 리투아니아의 비즈 니팅 손목 워머 책이었습니다. "일본에서도 이미 비즈 니팅 손목 워머 책을 낸 분이 있는 걸 알고, 참고가 될까 하여 보냅니다"라고 적혀 있었습니다. 그녀에 따르면 리투아니아에서는 전통 의상을 입을 때 비즈 손목 워머를 착용하는데 딱히 그것에 관한 책이 없어서 경제학자 여성이

국내 박물관을 방문해 조사한 내용을 책으로 냈다고 합니다. 2011년에는 그녀의 리투아니아행에 동행해 그녀가 자주 찾는 소나타 씨의 털실 가게에도 갔습니다. 그녀는 제 책도 가게에 비치해주고, 뜨개질 카페를 기획해주었습니다. 손목 워머 책의 저자도 참가해 다 같이 뜨개질 이야기를 하며 즐거운 시간을 보냈습니다.

요즘 라트비아에도 비슷한 비즈 손목 워머가 있는 것을 알았는데 신기하게도 발트 삼국의 또 한 나라 에스토니아에는 이 전통이 없다고 합니다. 북유럽이라도 덴마크나 스웨덴에서도 본 적이 없습니다. 하지만 우연히 손에 넣은 스웨덴에서 출간된 영어판 손뜨개 책의 표지 사진이 웬걸 비즈를 떠넣은 손목 워머였습니다. 하지만 그건 그린란드에서 뜬 것으로, 다양한 지역에서 뜨는 것 같지만 뜨는 지역과 뜨지 않는 지역의 차이는 무엇일까요?

비즈 니팅 손목 워머는 비즈가 1가지 색인 경우가 많지만 물론 여러 가지 색의 비즈를 쓴 것도 있습니다. 뜨는 법은 둘 다 같지만, 비즈를 통과시키는 법이 완전히 다릅니다. 무늬를 그리고 색을 정하고, 처음에 뜨는 코의 비즈가 마지막이 되도록 꿰입니다. 교토에 있는 유키 팰리스 컬렉션에는 복잡한 꽃무늬를 비즈뜨기한 파우치가 있습니다. 이 파우치에는 못 미치더라도 손목 워머라면 열심히 뜰 수 있을 테니 복잡한 무늬에 도전해보는 건 어떨까요. 소맷부리에 슬쩍 보이는 비즈 손목 워머는 하고 있는 것만으로도 어쩐지 행복한 기분이 듭니다.

무늬는 같아도 베이스의 색이 다르거나 비즈의 색이 다르면 인상도 달라집니다.
빨간색 작품은 길게 만들고 싶을 때의 아이디어로 소개합니다.

Design／하야시 고토미
How to make／P.141
Yarn／퍼피 퍼피 뉴 4PLY

실에 비즈를 통과시키는 방법

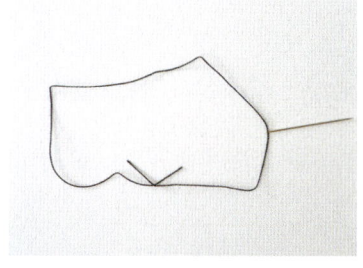
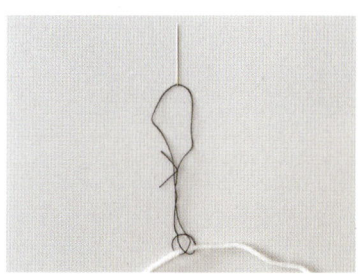
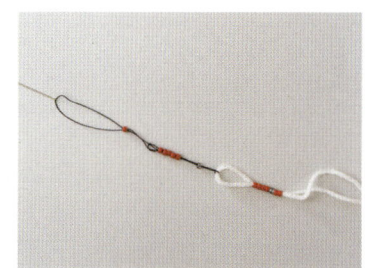
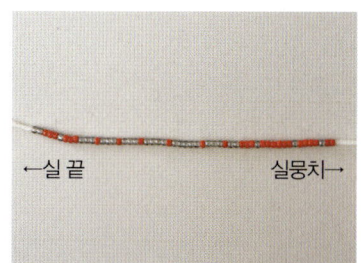

❶ 바늘에 실을 꿰고, 실 끝을 묶어(끝 묶기 40페이지 참고) 고리를 만듭니다.

❷ 프린지를 달듯 뜨는 실에 실을 답니다.

❸ 바늘에 비즈를 꿰고, 미끄러뜨려 뜨는 실에 통과시킵니다. 1무늬의 마지막 비즈부터 순서대로 꿰니다.

❹ 1무늬 분량의 비즈를 꿨습니다. 이걸 필요한 횟수만큼 반복합니다. 1무늬씩 확인하면서 꿰니다.

비즈 떠넣는 법 (비즈는 안면에서 뜰 때 넣는다)

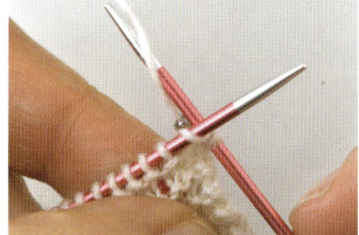

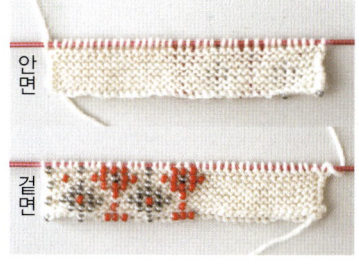

❶ 가장자리 코를 떴으면 다음 코에 바늘을 넣고, 비즈를 바늘까지 미끄러뜨립니다.

❷ 실을 걸어 겉뜨기합니다.

❸ 1코째와 2코째 사이에 비즈가 들어갔습니다. 비즈는 편물의 뒤쪽에 들어갑니다.

❹ 4단을 다 뜬 모습. 비즈는 겉면에 나타납니다.

원형으로 만드는 법

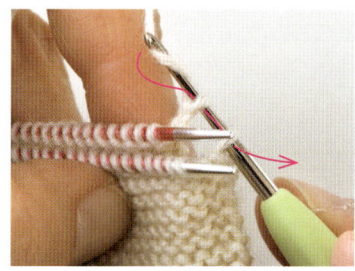
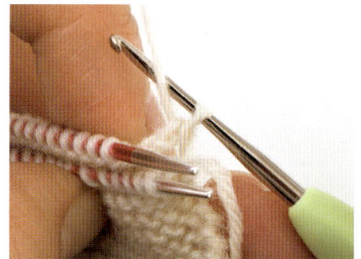

❶ 다 떴으면 기초코를 다른 바늘에 옮깁니다.

❷ 안면이 겉을 보도록 합치고 레이스바늘(0호)로 뜨개 끝 쪽과 뜨개 시작 쪽의 2코를 같이 빼뜨기 코막음합니다.

❸ 2코를 레이스바늘에 옮기고 실을 걸어 빼뜨기합니다.

❹ 빼뜨기 코막음을 1코 완성했습니다. 이걸 반복합니다.

하야시 고토미 (林ことみ)
어릴 적부터 손뜨개가 친숙한 환경에서 자랐으며 학생 때 바느질을 독학으로 익혔다. 출산을 계기로 아동복 디자인을 시작해 핸드 크래프트 관련 서적 편집자를 거쳐 현재에 이른다. 다양한 수예 기법을 찾아 국내외를 동분서주하며 작가들과 교류도 활발하다. 저서로 《북유럽 스타일 손뜨개》 등 다수가 있다.

Enjoy Summer!
소장 욕구 뿜뿜! 가방 & 모자

새로운 계절을 맞이해 하나씩 완성해 가는 여름 소품들.
천천히 정성스레 뜨면서 마음에 드는 소품을 하나씩 늘려 볼까요?

photograph Shigeki Nakashima styling Kuniko Okabe, Yuumi Sano
hair&make-up Chie Ishikawa model Robin J(165cm)
special thanks PROPS NOW

코바늘로 단마다 색을 바꿔서 뜨는 가방과 모자예요. 앞단의 사슬을 감싸면서 뜨면 하운드투스를 닮은 무늬가 완성된답니다. 코바늘뜨기만의 입체적인 무늬가 살아 있어 봄여름 시즌의 캐주얼 룩에 잘 어울려요.

Design／하시모토 마유코
How to make／P.152
Yarn／다이아몬드케이토 다이아 카프리

Hat

Bag

 Hat

 Bag

내추럴한 색감에 포인트 컬러를 입혀볼까요? 여름 햇살 아래 반짝반짝 빛나는 코디 소품이 되어줄 거예요. 세 가지 꽃 모티브로 화려하게 포인트를 준 가방에, 꽃 모티브의 색을 쏙쏙 뽑아 줄무늬로 연출한 심플하면서도 귀여운 버킷햇을 더해 코디를 완성하세요. 한길 긴뜨기를 끌어올리기 기법으로 뜬 베이스 무늬도 은근히 시선을 사로잡아요.

Design／오카모토 게이코
Knitter／미야자키 미쓰코(가방), 미야모토 마유미(모자)
How to make／P.158
Yarn／올림푸스 샤보뜨

네이비와 오렌지색의 상큼한 조합에 배색 무늬뜨기로 뜬 하얀 도트무늬가 포인트로 들어간 시원한 아이템이에요. 오렌지색 태슬은 귀엽기도 하지만, 모자 사이즈 조절이나 가방 여밈 끈으로도 활용할 수 있어서 실용성까지 챙겼답니다.

Design／호시노 마미
How to make／P.149
Yarn／올림푸스 샤보뜨

Bag

Hat

메탈릭 텍스처의 테이프 얀으로 베이스를 뜨고, 내추럴한 헴프 얀으로 테두리를 둘러준 스타일리시한 토트백이에요. 이질적인 소재이지만 자연스럽게 어우러져 감각적인 느낌을 연출하지요. 바닥 부분은 되돌아 짧은뜨기로 단단하게 잡아줘서 형태도 예쁘게 유지된답니다.

Design／LAGOON 나가이 모에
How to make／P.164
Yarn／메르헨 아트 플래시 얀, 마닐라 헴프 얀
Sunglasses／메글로브 스펙스 에이전트

이름처럼 눈부시게 빛나는 실버 테이프 얀은 물에 강한 소재라 여름 외출에 아주 잘 어울린답니다. 짧은뜨기를 아래에서 끌어올리듯 뜨면 편물이 단단하게 고정되어 형태도 안정적으로 잡아줘요. 실용적이면서도 스타일리시한 여름 가방으로 추천합니다.

Design／Little Lion 지바 아야카
How to make／P.162
Yarn／메르헨 아트 플래시 얀

EVENT

HANSMEDIA EXPRESS

자료 제공 : 낙양모사, 뜨앤

조진현 작가의 개인전 : Embracing Twilight(빛의 여운을 보듬으며)

지난 4월 9일, 플레이스 낙양에서 20여 년 동안 실과 바늘을 통해 자신만의 조형 언어를 구축해 온 조진현 작가의 개인전이 열렸습니다. 한 달간 지속되었던 전시에서는 구간별로 나누어 어린 시절부터 뜨개를 독학하고 브랜드를 만들고, 여러 다른 브랜드와 협업을 하고 작품을 만들기까지의 조진현 작가가 걸어온 시간과 과정을 찬찬히 느낄 수 있었습니다. 참관객들은 전시된 사진과 일러스트 노트, 아이디어 노트 등을 자유롭게 펼쳐보며 작가의 발자취를 따라가며 창작의 본질적인 의미를 되새기는 시간을 가질 수 있었습니다. 또한 전시 외에도 조진현 작가와 마주 앉아 이야기를 나누는 커피 토크도 있어 더욱 풍성했습니다. 이후 플레이스 낙양의 전시 소식은 인스타그램(@place.nakyang)에서 제일 먼저 만나볼 수 있습니다.

플레이스 낙양 서울특별시 강남구 테헤란로 79길 25-3

1/전시된 물품을 살펴보는 조진현 작가. 2/삶을 낙양모사얀의 나이테로 표현한 A 구역. 3/디자인한 작품을 레이어드 스타일링해 전시한 모습.

뜨가에서 만나는 'amuhibi meets ROWAN'

1/아무히비의 작품과 로완의 실. 2/전시회에 비치된 〈amuhibi meets ROWAN〉 3/뜨가by뜨앤의 정원을 배경으로 전시된 작품들.

일본의 인기 뜨개 작가 amuhibi(이하 아무히비)가 세 번째 작품집, 〈amuhibi meets ROWAN〉을 일본에서 출간했습니다. 영국의 실 브랜드, 로완(ROWAN)사로 디자인한 작품들로 채운 책의 출간을 기념하며 로완의 국내 공식 총판인 뜨앤(THANN)에서 수록 작품으로 전시회를 열었습니다. 전시 기간은 5월 20일부터 7월 17일까지로, 양평 서종면에 위치한 '뜨가by뜨앤'에서 수록 작품 15점을 모두 만나볼 수 있습니다. 로완의 키드 실크 헤이즈 실을 여행 중에 접한 것을 계기로 공방을 열게 되었다는 아무히비의 각별한 애정이 듬뿍 담긴 뜨개 작품들도 감상하고 뜨가by뜨앤 마당에 핀 꽃들도 보며 계절을 즐기는 시간을 가져 보면 좋겠습니다. 전시회에 대한 자세한 정보는 뜨앤 공식 인스타그램(@ann.knitting)에서 확인 가능합니다.

뜨가by뜨앤 경기도 양평군 서종면 마진배1길 9

자카르타 교외의 스튜디오로 향하는 길.

스와치는 털실의 짜임을 보여주는 소중한 툴.

오래됨과 새로움이 공존하는 자카르타.

세계의 손염색을 찾아 떠나는 여행

불가능을 가능케 하는 상냥한 열정의 실
파피푸 얀(인도네시아)

약 십수 년 전부터 유럽과 미국에서 유행하기 시작한 손염색실은 세계적인 확산을 보이며 최근에는 일본에서도 취급점과 다이어(손염색 작가)가 늘고 있습니다. 다이어인 Chappy(채피) 씨가 각국의 다이어를 소개하면서 손염색실의 세계를 탐방합니다.

취재·글·사진: Chappy (Chappy Yarn)

세계의 손염색 작가를 찾아 떠나는 여행. 이번 목적지는 인도네시아입니다. 파피푸 얀의 오너 겸 다이어 아멜리아 씨를 자카르타에서 만났습니다.

인도네시아라고 듣고 가장 먼저 떠오른 것은 "더운데 뜨개를 하는 사람이 있을까?"라는 소박한 의문입니다. 하지만 사실 코바늘뜨기를 하는 사람은 많다고 합니다. 파피푸 얀도 2010년에 아멜리아 씨의 임신을 계기로 코바늘로 아기 소품을 뜰 털실을 해외에서 주문하고, 남은 실을 여동생과 인터넷 판매를 한 것이 시작이었습니다. 판매를 이어가는 사이 해외의 손염색 털실을 만납니다.

"처음 손염색 털실을 만났을 때, 공장 염색 털실에는 없는 아름다움과 개성에 큰 충격을 받았습니다. 인도네시아에서 울은 수요도 없고, 손염색 실은 가격도 비싸서 아무도 팔지 않았어요. 경쟁도 없지만, 고객도 없는 거죠. 어려울 거라는 주위의 반응에 두려웠지만, 털실이 너무 예뻐서 소개하고 싶었어요."

컬러풀하고 개성 넘치는 손염색 털실은 희귀하기도 해서 걱정과 달리 고객을 확보합니다. 자신감을 얻은 아멜리아 씨는 이번에는 호기심에서 직접 털실을 염색해봅니다.

"실이 캔버스가 되는 즐거움과 아름다움에 이제 되돌릴 수 없다고 깨달았죠."

그 후로 시행착오를 거듭하며 자신의 염색을 확립하면서 2015년에 손염색 실 브랜드로 재출발. 머지않아 환경 보호에 대한 문제의식과 인도네시아의 정체성을 손염색 실에 녹여냅니다.

세계에서도 손꼽히는 울창한 열대 우림을 보유한 인도네시아는 환경 보호를 절실히 외치는 나라 중 하나입니다. 아멜리아 씨는 색이 잘 빠지지 않는 현지산 식용색소나 식품 수준의 매염제를 사용하는 것을 시작으로 연한 색부터 시작해 마지막에 진한 색을 물들이는 방식으로 물을 절약하는 등, 최대한 현지산을 이용하고 친환경적이고 지속가능한 방법을 채용합니다. 그와 동시에 뜨개질 모임, 손염색과 대바늘뜨기 워크숍을 열며 인도네시아의 뜨개질계를 이끄는 존재가 되어갑니다.

인도네시아 문화에서 영감을 받은 아름다운 컬러링.

채피(Chappy)

손염색 아티스트. 손염색실 브랜드 Chappy Yarn 다이어 겸 CEO. 도쿄에서 태어나 홍콩에 살고 있다. 2015년부터 보고 뜨고 입어서 즐거운 촉감을 중시한 손염색실을 선보이고 있다. 이벤트와 인터넷을 중심으로 뜨는 사람이 행복해지는 손뜨개실을 목표로 활동하고 있다.

Instagram : Chappy Yarn

1／연꽃 섬유와 메리노를 반씩 배합한 에테나(Ethena). 2／뜨개질 모임용으로 준비한 증정용 캔 배지 '한 단만 더 뜨고 그만둘 거예요' 문구는 누구나 공감할 것. 3／털실 손염색 워크숍.

인도네시아의 기후에 맞는 오리지널 베이스 실을 내놓는 것도 인도네시아에 뜨개질을 더 많이 알리고 싶은 열정에서입니다. 대표적인 것은 연꽃 섬유와 메리노를 반씩 배합한 에테나(Ethena)와 해조류로 만든 자연친화적 천연 소재 씨셀과 실크를 블렌드한 실버 타이드(Silvertide)로, 둘 다 통기성이 뛰어납니다. 컬러에도 각 지방의 전설과 언어, 공예품, 음악, 매일의 생활 등 인도네시아다움을 가득 담았습니다.

"인도네시아인은 다 같이 모여 뭔가를 하는 걸 좋아해요. 뜨개질 모임은 늘 시끌벅적하고 미니·패션쇼도 열며 즐깁니다! 손염색을 하느라 바빠서 워크숍과 뜨개질 모임은 석 달에 한 번이지만 손님들은 매달 열어달라고 해요."

최근에는 인도네시아도 손염색 작가가 느는 추세라 염색 워크숍은 기술을 도둑맞는 게 걱정되지 않느냐는 말도 자주 듣는다고 합니다.

"손염색 실은 예술이니까요. 그림 그리는 법을 가르치는 것과 같아서 테크닉을 가르쳐도 작품은 아주 개인적이죠. 같은 것이 없어요. 그래서 누구나 시도할 수 있는 것이길 바라고, 서로 실을 감상하며 성장해가는 걸 추구해요."

손뜨개 커뮤니티는 SNS보다 소중하다고 단언하는 인도네시아다운 접근법이 결실을 맺어 처음에는 8할이 해외용이었던 파피푸 얀의 손염색 실은 현재 국내용이 8할로 역전됐습니다. 부유층이 메인이던 고객도 폭넓은 층으로 확대되어 실을 모으려고 사주는 젊은 사람들도 있는 것이 큰 원동력이 된다고 말해주었습니다.

끝으로 《털실타래》 독자에게 전할 메시지를 물었습니다. "자카르타에 오면 꼭 놀러오세요! 같이 뜨개질해요!" 말이 통하지 않아도 인도네시아의 뜨개질 커뮤니티라면 괜찮습니다. 그런 생각이 들 만큼 따뜻함이 넘치는 인터뷰였습니다.

Papiput
웹사이트: https://papiputyarn.com

4／4월 오픈인 새 스튜디오에 진열된 털실들. 5／오픈 전 새 스튜디오에서 맞이해준 아멜리아 씨와 노비 씨. 파피푸 얀은 아멜리아 씨와 노비 씨 자매가 운영한다. 6／자바섬의 전통 음료에서 이름을 딴 털실. 7／정기적으로 열리는 뜨개질 모임에서는 미니·패션쇼도 열리며 매회 성황을 이룬다.

뜨개질 자유 연구
싱글 훅 아프간

코바늘과도 대바늘과도 다른 살짝 직물 같은 편물을 뜰 수 있는 아프간뜨기.
이번에는 싱글 훅으로 아프간뜨기를 해봐요.

photograph Hironori Handa styling Masayo Akutsu
hair&make-up AKI model Edwina(170cm)

단순한 아프간뜨기와 2코 모아뜨기, 걸기코를 사용한 비침무늬를 조합한 심플한 스톨입니다. 바꾸는 실을 넣는 방법에 변화를 줘서 포인트를 살렸어요. 가장자리 코는 2가닥을 주워 제대로 떠, 테두리뜨기 없이도 괜찮아요.

Design／오카 마리코
How to make／P.166
Yarn／퍼피 콰트로 디그레이드, 플로탕

T-shirt／하라주쿠 시카고(하라주쿠/진구마에점)
Coverall／하라주쿠 시카고 하라주쿠점
Earring／산타모니카 하라주쿠점

무늬뜨기를 조합한 풀오버예요. 아프간뜨기는 두께감이 있다는 이미지가 있지만, 이렇게 비침 있는 무늬도 뜰 수 있어요. 목둘레선과 어깨 경사에 줄임코가 있지만 줄임코 부분은 단순하니 꼭 도전해보세요.

Design／오카 마리코
Knitter／미즈노 준
How to make／P.167
Yarn／하마나카 워시 코튼

Pants／산타모니카 하라주쿠점

Let's Challenge

이번에는 한쪽 바늘 끝이 갈고리 모양인 싱글 훅 아프간바늘을 사용해 뜨는 법을 소개합니다.

촬영/혼마 노부히코

줄무늬 무늬뜨기

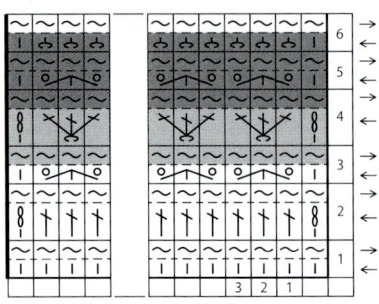

풀오버 뜨는 법

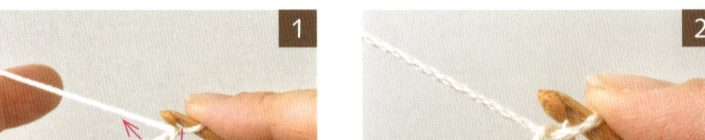

1 사슬뜨기 기초코를 지정 콧수만큼 뜨고, 떠 나가기 코는 바늘을 위에서 잡고 뜹니다. 화살표처럼 2코째의 사슬 뒷산에 바늘을 넣고,

2 실을 빼냅니다. 겉뜨기를 2코 떴습니다. 가장자리까지 반복합니다.

3 1단째를 떴습니다. 되돌아뜨기 코는 바늘을 코바늘을 뜰 때처럼 바꿔 잡고, 바늘에 실을 걸어 가장자리의 1루프로 빼냅니다.

4 다음부터는 바늘에 실을 걸어 2루프씩 가장자리까지 빼냅니다.

5 떠나가기와 되돌아뜨기로 1단을 떴습니다. 바늘에 걸린 것은 2단째의 1코째이므로 다시 사슬을 2코 뜹니다.

6 2코째부터는 바늘에 실을 걸어 1단째에 화살표처럼 바늘을 넣고 실을 빼냅니다.

7 다시 실을 걸어 화살표처럼 2루프로 빼냅니다.

8 한길긴뜨기 코를 떴습니다. 이걸 마지막에 1코가 남을 때까지 반복합니다.

9 마지막 코는 화살표처럼 바늘을 넣어 실을 빼내고, 이어서 사슬을 2코 뜹니다.

10 2단째의 되돌아뜨기도 1단째와 같은 방법으로 처음은 1루프, 나머지는 2루프씩 빼냅니다.

11 3단째는 바늘에 실을 걸어 걸기코를 1코 뜹니다. 이어서 화살표처럼 3코에 바늘을 넣어 실을 빼내 3코 모아뜨기를 뜹니다.

12 이어서 바늘에 2회 실을 걸어 걸기코를 2코 뜹니다. 이걸 반복합니다.

13 가장자리는 걸기코를 1코, 겉뜨기를 1코 뜨면 앞쪽에서 바늘에 실을 걸고, 다음 색 실로 화살표처럼 빼냅니다. 나머지는 다른 단과 같은 방법으로 2루프씩 빼냅니다.

14 걸기코가 2코 이어진 부분도 2루프씩 빼냅니다.

4단째는 2단째와 같은 방법으로 1코째를 뜨고, 실을 걸어 앞단의 3코 모아뜨기의 되돌아뜨기 뒷산에 바늘을 넣어 한길긴뜨기 코를 3코 뜹니다.

한길긴뜨기 코를 3코 떴습니다. 5단째까지 도안대로 실을 바꾸면서 뜹니다.

6단째는 앞단의 되돌아뜨기 뒷산에 바늘을 넣고,

실을 빼내 뜹니다.

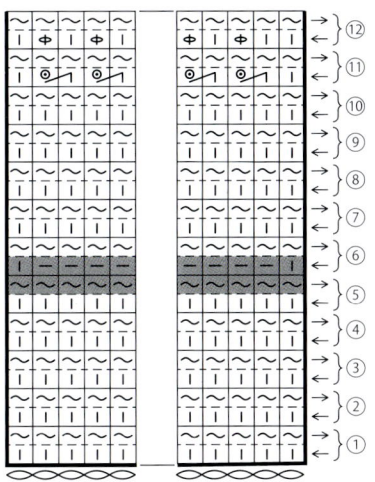

줄무늬 무늬뜨기

배색 { □ = 파란색 계열 그러데이션
       ■ = 청록색 }

| = 겉뜨기
~ = 되돌아뜨기
— = 안뜨기
⊘ = 2코 모아뜨기·앞쪽 걸기코
⊕ = 되돌아뜨기의 사슬을 다발로 줍는다

숄 뜨는 법

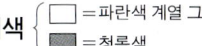

1단째는 풀오버의 1~4와 같은 방법으로 뜹니다.

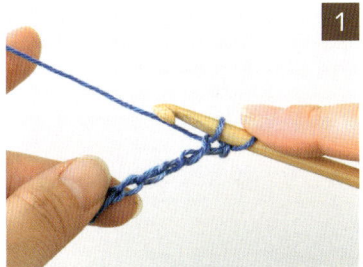

2단째의 떠나가기 왼쪽 가장자리 코는 화살표처럼 1단째의 가장자리 코와 되돌아뜨기에 이어지는 안쪽 실 2가닥을 줍습니다.

2단째 이후도 같은 방법으로 줍습니다.(가장자리를 그대로 사용할 때의 뜨는 법)

배색 실로 바꿀 때는 풀오버의 13과 같이 뜨던 실을 앞쪽에서 걸고 배색 실로 빼냅니다.

6단째는 안뜨기로 뜨므로 실을 앞쪽에 놓고 앞단의 코에 바늘을 넣고,

실을 걸어 화살표처럼 뒤쪽으로 빼냅니다.

11단째는 화살표처럼 바늘을 넣고 실을 빼내, 2코 모아뜨기를 뜹니다.

이어서 실을 앞쪽에서 바늘에 걸고(앞쪽 걸기코), 건 실이 빠지지 않게 손가락으로 누르고 다음 코를 뜹니다.

12단째는 2코째를 겉뜨기로 뜨고, 3코째는 앞단의 걸기코 공간에 바늘을 넣고

실을 빼냅니다. 되돌아뜨기의 사슬을 다발로 주웠습니다.

Couture Arrange

시다 히토미의 쿠튀르 어레인지

메시 무늬와 지그재그 레이스의 풀오버

photograph Hironori Handa styling Masayo Akutsu hair&make-up AKI model Edwina(170cm)

〈쿠튀르·니트 봄여름 3〉에서 모티브와 대바늘 레이스를 조합한 튜닉 베스트였다.

이맘때처럼 푹푹 찌는 여름에는 바람이 시원하게 통할 것 같은 어른스러운 분위기의 풀오버를 뜨고 싶었습니다. 어딘가 단정하면서도 시원해 보이는 한 장입니다. 이번 어레인지에 고른 작품은 '쿠튀르·니트 봄여름 3'의 코바늘 모티브와 대바늘 레이스의 튜닉 베스트로, 대바늘뜨기 부분만 사용해봤습니다.

실은 코튼 100%지만 가느다란 테이프 얀으로 무겁지 않고 부드러운 촉감으로 가볍게 마무리됩니다. 실루엣은 폭을 살짝 낙낙하게 하고 길이는 짧은 듯이 마무리했습니다. 무늬는 큰 구멍이 생기지 않게 작은 레이스 무늬를 잔뜩 배열한 세로 라인과 지그재그로 된 레이스 무늬를 반복해 전체를 구성했습니다.

이번에는 어른의 레드에 어울리는 색을 골랐지만, 여러분은 원하는 색으로 떠보세요. 대바늘뜨기에서 어두운 색은 무늬가 잘 보이지 않아서 피하는 경향이 있지만, 이 디자인은 세로 레이스 무늬로 구멍이 잔뜩 뚫려 있어서 그렇게 신경 쓰지 않아도 괜찮습니다. 안에 어떤 색을 입느냐에 따라서도 레이스의 느낌이 달라지니 코디 색도 자유롭게 즐겨보세요.

detail

앞뒤 몸판의 시작은 밑단의 사선 무늬로 나타나는 스캘럽을 테두리뜨기하므로 기초코는 바늘을 2호 굵게 해서 빡빡해지지 않게 주의합니다. 허리 부근까지 몇 번 게이지 조정을 하므로 바늘을 바꾸는 단에 주의합니다. 사진에서는 옆선이 잘 보이지 않지만, 지정 위치부터 세로 레이스 무늬만으로 그대로 되돌아뜨기 단도 떠나갑니다.

은근히 보이는 세로 레이스 무늬는 사선 무늬의 중심과 무늬를 제대로 맞춰 좌우 대칭이 되고 마지막 단까지 이어지므로 도안에 주의해서 뜨세요.

소매는 몸판과 같은 방법으로 시작하고, 게이지 조정을 하며 뜹니다. 목둘레의 테두리뜨기는 몸판의 사선 무늬와 같지만, 목둘레 라인을 따라 레이스를 순서대로 1코 돌려 고무뜨기합니다.

〈쿠튀르·니트 봄여름 3〉에서
Knitter／마키노 게이코
How to make／P.170
Yarn／다이아몬드케이토 다이아 코스타 우노

Skirt, Bangle／SLOW 오모테산도점, WhitexGold ring
Gold W ring／산타모니카 하라쿠주점

오카모토 게이코의 Knit +1
니트 +원

좋아하는 사람이 많은 꽃무늬.
이번 여름은 조금 레트로한 취향으로 즐겨 보아요.

photograph Shigeki Nakashima styling Kuniko Okabe, Yuumi Sano
hair&make-up Chie Ishikawa   model Robin J(165cm)

이번 여름 호는 꽃무늬가 테마입니다. 오래전부터 꽃무늬는 있었고, 세계 최초의 꽃무늬는 고대 이집트의 연꽃을 모티브로 한 것이라고 합니다. 꽃무늬는 크게 분류하면 작은 꽃무늬, 큰 꽃무늬, 꽃뿐 아니라 잎사귀, 줄기, 열매 등을 포함한 식물을 모티브로 한 보태니컬 무늬를 꽃무늬로 통틀어 부를 때도 있습니다. 사실적인 것, 선화적인 것, 추상적인 것 등의 종류가 있습니다. 그리고 올해의 트렌드는 '빈티지 플로럴', 레트로한 꽃무늬입니다. 어릴 때 입었던 원피스를 떠올리게 하는 빈티지한 작은 꽃무늬로, 레트로한 색감과 살짝 바랜 듯한 컬러가 많이 보입니다.

K'sK는 이번에 대담한 튤립 카디건과 추상적인 보태니컬 무늬의 풀오버를 디자인했습니다. 사용한 실은 '카펠리니'입니다. 가늘고 광택이 있어 코바늘로 뜨기 좋은 실입니다. 큰 튤립을 모눈뜨기로 뜨고, 칼라와 호주머니를 단 살짝 빈티지한 재킷은 베이지를 기조로 흰색을 배색했습니다. 카펠리니는 색이 다양하게 갖춰져 있어 바이컬러라면 다양한 조합이 가능합니다. 파란색에 흰색은 화사하게, 오렌지색에 갈색은 성숙하면서도 러블리하게, 흰색에 검정색은 스타일리시하게 보입니다.

보태니컬 풀오버는 진하고 옅은 녹색에 머스터드 색을 포인트로 사용했습니다. 크고 작은 모티브를 조합한 여름에 어울리는 레이시한 풀오버입니다. 와이드 팬츠나 원피스와도 코디가 쉬워 자주 손이 갈 아이템입니다.

올여름에는 꼭 꽃무늬를!

오카모토 게이코(岡本啓子)
아틀리에 케이즈케이(atelier K'sK) 운영. 니트 디자이너이자 지도자로 전국적으로 왕성하게 활동 중. 공익재단법인 일본수예보급협회 이사.
http://atelier-ksk.net/

실／카펠리니

왼쪽／튤립을 모눈뜨기로 디자인했습니다. 바이컬러 조합을 바꾸면 인상이 달라져요.

Knitter／엔도 마사코
How to make／P.177
Yarn／K'sK 카펠리니

오른쪽／크고 작은 모티브를 조합해 레트로 모던한 배색으로. 크롭 기장이 신선해요.

Knitter／혼타니 지에코
How to make／P.172
Yarn／K'sK 카펠리니

― 독자 코너 ―

내가 만든 '털실타래' 속 작품

〈털실타래 Vol.11〉 p.13
울리올리(@woollyalllee)

실 : 이사거 트리오1
정교한 무늬에 반해 겁 없이 도전한 작품. 앞, 뒤판 따로 바텀업으로 무늬뜨기 후 소매와 아랫단 모티브들을 연결합니다. 제 몸 치수에 맞춰 무늬 수와 모티브 수를 수정했습니다. 완성하기 어려웠지만 큰 성취감을 안겨주었습니다.

〈털실타래 Vol.2〉 p.10
한잔뜨개(@knit_drink)

실 : 라마나 코모 트위드
좋아하는 바람공방 작가님의 디자인으로 고무단과 에폴렛 소매까지도 아란무늬가 이어져 있어 재미있는 작품이었습니다. 소매 잇는 부분이 많아서 조금 괴로웠지만 완성하니 뿌듯하네요!

〈털실타래 Vol.4〉 p.79
댄버스(@knitting_danvers)

실 : 니팅뜨데이 린넨비스코스
여름을 준비하며, 시원하고 찰랑이는 느낌의 실로 작업해 보았습니다. 귀여운 프릴과 레이시한 비침무늬가 잘 어우러져 사랑스럽고 산뜻한 여름 니트가 완성되었습니다. 더운 날, 자연스럽게 손이 갈 옷이 되어줄 것 같아 만족스럽습니다.

〈털실타래 Vol.11〉 p.50
@knitting_with_neko

실 : 낙양모사 바당
누가 내 머리에 피자 도우 던졌어! 모자 끝단이 나풀나풀 곱게 날리는 도우햇!ㅎㅎ 스트랩 탈부착이 가능해서 힙하게도 러블리하게도 쓸 수 있어요. ^^

〈털실타래 Vol.9〉 p.93
Nila (@dew0929)

실 : 파인아트얀 카멜통사, 질롱울
너무너무 알찬 〈털실타래〉 2024년 가을호. 가장 마음에 들었던 배색 가디건을 먼저 완성했어요. 무늬도 재미있었고 큰 바늘로 작업하니까 금방 완성했어요.

〈털실타래 Vol.3〉 p.42
뜨개정원(@ggomzi_sun)

실 : 낙양모사 바당
여름에 간단하게 툭 걸치고 싶어 떴어요. 그런데 이 옷, 청바지며 원피스, 스커트 모두 다 잘 어울리는 효자템이었네요! 그래서 다른 색상으로 하나 더 뜨는 중이랍니다.

독자분들이 뜬 〈털실타래〉 속 작품을 소개합니다!
원작의 느낌을 살려 완성한 작품, 취향대로 디자인을 조금 변형한 작품, 다른 색으로 떠 새로운 느낌으로 만든 작품까지 모두 만나 보세요. 〈털실타래 Vol.1~12〉 속 작품을 만드셨다면 SNS에 사진과 한스미디어(@hansmedia)를 태그해서 업로드해 주세요!

구성·편집 : 편집부

〈털실타래 Vol.1〉 p.26
뜸뜸(@tteum_tteum)

실 : skiyarn novel 8101
코바늘 스웨터는 도안도 별로 없고 맘에 드는 작품이 드문데 이 도안은 보자마자 마음에 들었습니다. 무늬가 쉽고 반복적이라 아주 쉬운 편입니다만 저는 사이즈를 키운다고 변형을 하는 바람에 고생을 했습니다! 사이즈 조절은 바늘 호수로 하세요. 동생 생일 선물이었는데 대 만족했어요.
– 동생 평: '미안하다 사랑한다' 임수정st. 넘 예뻐요.

〈털실타래 Vol.11〉 p.66
꿈나래프렌즈

실 : 카르토푸 메리노울 5p 69번, 오가닉 아가(끈)
원피스에 잘 어울리는 여성스럽고 사랑스러운 케이프 떠보고 싶었는데 마침 〈털실타래〉 봄호에 실린 케이프 보자마자 한눈에 뿅 반해 망설임 없이 바로 떠봤어요. 어떤 옷에도 잘 어울리며 큐티 그 자체입니다.

〈털실타래 Vol.10〉 p.11
새별니트

실 : 앵콜스 아르고 DK 벚꽃핑크멜란지
〈털실타래〉 겨울호 표지 작품을 사랑스러운 핑크로 떠보았어요! 독특하면서도 예쁜 디자인 덕분에 입을 때마다 기분 up! ^^

〈털실타래 Vol.11〉 p.42
잇다(@itda.yarn)

실 : Drops Safran
첫눈에 반한 도안! 두 번 생각하지 않고 작업했어요. 게이지 맞추느라 두길 긴뜨기를 한길 긴뜨기로 변형하여 떴습니다. 작업하는 동안 너무 행복했어요. ♥

〈털실타래 Vol.7〉 p.43
밤(@pukybam)

실 : 박씨네 실가게 링링, 청송뜨개실 뜨개알
클래식한 무늬와 약간의 배색이 뜨는 재미가 있었어요. 특히 브이넥 마무리 부분이 즐거웠습니다. 착용감도 편하고 사계절 활용도가 높은 디자인입니다.

〈털실타래 Vol.11〉 p.42
실의 기억(@knitting_alice)

실 : 돌리코튼
〈털실타래〉 2025년 봄호 모티브 보넷은 푸른 바다가 생각나는 시원한 색상인 파란 계열을 배색하여 떴지만, 저는 핑크빛 벚꽃이 날리는 봄날을 생각하며 핑크와 초록을 배색하여 만들었어요. ^^ 봄날에 핑크빛 모티브 보넷을 하고 다니면, 봄을 느낄 수 있어서 기분까지 덩달아 좋아질 것 같아요!

수예 신간 도서 소개

누구나 알기 쉬운
대바늘 니트 사이즈 조정 핸드북

일본보그사 저 | 배혜영 역 | 한스미디어 | 80쪽 | 18,500원

세상에 예쁜 대바늘 니트 도안은 많지만 내 몸에 꼭 맞는 사이즈의 니트는 찾기 어렵다. 이 책은 뜨고 싶은 실, 입고 싶은 크기, 좋아하는 형태로 바꿔 뜨는 법을 알려주는 친절하게 알려준다. 초보 니터가 작품 도안을 내 사이즈로 변경할 수 있도록 콧수와 단수를 쉽게 조절할 수 있도록 사진과 일러스트로 설명한다. 복잡한 이론과 설명 대신 공식에 숫자만 대입하면 내 몸에 맞는 니트를 만들 수 있다.

귀여운 동물과 디저트, 계절별 행사 옷차림
포근포근 코바늘 손뜨개 인형

i.iro 저 | 남궁가윤 역 | 한스미디어 | 96쪽 | 16,800원

클래식한 곰 인형부터 사랑스러운 토끼 인형, 보송보송한 양 인형 등 깜찍한 동물 인형은 물론, 달콤한 케이크, 도넛, 과일 인형 뜨는 법이 알차게 담겨있다. 가장 기본이 되는 도안과 어려울 수 있는 부분은 과정별 사진으로 자세하게 설명해 누구나 책을 따라 한 코 한 코 뜨다 보면 어느새 귀여운 인형을 만날 수 있다.

쉽게 뜨고 핏하게 입는 탑다운 뜨개 10
김대리의 취향 니트

바늘이야기 김대리 저 | 웅진리빙하우스 | 236쪽 | 21,000원

취미 분야 1위 베스트셀러이자 40만 뜨개 유튜버인 뜨개 작가 김대리의 신간이 1년 만에 출간되었다. 업그레이드된 매력적인 니트와 소품 등 10가지 미공개 작품이 수록되어 쉽게 뜨고 핏하게 입는 탑다운을 만날 수 있다. 동영상 튜토리얼과 업데이트 피드백 QR 링크도 담았으며, 김대리의 에세이도 알차게 수록해 뜨개인이라면 공감하면서 읽을 수 있다. 김대리와 함께 매일 입을 수 있는 탑다운 작품을 만들어보자.

대바늘 손뜨개 양말 18
첫번째오늘의 즐거운 양말 만들기

정윤주 저 | 한스미디어 | 156쪽 | 20,000원

사각사각 체크 양말, 침엽수 산책 양말, 아기 양말 등 다양한 양말 디자인으로 유명한 첫 번째오늘의 양말을 소개한다. 보기만 해도 포근한 양말은 물론, 비침무늬 양말, 발목 양말, 덧신 등 다양한 종류의 양말을 다채로운 방식과 구조로 만들어 사계절 내내 느긋하게 양말 생활을 즐겨보자.

전 세계 니터들의 뜨개 바이블
대바늘 뜨개 대백과

보그 니팅 매거진 편집부 저 | 한미란 역 | 한스미디어 | 352쪽 | 75,000원

100만 부 이상 판매된 뜨개 교과서, 30년 넘게 사랑받은 궁극의 뜨개 안내서, 전 세계 니터를 위한 단 한 권의 대바늘 백과사전이 이제 한국의 뜨개인을 만난다! 실과 도구 소개부터 각종 뜨개 기법, 뜨개 중 생긴 오류를 수정하고 마무리하는 법, 스웨터, 숄, 모자, 장갑 등의 편물 디자인 기법과, 관리하는 법까지 그야말로 대바늘 뜨개의 모든 것을 다룬다. 궁극의 뜨개 안내서를 소장해 대바늘의 길잡이를 만나보자.

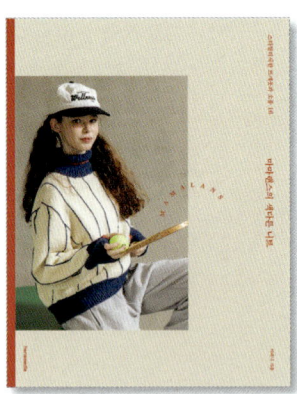

스타일리시한 뜨개옷과 소품 16
마마랜스의 색다른 니트

이하니 저 | 한스미디어 | 332쪽 | 28,000원

감각적인 색감과 세련된 핏으로 니터들이 사랑하는 마마랜스의 두 번째 책이다. 알록달록한 크레파스 배색 스웨터, 파란색 라인으로 포인트를 준 프레피 애버딘 판초 등 컬러로 개성을 더한 매력적인 뜨개옷과 소품 16가지를 만나보자. 최소한이 뜨개 기법으로 멋지게 완성하는 마마랜스의 니트를 지금 시작해보자.

나의 소중한 파올라레이나를 위하여 Vol.3
배색무늬 인형옷 손뜨개 with 파올라레이나

예쁜손뜨개 저 | 성안당 | 304쪽 | 28,000원

예쁜손뜨개가 레이나를 위해 정성껏 골라 디자인한 20여 가지의 옷과 소품을 소개하는 배색 무늬 도안집이다. 예쁜손뜨개 특유의 감각적인 배색 감성을 담아 일상적인 데일리룩부터 레이나의 사랑스러움을 극대화한 러블리룩과 코지한 아이템까지 다양한 작품들로 가득하다. 서술형 도안은 물론 차트, 그림 도안과 영상(QR)로 제공하는 친절한 안내에 따라 완성도 높은 작품을 만들어보자.

에브리데이 니팅 클럽

낙양모사 저 | 동양북스 | 196쪽 | 21,500원

10명의 작가가 담아낸 매력적인 뜨개옷과 소품 13가지 작품이 한 권에 담겼다. 돌봄이라는 주제를 뜨개로 풀어낸 프로젝트에 대바늘과 코바늘을 활용해 만드는 니트와 양말부터 실생활에 유용한 소품들로 채웠다. 작가마다 돌봄의 의미를 담아낸 짧은 에세이를 담아 풍부한 읽을거리를 제공하고, 작품마다 QR코드를 실어 초보 니터들의 이해도 돕는다. 페이지를 넘기며 작품에서 얻는 삶의 따뜻한 위로와 기쁨을 만나보자.

원하는 치수로 선택해서 만드는 나만의 니트웨어
michiyo의 4사이즈 니팅

michiyo 저 | 김한나 역 | 김수산나 감수 | 지금이책 | 96쪽 | 16,800원

〈털실타래〉에서 2018년부터 연재해 온 코너 'michiyo의 4사이즈 니팅'에서 엄선한 디자인으로 구성한 도안집이다. S, M, L, LL 사이즈로 선택의 폭을 넓힌 실용성과 세련된 디자인으로 독자들에게 꾸준한 인기를 얻고 있다. 호평받았던 작품들과 가을, 겨울 시즌에 맞춰 변형한 총 15종의 니트웨어 도안을 소개한다. 체형과 취향에 따라 원하는 사이즈를 편하게 뜨고 싶다면 michiyo 선생님과 함께해보자.

가벼운 카디건과 숄, 포인트가 되는 예쁜 모자와 가방 18
산뜻한 계절의 감성을 담은 봄여름 뜨개

박옥민 저 | 책밥 | 248쪽 | 24,000원

사시사철 손을 쉬지 않는 뜨개인을 위한 니트 디자이너 나무 작가의 첫 책이다. 봄여름에도 시원하고 가볍게 입을 수 있는 뜨개 작품 18가지가 수록되어 있다. 나무 작가의 산뜻한 봄여름의 감성과 오랫동안 뜨개 클래스를 운영하며 얻은 경험과 팁을 녹여내 뜨개 초보자는 물론 취미 니터까지 뜨개에 관심 있는 사람이라면 누구나 즐겁게 작품을 완성할 수 있을 것이다.

블루밍니트의 코바늘 플라워&키링

블루밍니트 저 | 동양북스 | 312쪽 | 24,000원

정성스레 한 땀 한 땀 떠내려가 완성하는 '뜨개 꽃'. 블루밍니트의 첫 번째 작품집에서는 특별한 날 시들지 않는 뜨개 꽃을 선물할 수 있도록 튤립, 장미는 물론 카네이션과 샤스타데이지, 프리지아, 동백꽃 등 20종의 꽃을 선보인다. 이에 더해 포인트 아이템으로 사랑받는 미니 키링 10종까지 알차게 수록했다. 초보자도 자세한 설명과 과정별 사진을 따라 하기만 하면 소중한 사람에게 정성 가득한 선물을 할 수 있을 것이다.

갖고 싶고 선물하기 좋은 36가지 코바늘 아이템
홀리의 코바늘 키링

홀리 저 | 비타북스 | 272쪽 | 24,000원

2030 세대를 중심으로 감성적이고 레트로한 취미로 각광받고 있는 뜨개질. 그중에서도 지금 가장 핫한 뜨개 인플루언서인 '코바늘 뜨개사 홀리'의 첫 번째 도안집이다. 네잎클로버, 붕어빵, 오리 카드 지갑 등 개성 넘치는 36가지 다양한 작품을 만날 수 있다. 작고 귀엽고 실용적이기까지 한 키링과 소품을 코바늘 손뜨개로 시작해보자.

비기너를 위한
스윽스윽 뜨다 보니 자꾸 즐거워지는
신·수편기 스이돈 강좌

이번 호에서는 옮김바늘을 사용해서 여름에 어울리는 비침무늬를 떠보겠습니다.

photograph Hironori Handa styling Masayo Akutsu hair&make-up AKI model Edwina(170cm)

옆으로 뜨는 풀오버는 한쪽에 코를 통과시키는 교차무늬를 넣었습니다. 이 교차무늬는 옮김바늘 하나로 손쉽게 할 수 있습니다. 마치 드라이브 뜨기처럼 비치는 느낌은 여름다움을 더욱 잘 표현해 줍니다.

Design／실버편물연구회 오쿠무라 레이코
How to make／P.182
Yarn／하마나카 코트네 트위드
Pants／하라주쿠 시카고(하라주쿠점)

프렌치 슬리브 풀오버는 요크 부분에 물결치는 느낌이 살도록 무늬를 떴습니다. 옮김바늘을 회전시키기만 해도 이런 무늬를 뜰 수 있답니다. 수편기의 세계는 참 끝이 없네요.

Design／실버편물연구회 오쿠무라 레이코
How to make／P.183
Yarn／다이아몬드케이토 다이아 코스타 노바

Skirt／하라주쿠 시카고(하라주쿠점)

신·수편기 스이돈 강좌

이번에도 수편기로만 뜰 수 있는 무늬뜨기에 도전합니다.
손뜨개에서는 좀처럼 보기 힘든 흥미로운 무늬인데 여름 니트로 만들어서 즐겨보세요.

촬영/혼마 노부히코

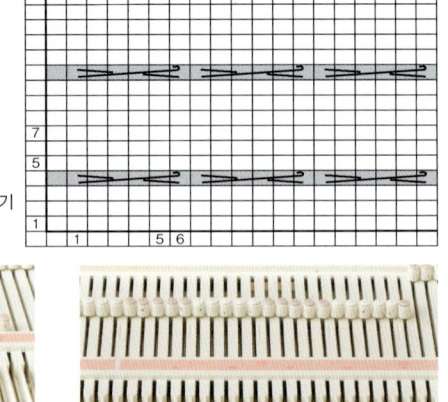
무늬뜨기

무늬 뜨는 법(P.84 풀오버 작품)

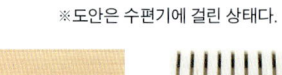 = 3코 코를 통과시키는 교차뜨기
※도안은 수편기에 걸린 상태다.

1 3단을 뜹니다.

2 4단은 수작업으로 뜨개를 진행합니다. 실을 건 채로 캐리지를 떼서 반대쪽으로 옮겨 놓습니다.

3 바늘을 D 위치로 꺼내고 실을 바늘 위에 걸칩니다.

4 바늘을 B 위치로 내리고 래치 안쪽으로 실을 넣습니다.

5 캐리지에 걸린 실을 느슨하게 해서 캐리지 반대쪽부터 1코씩 A 위치까지 내리면서 모든 코를 수작업으로 뜹니다.

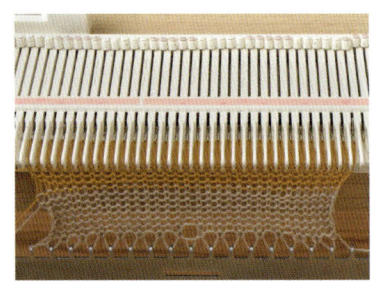

6 4단을 수작업으로 뜬 모습입니다.

7 편물을 천천히 아래로 당기고 바늘을 B위치로 되돌려 놓습니다. 코가 빠지기 쉬우니 조심하세요.

8 왼쪽 가장자리 1코를 남기고 옮김바늘에 3코를 옮기고,

9 오른쪽 3코에 겹쳐 건 다음에,

10 래치 넘기기를 합니다.

11 래치 넘기기를 하면서 떨어진 3코를 옮김바늘로 옮겨서,

12 왼쪽의 빈 바늘에 겁니다. 8~12를 반복합니다.

13 모든 코 걸기가 끝난 모습입니다.

14 6단을 뜹니다.

15 1무늬의 단수가 홀수라서 다음 무늬는 2~5를 좌우를 반대로 반복합니다.

16 겉면에서 본 모습입니다.

무늬뜨기

□ = ⊟

⇨ = 3코를 옮김바늘로 옮기고 오른쪽 방향으로 1바퀴 돌려서 원래 바늘에 돌려놓는다
⇦ = 3코를 옮김바늘로 옮기고 왼쪽 방향으로 1바퀴 돌려서 원래 바늘에 돌려놓는다

※도안은 수편기에 걸린 상태다.

무늬 뜨는 법(P.84 풀오버 작품)

1
3단을 뜹니다.

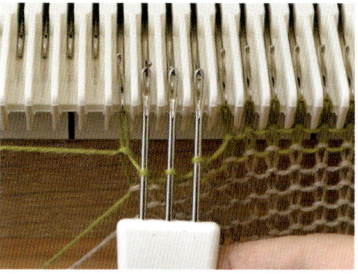

2
왼쪽 가장자리 1코를 남기고 옮김바늘에 3코를 옮깁니다.

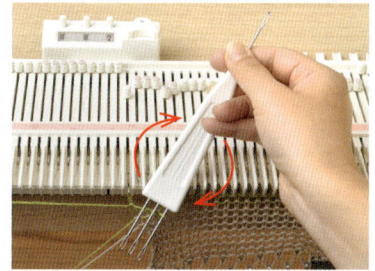

3
옮김바늘을 그대로 오른쪽으로 1번 바퀴 돌리고,

4
원래 바늘에 돌려놓습니다.

5
3코를 꼰 모습입니다. 마지막에 1코가 남을 때까지 2~4를 반복합니다.

6
바늘을 D 위치로 꺼내서 4단을 뜹니다.

7
왼쪽 가장자리 1코를 남기고 옮김바늘에 3코를 옮긴 다음,

8
옮김바늘을 그대로 왼쪽 방향으로 1바퀴 돌리고 원래 바늘에 돌려놓습니다.

9
7, 8을 마지막에 1코가 남을 때까지 반복합니다.

10
바늘을 D 위치로 꺼내서 4단을 뜹니다.

11
2~10을 반복합니다.

12
겉면에서 본 모습입니다.

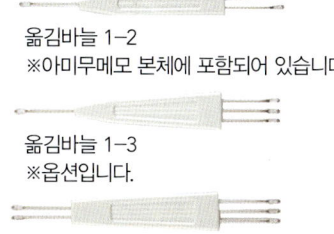

옮김바늘 1-2
※아미무메모 본체에 포함되어 있습니다.

옮김바늘 1-3
※옵션입니다.

옮김바늘 2-3
※옵션입니다.

한스미디어의 뜨개 추천 도서

손뜨개꽃길의
사계절 코바늘 플라워

박경조 저 | 224쪽 | 22,000원

유튜브와 인스타그램에서 꽃 뜨는 방법을 알려온 '손뜨개꽃길'! 튤립, 수국, 카네이션, 장미 등 오랜 시간 꾸준히 사랑받은 꽃과 거베라, 리시안셔스, 칼라 등 우아한 형태로 인기가 많은 꽃 뜨는 법을 소개합니다. 레몬잎, 아이비 등 그린 소재도 담았습니다. 책을 따라 사계절 내내 생생한 뜨개 꽃을 즐겨 보세요!

매일매일 뜨개 가방

최미희 저 | 200쪽 | 20,000원

매일 들고 싶은 데일리백 20가지 만드는 방법을 담은 책입니다. 계절별로 들 수 있도록 소재, 색감을 달리한 감각적인 가방을 만날 수 있습니다. 오랜 시간 많은 수강생을 대상으로 코바늘 뜨개 클래스를 진행한 니팅맘의 배색 및 뜨개 팁도 알차게 소개해 뜨개 초보라도 근사한 가방을 뜰 수 있습니다.

코바늘 모티브 패턴집 366 (완전판)

일본보그사 저 | 남궁가윤 역 | 144쪽 | 22,000원

원형, 삼각형, 사각형, 팔각형, 꽃 모양, 별 모양 등 다채로운 모양의 크로셰 모티브 패턴을 한 권에 담았습니다. 모티브 하나만 떠도 예쁘고, 여러 개의 모티브를 이어서 큰 작품을 만드는 매력도 느낄 수 있는 366가지의 모티브를 소개합니다. 책장을 넘겨 보며 마음에 드는 모티브를 골라 나만의 작품을 만들어 보세요.

귀여운 강아지 뜨개 옷

효도 요시코 저 | 배혜영 역 | 96쪽 | 16,800원

귀여운 우리집 강아지를 더욱 트렌디하게! 내 손으로 직접 떠 강아지의 귀여움을 한층 더해줄 꽈배기 무늬 스웨터, 아란 스웨터는 물론 크로셰 하우스와 장난감 그리고 반려인과 함께 입는 커플 니트 등을 만나 보세요. 초소형견에서부터 중대형견까지 다양한 옷 사이즈를 소개해, 책을 따라 우리 아이에게 꼭 맞는 사이즈의 옷과 소품을 선물할 수 있습니다.

「뜨개꾼의 심심풀이 뜨개」

굵은 분쇄·중간 분쇄·수동 분쇄로 취향껏 '뜨개 커피 그라인더'가 있는 풍경

좋아하는 시간에 한숨 돌려
집에서 만들어도 좋다

바다로, 산으로, 야외로
하이킹이나 캠프에서 만들어도 좋다

물을 끓이고 드리퍼에
종이 필터를 깐다

약배전, 중배전, 강배전
기분 따라 고르는 배전

갓 갈린 원두 향과 갈리는 소리를
들으면서
커피 그라인더를 돌린다

돌리면서 물이 끓을 때까지 기다리는
행복한 드립 커피 시간

자, 새로 들인 원두 맛은 어떨까

뜨개꾼 203gow(니마루산고)
색다른 뜨개 작품 '이상한 뜨개'를 제작한다. 온 거리를 뜨개 작품으로 메우려는 게릴라 뜨개 집단 '뜨개 기습단'을 창설했다. 백화점 쇼윈도, 패션 잡지 배경, 미술관 및 갤러리 전시, 워크숍 등 다양한 활동을 전개하고 있다.
https://203gow.weebly.com

글·사진/203gow 참고 작품

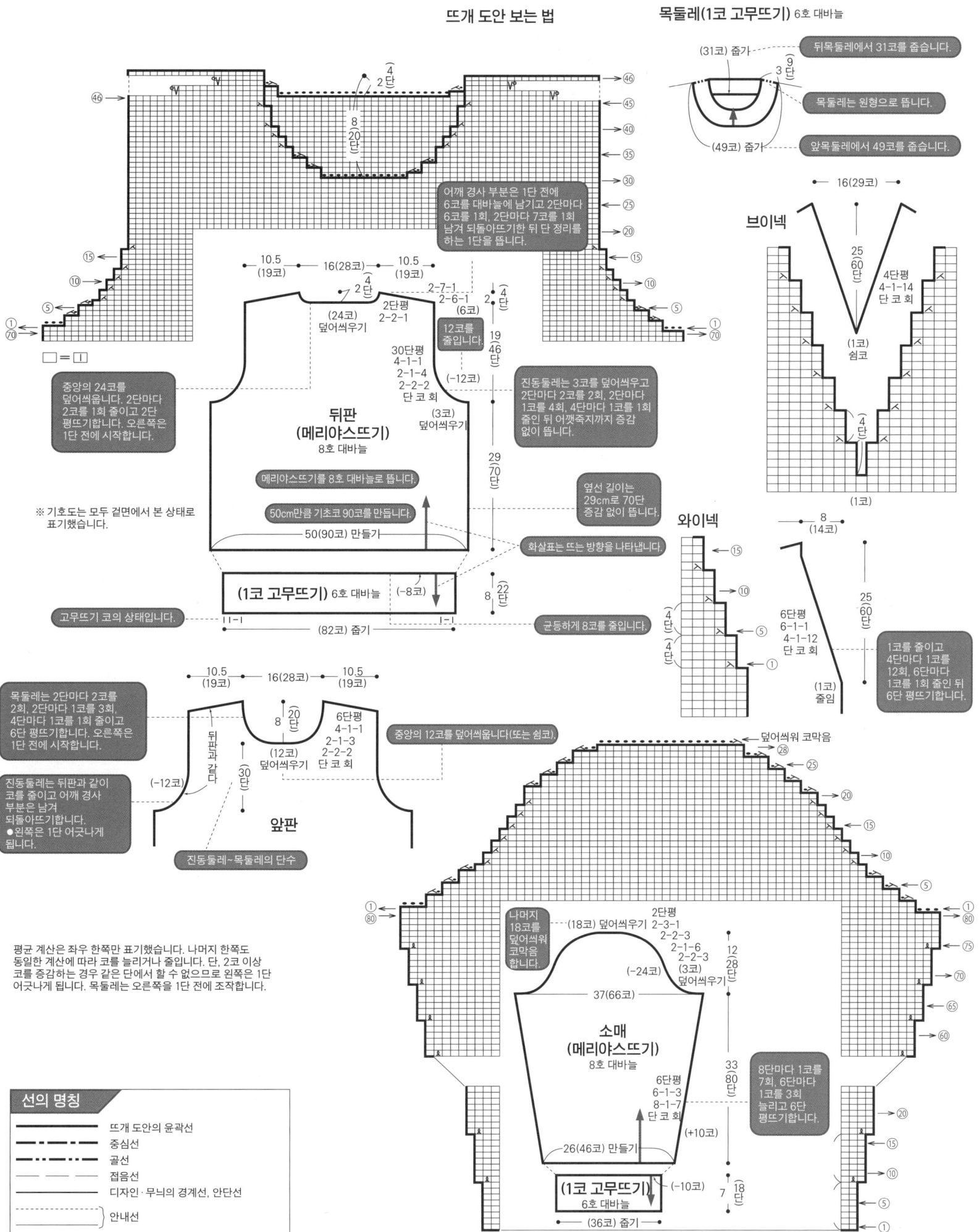

여름 톱다운 웨어
10 page ★★★

아게이트

재료
퍼피 아게이트 갈색·노란색 계열 그러데이션(302) 340g 7볼

도구
대바늘 7호·5호

완성 크기
가슴둘레 108cm, 착장 61cm, 화장 52.5cm

게이지(10×10cm)
무늬뜨기 A 21코×30단, 메리야스뜨기 20코×33단

POINT
●요크·몸판·소매…별도 사슬로 기초코를 만들어 뜨기 시작해 요크를 무늬뜨기 A로 원형으로 뜹니다. 분산 늘림코는 도안을 참고하세요. 뒤판에 메리야스뜨기를 10단 떠서 앞뒤 차이를 두고, 거싯을 감아코로 만듭니다. 몸판은 앞뒤를 이어서 메리야스뜨기, 무늬뜨기 B로 원형으로 뜹니다. 뜨개 끝은 무늬를 이어서 뜨면서 덮어씌워 코막음합니다. 소매는 앞뒤 차이·거싯·요크의 쉼코에서 코를 주워 메리야스뜨기, 무늬뜨기 B로 원형으로 뜹니다. 소매 밑선의 줄임코는 도안을 참고하세요. 뜨개 끝은 밑단처럼 정리합니다.
●마무리…기초코 사슬을 풀어 코를 주워 목둘레를 무늬뜨기 B'로 원형으로 뜹니다. 뜨개 끝은 밑단처럼 정리합니다.

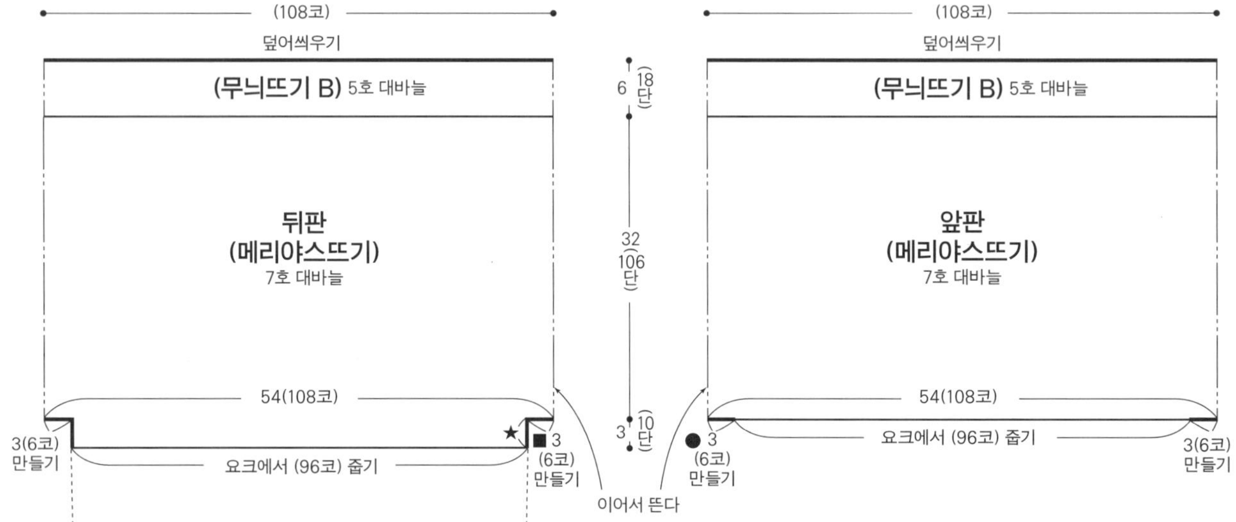

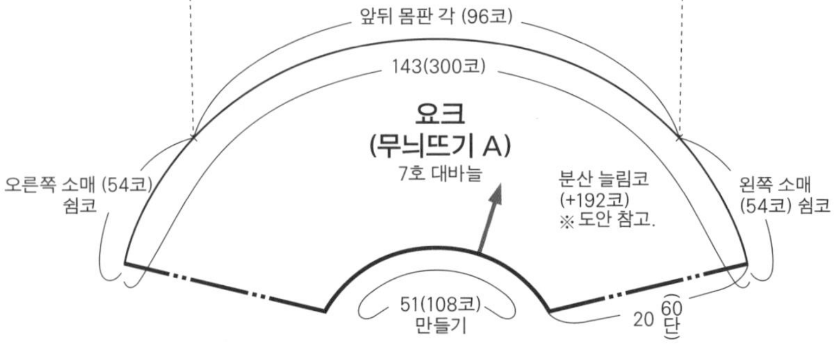

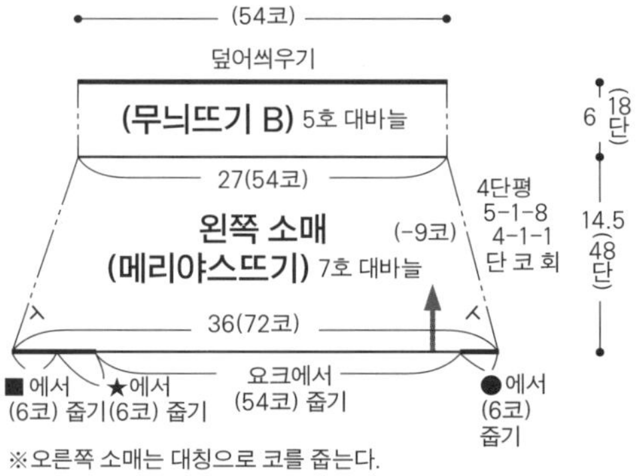

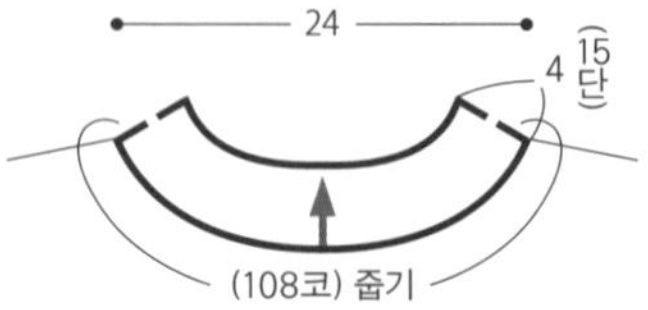

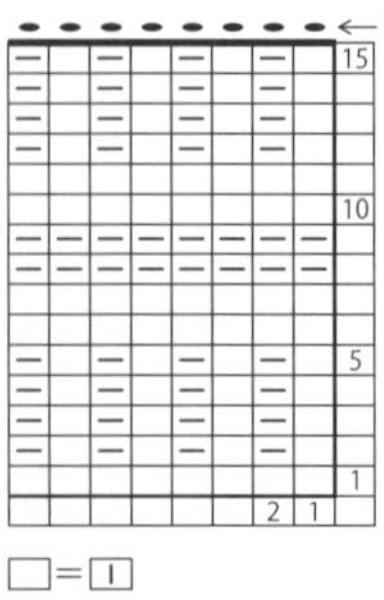

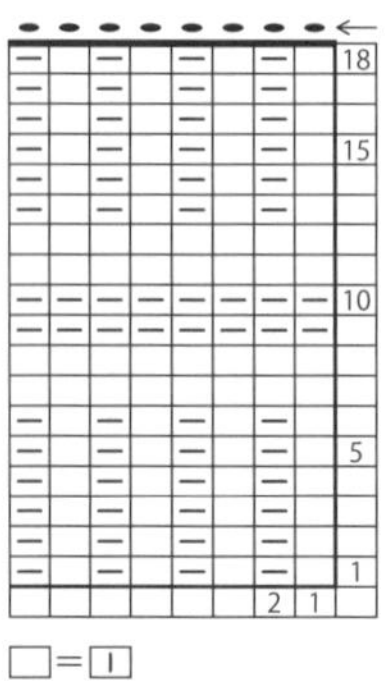

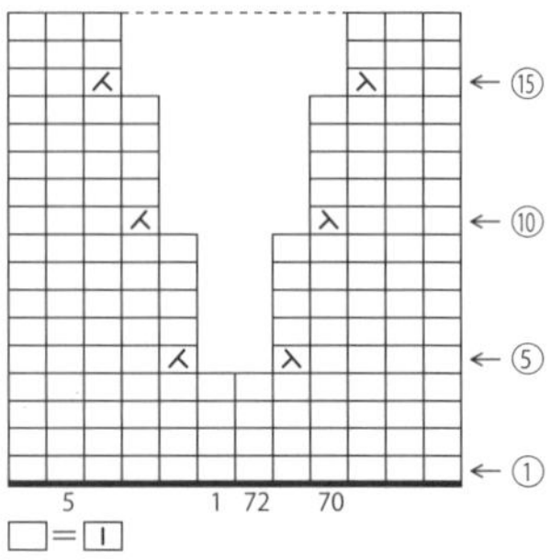

무늬뜨기 A와 요크의 분산 늘림코

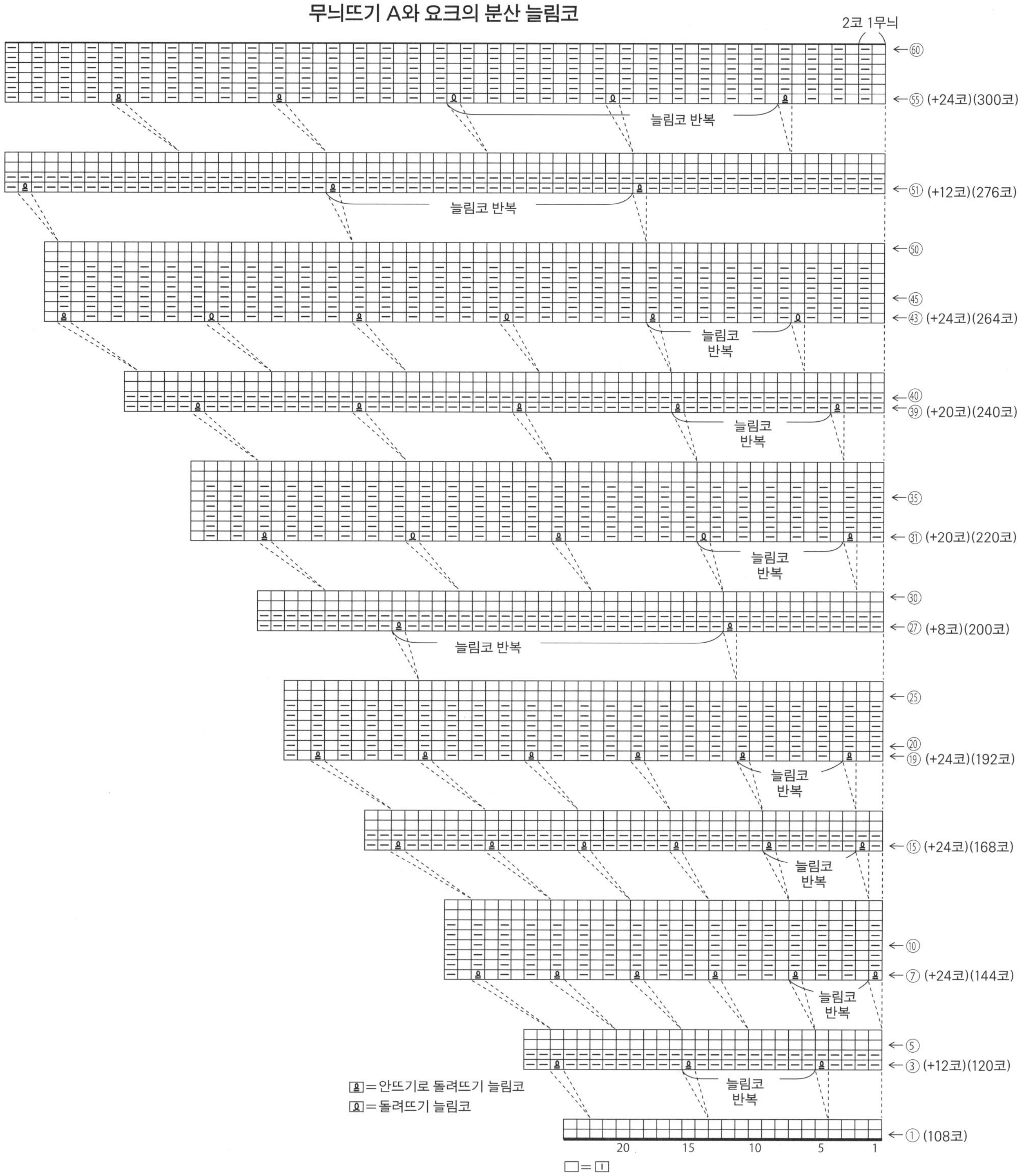

▶ 56페이지에서 이어집니다.

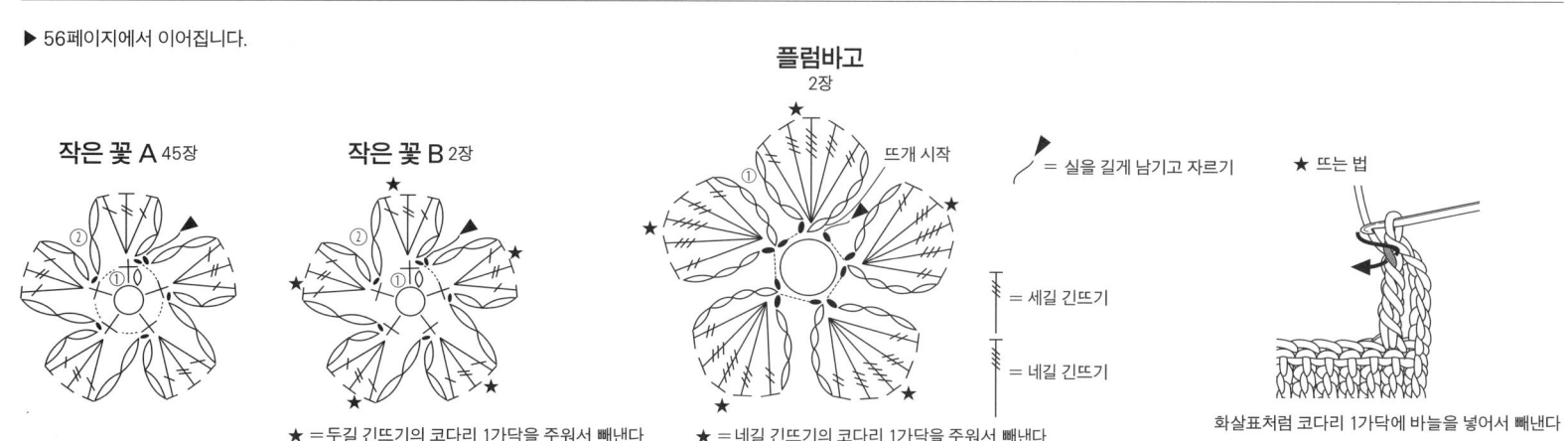

여름 톱다운 웨어
12 page ★★★

프렌치 리넨

재료
데오리야 프렌치 리넨 진핑크(06) 90g, 연핑크(05)·하얀색(12) 각 45g

도구
대바늘 4호

완성 크기
가슴둘레 100cm, 착장 49cm, 화장 45cm

게이지(10×10cm)
줄무늬 무늬뜨기 B·C 24코×33단

POINT
● 실은 모두 지정한 실 2가닥으로 뜹니다. 별도 사슬로 기초코를 만들어 뜨기 시작해 목둘레를 메리야스뜨기, 줄무늬 무늬뜨기 A로 원형으로 뜹니다. 줄무늬 무늬뜨기 A를 12단 뜬 뒤 기초코 사슬을 풀어 안으로 접고, 푼 코와 앞단 코를 함께 떠서 두 겹으로 만듭니다. 이어서 요크는 도안을 참고해 분산 늘림코를 하면서 줄무늬 무늬뜨기 B로 뜹니다. 앞뒤 몸판은 거싯의 별도 사슬과 요크에서 코를 주워 줄무늬 무늬뜨기 C, 줄무늬 안메리야스뜨기, 줄무늬 가터뜨기로 원형으로 뜹니다. 뜨개 끝은 안뜨기를 뜨면서 덮어씌워 코막음합니다. 소매는 거싯의 별도 사슬을 푼 코와 요크의 쉼코에서 코를 주워 줄무늬 무늬뜨기 C와 줄무늬 가터뜨기로 원형으로 뜹니다. 뜨개 끝은 밑단처럼 정리합니다.

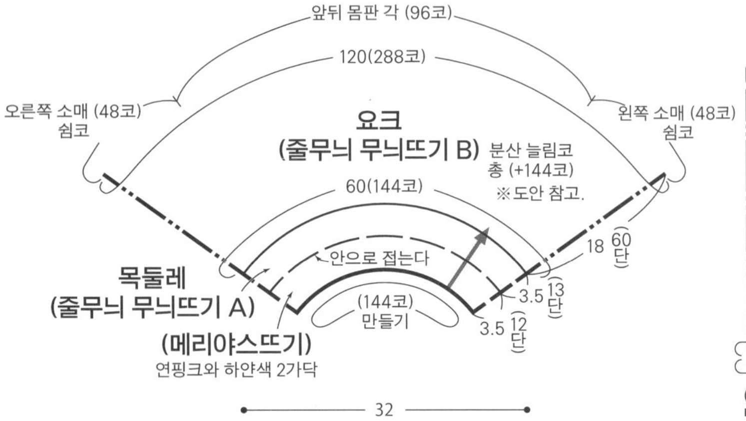

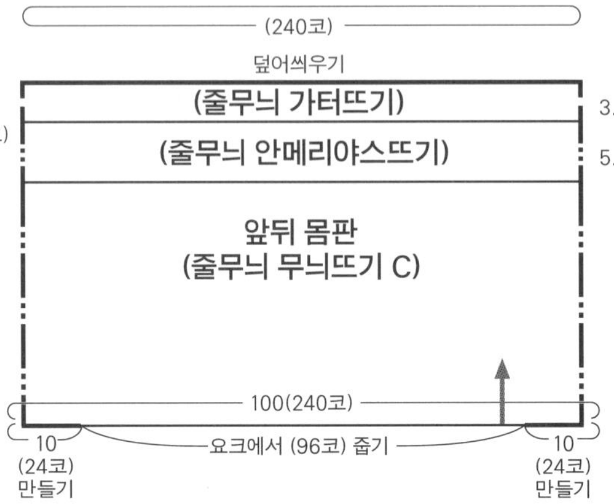

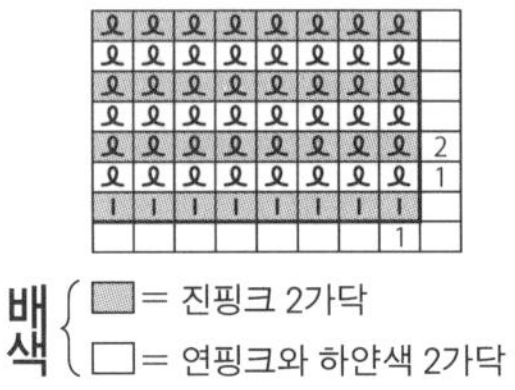

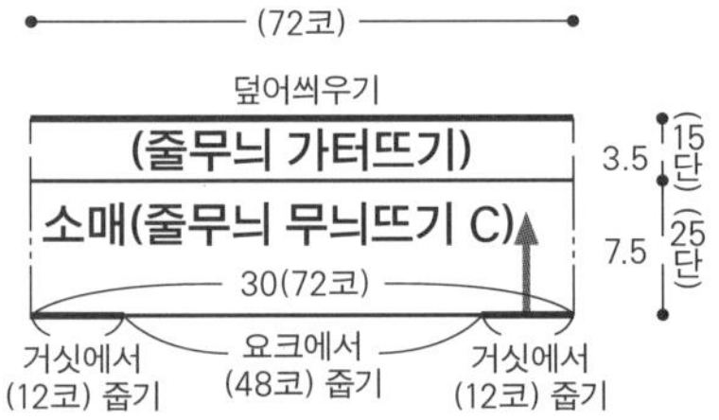

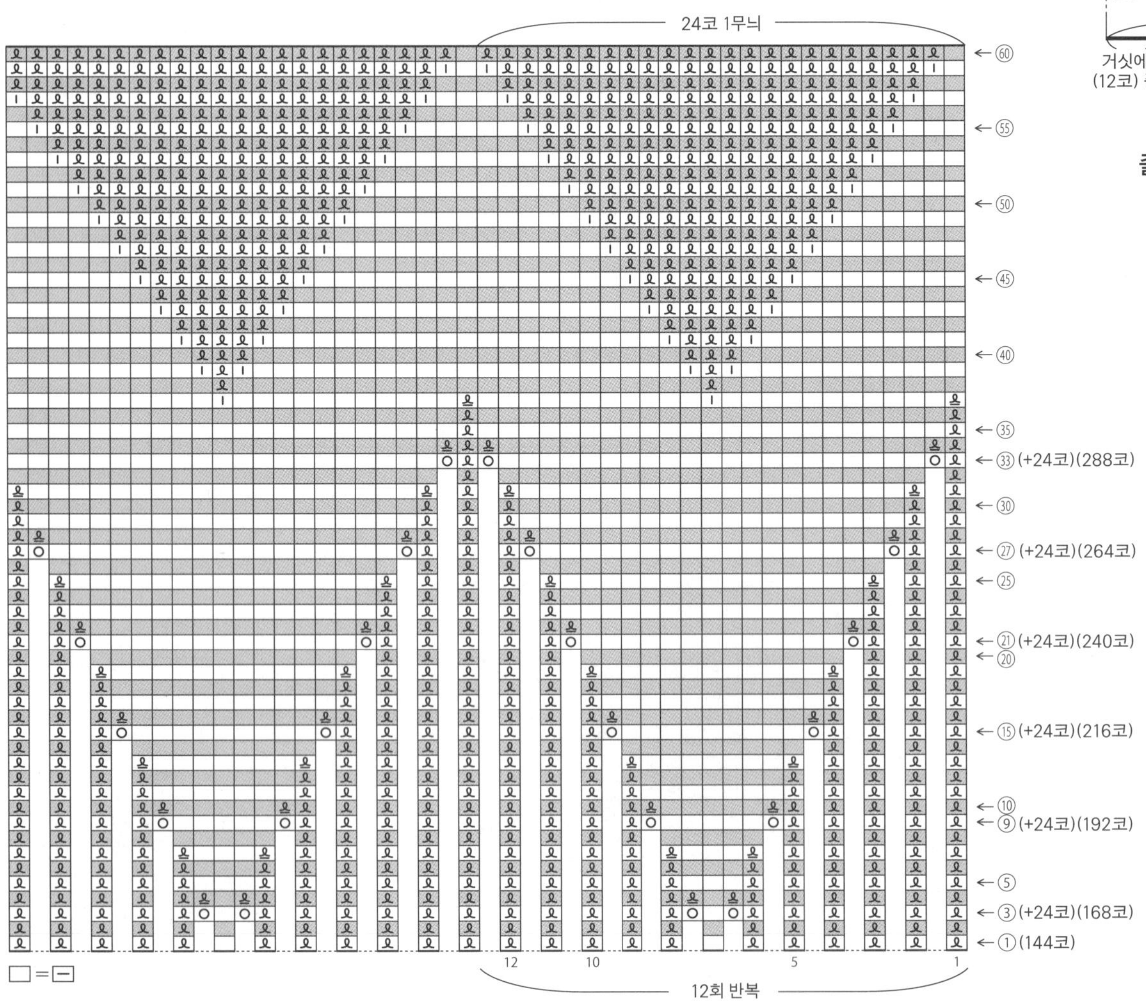

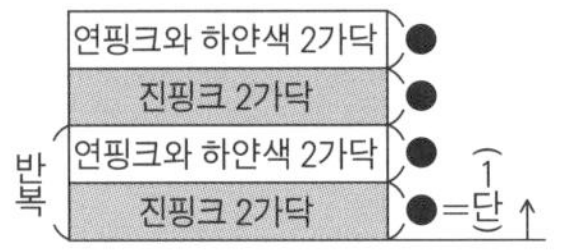

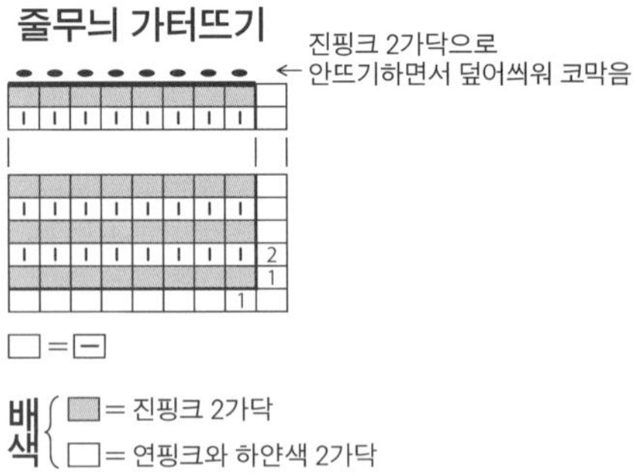

줄무늬 무늬뜨기 C (앞뒤 몸판)

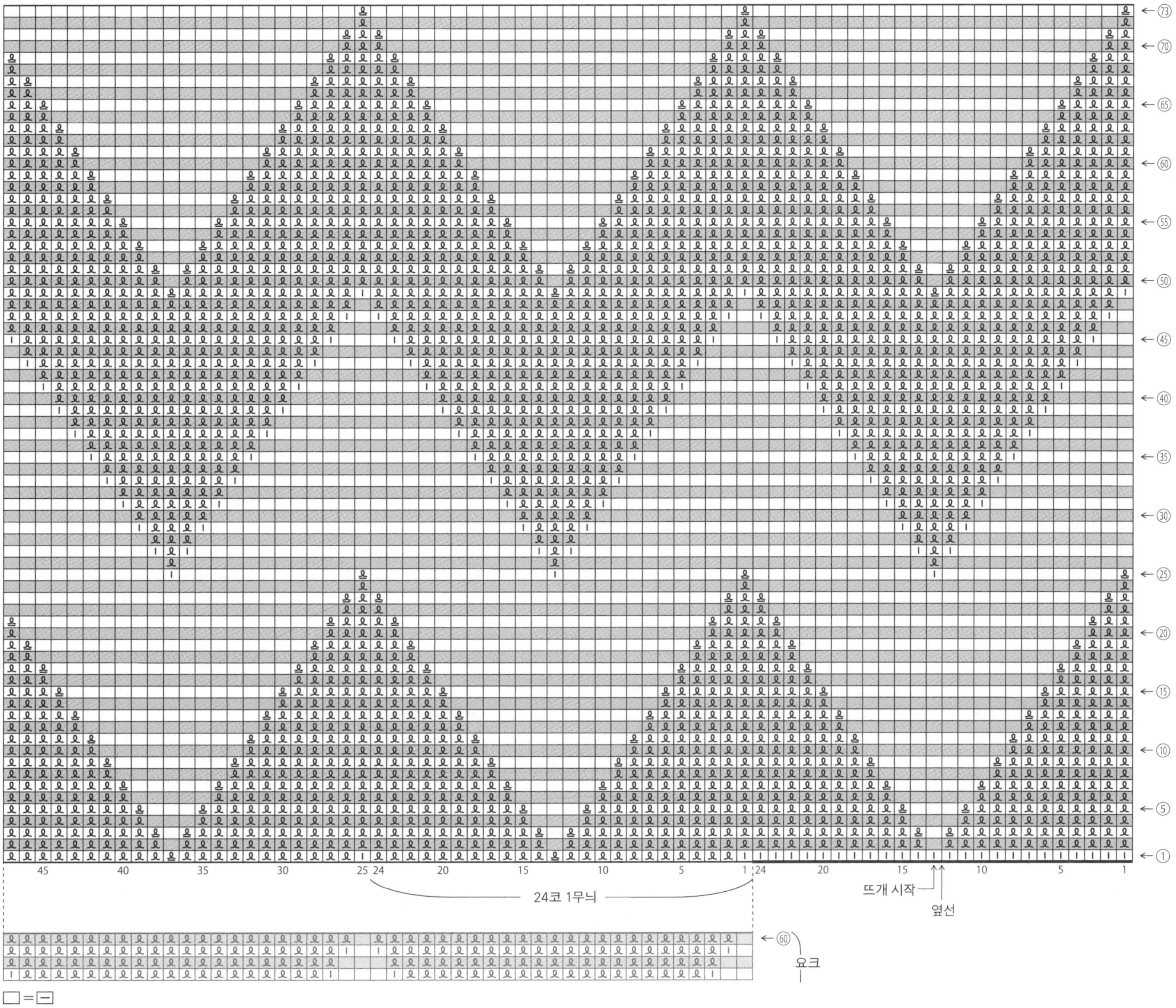

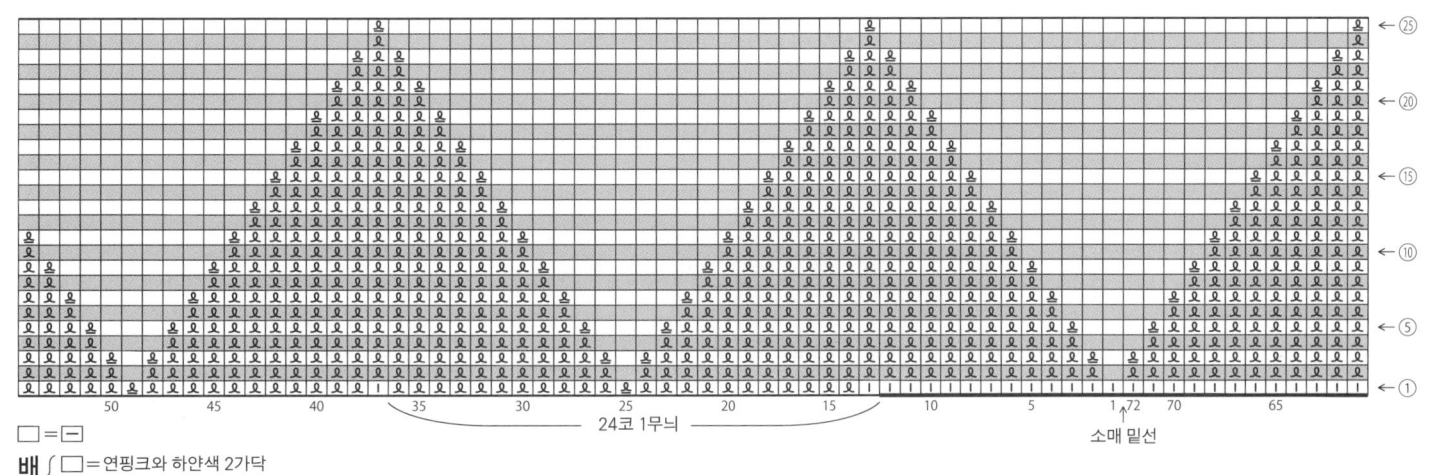

□ = −

배색
- □ = 연핑크와 하얀색 2가닥
- ■ = 진핑크 2가닥

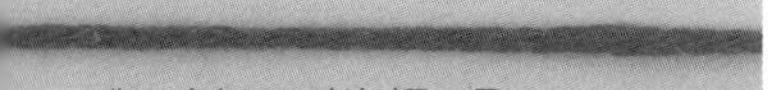

여름 톱다운 웨어
14 page ★★★

에코 비타 388 리사이클 코튼

1코 고무뜨기 코막음
(원형뜨기)

※ 일본어 사이트

3코 3단 구슬뜨기

※ 일본어 사이트

※ 작품은 3코 5단 구슬뜨기

재료
DMC 에코 비타 388 리사이클 코튼 그레이(110) 110g 2볼, 오렌지(105) 90g 1볼, 파란색(107) 80g 1볼

도구
대바늘 8호·6호

완성 크기
가슴둘레 105cm, 착장 48.5cm, 화장 48.5cm

게이지(10×10cm)
메리야스뜨기 20코×33단

POINT
● 손가락에 실을 걸어서 기초코를 만들어 뜨기 시작해 목둘레를 돌려 1코 고무뜨기로 7단까지 왕복해 뜨고 실을 자릅니다. 8단부터는 뒤판과 왼쪽 소매 요크의 경계에 실을 이어 원형으로 뜨는데, 앞 중심은 코를 겹쳐서 줍습니다. 이어서 요크는 메리야스뜨기와 무늬뜨기로 원형으로 뜹니다. 증감코는 도안을 참고하세요. 무늬뜨기 다음의 메리야스뜨기 1단은 안뜨기로 뜨므로 주의합니다. 앞뒤 몸판은 요크에서 지정 콧수를 줍고, 거싯은 감아코로 코를 만들어 메리야스뜨기와 돌려 1코 고무뜨기로 원형으로 뜹니다. 뜨개 끝은 1코 고무뜨기 코막음을 합니다. 소매는 거싯과 요크의 쉼코에서 코를 주워 메리야스뜨기와 돌려 1코 고무뜨기로 뜹니다. 뜨개 끝은 앞뒤 몸판처럼 정리합니다.

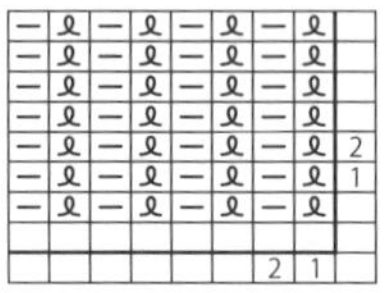

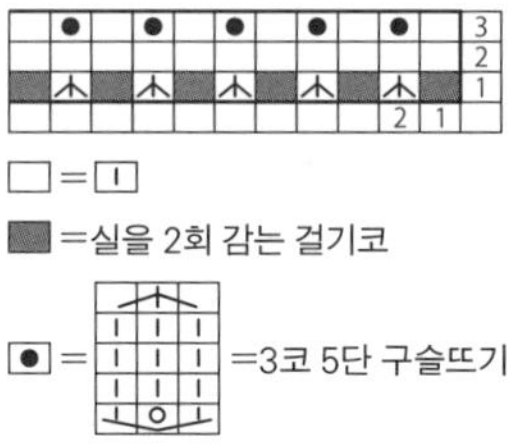

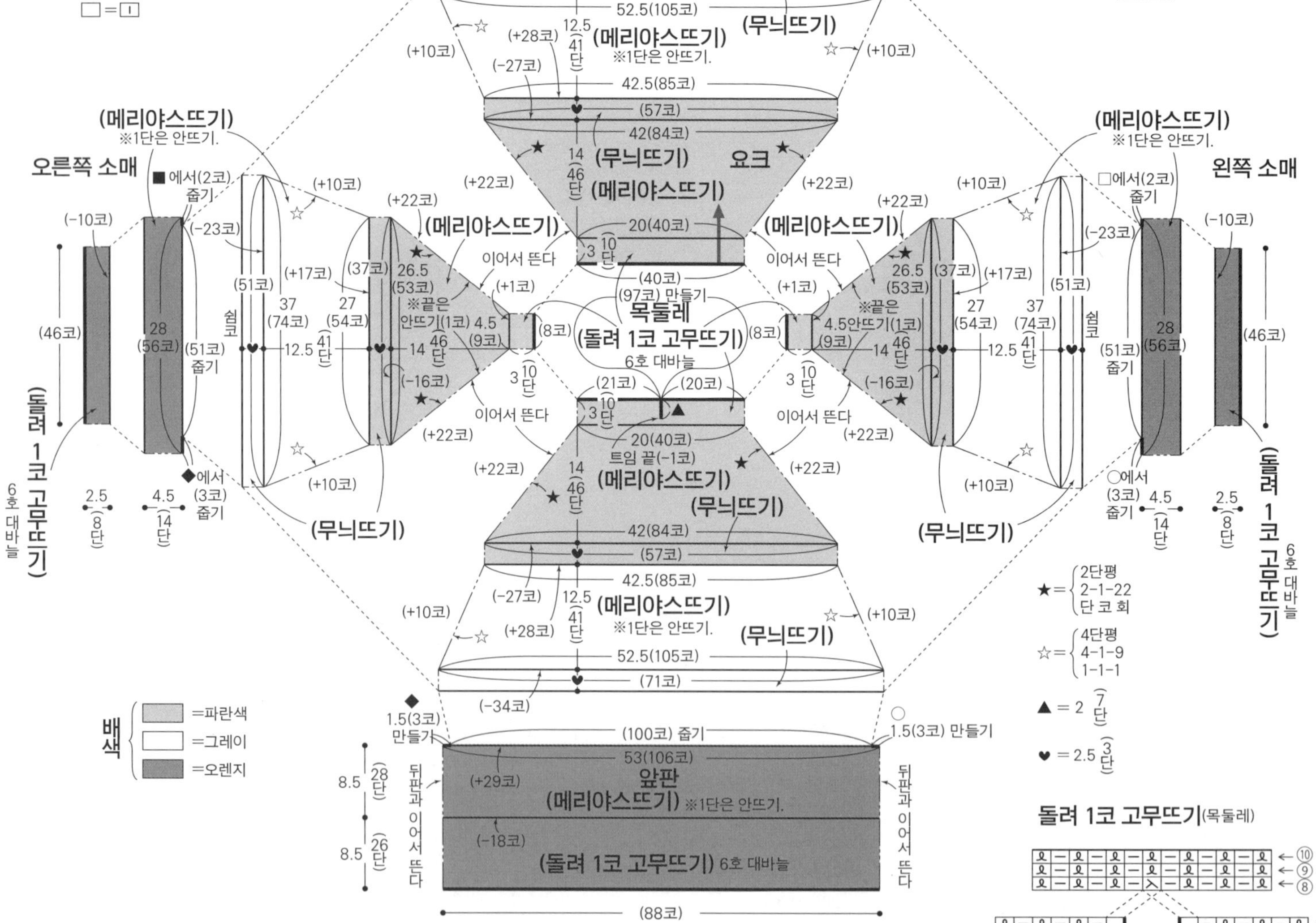

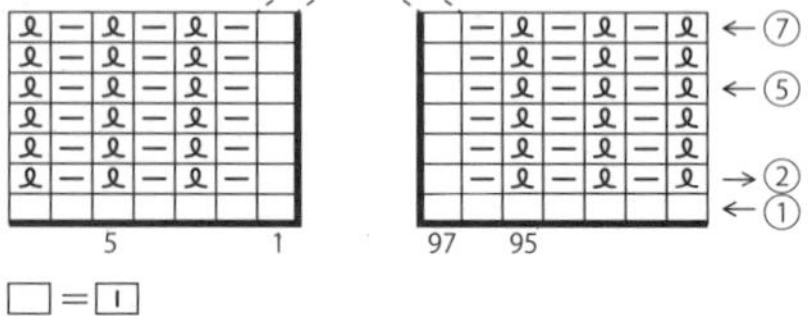

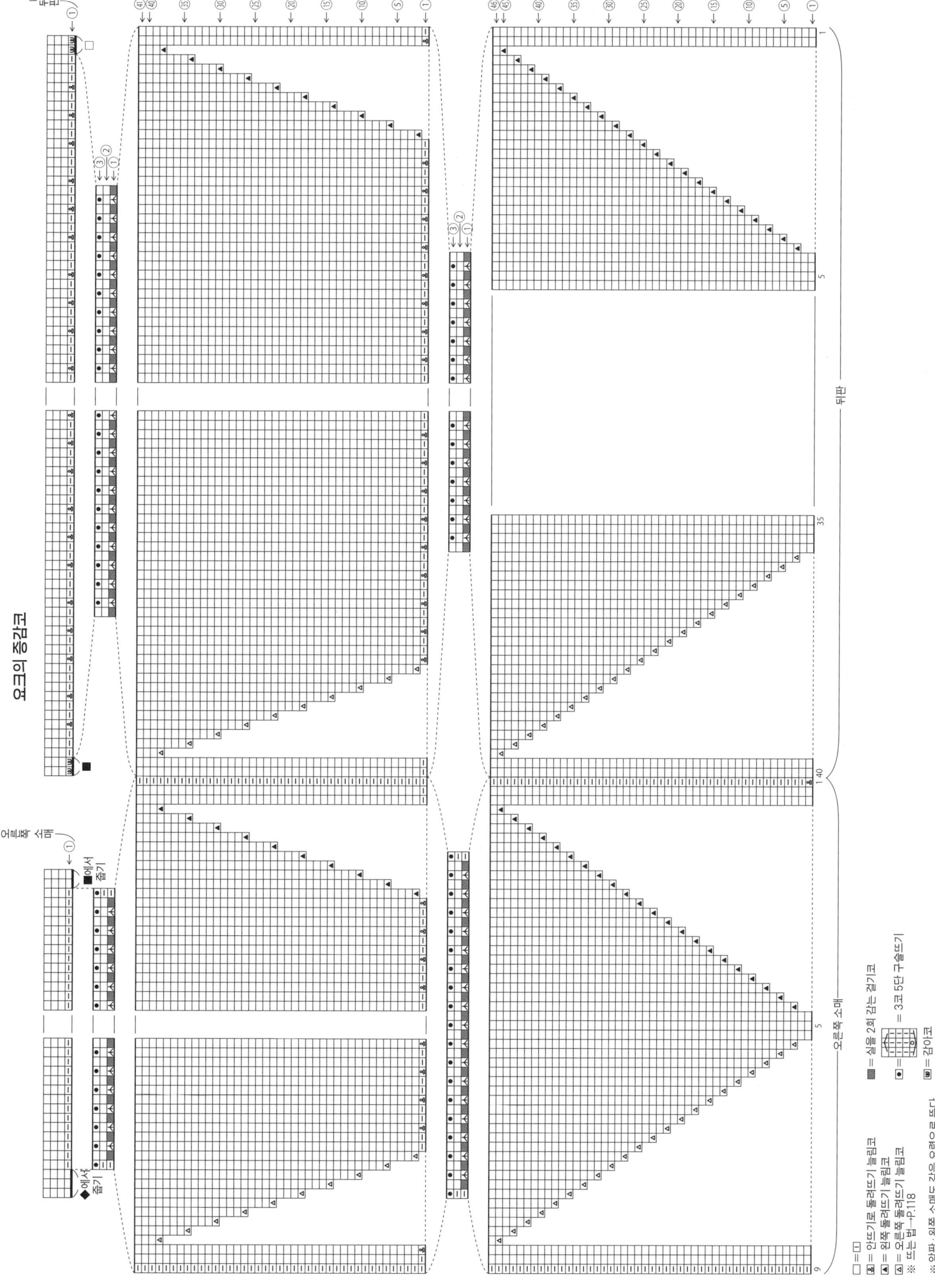

여름 톱다운 웨어
11 page ★★★

생파두스

재료
퍼피 생파두스 황록색(509) 250g 7볼

도구
대바늘 6호·5호·4호

완성 크기
가슴둘레 103cm, 착장 53cm, 화장 47.5cm

게이지(10×10cm)
무늬뜨기 19.5코×30단,
메리야스뜨기 19.5코×27단

POINT
●요크·몸판·소매…요크는 별도 사슬로 기초코를 만들어 뜨기 시작해 무늬뜨기로 원형으로 뜹니다. 분산 늘림코는 도안을 참고하세요. 뒤판은 메리야스뜨기를 8단 왕복해 떠서 앞뒤 차이를 둡니다. 앞뒤 몸판은 요크에서 코를 줍고, 거싯은 감아코를 해서 메리야스뜨기로 원형으로 뜨는데, 양옆의 1코는 안뜨기로 뜹니다. 이어서 2코 고무뜨기로 뜨고 뜨개 끝은 무늬를 이어서 뜨면서 덮어씌워 코막음합니다. 소매는 거싯의 코·앞뒤 차이·요크의 쉼코에서 코를 주워 메리야스뜨기, 2코 고무뜨기로 원형으로 뜹니다. 뜨개 끝은 밑단처럼 정리합니다.
●마무리…목둘레는 기초코 사슬을 풀어 줄임코를 하면서 코를 주워 2코 고무뜨기로 원형으로 뜹니다. 뜨개 끝은 밑단처럼 정리합니다.

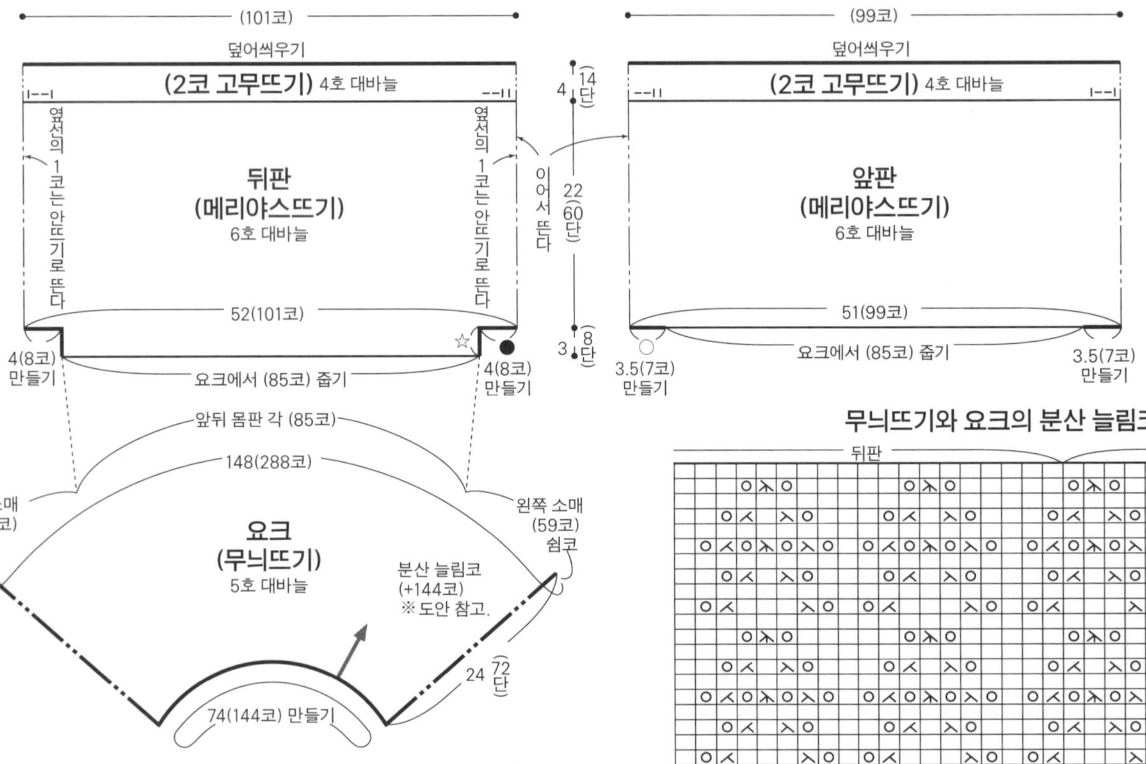

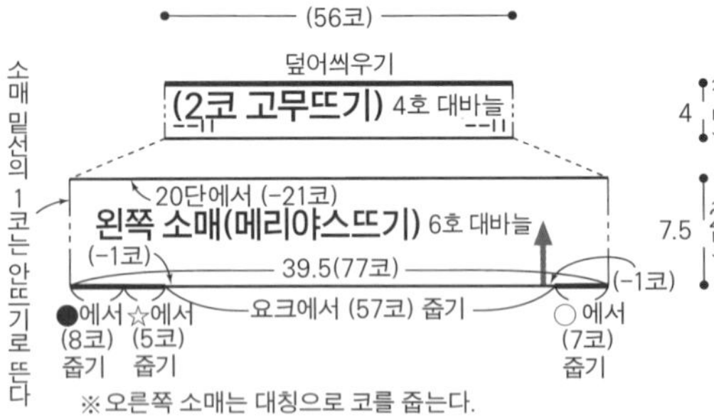

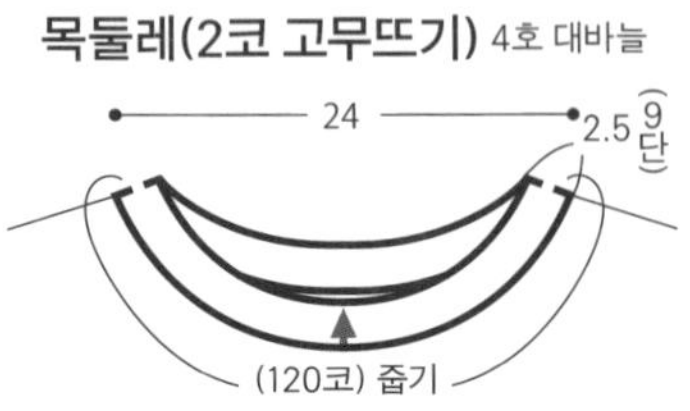

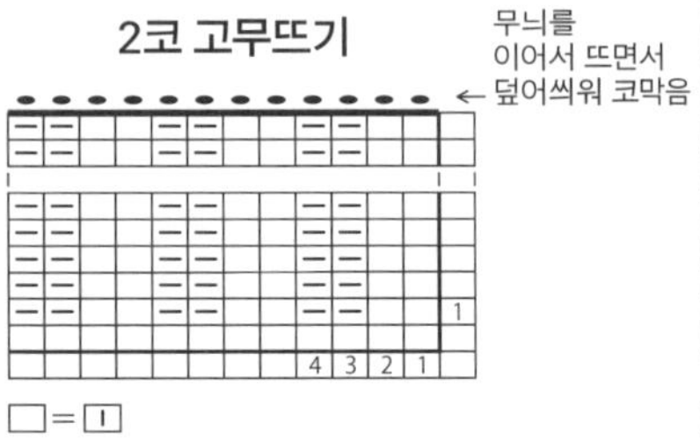

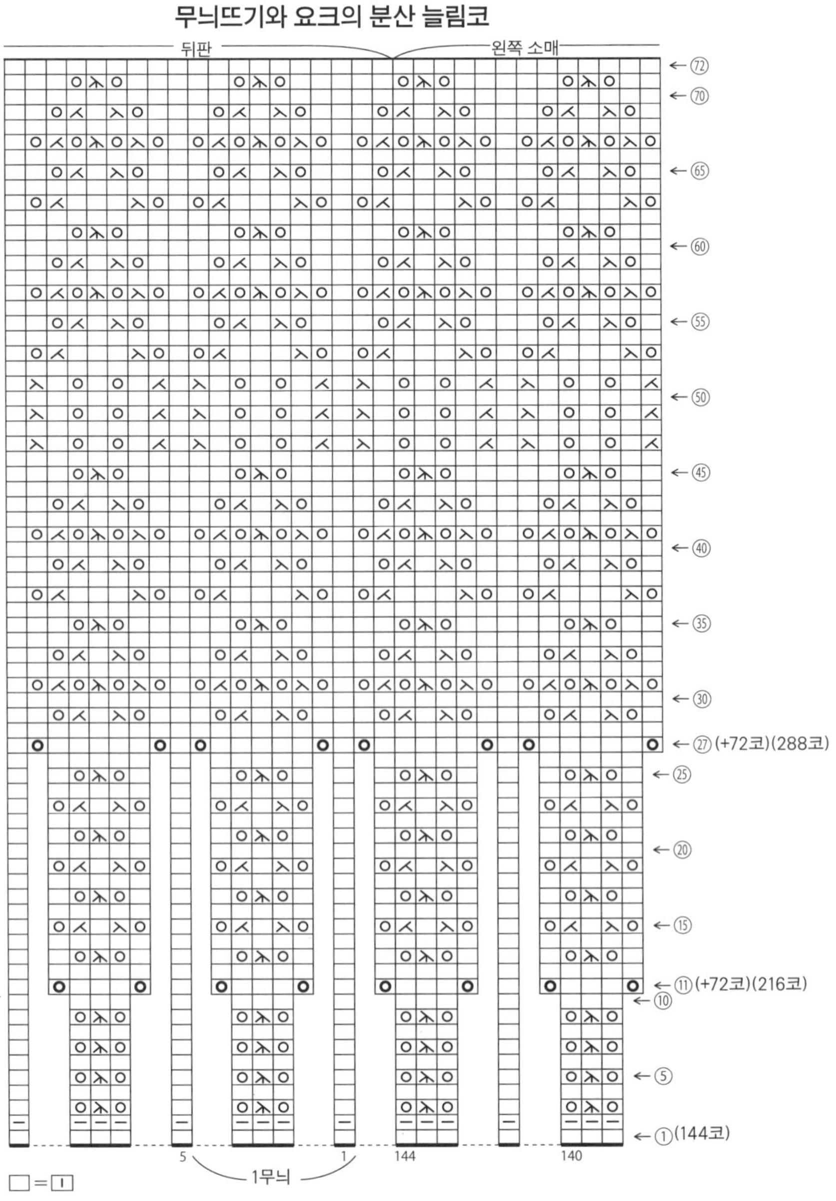

여름 톱다운 웨어
15 page ★★★

에코 비타 388 리사이클 코튼

한길 긴 1코 교차뜨기

※일본어 사이트

변형 긴 3코 구슬뜨기

※일본어 사이트

되돌아 짧은뜨기

※일본어 사이트

재료
DMC 에코 비타 388 리사이클 코튼 오렌지(105) 295g 3볼

도구
코바늘 7/0호·8/0호

완성 크기
가슴둘레 94cm, 착장 45.5cm, 화장 34.5cm

게이지(10×10cm)
무늬뜨기 A 20코×9.5단,
무늬뜨기 B 20코×11단(7/0호 코바늘)

POINT
●요크·몸판·소매…요크는 사슬뜨기로 기초코를 만들어 뜨기 시작해 무늬뜨기 A로 원형으로 뜹니다. 이어서 뒤판에 무늬뜨기 B를 왕복해 떠서 앞뒤 차이를 둡니다. 앞뒤 몸판은 요크의 코와 거싯의 사슬뜨기 기초코에서 코를 주워 게이지 조정을 하면서 무늬뜨기 B로 원형으로 뜹니다. 이어서 테두리뜨기 A를 뜹니다. 소매는 요크·거싯의 기초코·앞뒤 차이에서 코를 주워 무늬뜨기 B, 테두리뜨기 A로 원형으로 뜹니다.
●마무리…목둘레는 지정 콧수를 주워 테두리뜨기 B로 원형으로 뜹니다.

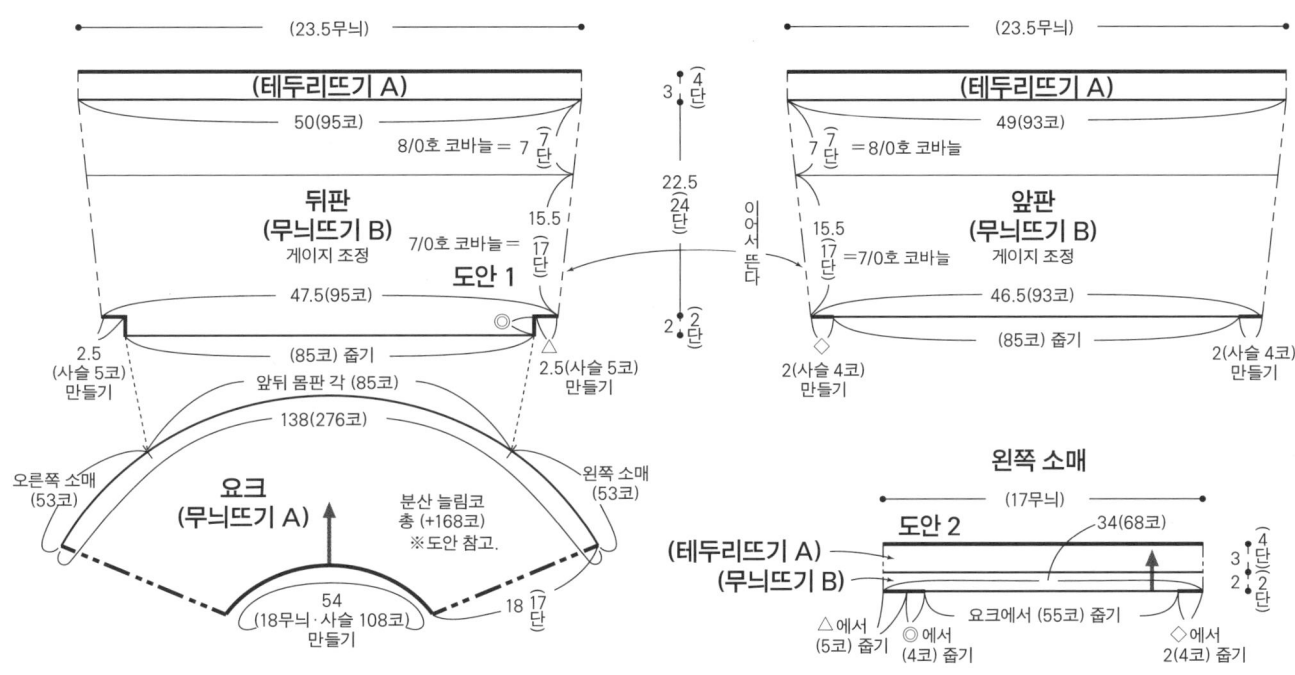

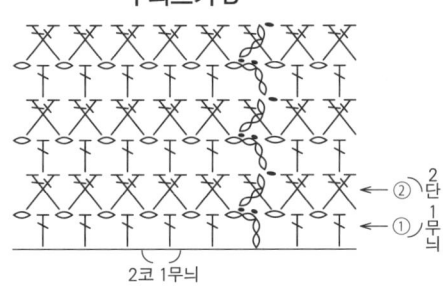

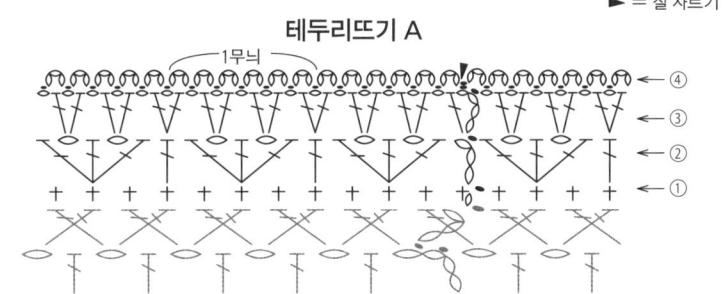

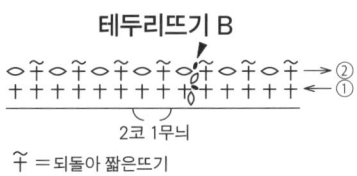

100페이지로 이어집니다. ▶

▶ 99페이지에서 이어집니다.

무늬뜨기 A와 분산 늘림코

※ 기초코 사슬은 나중에 실 끝을 사용해 원형으로 꿰맨다.

= 변형 긴 3코 구슬뜨기(다발로 떠 넣기)

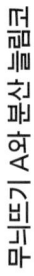

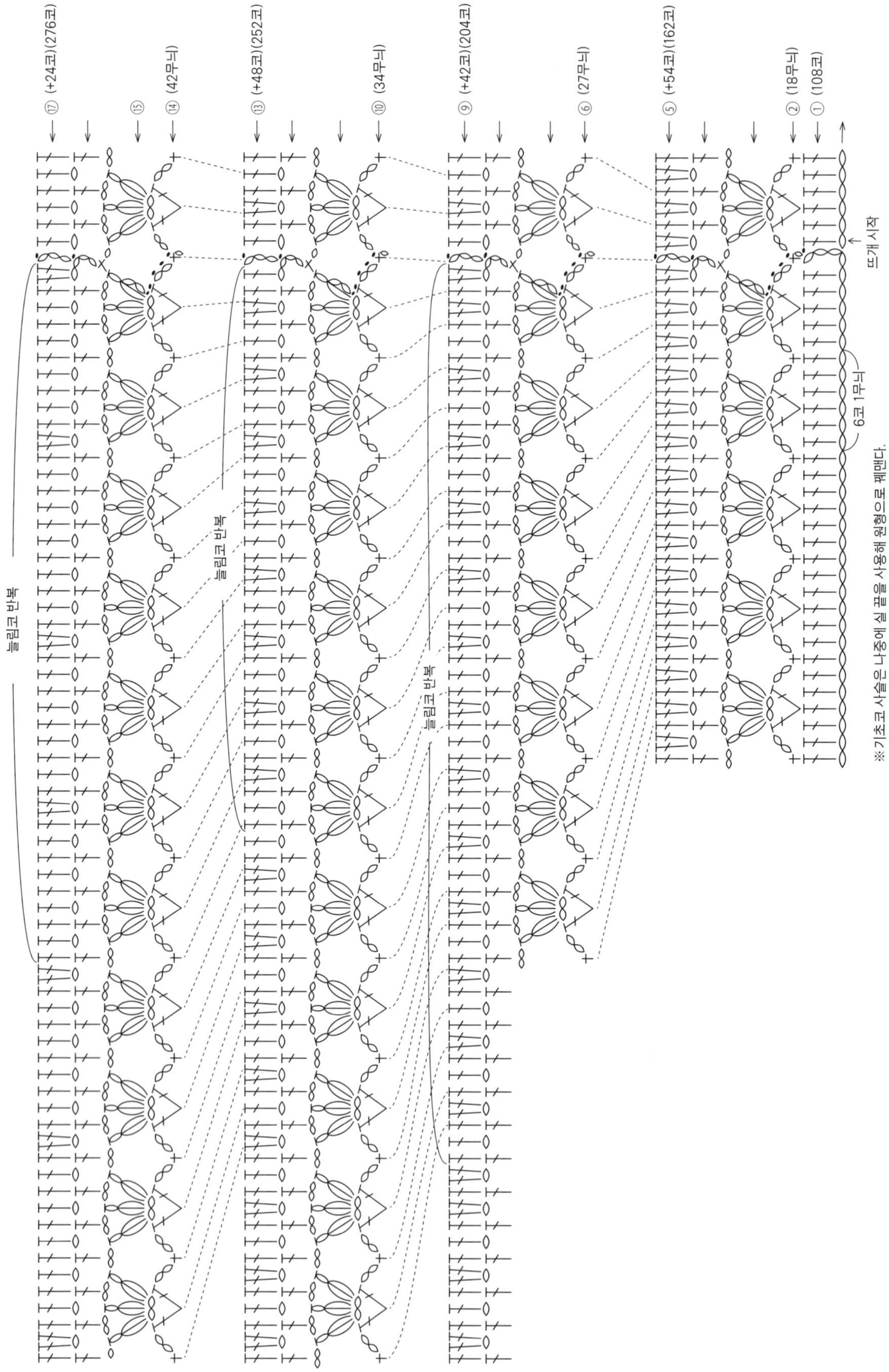

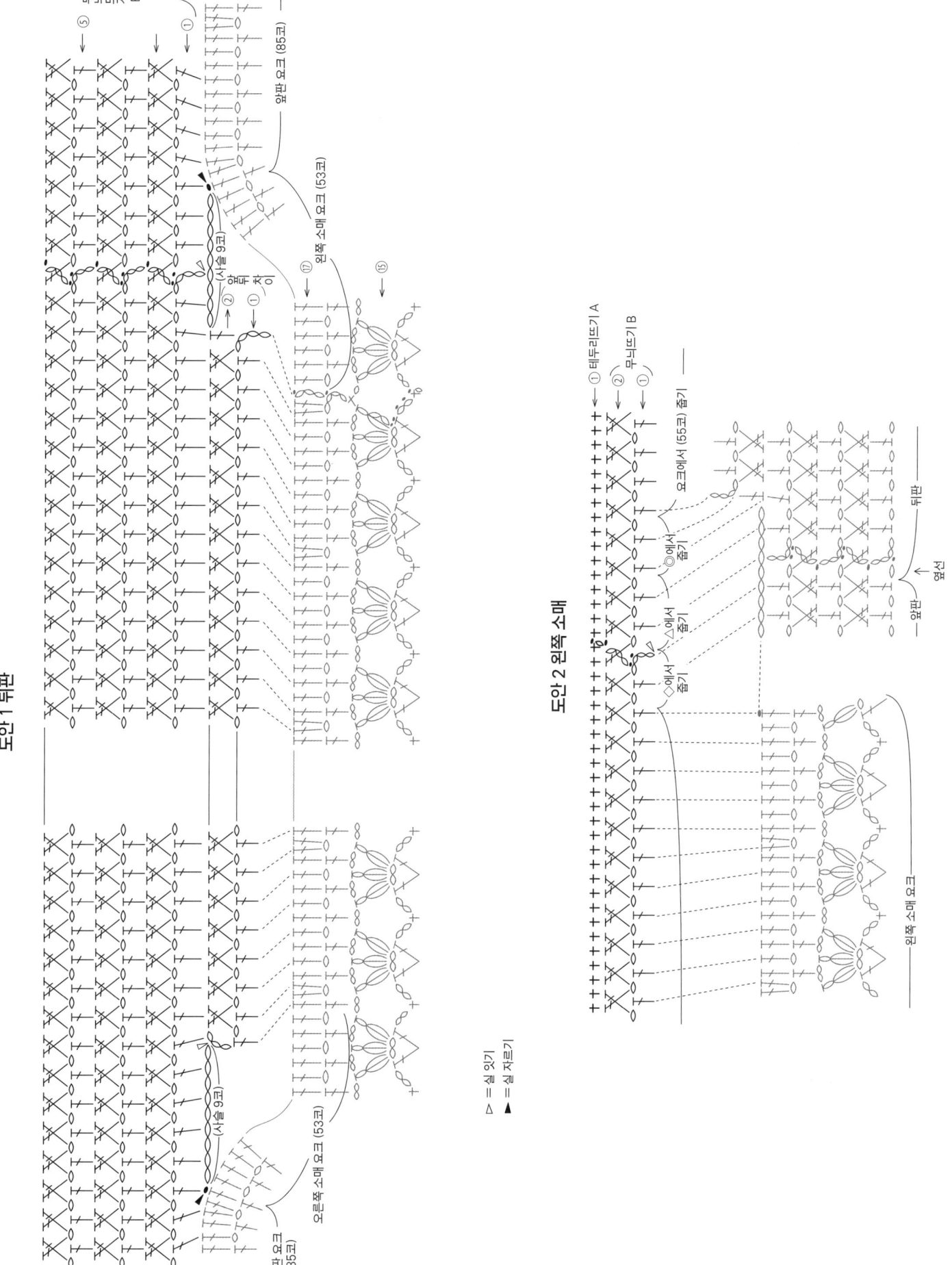

여름 톱다운 웨어
17 page ★★★

스키 부케

한길 긴 앞걸어뜨기

※ 일본어 사이트

한길 긴 뒤걸어뜨기

※ 일본어 사이트

한길 긴 1코 교차뜨기

※ 일본어 사이트
※ 작품은 사이에 사슬 1코 넣기

재료
스키 얀 스키 부케 그레이 계열 믹스(1026) 440g
15볼, 파란색 계열 믹스(1025) 30g 1볼

도구
코바늘 4/0호·5/0호·6/0호

완성 크기
가슴둘레 111cm, 착장 62cm, 화장 40cm

게이지(10×10cm)
무늬뜨기 A 23코×9단

POINT
● 요크·몸판·소매…요크는 사슬뜨기로 기초코를 만들어 뜨기 시작해 무늬뜨기 A·B로 뜹니다. 목둘레 트임 끝까지는 왕복해 뜨고, 트임 끝부터는 원형으로 왕복뜨기합니다. 늘림코는 도안을 참고하세요. 앞뒤 몸판은 요크와 거싯의 사슬뜨기 기초코에서 코를 주워 무늬뜨기 A, 줄무늬 테두리뜨기로 원형으로 뜹니다. 소매도 몸판처럼 뜹니다.
● 마무리…목둘레는 지정 콧수를 주워 줄무늬 테두리뜨기로 게이지 조정을 하면서 뜹니다. 앞판 끝·목둘레 끝을 각각 짧은뜨기로 1단 뜹니다. 앞판 끝과 목둘레 끝을 꿰매 연결합니다.

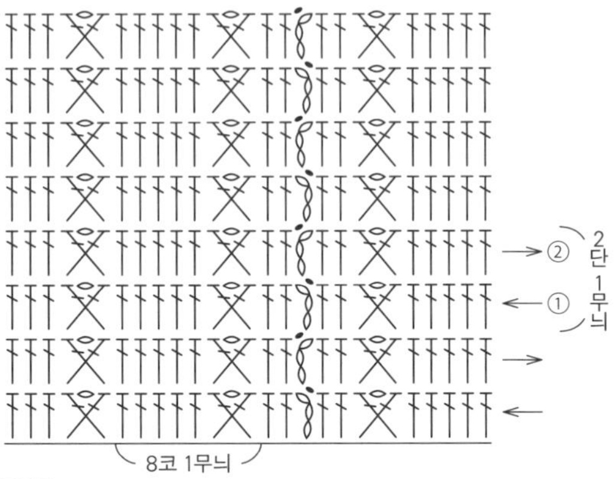

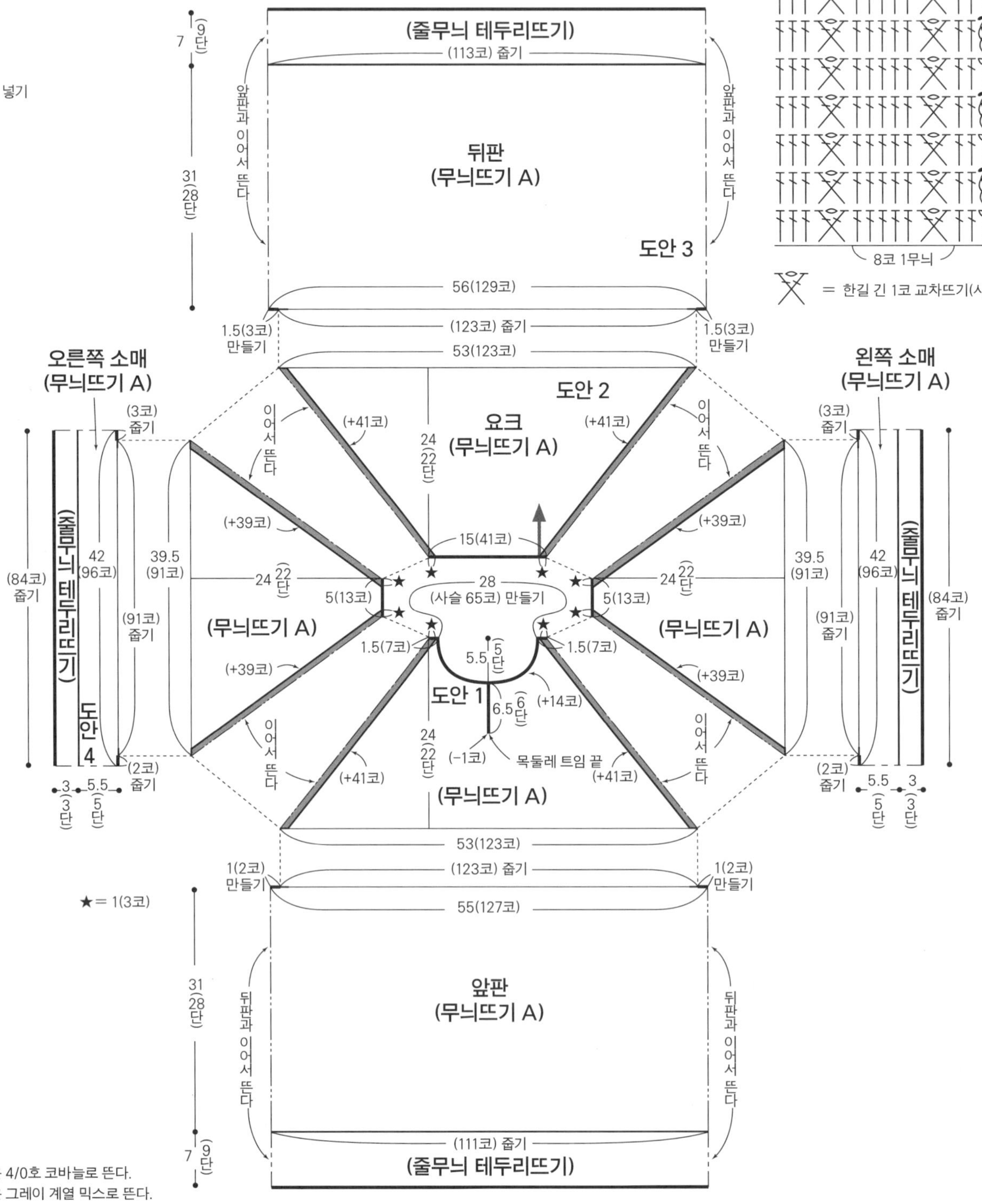

※ 지정하지 않은 것은 4/0호 코바늘로 뜬다.
※ 지정하지 않은 것은 그레이 계열 믹스로 뜬다.
※ 거싯은 앞뒤 몸판을 이어서 사슬뜨기로 각 (5코) 만든다.
※ ▨ =(무늬뜨기 B)

★ = 1(3코)

무늬뜨기 B

도안 1 앞목둘레

△ = 실 잇기
▲ = 실 자르기

뜨개 시작

⌇ = 한길 긴 앞걸어뜨기
※ 안면에서 뜰 때는 뒤걸어뜨기로 뜬다.

104페이지로 이어집니다. ▶

▶ 103페이지에서 이어집니다.

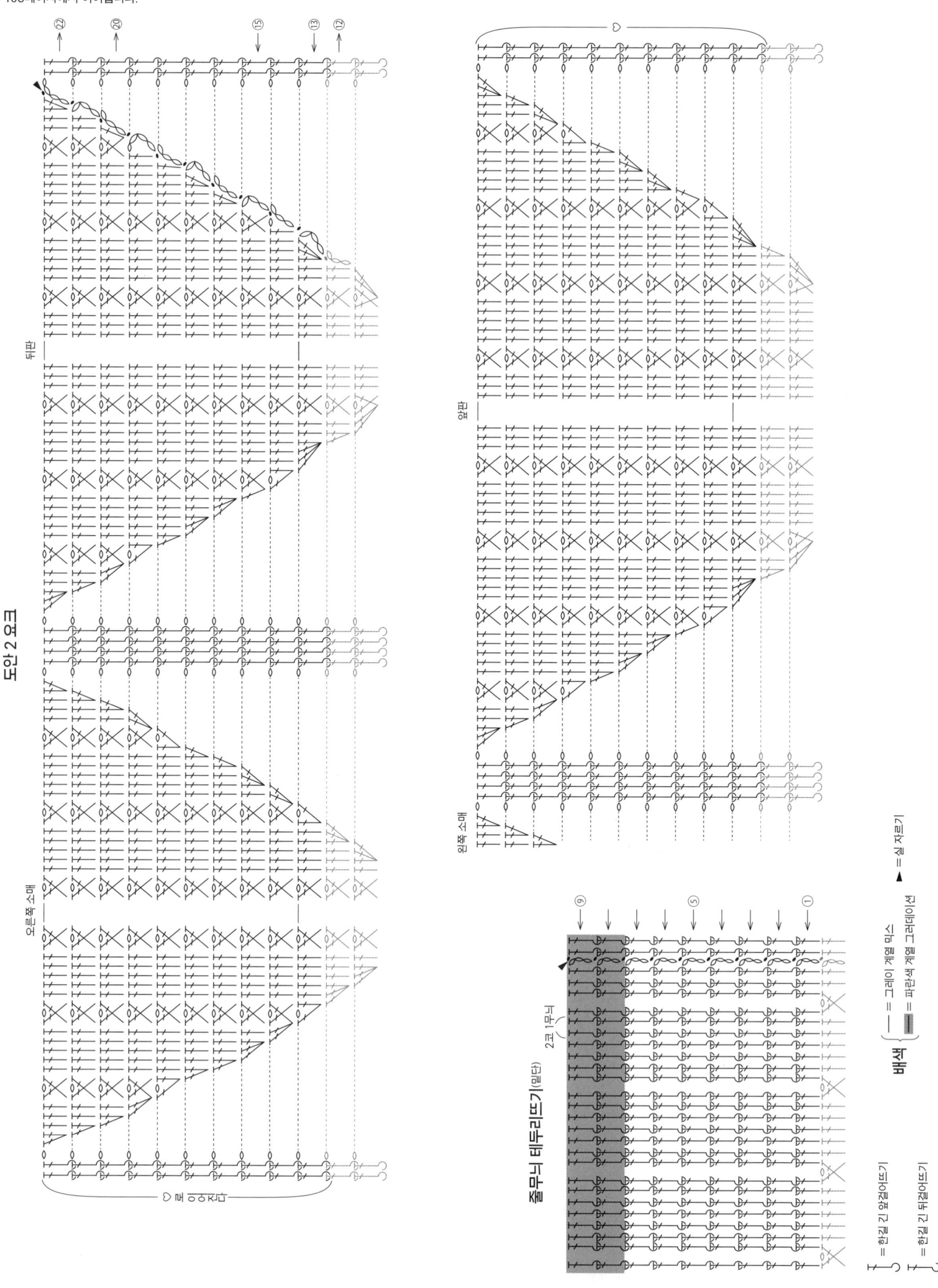

도안 3 옆선

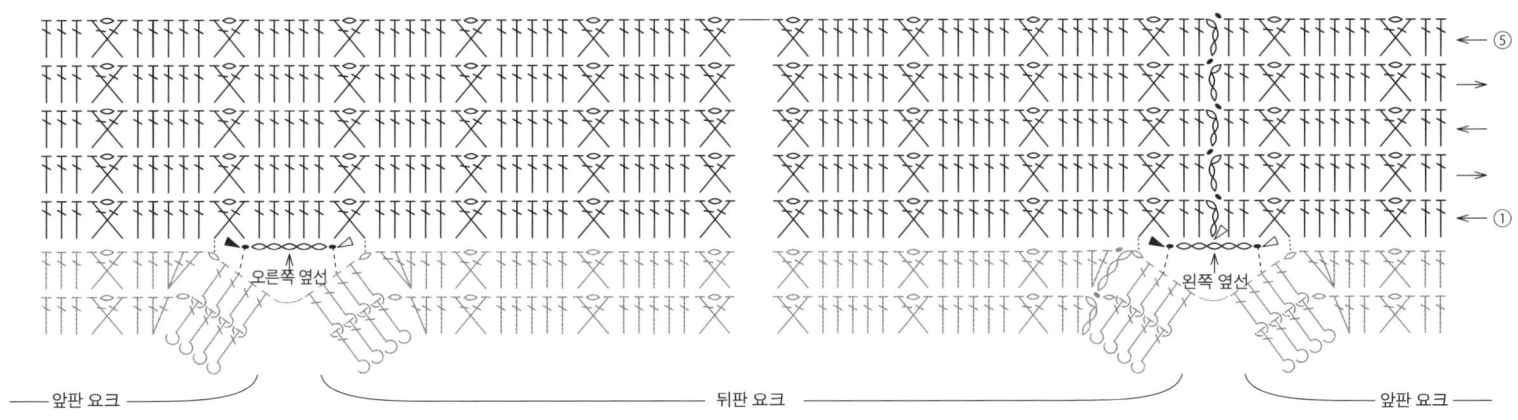

도안 4 소매

목둘레(줄무늬 테두리뜨기)
게이지 조정 ※도안 참고.

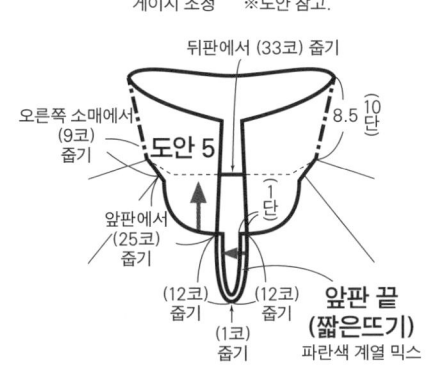

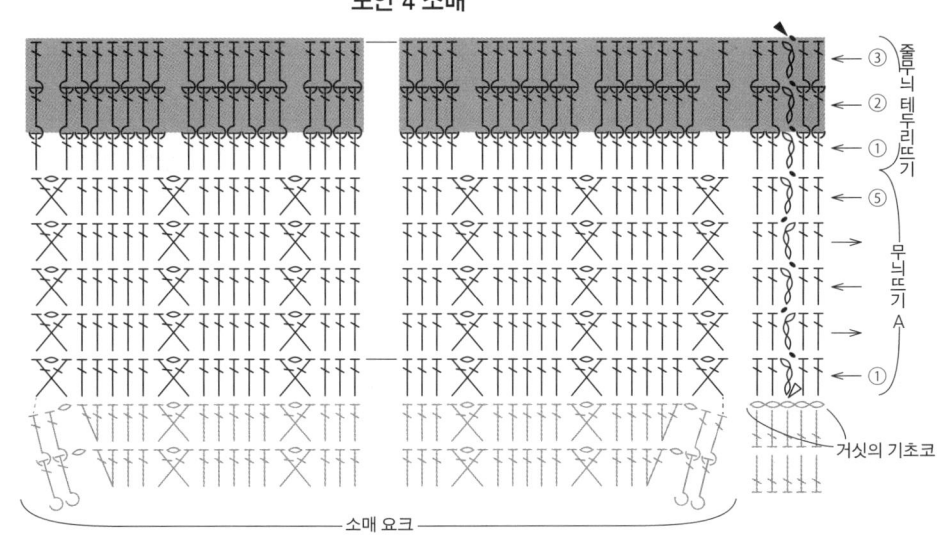

배색
- ─ = 그레이 계열 믹스
- ▬ = 파란색 계열 그러데이션

= 한길 긴 앞걸어뜨기
※ 안면에서 뜰 때는 뒤걸어뜨기로 뜬다.

= 한길 긴 뒤걸어뜨기
※ 안면에서 뜰 때는 앞걸어뜨기로 뜬다.

도안 5 목둘레

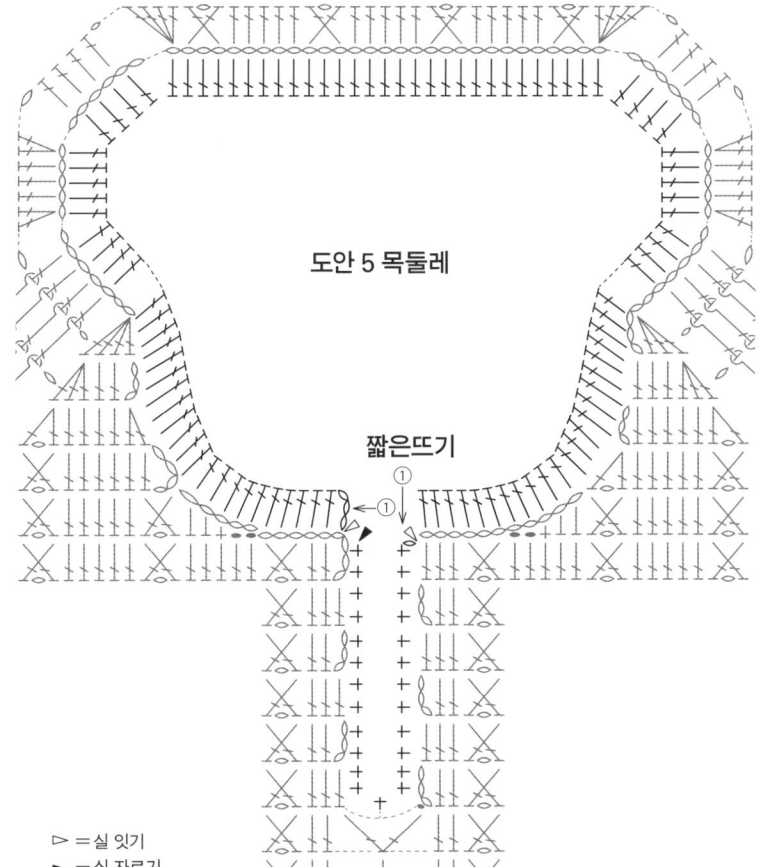

▷ = 실 잇기
▶ = 실 자르기

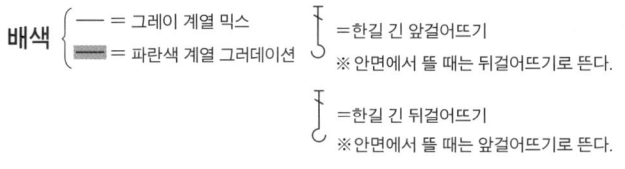

줄무늬 테두리뜨기(목둘레)

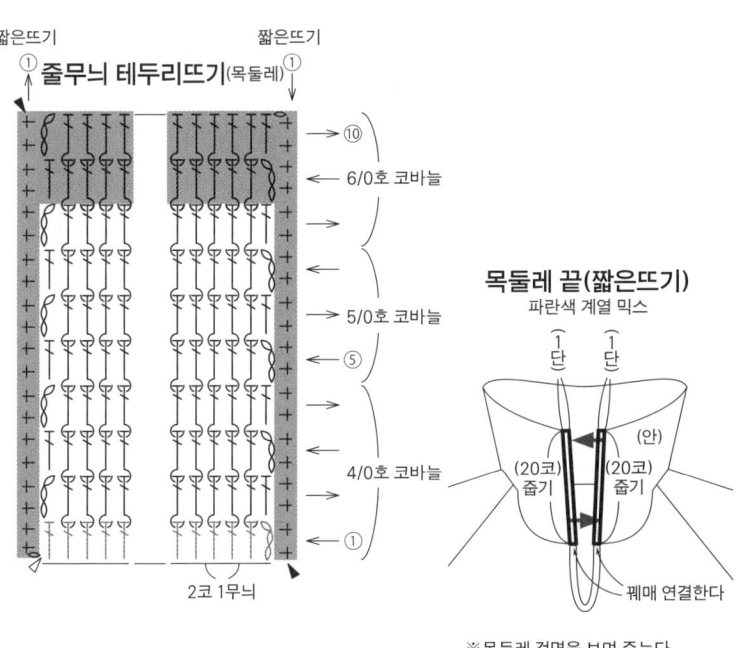

목둘레 끝(짧은뜨기)
파란색 계열 믹스

※ 목둘레 겉면을 보며 뜬다.

여름 톱다운 웨어
16 page ★★★

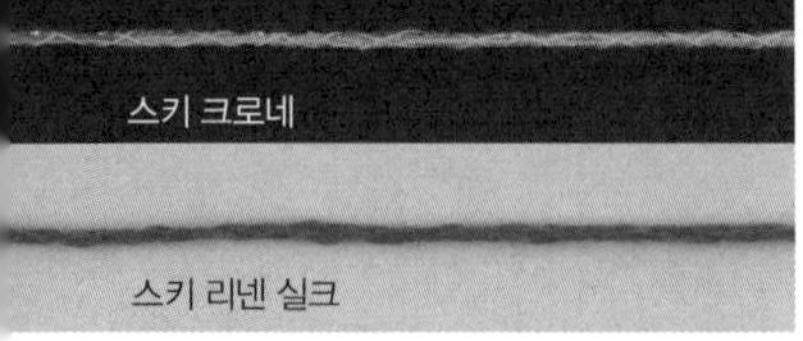

스키 크로네

스키 리넨 실크

사슬 3코의
짧은 피코뜨기

※ 일본어 사이트
※ 작품은 사슬 2코

재료
실…스키 얀 스키 크로네 하늘색 계열 그러데이션 (1534) 230g 8볼, 스키 리넨 실크 연녹색(1429) 50g 2볼
단추…지름 15mm 5개

도구
대바늘 4호, 코바늘 4/0호

완성 크기
가슴둘레 103cm, 착장 53cm, 화장 59cm

게이지
줄무늬 무늬뜨기 뜨개 시작 쪽의 1무늬=6cm · 뜨개 끝 쪽의 1무늬=14cm, 13.5단=10cm. 무늬뜨기(10×10cm) 24코×29단

POINT
●요크·몸판·소매…요크는 사슬뜨기로 기초코를 만들어 뜨기 시작해 줄무늬 무늬뜨기로 뜹니다. 분산 늘림코는 도안을 참고하세요. 요크에서 코를 주워 뒤판에 무늬뜨기를 10단 떠서 앞뒤 차이를 둡니다. 앞판은 요크에서 코를 줍고, 거싯은 사슬뜨기로 코를 만들어 앞뒤 몸판을 이어서 무늬뜨기로 뜹니다. 뜨개 끝은 덮어씌워 코막음합니다. 밑단은 덮어씌운 코에서 코를 주워 줄무늬 테두리뜨기로 뜹니다. 소매는 거싯의 코·앞뒤 차이·요크에서 코를 주워 무늬뜨기로 원형으로 뜹니다. 줄임코는 도안을 참고하세요. 뜨개 끝은 몸판처럼 정리합니다. 소맷부리는 덮어씌운 코에서 코를 주워 줄무늬 테두리뜨기로 원형으로 왕복뜨기합니다.

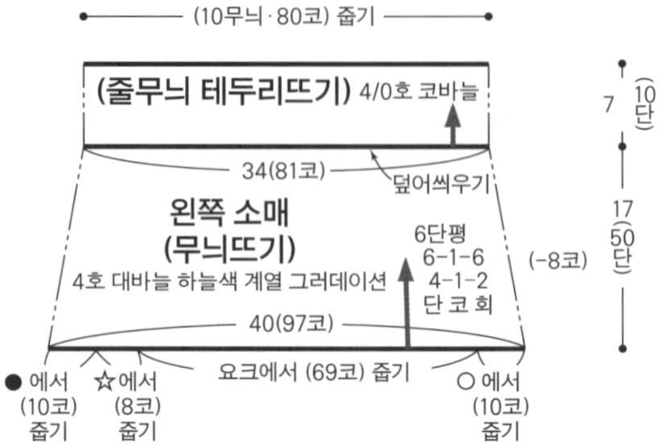

●마무리…목둘레·앞단은 지정 콧수를 주워 테두리뜨기로 뜹니다. 오른쪽 앞단에는 단춧구멍을 냅니다. 단추를 달아 마무리합니다.

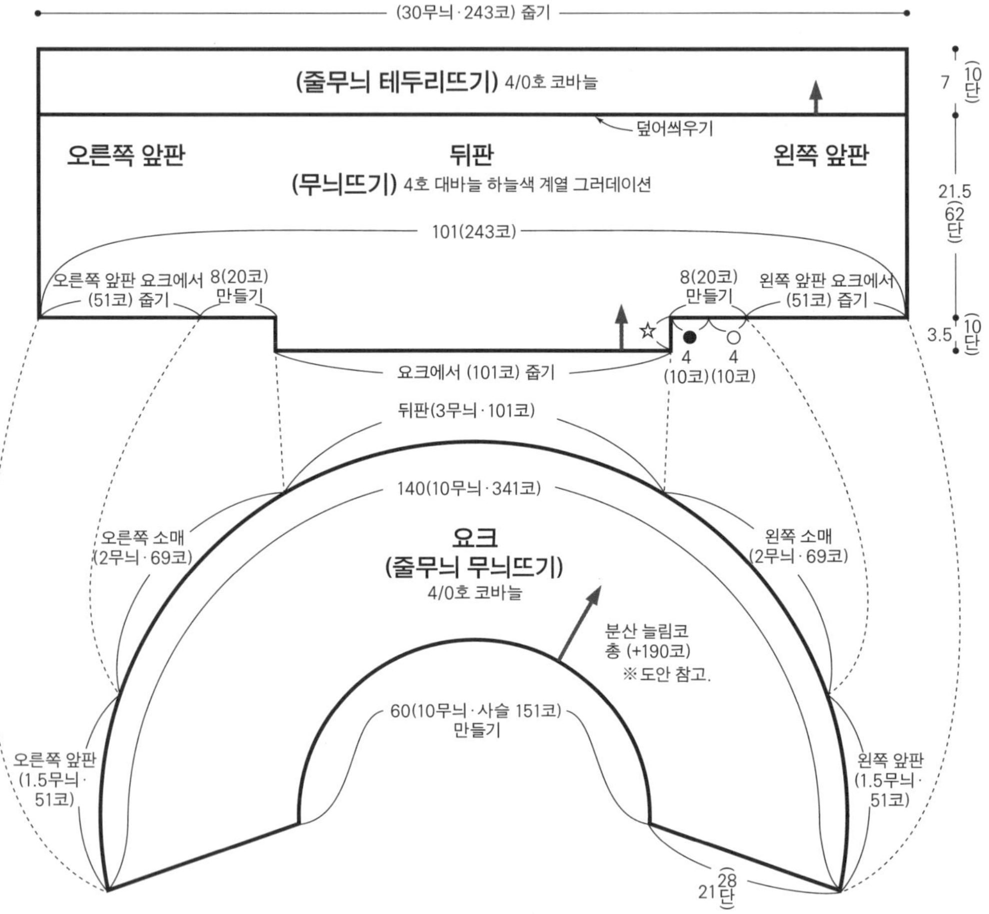

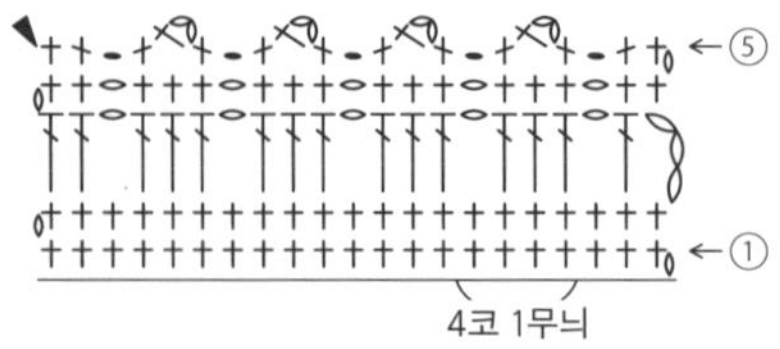

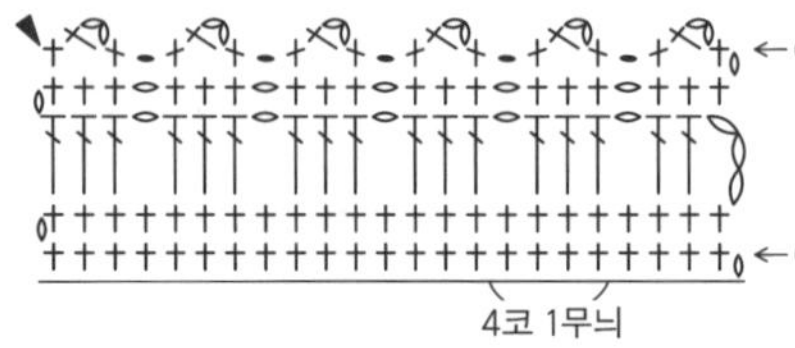

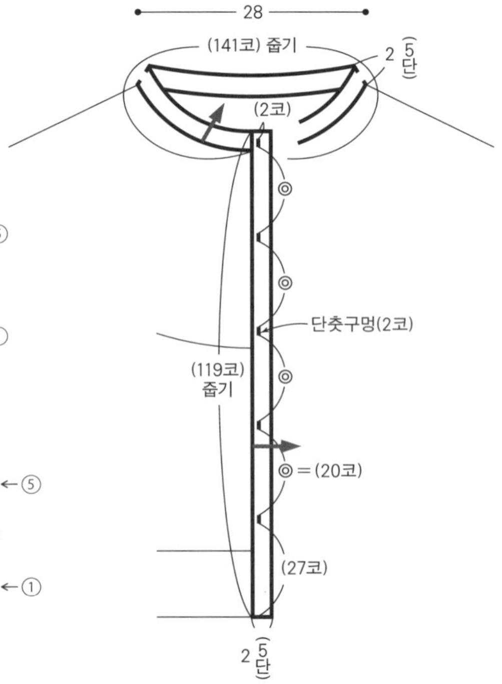

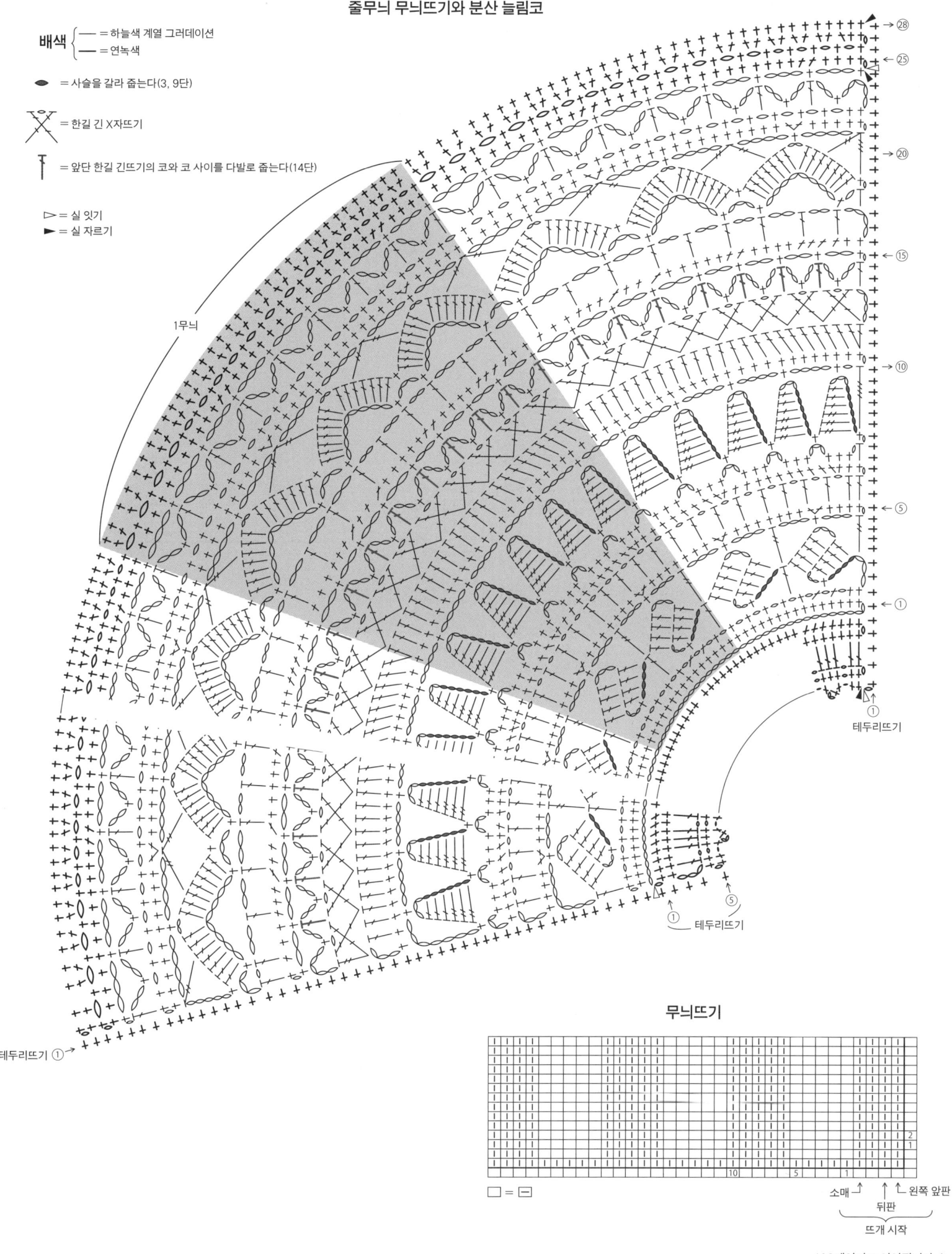

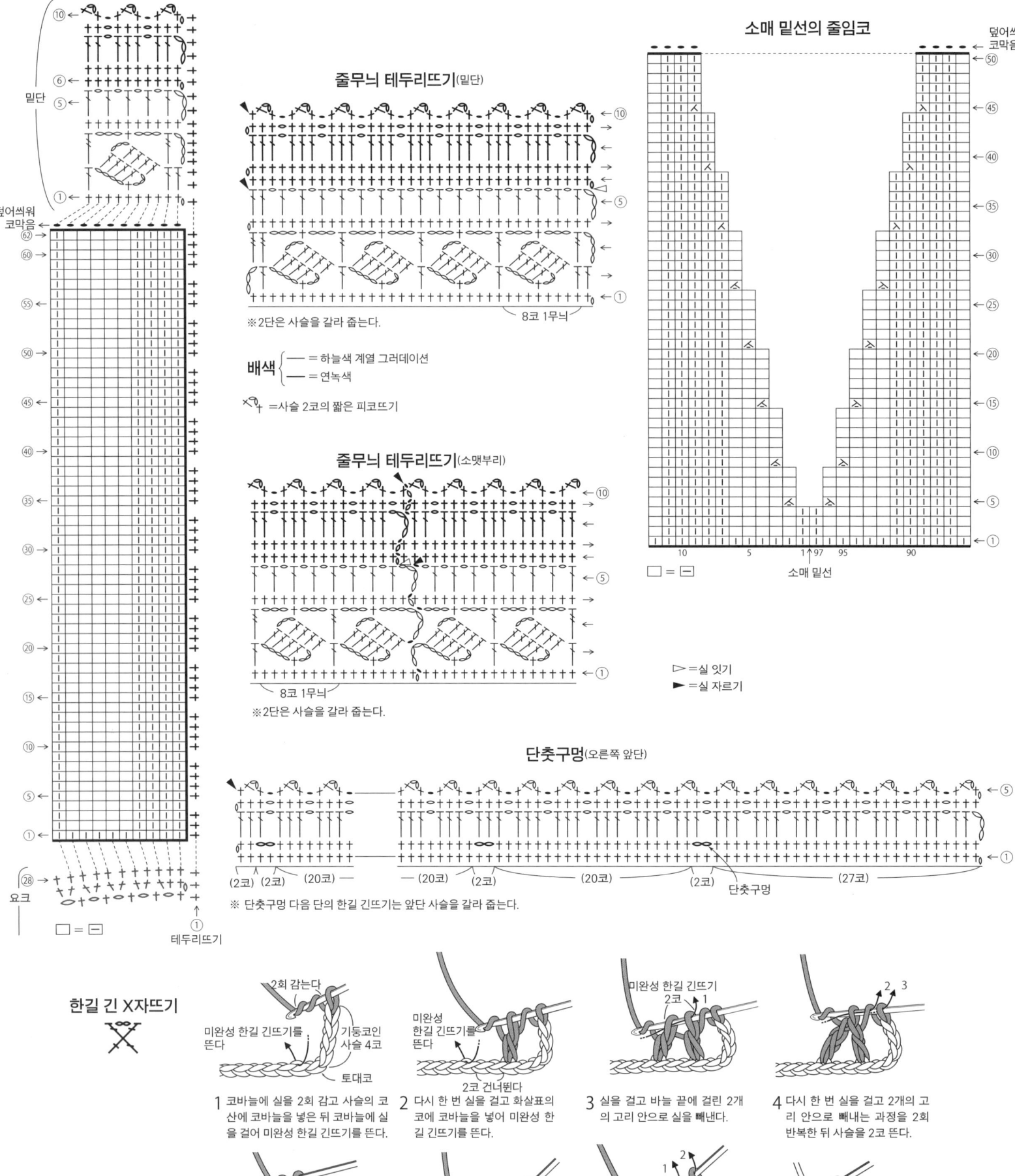

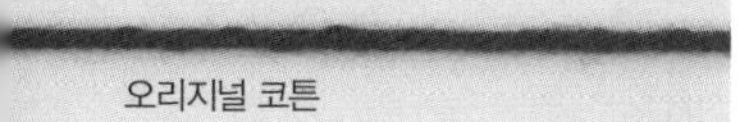

여름 톱다운 웨어
13 page ★★★

오리지널 코튼

감아코 | **돌려 오른코 겹쳐 2코 모아뜨기**
※일본어 사이트 | ※일본어 사이트

재료
실…데오리야 오리지널 코튼 심녹색(135) 400g
단추…지름 20mm 6개

도구
대바늘 5호·3호

완성 크기
가슴둘레 107.5cm, 착장 57.5cm, 화장 57cm

게이지(10×10cm)
무늬뜨기 B 22코×34단, 무늬뜨기 C 22코×30단

POINT
●요크·몸판·소매…요크는 손가락에 실을 걸어서 기초코를 만들어 뜨기 시작해 무늬뜨기 A·B로 왕복해 뜹니다. 늘림코는 도안을 참고하세요. 무늬뜨기 B는 단에 따라 콧수가 달라지므로 주의합니다. 뜨개 끝은 쉼코를 합니다. 뒤판에 12단을 떠서 앞뒤 차이를 둡니다. 이어서 왼쪽 앞판·뒤판·오른쪽 앞판을 요크와 거싯의 별도 사슬의 기초코에서 코를 주워 가터뜨기, 무늬뜨기 A·A'·C·D, 메리야스뜨기로 뜹니다. 뜨개 끝은 안면에서 덮어씌워 코막음합니다. 소매는 별도 사슬을 푼 앞·뒤판 차이·요크의 쉼코에서 코를 주워 무늬뜨기 B·D, 메리야스뜨기로 원형으로 뜹니다. 뜨개 끝은 덮어씌워 코막음합니다.
●마무리…앞단은 지정 콧수를 주워 무늬뜨기 D', 메리야스뜨기로 뜹니다. 오른쪽 앞단에는 단춧구멍을 냅니다. 뜨개 끝은 밑단처럼 정리합니다. 목둘레는 앞단과 요크에서 지정 콧수를 주워 무늬뜨기 D', 메리야스뜨기로 뜹니다. 뜨개 끝은 밑단처럼 정리합니다. 단추를 달아 마무리합니다.

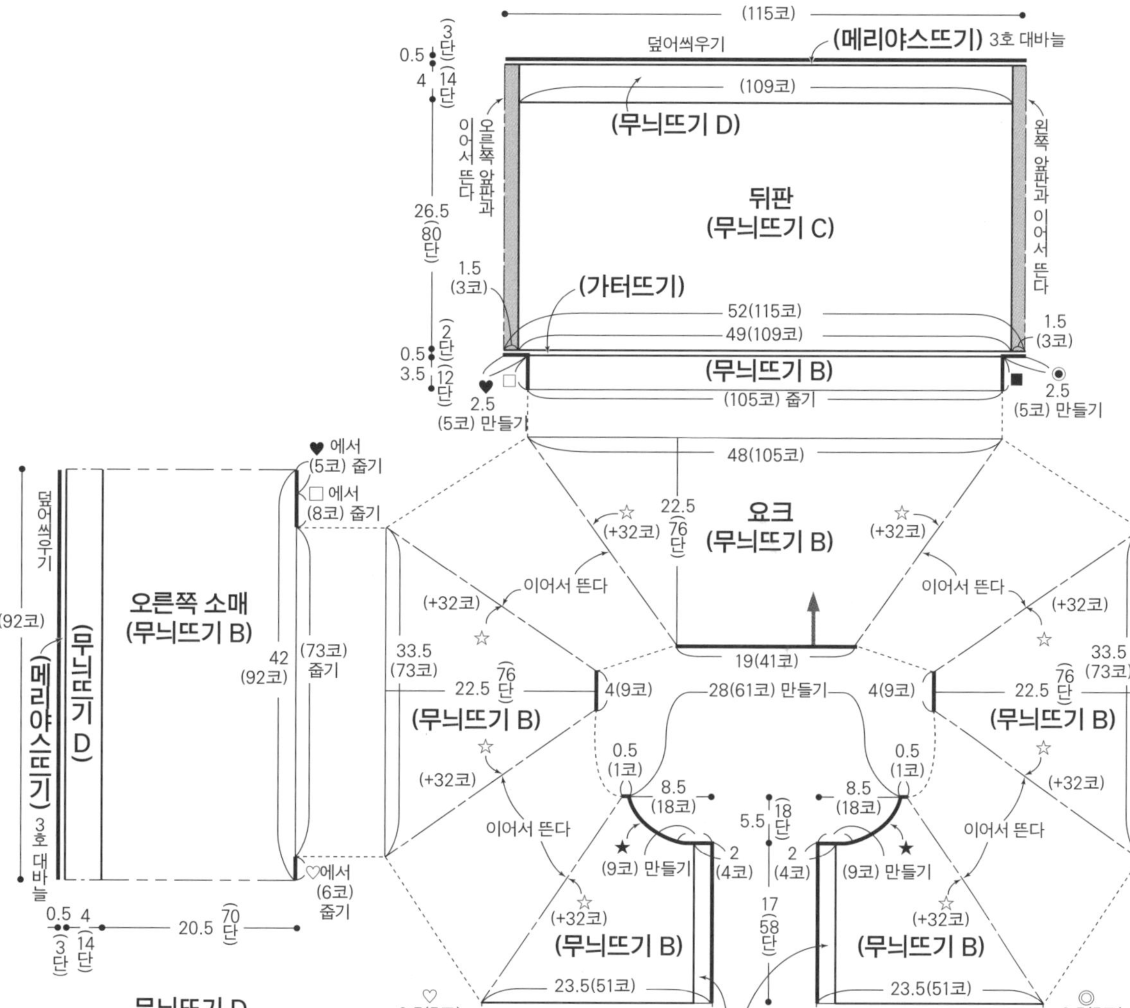

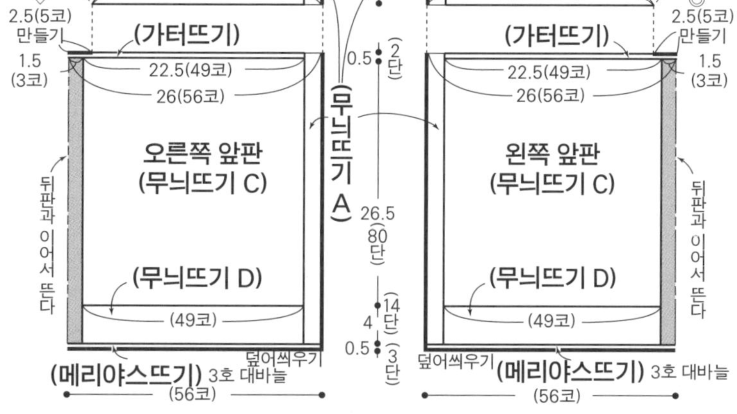

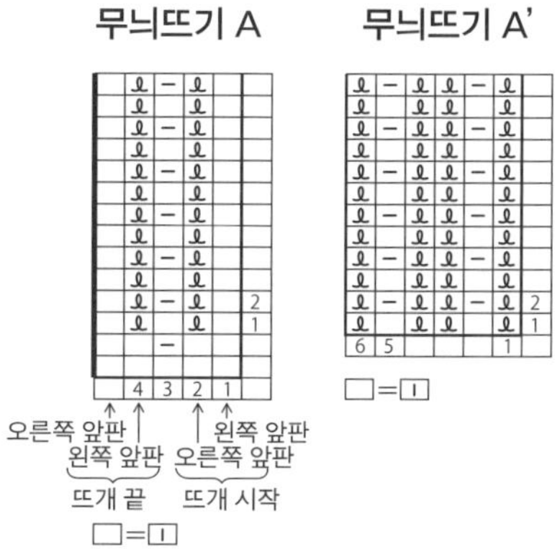

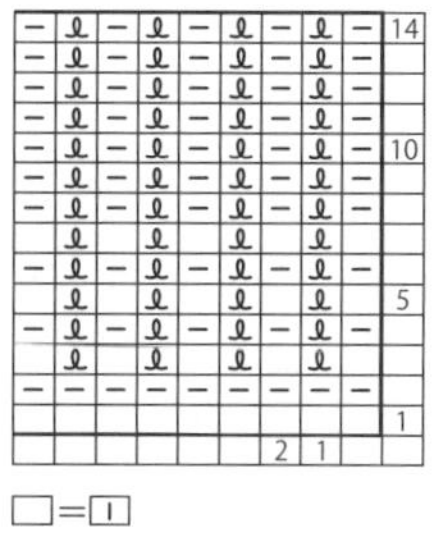

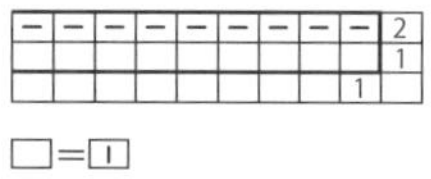

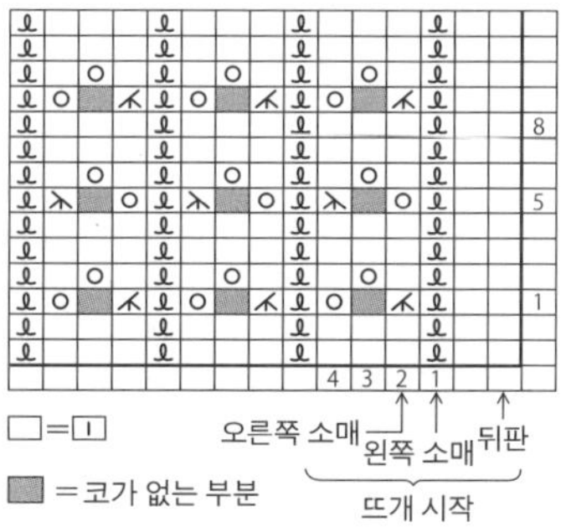

110페이지로 이어집니다. ▶

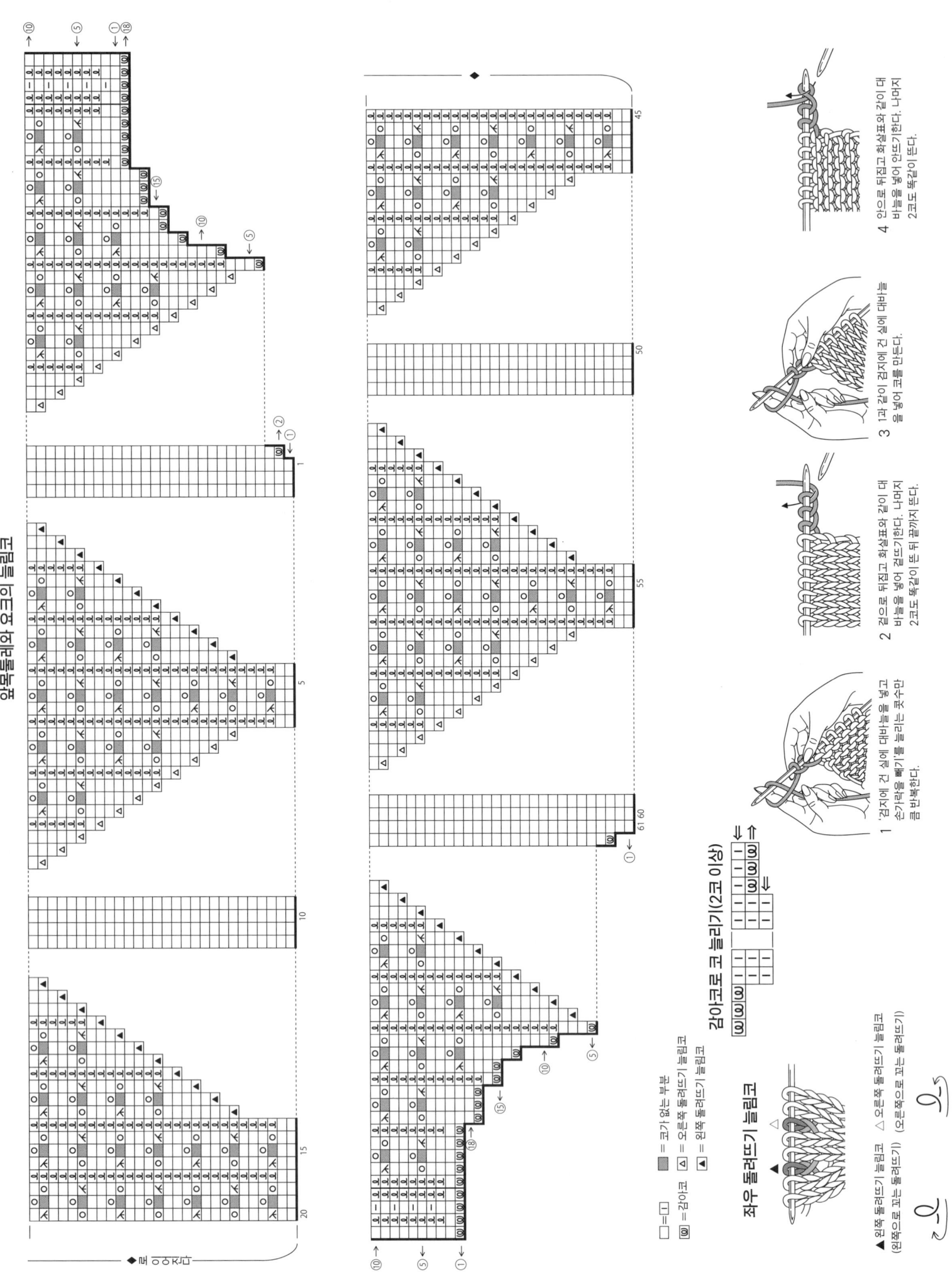

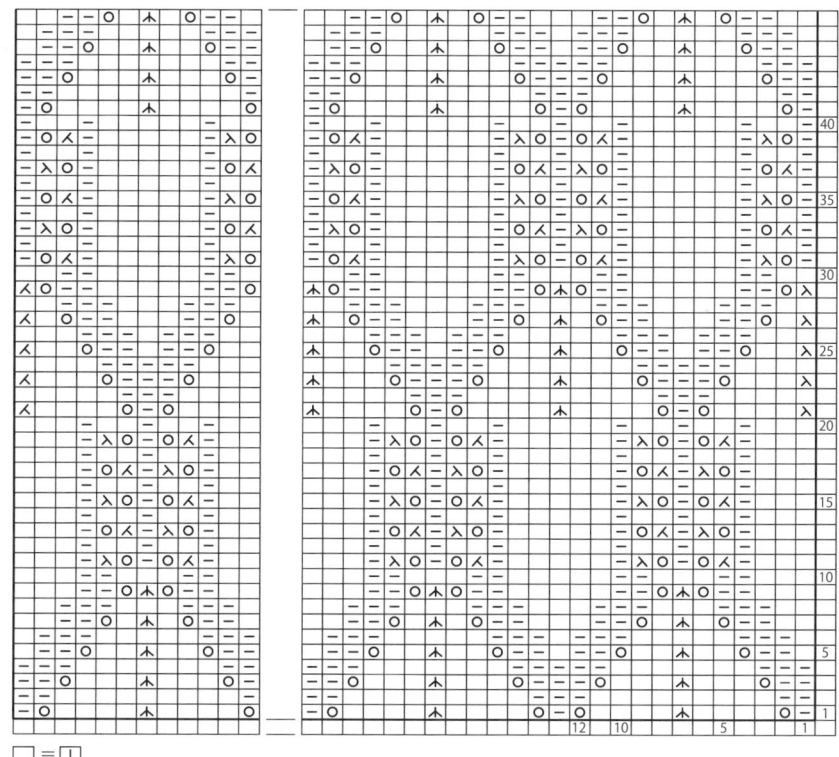

무늬뜨기 C

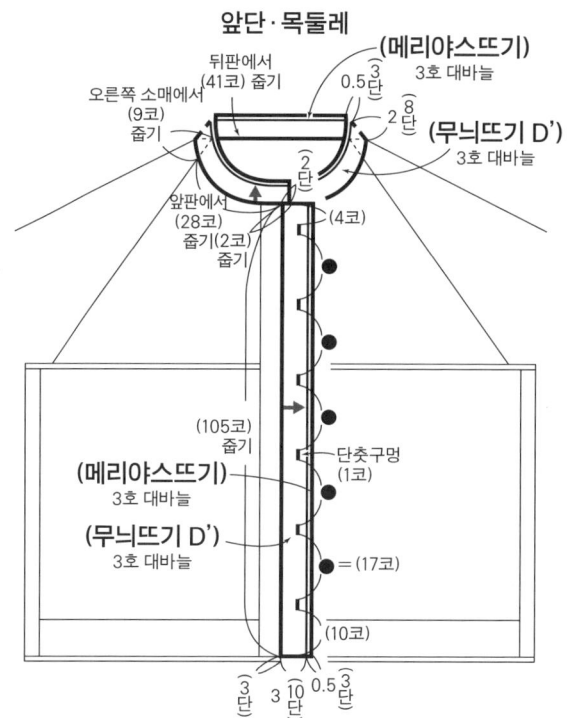

앞단·목둘레

무늬뜨기 D'

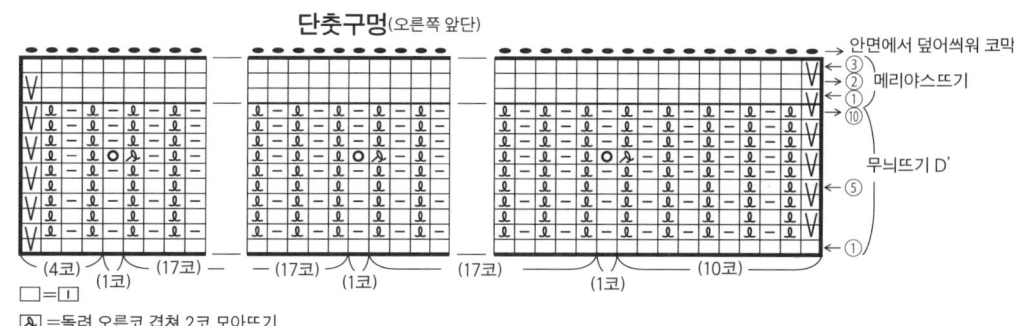

단춧구멍(오른쪽 앞단)

112페이지에서 이어집니다. ◀

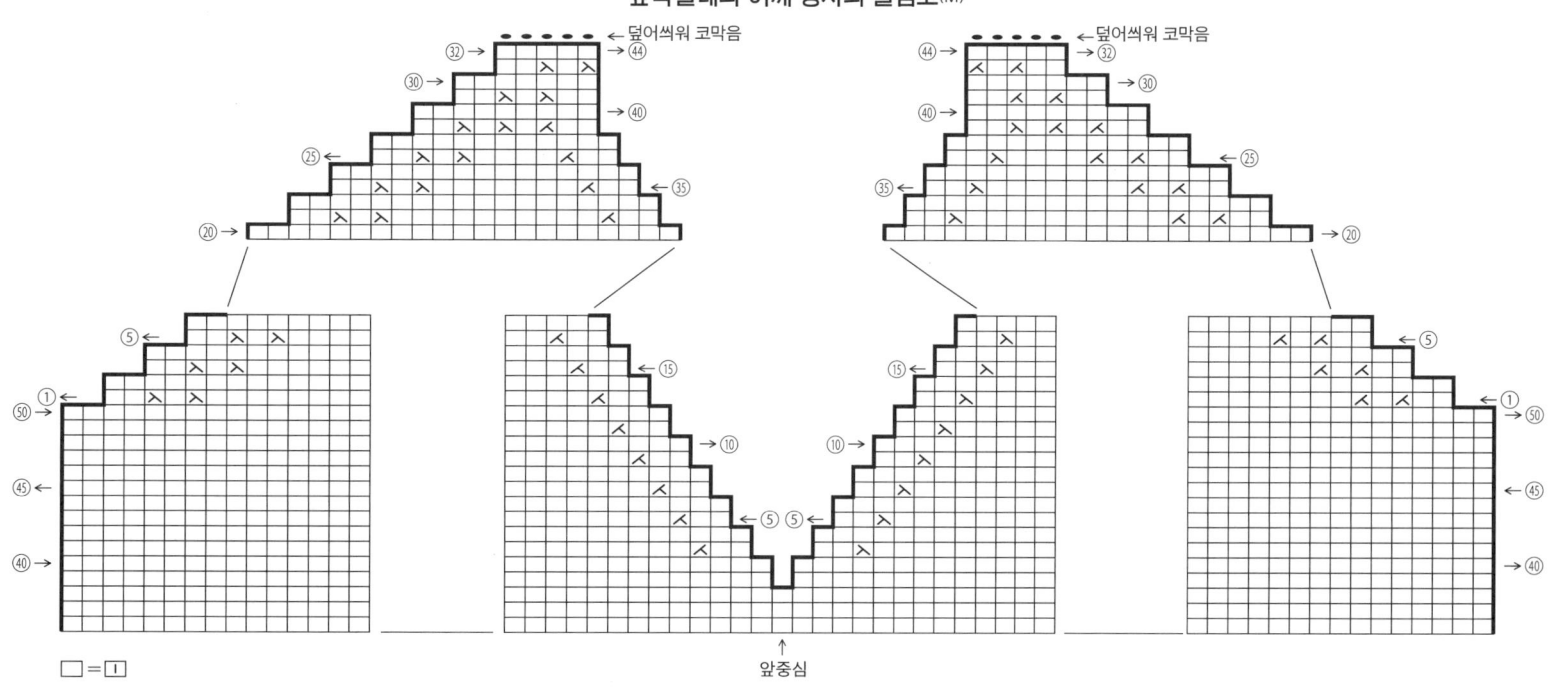

앞목둘레와 어깨 경사의 줄임코(M)

※ S·L·XL도 같은 요령으로 코를 줄인다.

4 size knitting
20 page ★★★

생파두스

주름잡아뜨기
(5단일 때)

※ 일본어 사이트

재료
퍼피 생파두스 하늘색(506)
S…235g 6볼
M…255g 7볼
L…285g 8볼
XL…315g 8볼

도구
대바늘 6호·4호

완성 크기
S…가슴둘레 110cm, 기장 58cm
M…가슴둘레 118cm, 기장 59cm
L…가슴둘레 128cm, 기장 62cm
XL…가슴둘레 138cm, 기장 63cm

게이지(10×10cm)
메리야스뜨기 20코×27.5단

POINT
● 몸판…코바늘로 떠서 기초코를 만들어 뜨기 시작해 뒤판은 테두리뜨기 A와 메리야스뜨기, 앞판은 테두리뜨기 A와 메리야스뜨기, 무늬뜨기로 뜹니다. 앞목둘레·어깨 경사의 줄임코는 도안을 참고하세요.
● 마무리…어깨는 빼뜨기로 잇기와 떠서 꿰매기, 옆선은 떠서 꿰매기를 합니다. 소맷부리는 1코 고무뜨기로 원형으로 뜹니다. 뜨개 끝은 무늬를 이어서 뜨면서 덮어씌워 코막음합니다. 목둘레는 지정 콧수를 주워 테두리뜨기 B로 원형으로 뜹니다. 뜨개 끝은 덮어씌워 코막음하고 안으로 접어 감칩니다.

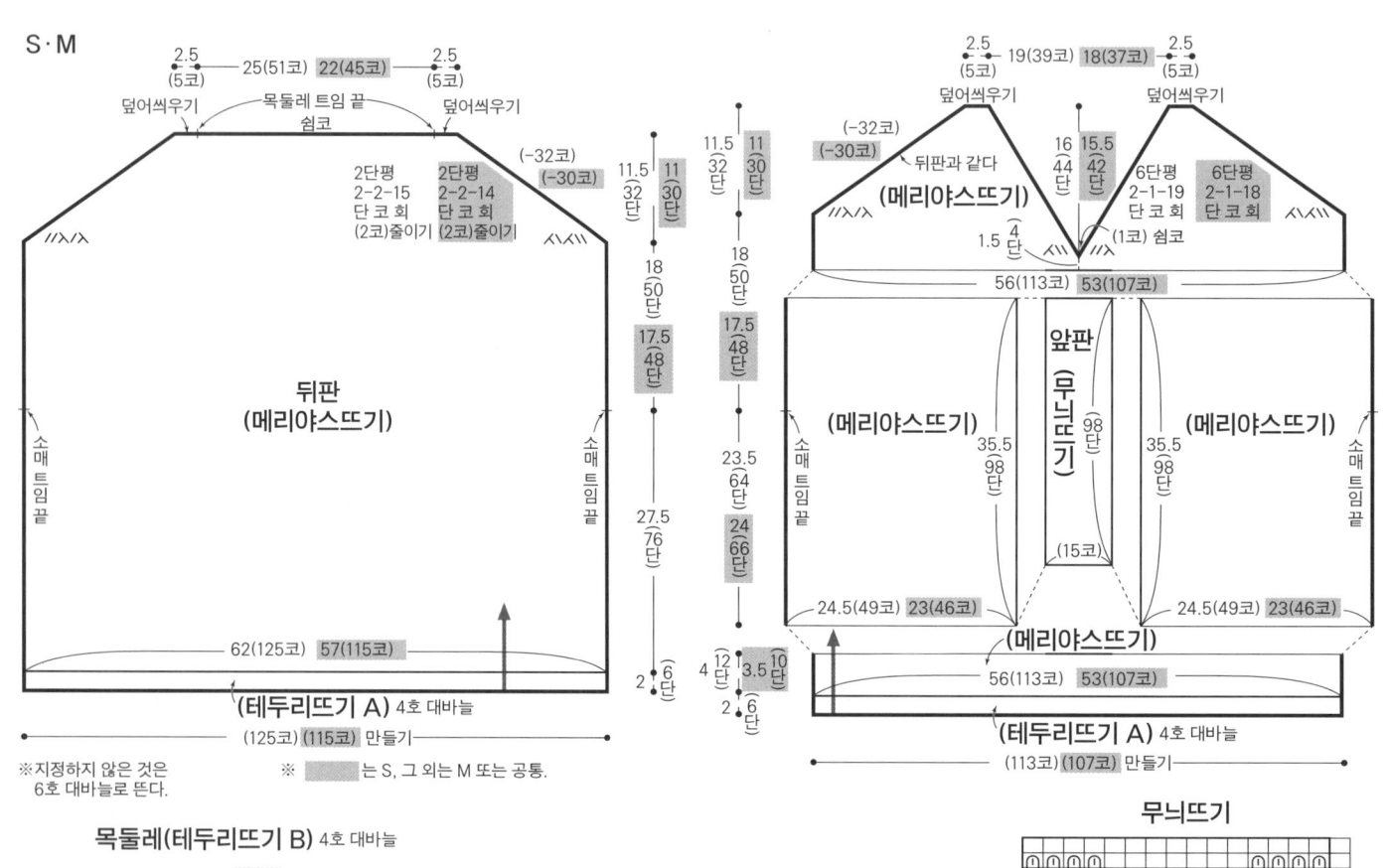

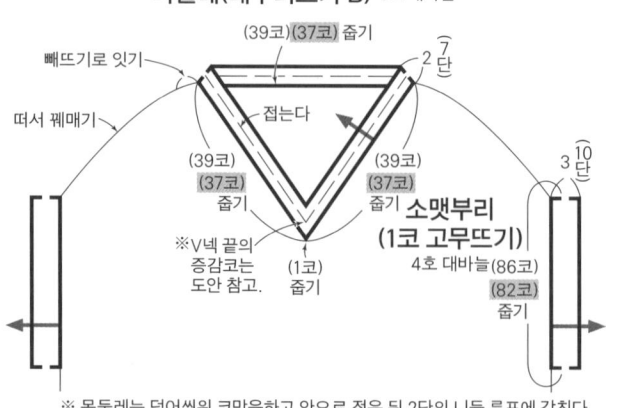

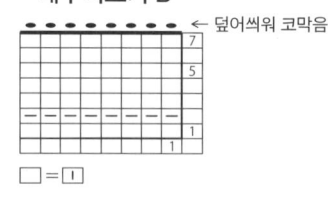

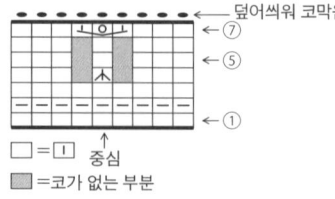

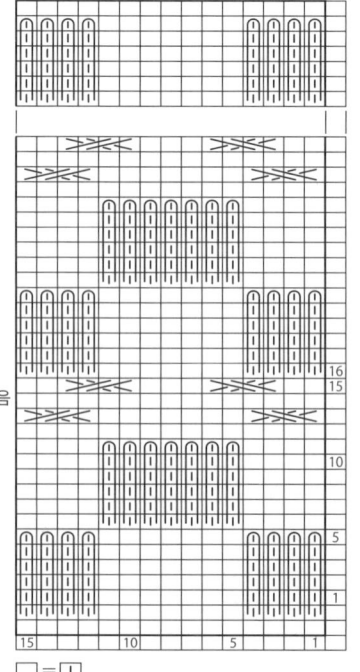

◀ 111페이지로 이어집니다.

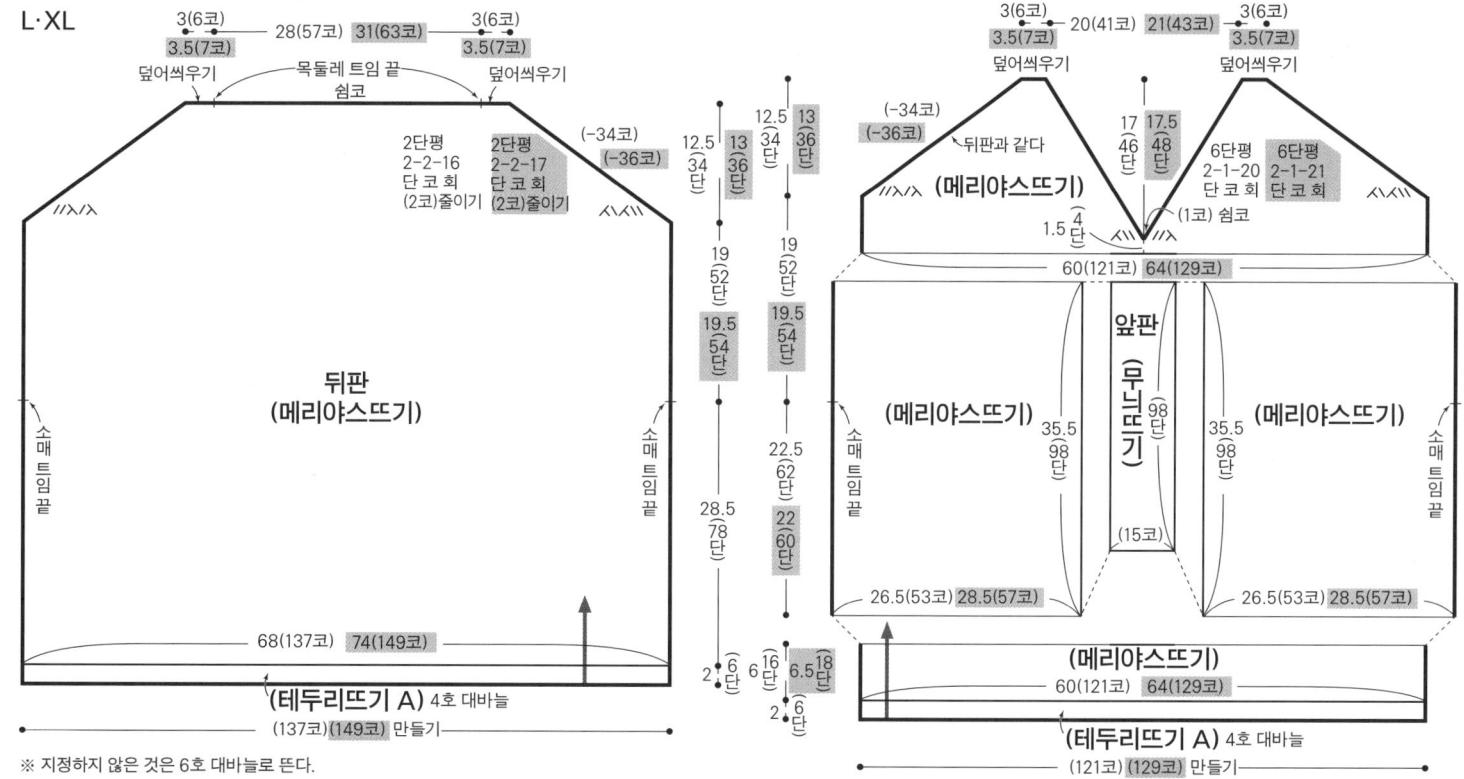
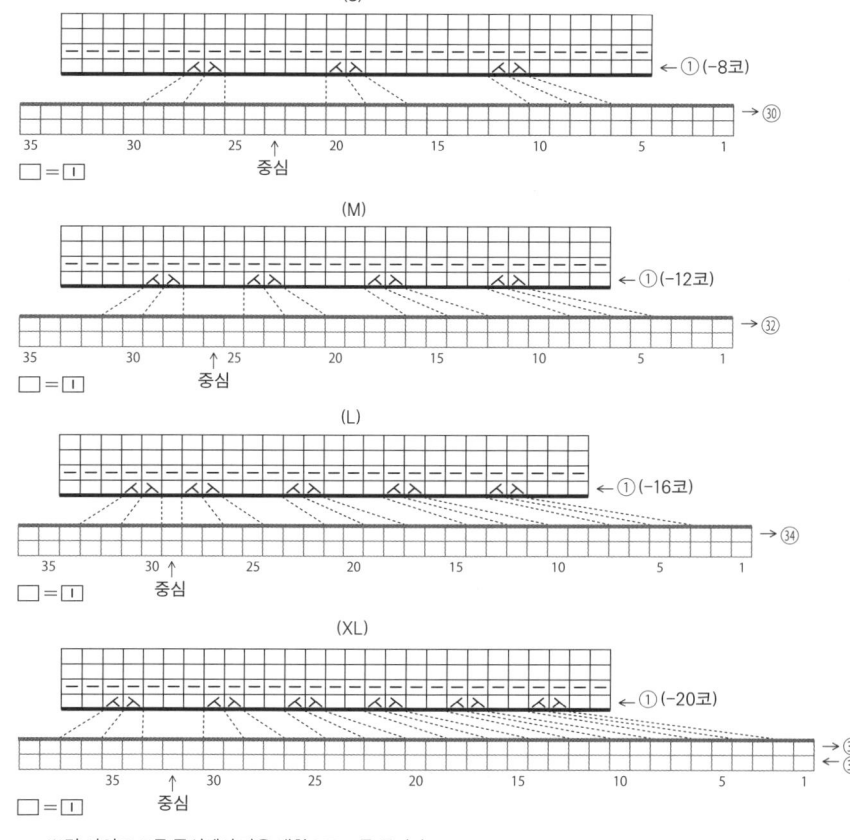
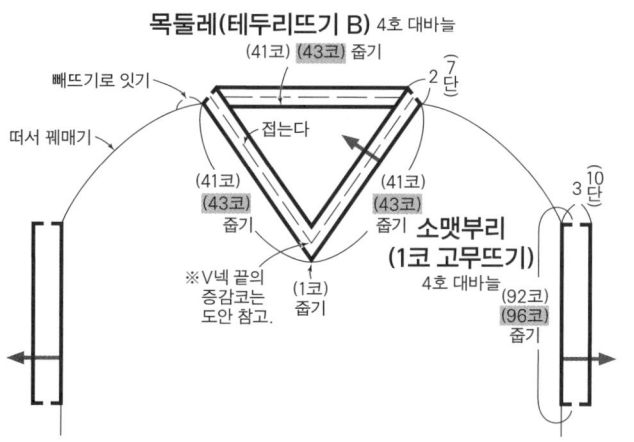
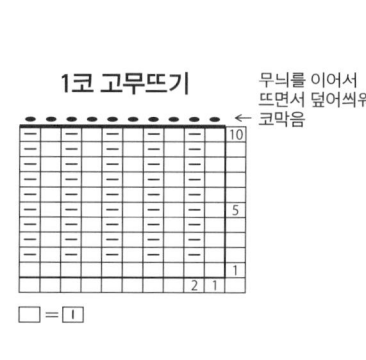
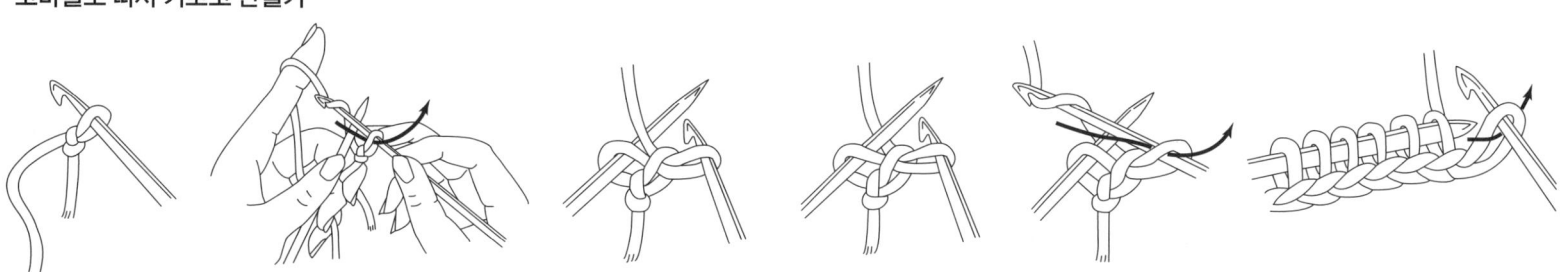

파인애플 무늬 레이스

24 page 작품 ★★★

코튼맘

재료
실…고쇼산업 게이토피에로 코튼맘 카멜리아 핑크 (05) 255g 7볼
단추…지름 13mm×6개

도구
코바늘 3/0호·2/0호

완성 크기
가슴둘레 111.5cm, 기장 49.5cm, 화장 29cm

게이지
무늬뜨기A 1무늬=2.3cm, 10cm=10.5단, 무늬뜨기 B 1무늬=9.2cm, 10cm=11.5단

POINT
● 몸판…사슬뜨기 기초코로 어깨부터 뜨개를 시작해서 무늬뜨기 A를 뜨는데 뒤판과 오른쪽 앞판은 뜨는 순서에 주의하세요. 늘림코는 도안을 참고하세요. 계속해서 무늬뜨기 B를 뜹니다.
● 마무리…어깨는 빼뜨기 사슬 잇기, 옆선은 빼뜨기 사슬 꿰매기합니다. 앞단·목둘레는 지정된 콧수만큼 주워서 테두리뜨기 A로 왕복뜨기합니다. 오른쪽 앞단에는 단춧구멍을 냅니다. 3단을 다 뜬 다음 계속해서 밑단에 테두리뜨기 B를 합니다. 소맷부리는 지정된 콧수만큼 주워서 테두리뜨기 A로 원형뜨기합니다. 단추를 달아서 완성합니다.

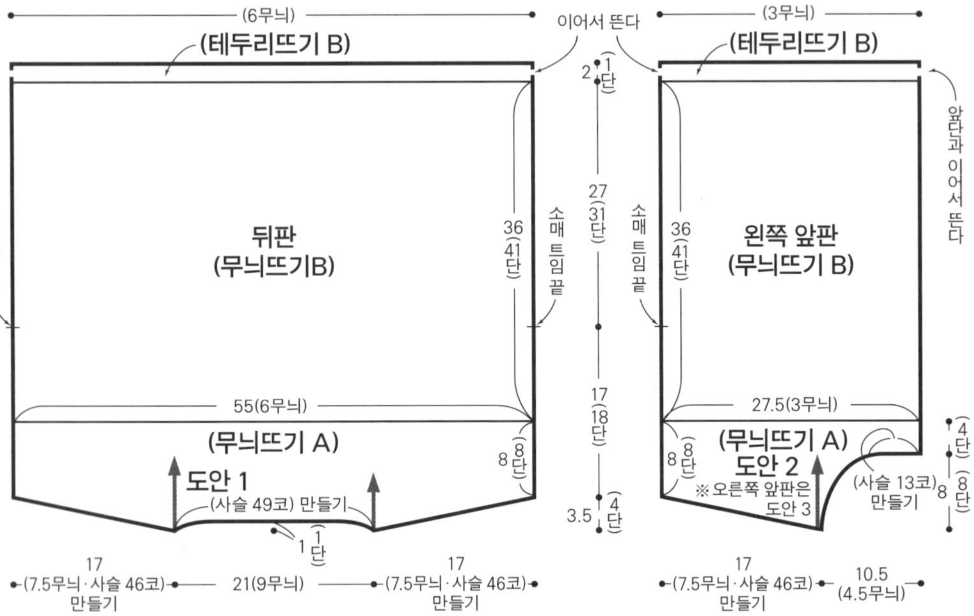

※ 지정하지 않은 것은 모두 3/0호 코바늘로 뜬다.
※ 테두리뜨기 B는 왼쪽 앞단의 테두리뜨기 A에서 이어서 뜬다.

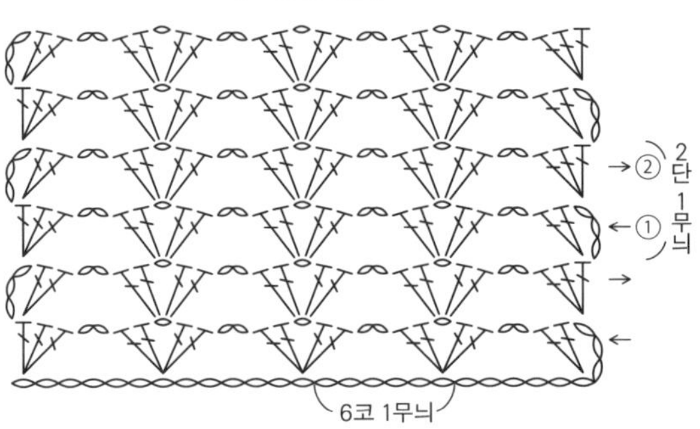

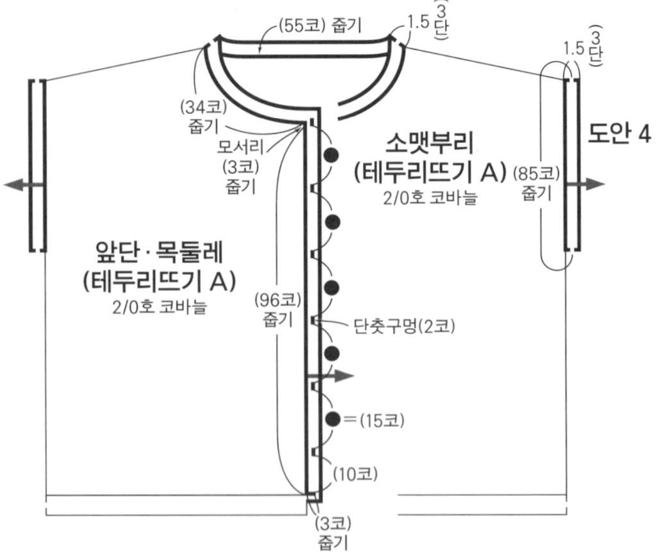

※ 앞단·목둘레 3째단에서 이어서 밑단의 테두리뜨기 B를 뜬다.

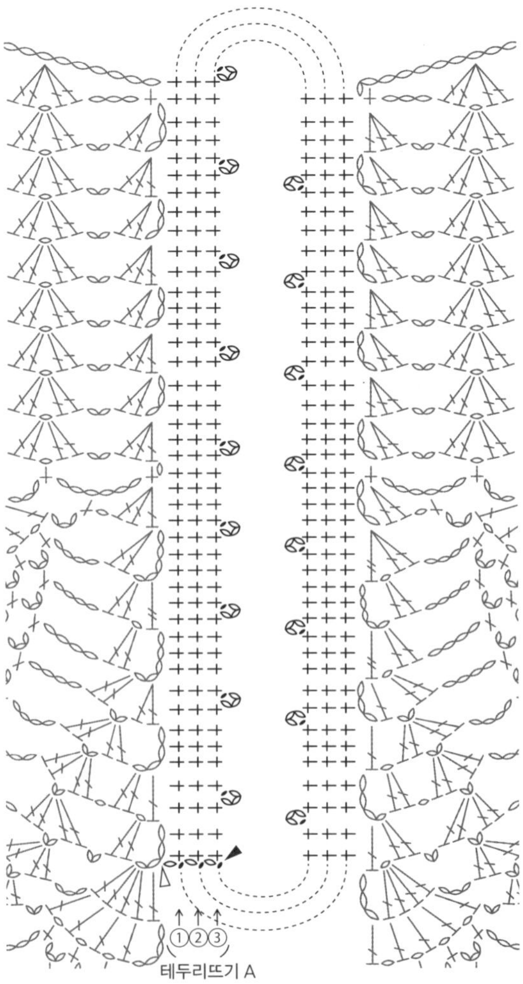

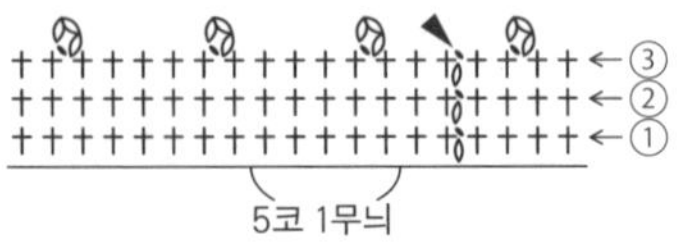

▷ = 실 잇기
▶ = 실 자르기

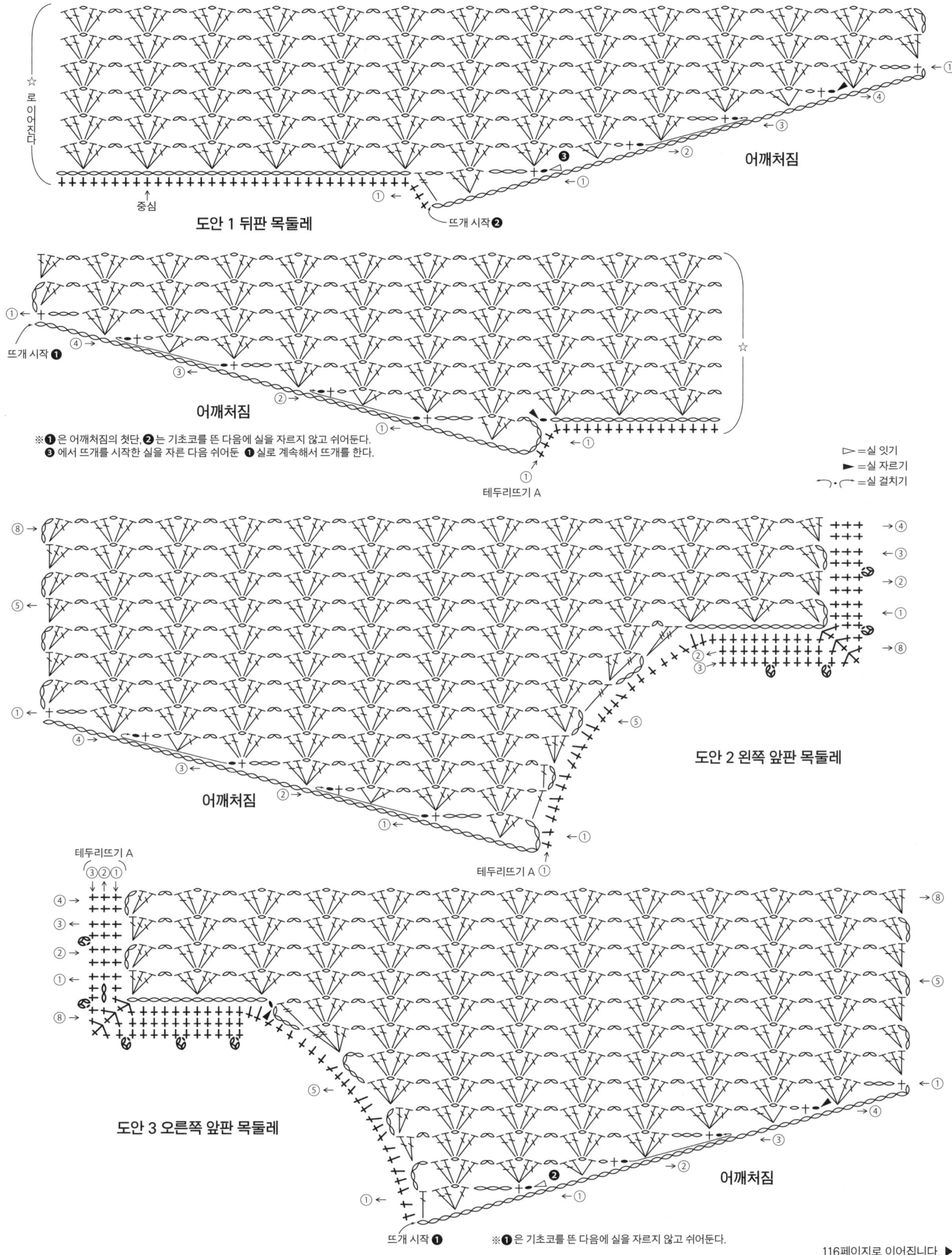

▶ 115페이지에서 이어집니다.

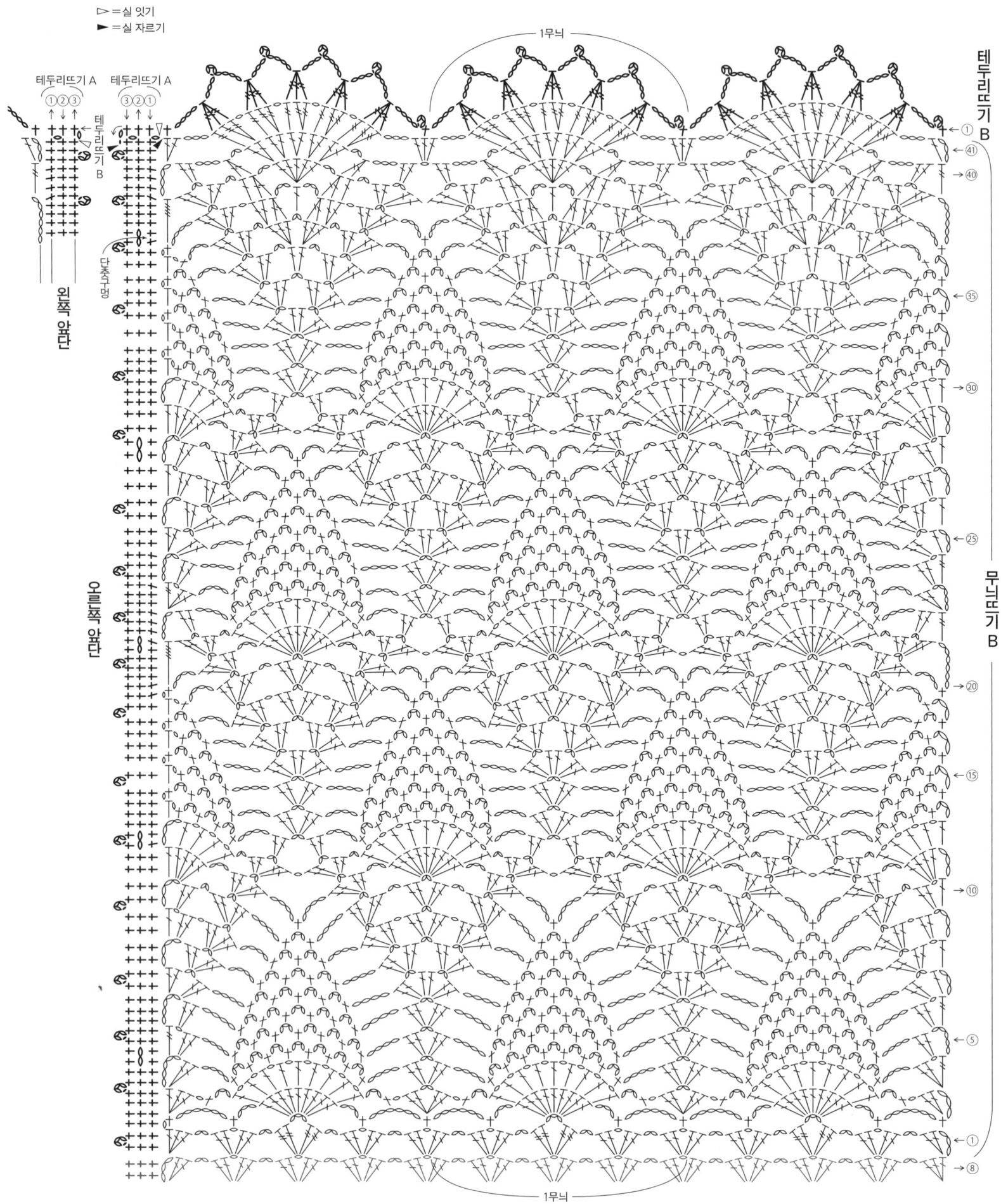

파인애플 무늬 레이스
25 page 작품 ★★★

샹브르(Chanvre)

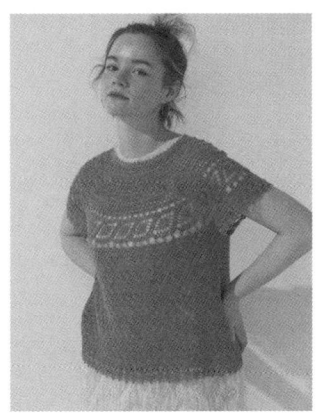

재료
고쇼산업 게이토피에로 샹브르(Chanvre) 세피아 문(04) 220g 6볼

도구
레이스바늘 0호

완성 크기
가슴둘레 98cm, 기장 51.5cm, 화장 34.5cm

게이지
무늬뜨기A 1무늬=7cm, 10cm=11단, 무늬뜨기 D 1무늬=1.9cm, 10cm=23단

POINT
●요크, 몸판…브레이드는 사슬뜨기 기초코로 뜨개를 시작해서 무늬뜨기 A를 합니다. 156단을 뜬 다음 도안을 참고해서 뜨개 시작과 뜨개 끝을 이어서 원형으로 만듭니다. 요크 '위'는 브레이드에서 코를 주워서 무늬뜨기 B를 합니다. 분산 줄임코는 도안을 참고하세요. 계속해서 목둘레는 테두리뜨기 A를 합니다. 요크 '아래'는 브레이드의 반대쪽에서 코를 주워서 무늬뜨기 C를 합니다. 뒤판은 요크 '아래'에서 코를 주워서 앞뒤 단차로 6단을 무늬뜨기 D로 뜹니다. 계속해서 뒤판, 앞판은 겨드랑이의 공통 사슬 기초코와 앞뒤 단차와 요크 '아래'에서 각각 코를 주워서 무늬뜨기 D를 뜹니다.
●마무리…옆선은 빼뜨기 사슬 꿰매기로 연결합니다. 밑단은 앞뒤판을 이어서 테두리뜨기 B를 원형으로 왕복뜨기합니다. 소맷부리는 겨드랑이와 앞뒤 단차와 요크 '아래'에서 코를 줍고 테두리뜨기 B'를 원형으로 왕복뜨기합니다.

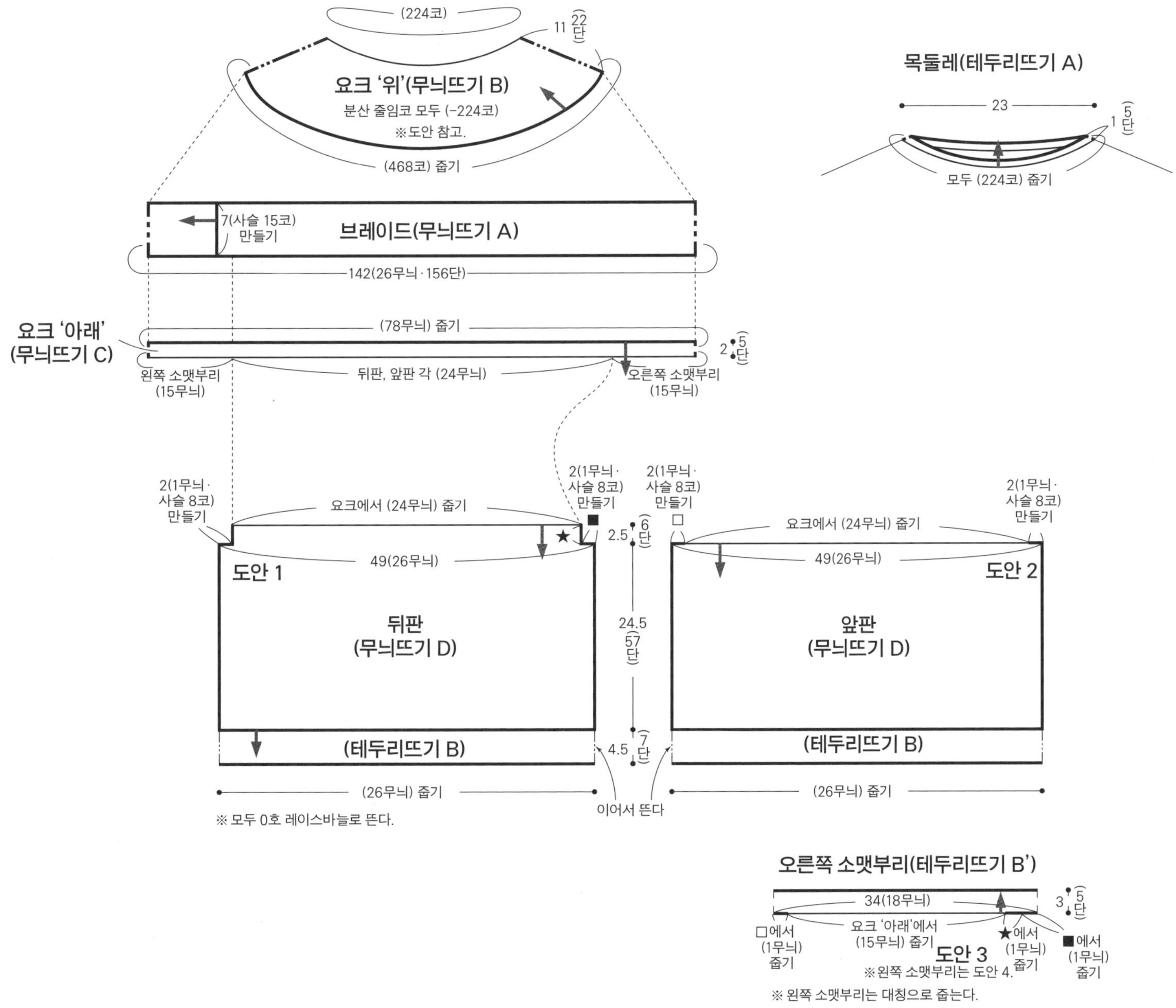

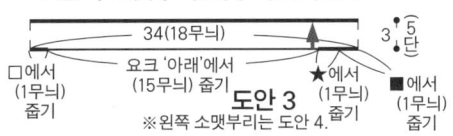

118페이지로 이어집니다. ▶

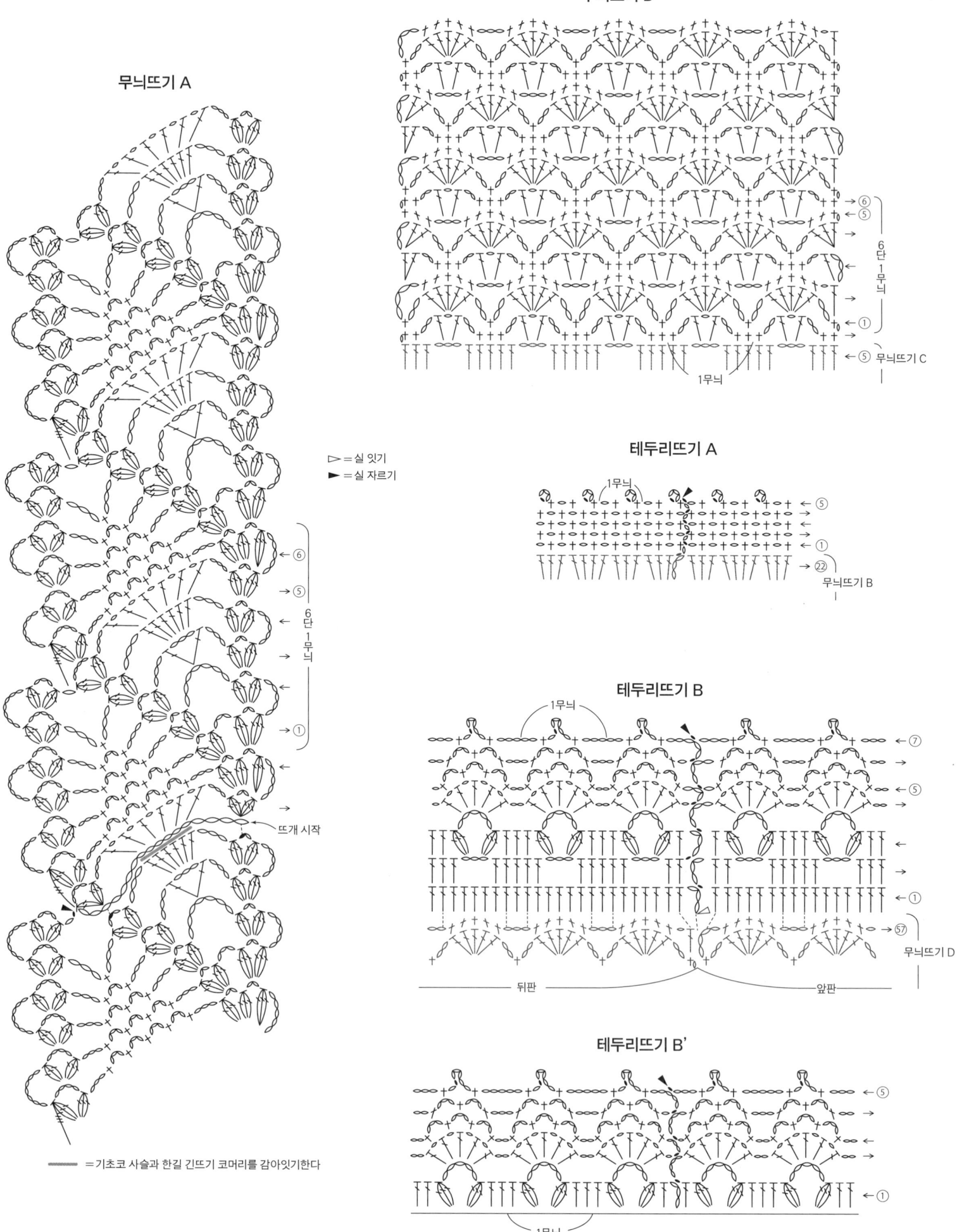

무늬뜨기 B와 분산 줄임코

120페이지로 이어집니다. ▶

▶ 119페이지에서 이어집니다.

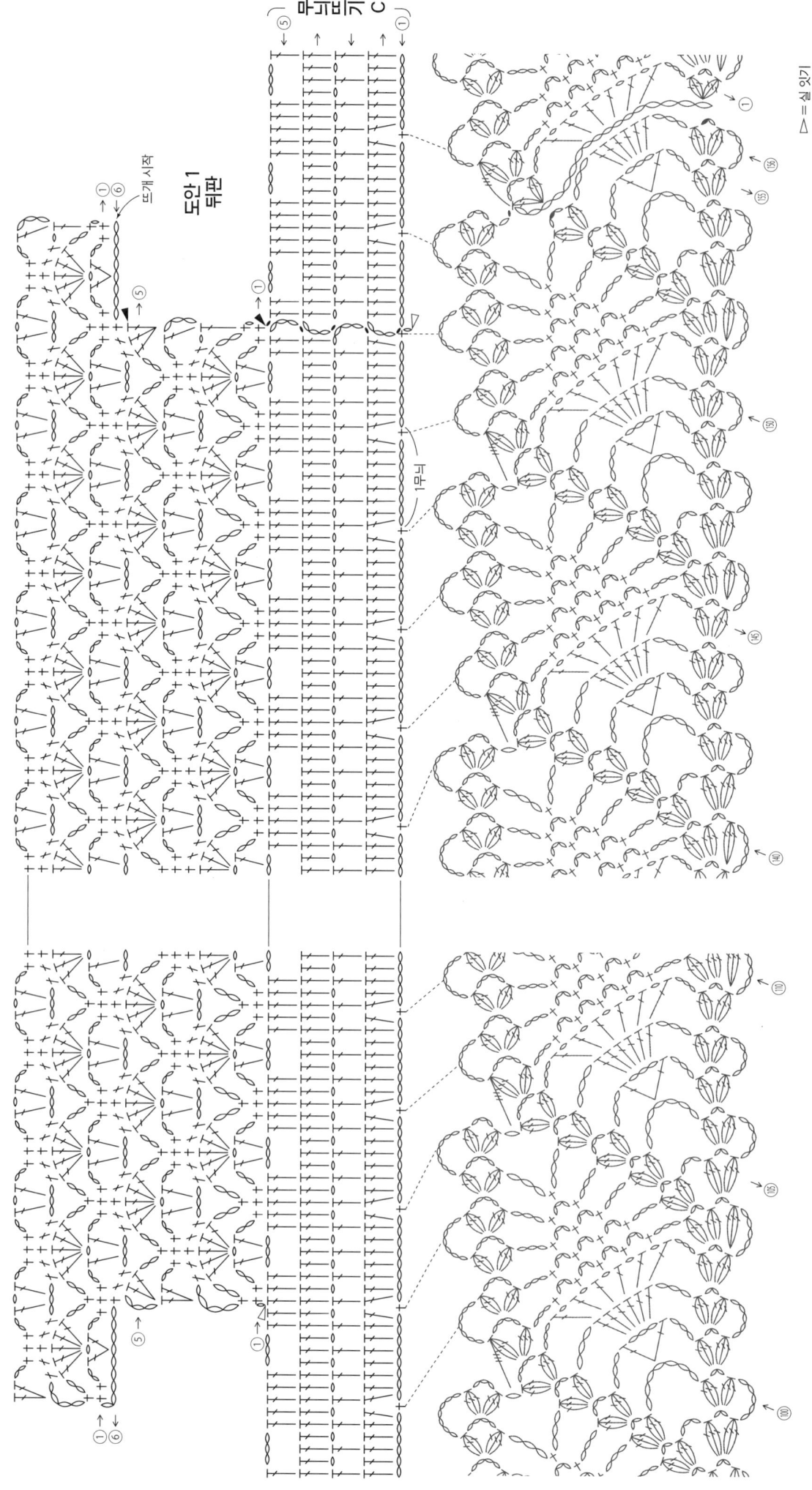

도안 2 앞판

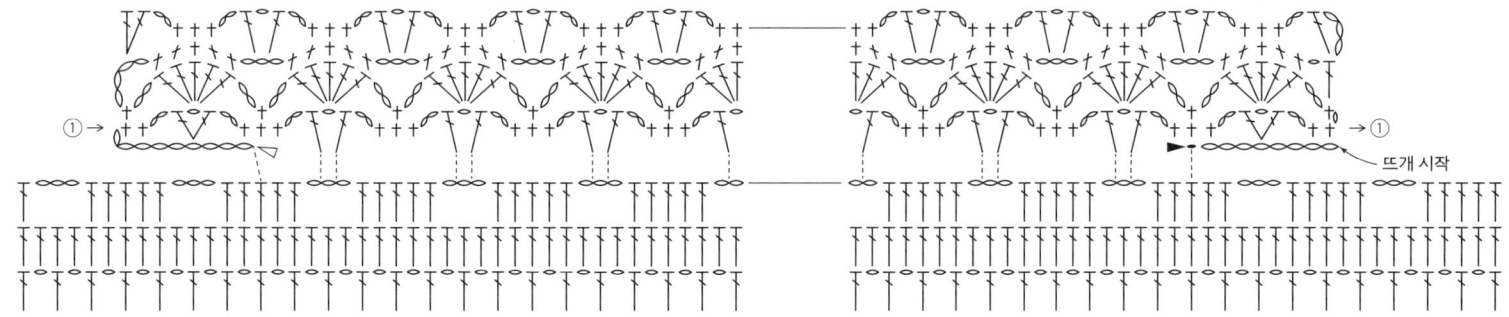

도안 3 오른쪽 소맷뿌리

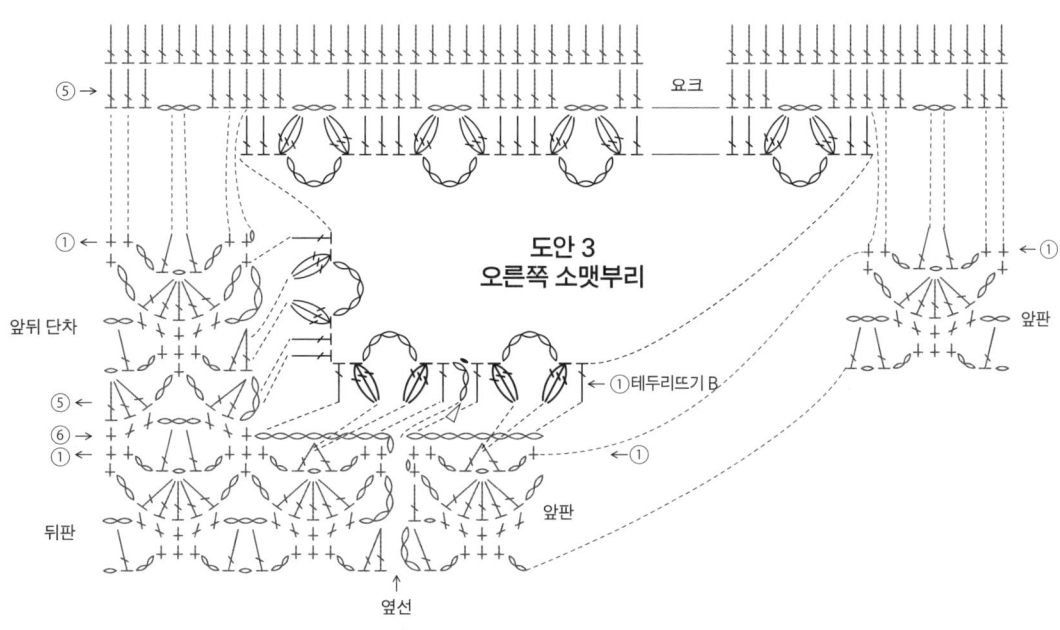

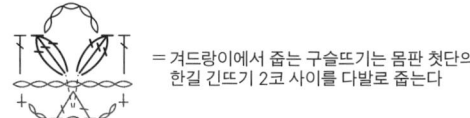
= 겨드랑이에서 줍는 구슬뜨기는 몸판 첫단의
한길 긴뜨기 2코 사이를 다발로 줍는다

▷ = 실 잇기
▶ = 실 자르기

도안 4 왼쪽 소맷부리

파인애플 무늬 레이스
26 page 작품 ★★★

에미그란데

재료
올림포스 에미그란데 미디엄 그레이(413) 205g 5볼

도구
코바늘 2/0호

완성 크기
가슴둘레 100cm, 기장 47cm, 화장 34cm

게이지(10×10cm)
무늬뜨기 A, A' 39코×13단

POINT
● 몸판, 소매…뒤판은 사슬뜨기 기초코로 뜨개를 시작해서 무늬뜨기 A를 하는데 뜨개 끝의 3단은 패턴이 바뀌니 주의하세요. 앞판은 뒤판의 기초코에서 각각 코를 줍고, 뒤판과 같은 방법으로 뜹니다. 목둘레는 도안을 참고하세요. 옆선은 빼뜨기 사슬 꿰씨합니다. 소매는 지정된 위치에서 코를 주워서 무늬뜨기 A'를 원형으로 왕복뜨기하는데 뜨개 끝의 3단은 패턴이 바뀌니 주의하세요.

● 마무리…목둘레는 도안을 참고해서 테두리뜨기 합니다. 끈은 지정된 위치에서 코를 주워서 무늬뜨기 B를 합니다.

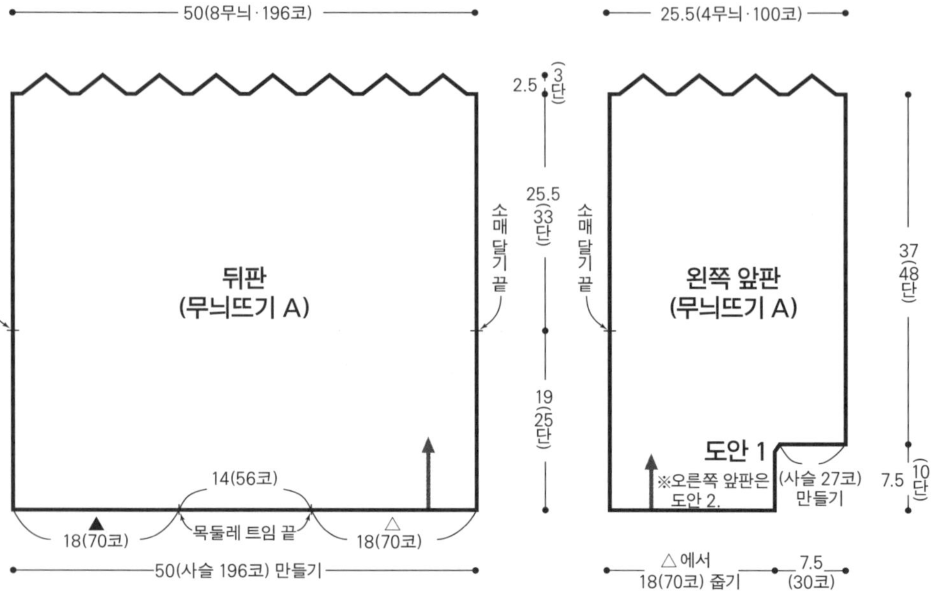

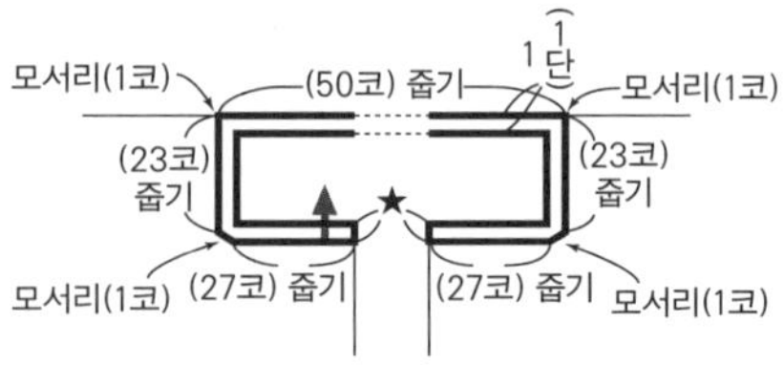

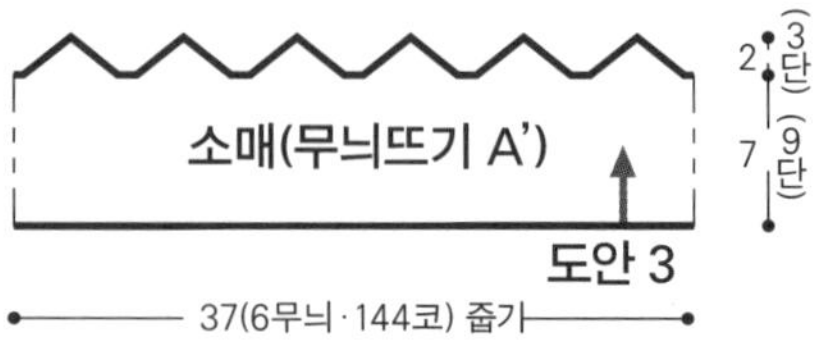

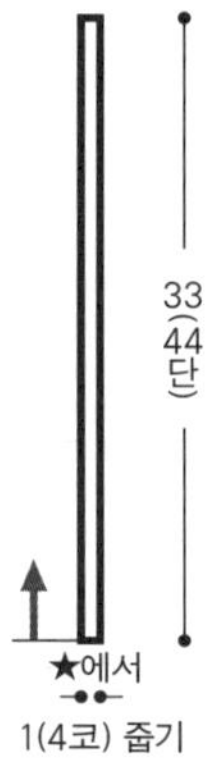

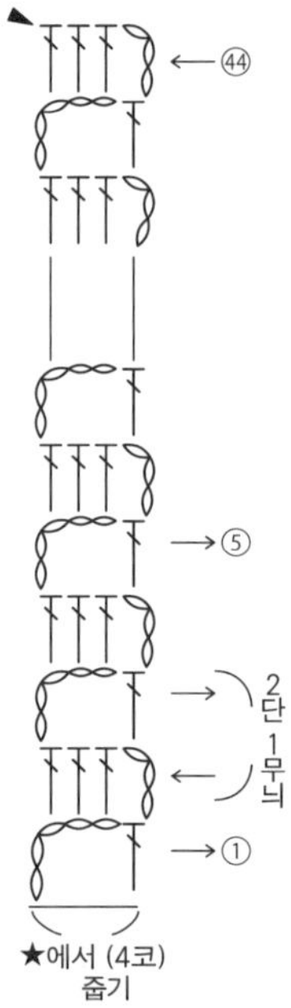

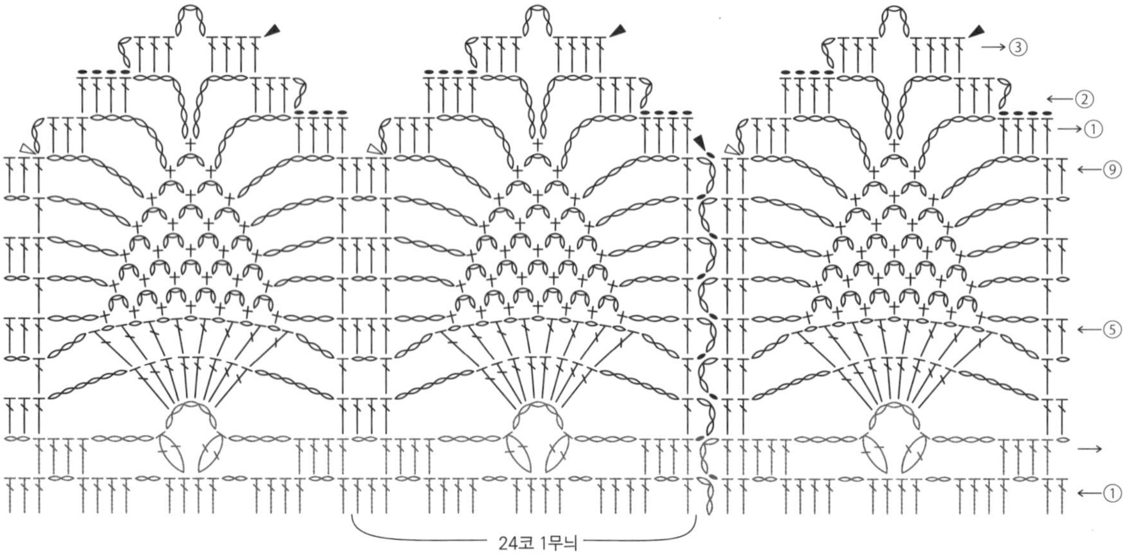

▷ = 실 잇기
▶ = 실 자르기

무늬뜨기 A

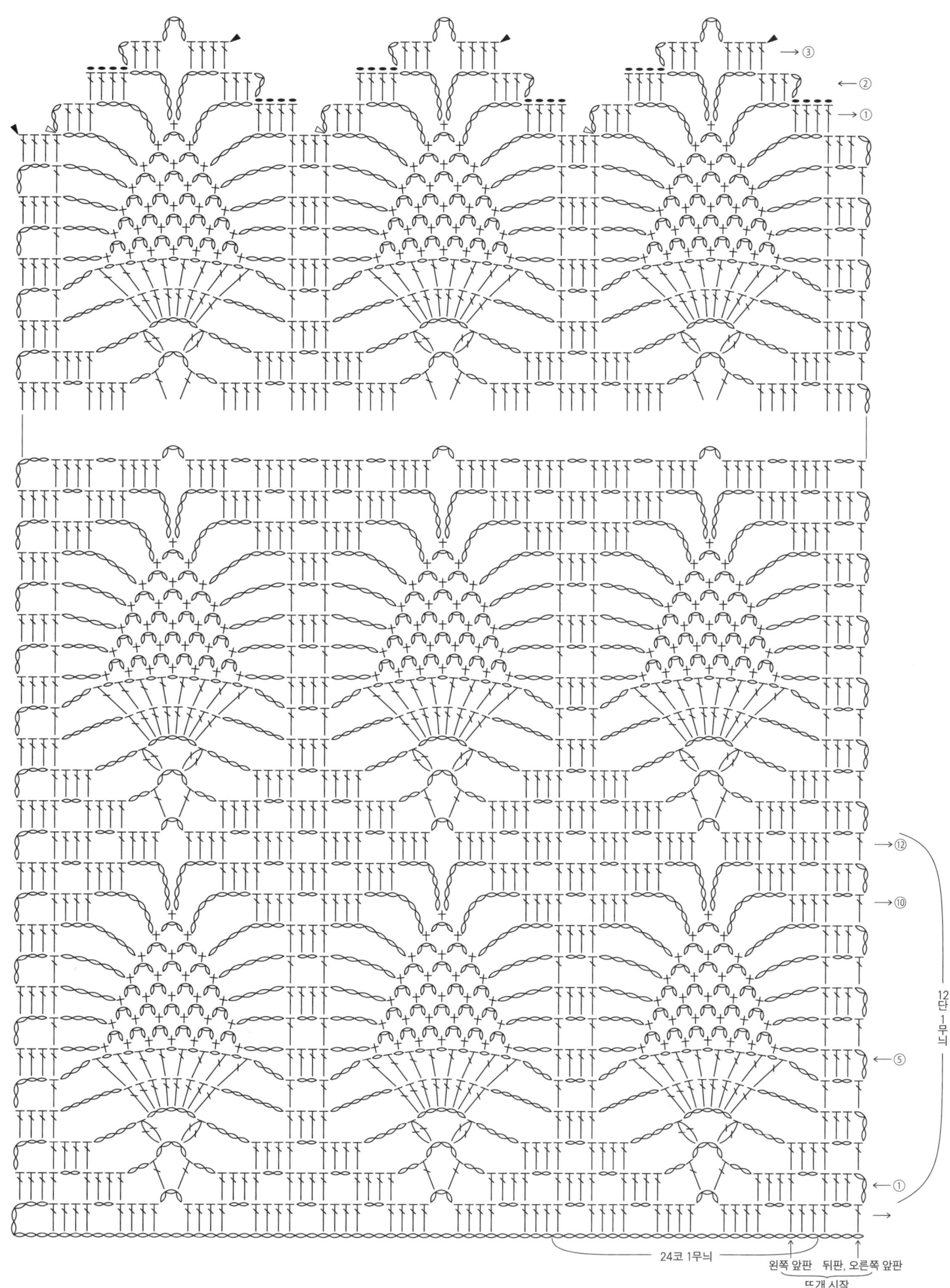

124페이지로 이어집니다. ▶

▶ 123페이지에서 이어집니다.

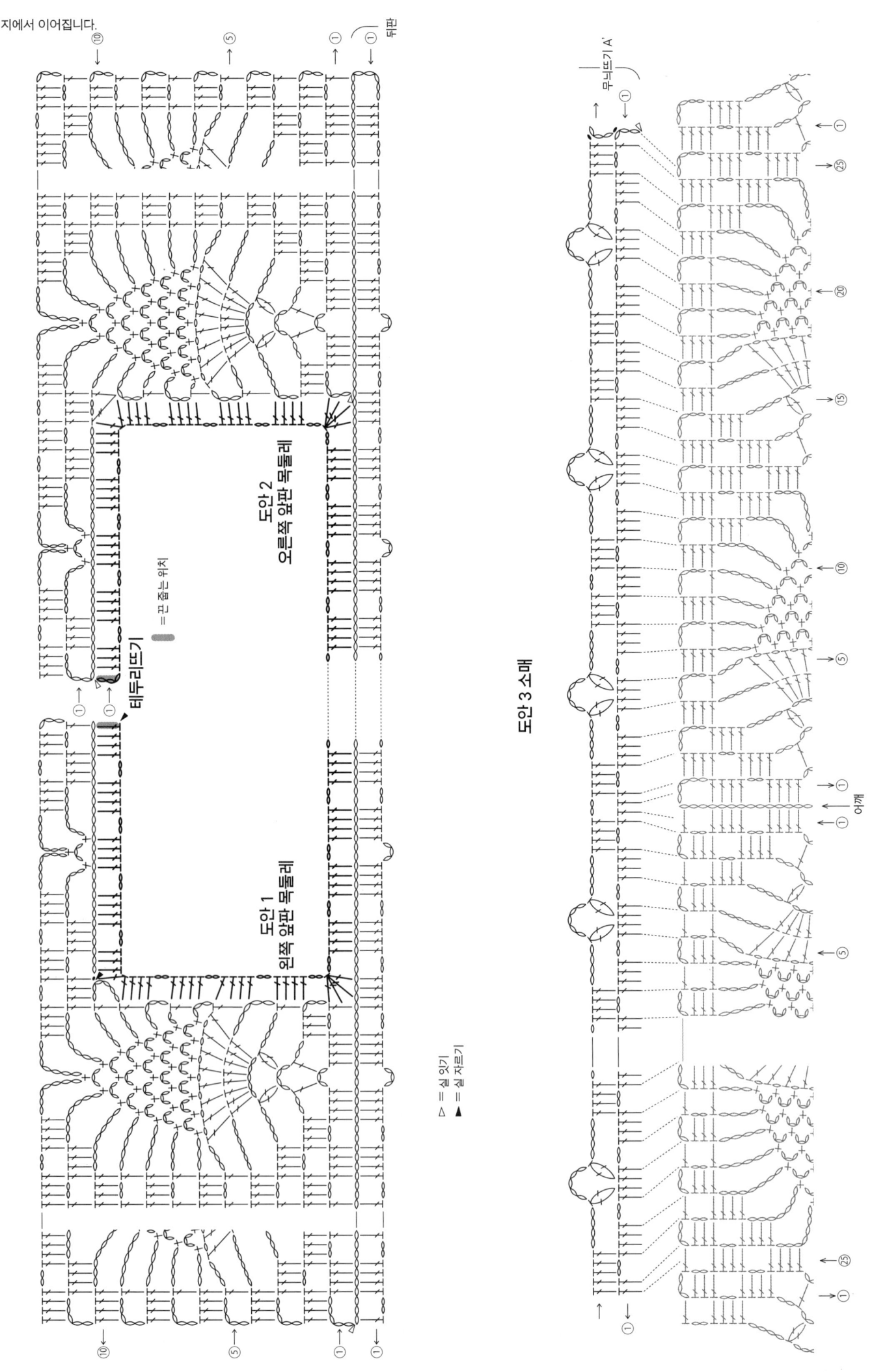

Enjoy Keito
32 page 작품 ★★

마유 레이스

재료
아마노 마유 레이스 Frost White(2100) 50g 1타래

도구
대바늘 5호, 코바늘 6/0호

완성 크기
폭 135cm, 길이 58cm

게이지(10×10cm)
무늬뜨기 17코×39단

POINT
● 손가락에 걸어 만드는 기초코로 뜨개를 시작해서 무늬뜨기를 하는데 첫단은 안면을 보면서 뜨니 주의하세요. 늘림코는 도안을 참고하세요. 224단부터 무늬 뜨는 패턴이 바뀌니 주의하세요. 뜨개 끝은 테두리뜨기하면서 코막음합니다. 크기에 맞춰서 핀을 꽂고 스팀 다리미로 스팀을 줘서 완성합니다.

(228무늬)
(테두리뜨기) 6/0호 코바늘
135(229코)
0.5
1단

솔
(무늬뜨기)
5호 대바늘

(+112코)
2단평
2-1-111
1-1-1
단코회

57.5
225단

3
(5코)
만들기

1무늬
① 테두리뜨기
225
220

무늬뜨기 6코 12단 1무늬

30
25
20
15
10
5
①

5 1

▶ = 실 자르기

□ = □

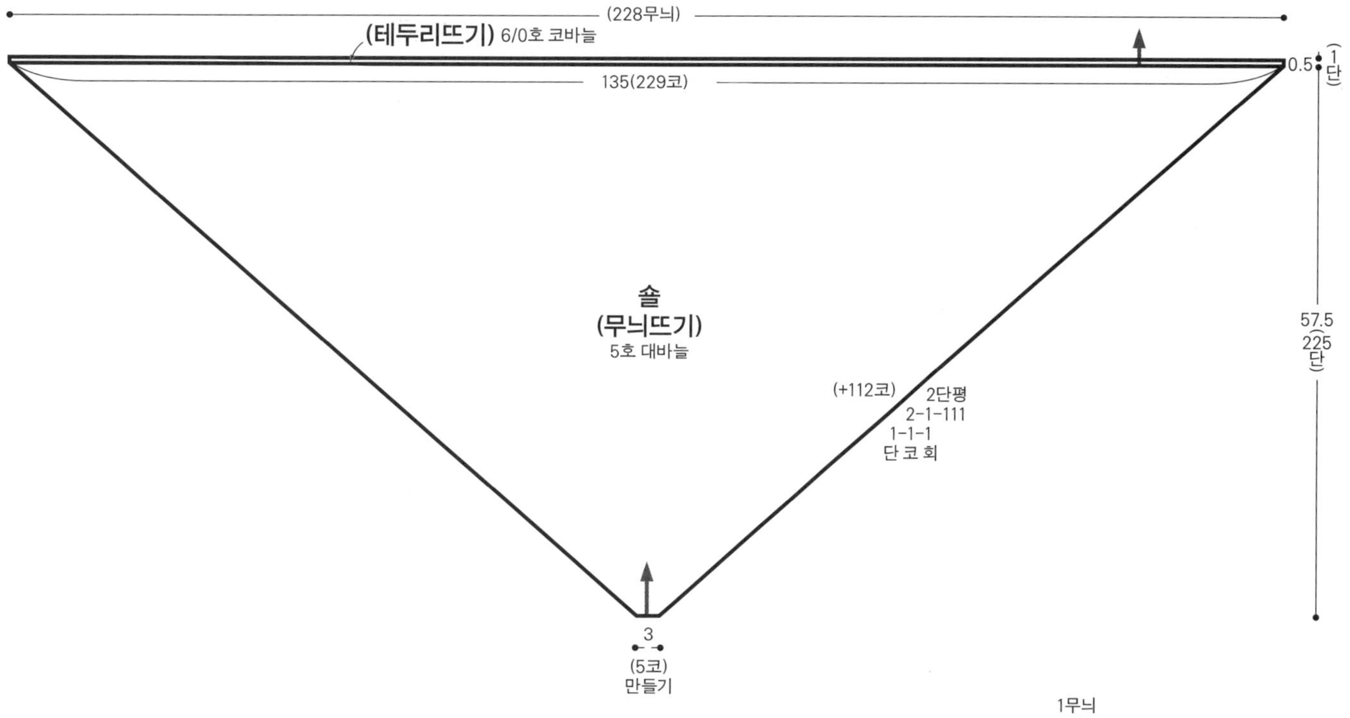

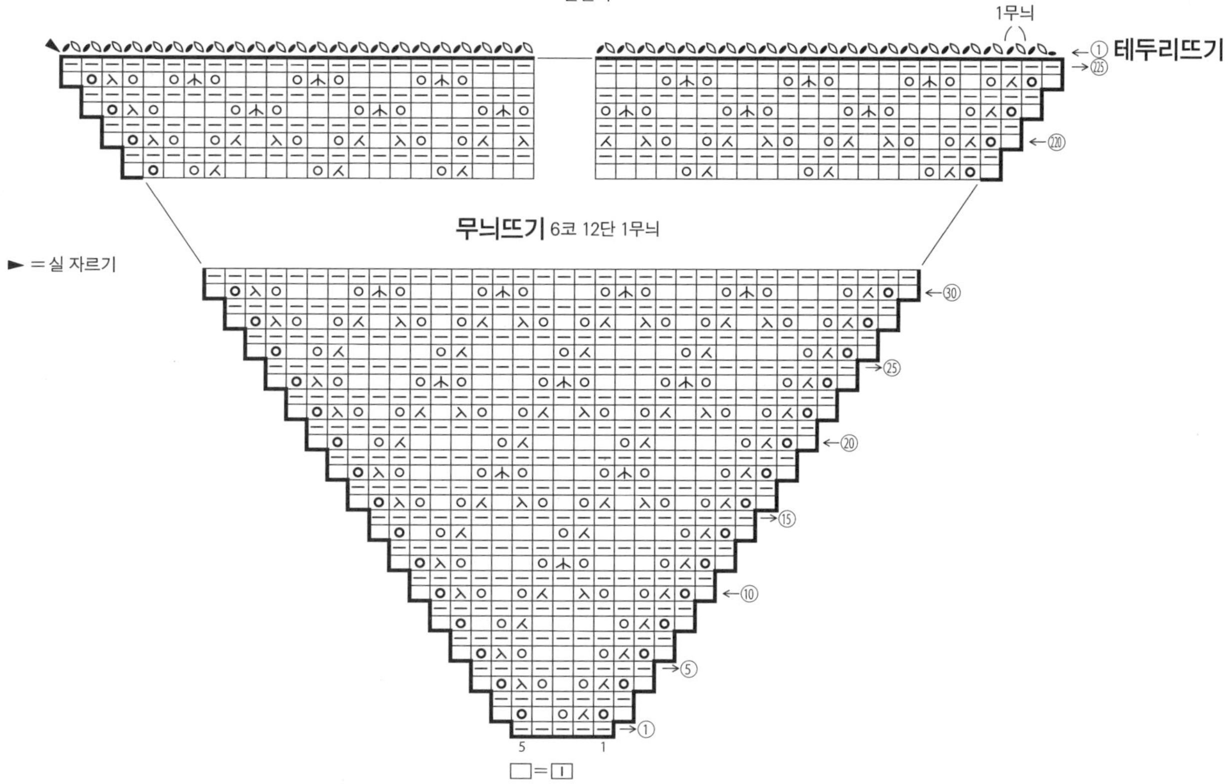

파인애플 무늬 레이스
27 page 작품 ★★★

에미그란데

재료
올림포스 에미그란데 아젤리아 핑크(155) 335g
7볼

도구
레이스바늘 0호

완성 크기
가슴둘레 118cm, 기장 54.5cm, 화장 24.5cm

게이지
무늬뜨기 A 1무늬(18코)= 6.5cm, 10cm=15.5단, 무늬뜨기 B(10×10cm) 41코×14단

POINT
●몸판…뒤판 '아래', 앞판 '아래'는 사슬뜨기 기초코를 뜨개를 시작해서 무늬뜨기 A를 17단까지 왕복뜨기합니다. 진동둘레 늘림코는 도안을 참고하세요. 18단부터는 앞뒤를 이어서 원형으로 왕복뜨기합니다. 마지막 단은 뜨는 패턴이 바뀌니 주의하세요. 뒤판 '위', 앞판 '위'는 기초코에서 코를 주워 뜨개를 시작해서 무늬뜨기 B를 합니다. 목둘레 줄임코는 도안을 참고하세요.
●마무리…어깨는 빼뜨기 사슬 잇기합니다. 도안을 참고해서 코를 줍고 목둘레는 테두리뜨기, 진동둘레는 짧은뜨기로 원형뜨기합니다. 소매 장식은 그물뜨기합니다.

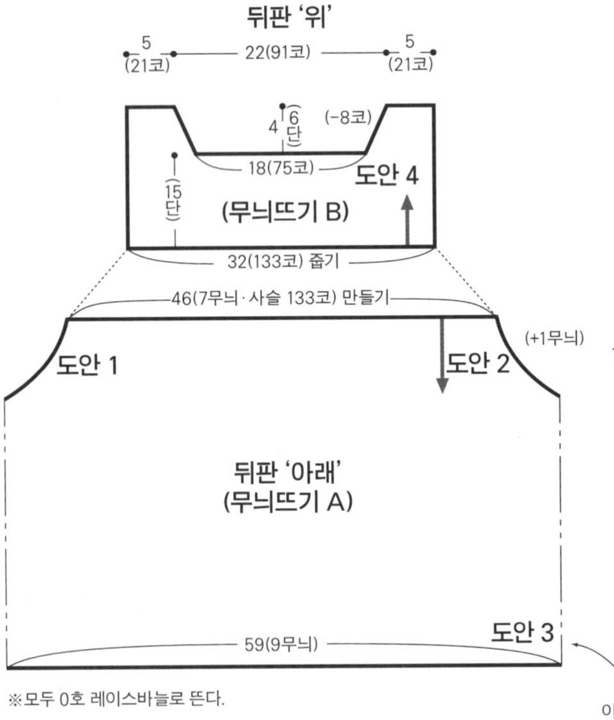

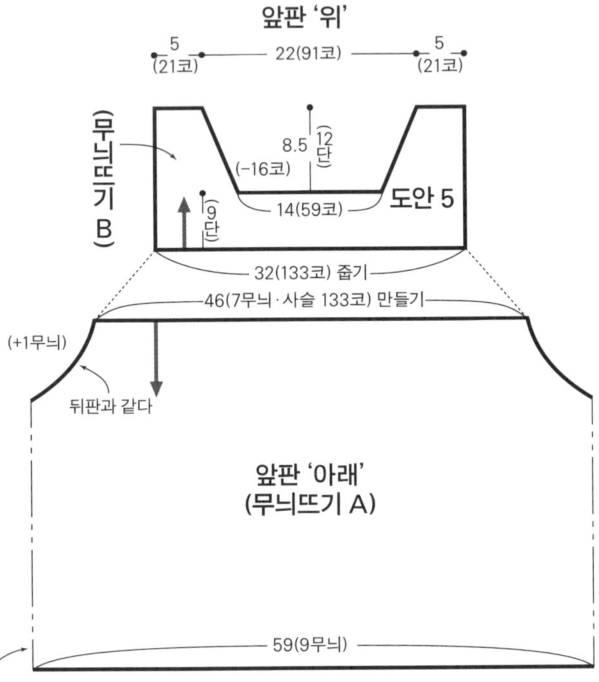

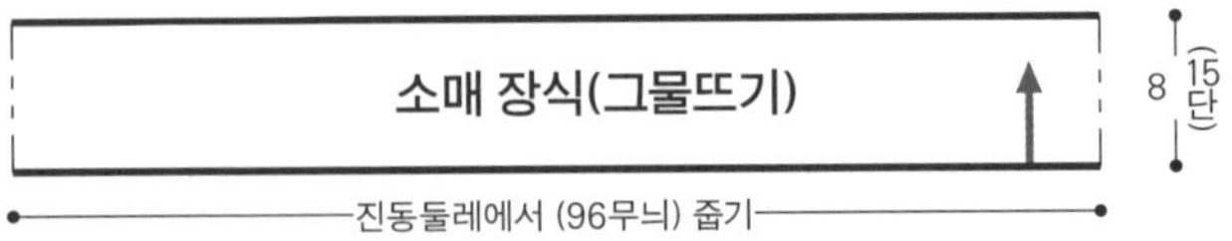

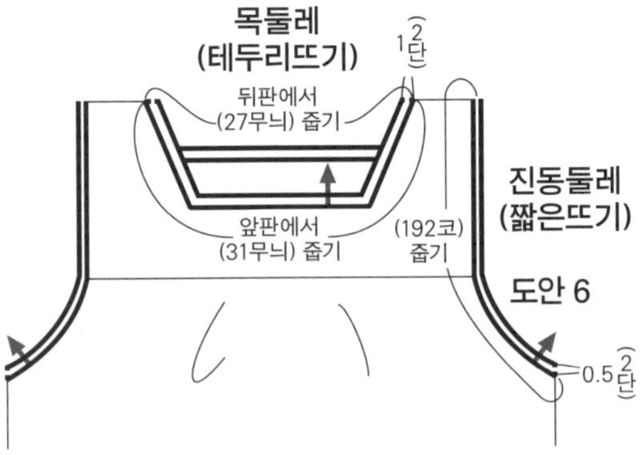

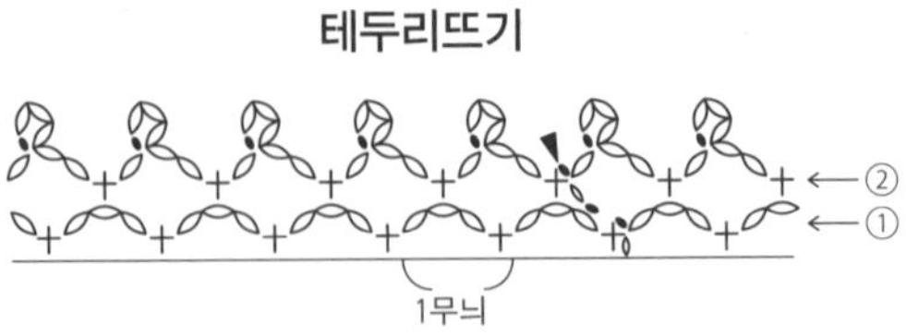

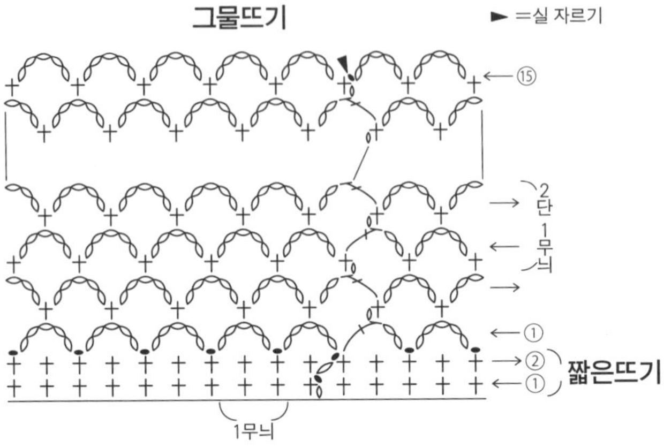

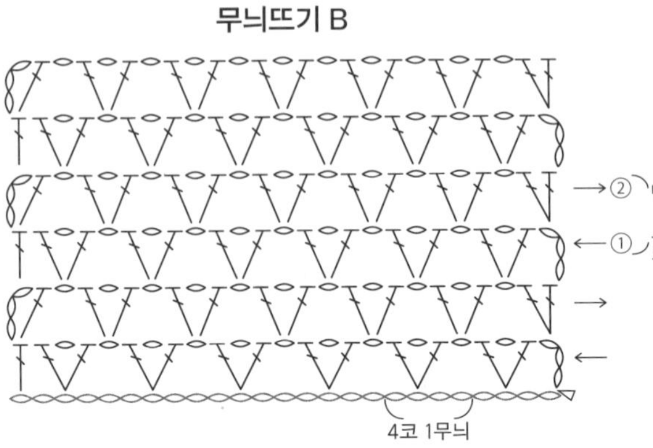

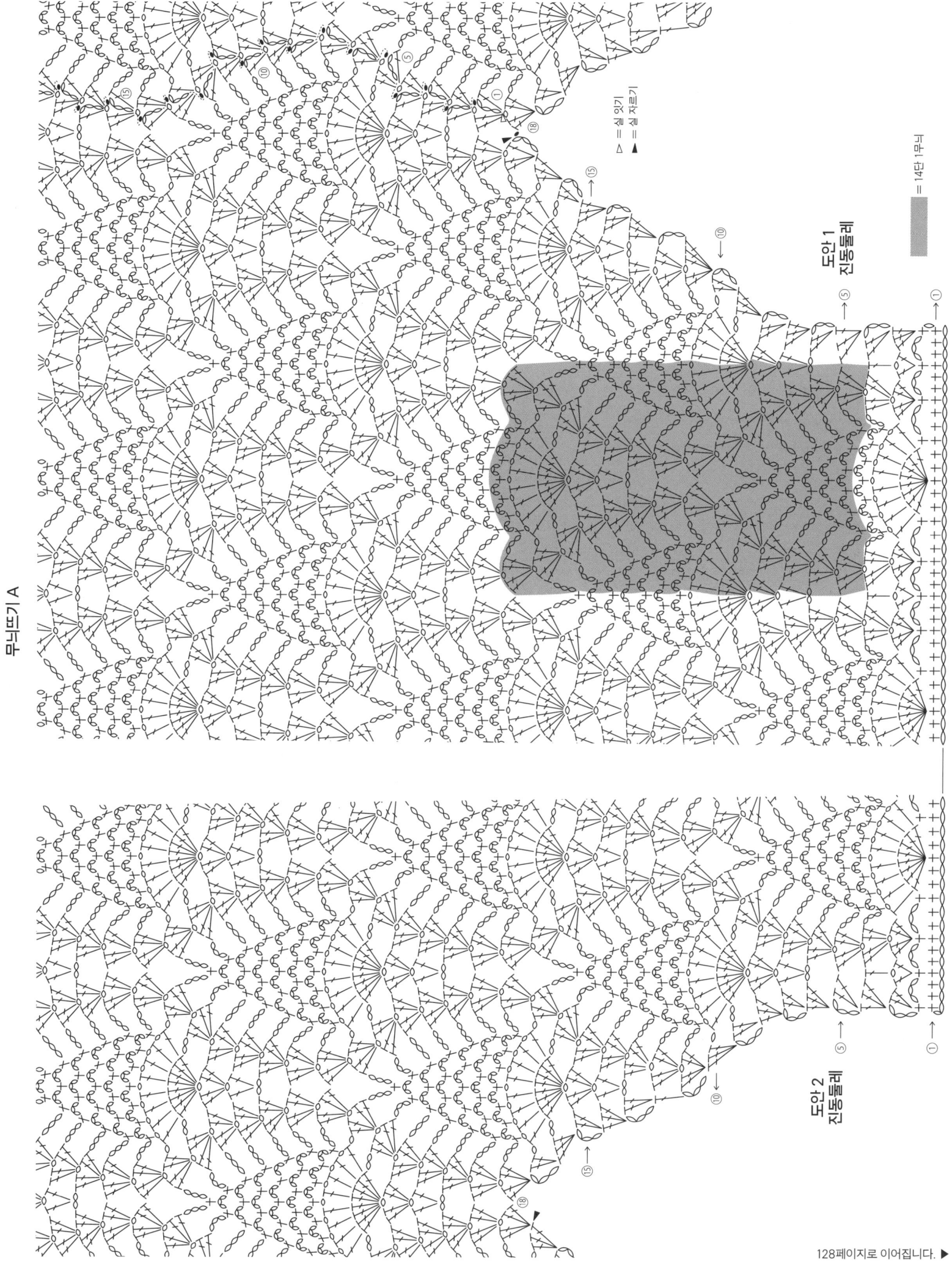

▶ 127페이지에서 이어집니다.

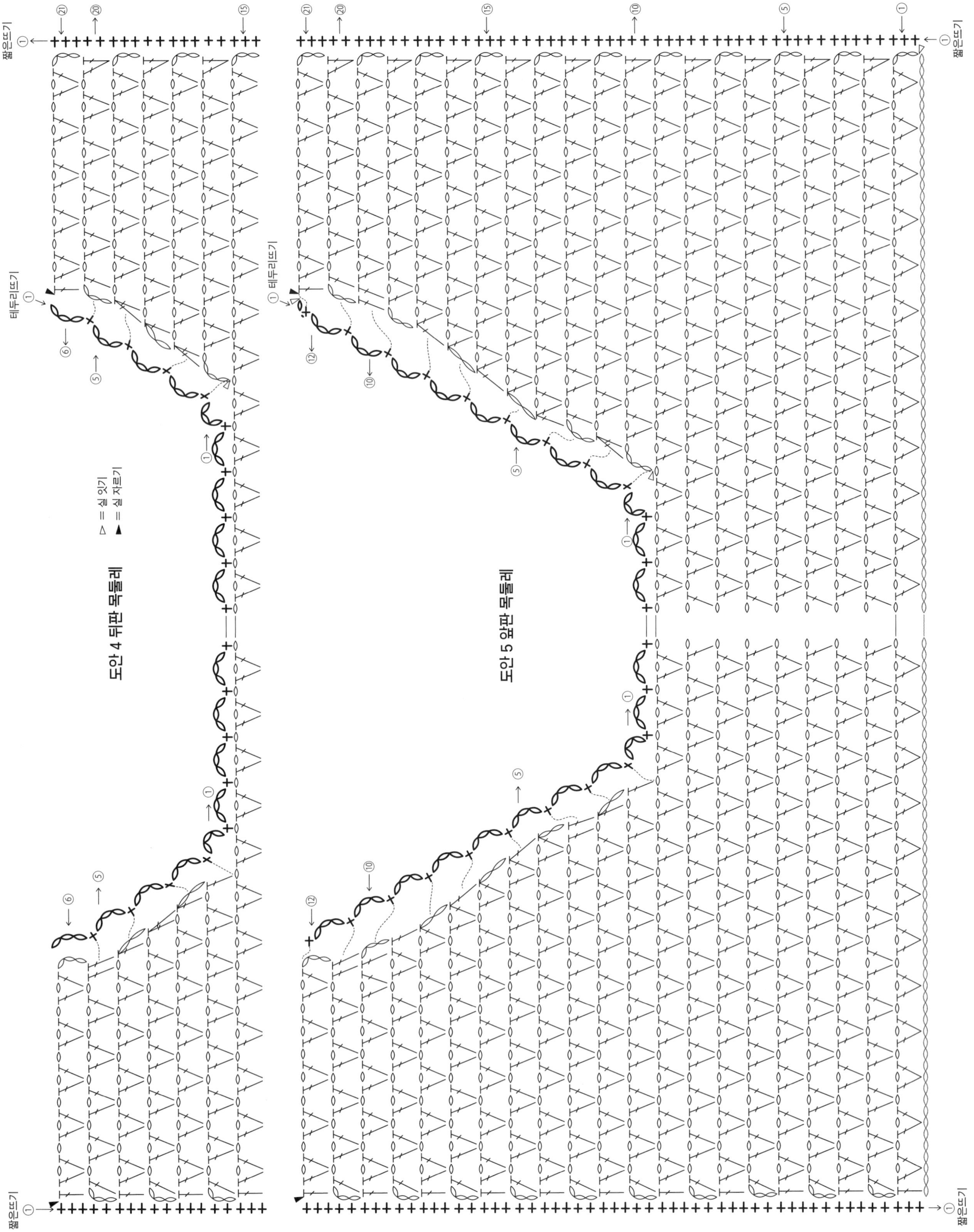

도안 4 뒤판 목둘레

도안 5 앞판 목둘레

△ = 실 잇기
▲ = 실 자르기

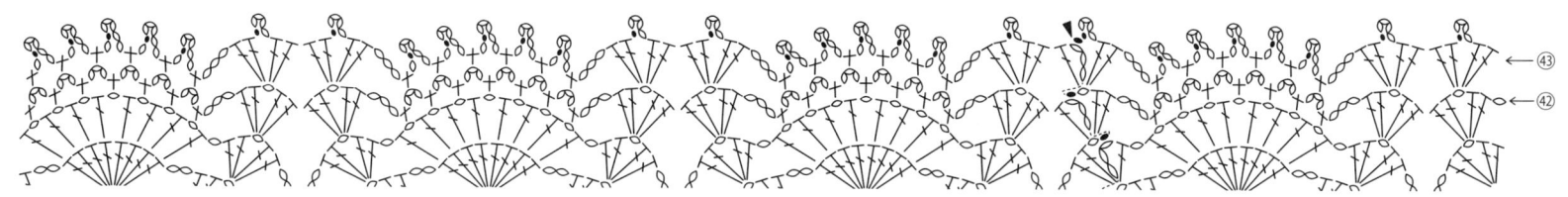

도안 3 밑단

▷ = 실 잇기
▶ = 실 자르기

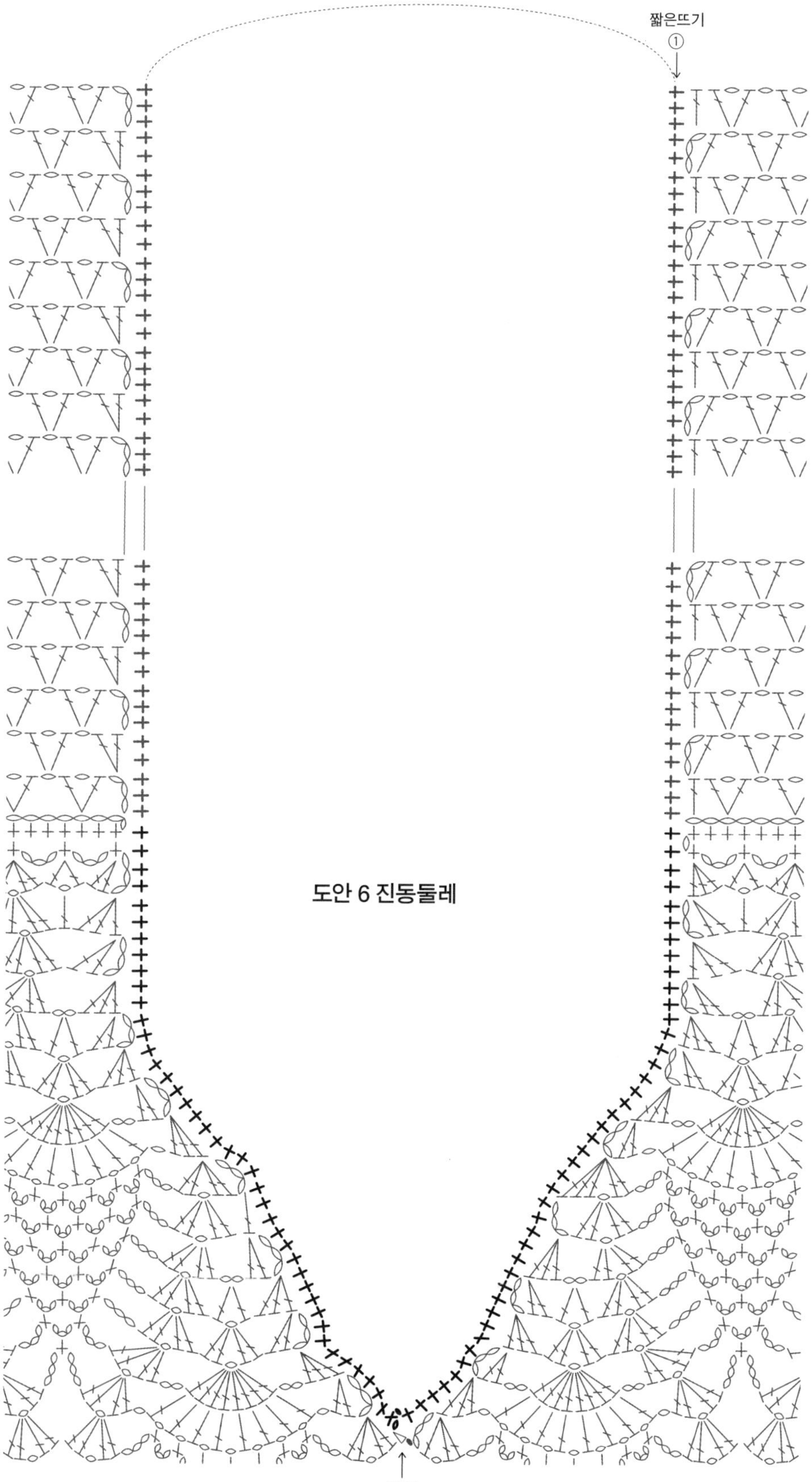

도안 6 진동둘레

짧은뜨기
옆선

Enjoy Keito
33 page 작품 ★★★

리·스펙트 코튼

재료
실…사레도 리·스펙트 코튼 무라후지(S51). 실 사용량은 도안의 표를 참고하세요.
단추…지름 15mm×1개

도구
대바늘 5호·3호, 코바늘 3/0호

완성 크기
XS…가슴둘레 90cm, 기장 33.5cm, 화장 28.5cm
S…가슴둘레 98cm, 기장 34.5cm, 화장 30.5cm
M…가슴둘레 104cm, 기장 35.5cm, 화장 32cm
L…가슴둘레 110cm, 기장 36.5cm, 화장 33.5cm
XL…가슴둘레 116cm, 기장 37.5cm, 화장 35.5cm

게이지 (10×10cm)
메리야스뜨기 23.5코×32단,
무늬뜨기 23.5코×31단

POINT
●몸판…손가락에 걸어서 만드는 기초코로 뜨개를 시작해서 메리야스뜨기, 무늬뜨기를 합니다. 옆선의 늘림코는 1코 안쪽에서 돌려뜨기 늘림코합니다. 앞판 밑단의 늘림코는 도안을 참고하세요. 목둘레 줄임코는 2코부터 덮어씌우기, 첫코는 가장자리 1코를 세워서 줄임코를 합니다.
●마무리…어깨는 덮어씌워 잇기, 옆선은 떠서 꿰매기합니다. 앞단·밑단, 목둘레, 소맷부리는 지정한 콧수만큼 주워서 1코 고무뜨기합니다. 뜨개 끝은 쉼코합니다. 오른쪽 목둘레는 단춧구멍을 냅니다. 뜨개 끝은 도안을 참고해서 테두리뜨기하면서 코막음합니다. 단추를 달아서 마무리합니다.

실 사용량

XS	115g 1콘
S	130g 1콘
M	140g 1콘
L	150g 1콘
XL	165g 1콘

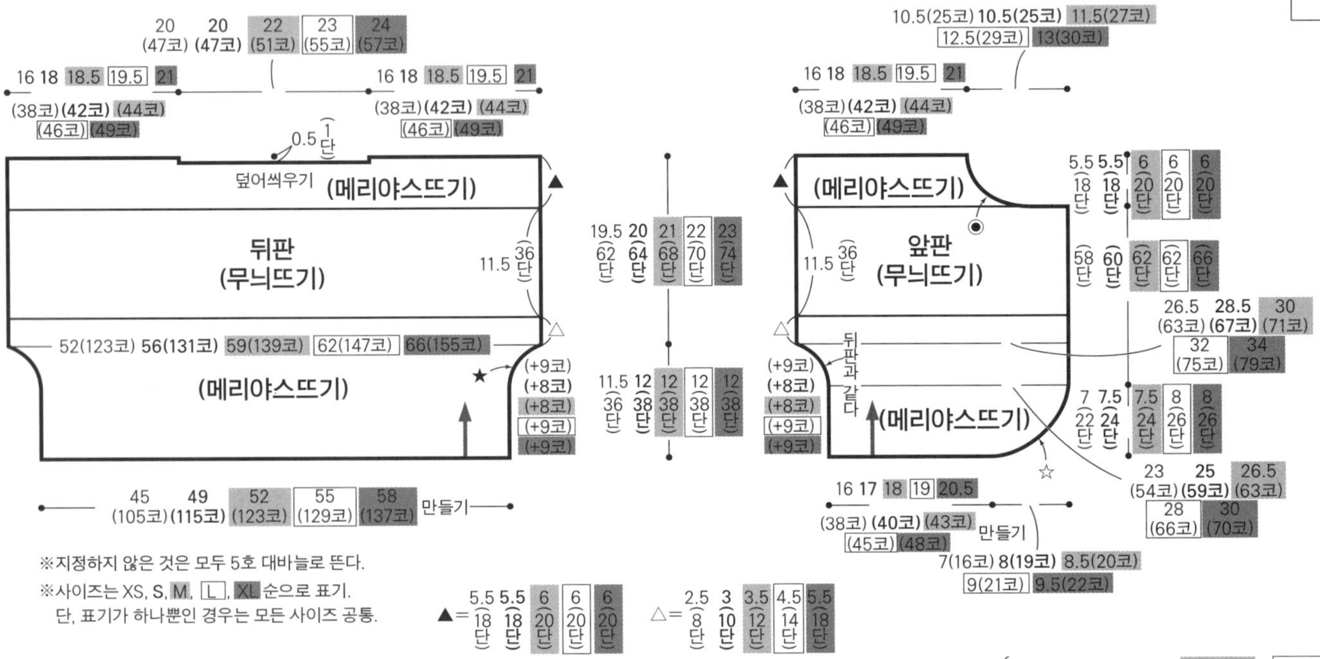

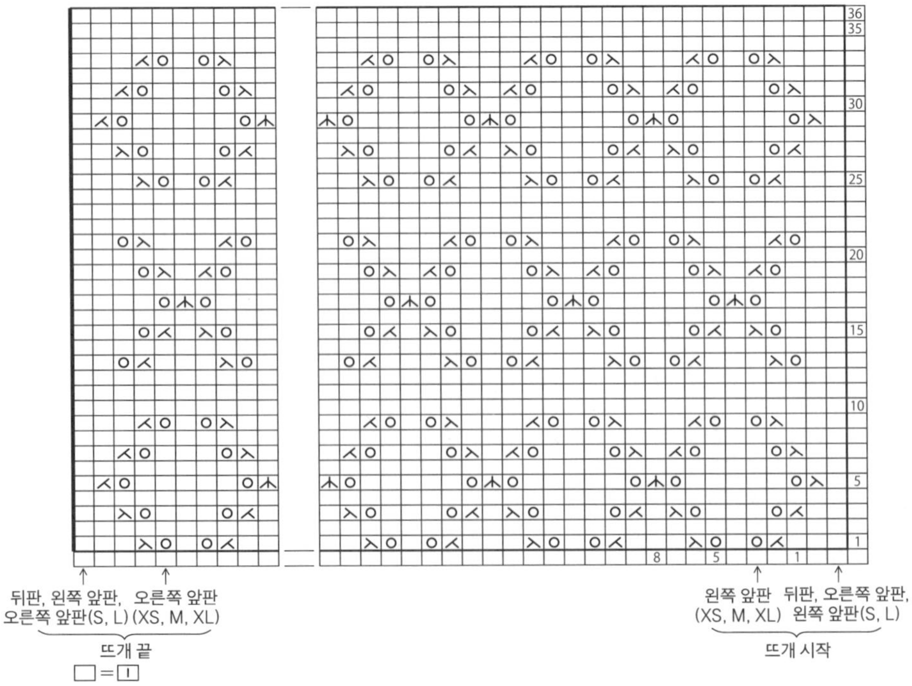

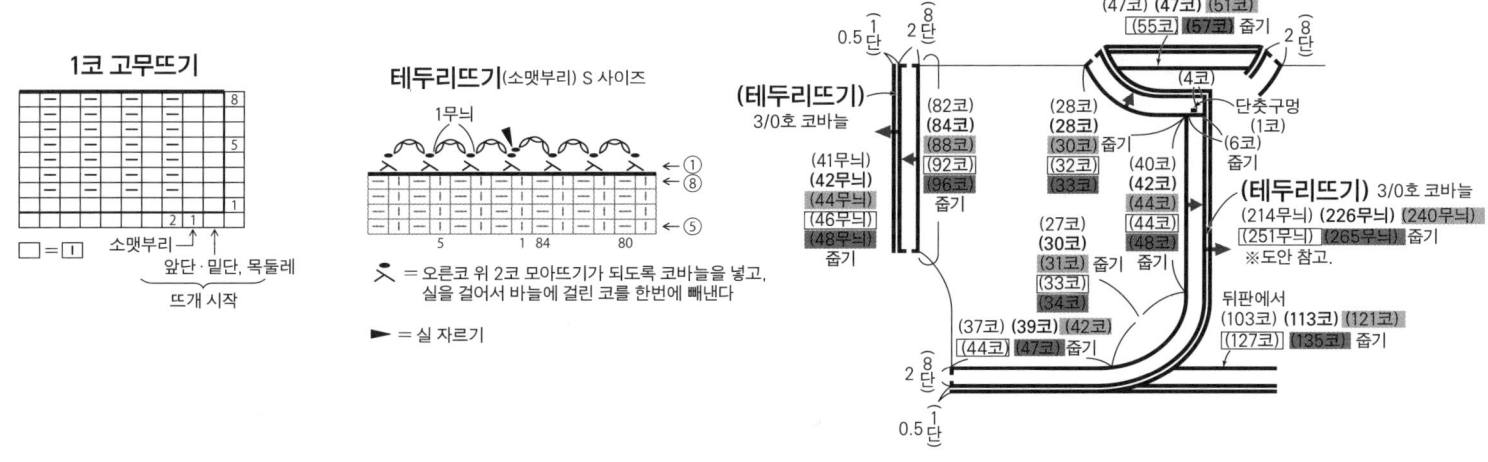

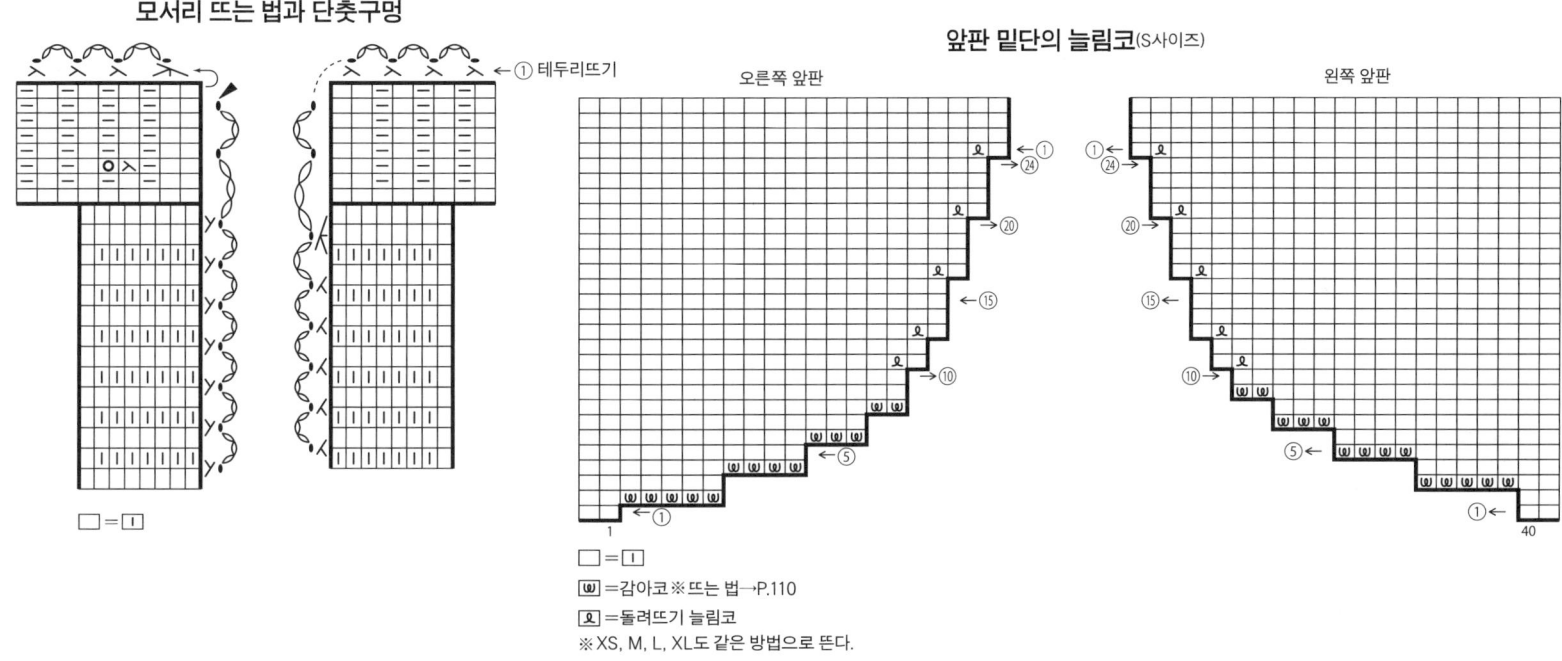

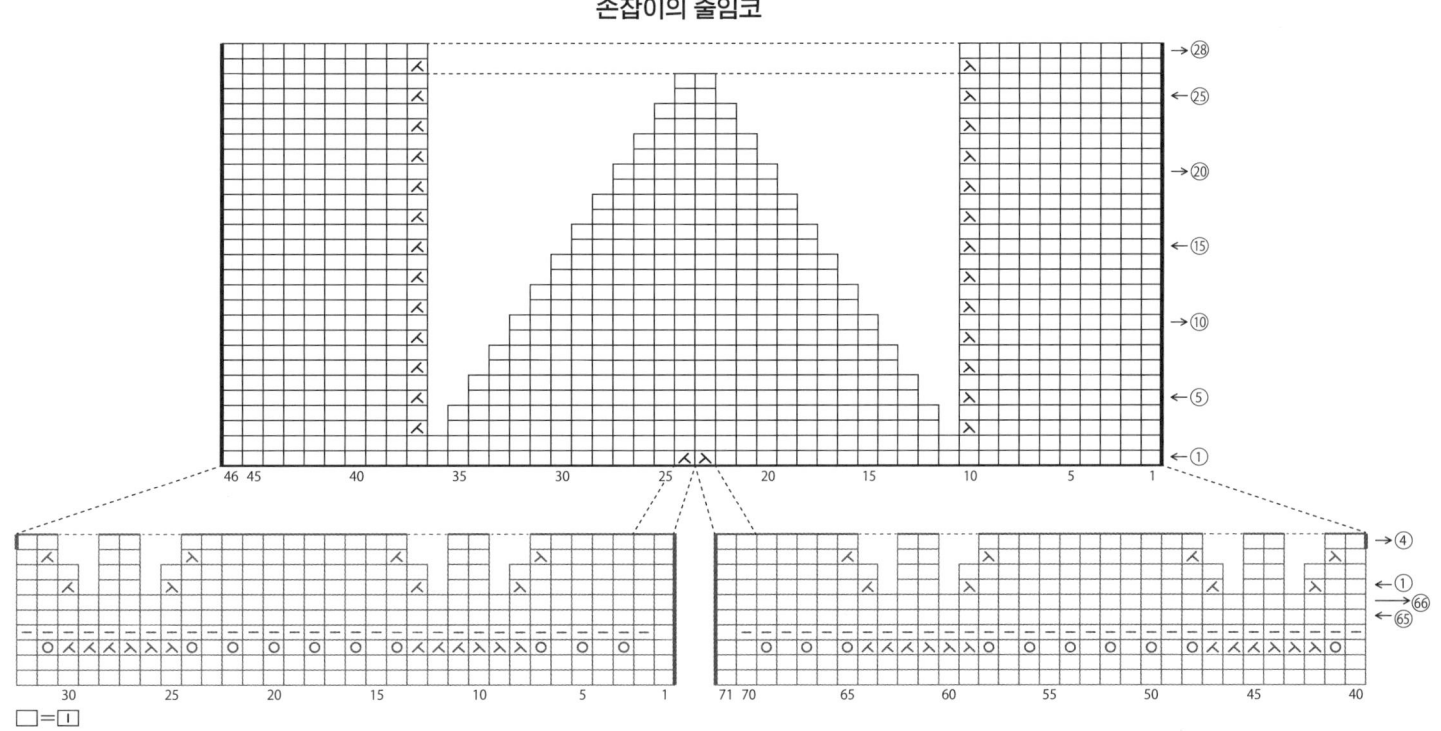

캐미솔+α
37 page ★★
아게이트

재료
[가방] 퍼피 아게이트 오렌지색·핑크·초록색 계열 그러데이션(304) 95g 2볼
[캐미솔] 퍼피 아게이트 오렌지색·핑크·초록색 계열 그러데이션(304) 140g 3볼

도구
[가방] 대바늘 7호, 코바늘 8/0호
[캐미솔] 대바늘 7호

완성 크기
[가방] 폭 34cm, 깊이 24cm
[캐미솔] 기장 53.5cm

게이지(10×10cm)
무늬뜨기 21코×29단,
메리야스뜨기 20.5코×29단(캐미솔)

POINT
●가방…스레드 코드로 지정 콧수만큼 만들고 코를 주워 무늬뜨기로 뜹니다. 분산 줄임코와 마지막 단의 덮어씌우기는 도안을 참고하세요. 반대쪽도 같은 방법으로 뜹니다. 이어서 손잡이는 지정 위치에서 코를 주워 메리야스뜨기와 가터뜨기로 뜹니다. 줄임코는 도안을 참고해 뜨개 끝은 쉼코를 합니다. 손잡이를 2장 떴으면 마지막 단끼리는 빼뜨기 잇기, 본체 옆선은 빼뜨기 꿰매기를 합니다.
●캐미솔…뒤판·앞판 '아래'는 손가락에 실을 걸어서 기초코를 만들어 뜨기 시작해 1코 고무뜨기, 무늬뜨기로 뜹니다. 분산 줄임코는 도안을 참고하세요. 이어서 앞판 '위'는 1코 고무뜨기, 메리야스뜨기로 뜹니다. 양쪽 옆선의 덮어씌우기는 무늬를 이어서 뜨면서 덮어씌워 코막음, 1코의 줄임코는 가장자리 5코를 세우는 줄임코를 합니다. 마지막 단은 목둘레 트임의 코를 덮어씌워 코막음하면서 뜹니다.
어깨끈과 허리끈은 지정 위치에서 코를 주워 각각 2줄씩 아이코드로 뜹니다. 어깨끈은 마무리하는 법을 참고해 안면에 꿰매 답니다.

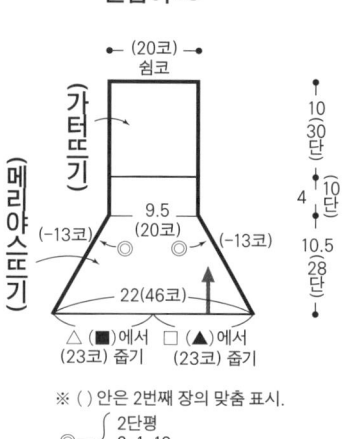

가방

손잡이 2장

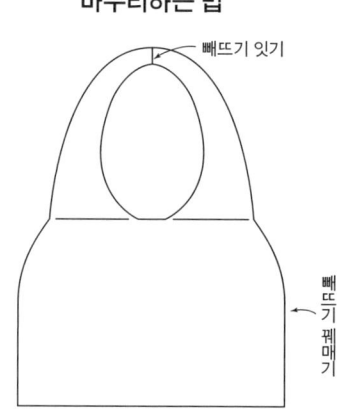

마무리하는 법

가터뜨기

※ 스레드 코드는 8/0호 코바늘로 뜬다.
※ 지정하지 않은 것은 7호 대바늘로 뜬다.
※ 스레드 코드 뜨는 법→P.139, 코 줍는 법→P.140

무늬뜨기 (가방)

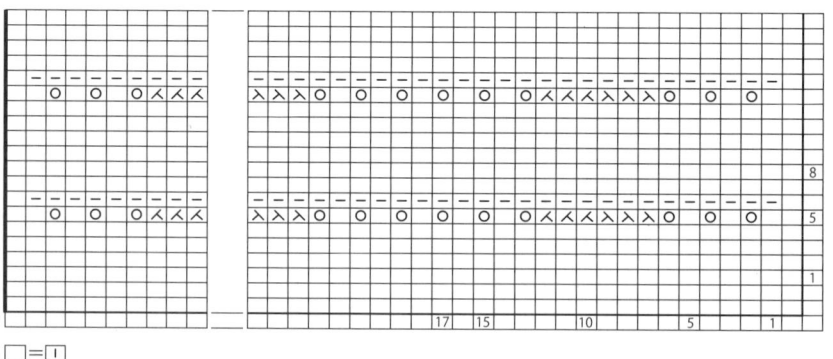

본체의 분산 줄임코

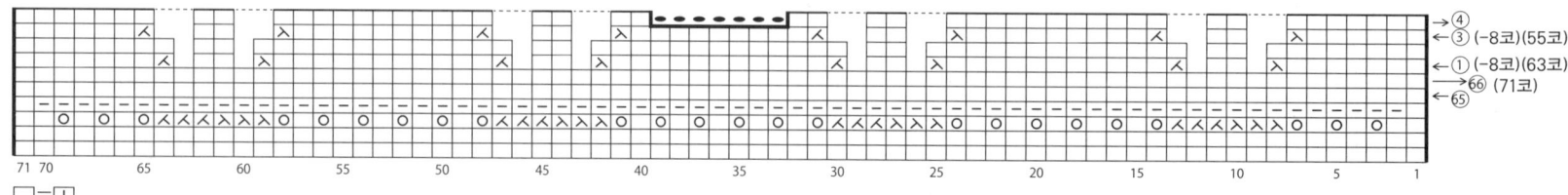

◀ 131페이지로 이어집니다.

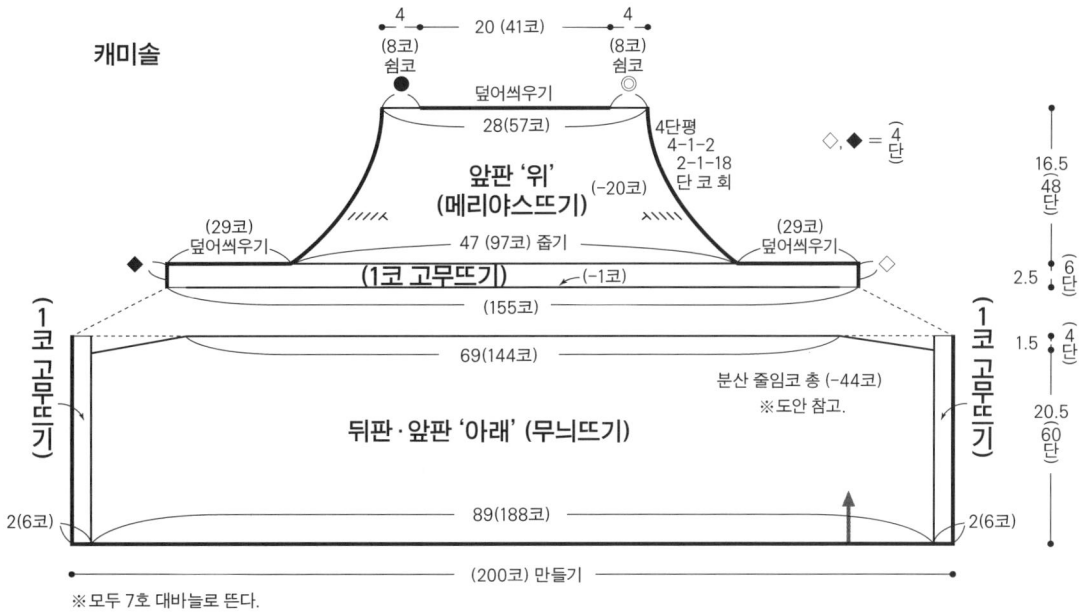
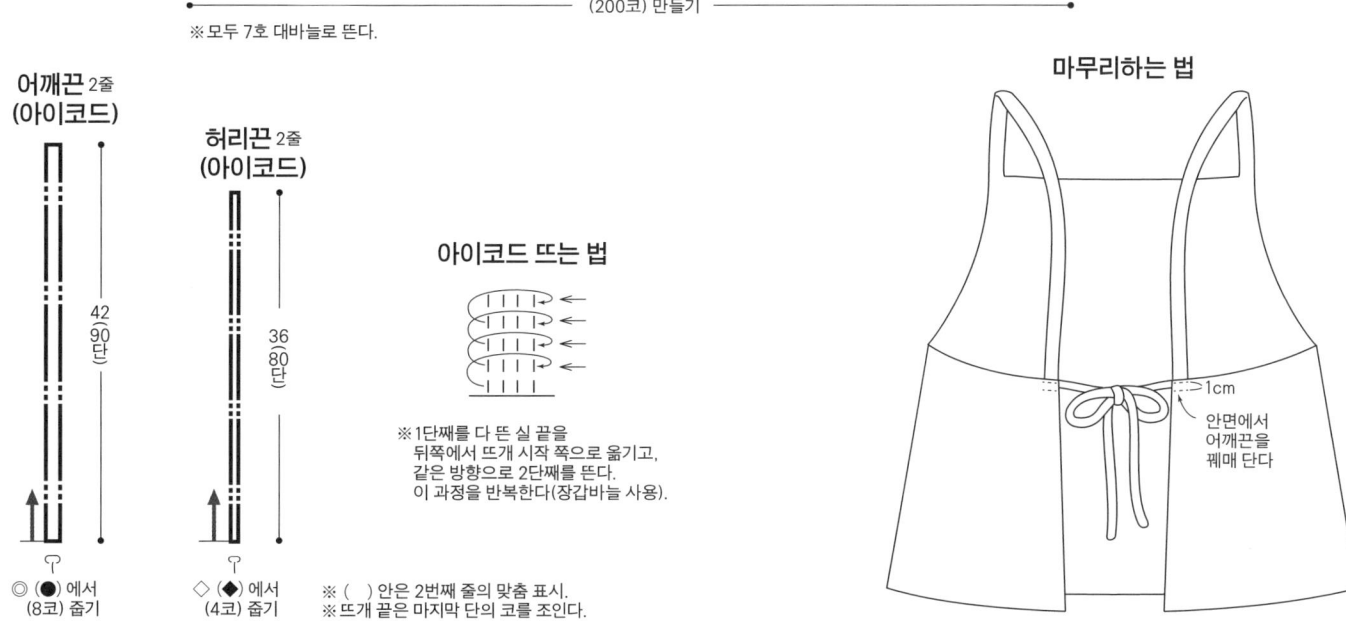
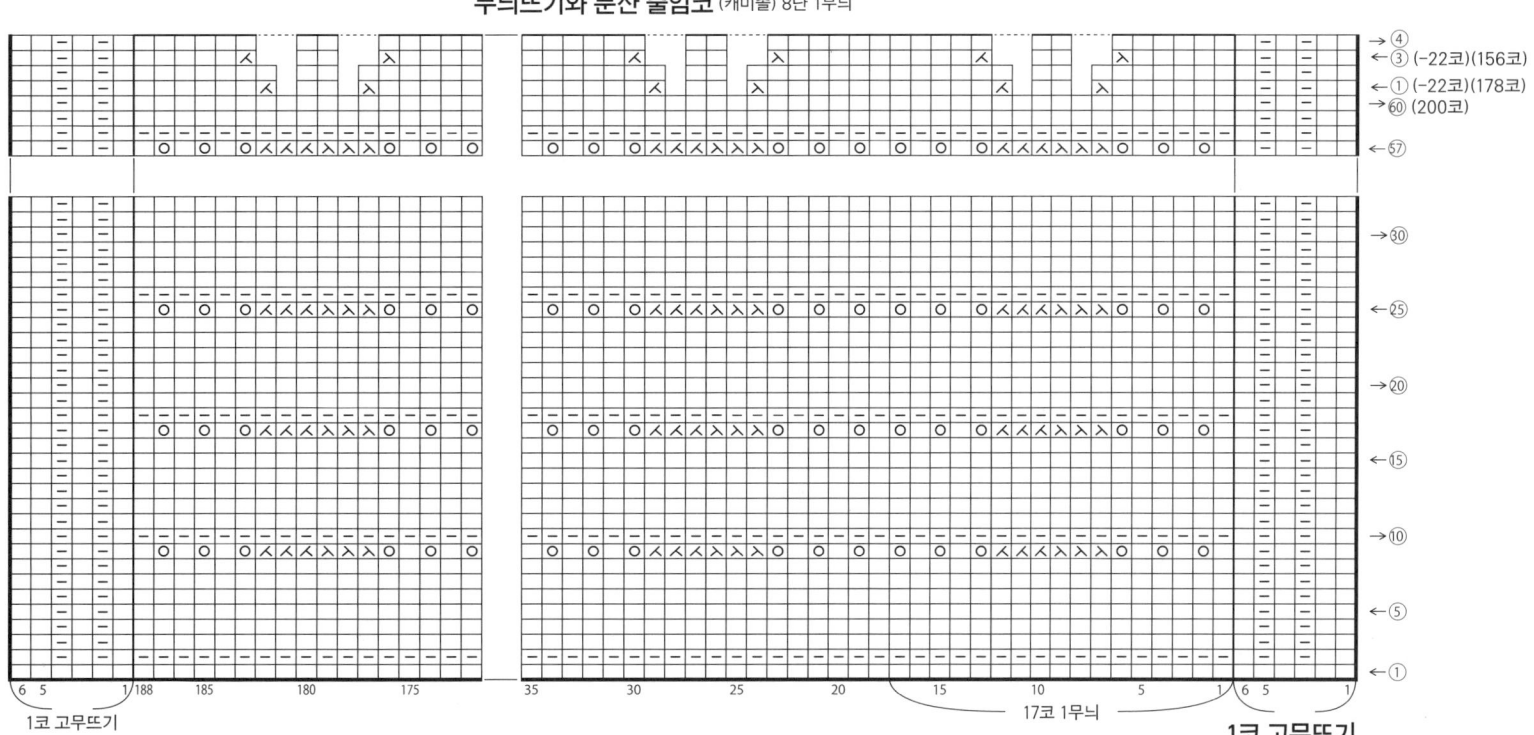

이벤트용 니트
34 page ★★★

DMC 25번 실

재료
DMC DMC 25번 실. 실의 색이름·색번호·사용량·부자재는 도안의 표를 참고하세요.

도구
레이스바늘 0호

완성 크기
도안 참고

POINT
● 도안을 참고해 각 파트를 뜹니다. 마무리하는 법을 참고해 완성합니다.

장화
※ 모두 레이스바늘 0호, 자수실은 6가닥으로 뜬다.

실 사용량과 부자재

	색상명(색번호)	사용량	부자재
장화	노란색(742)	3묶음	
	하얀색(3865)	0.5묶음	
우산	핑크(3687)	2묶음	플라워 와이어 #20(하얀색) 36cm×1개 지름 5mm의 펄 비즈 1개 스프레이 풀 적당히
	하얀색(3865)	1묶음	
	베이지(842)	0.5묶음	
	그레이(648)	0.5묶음	

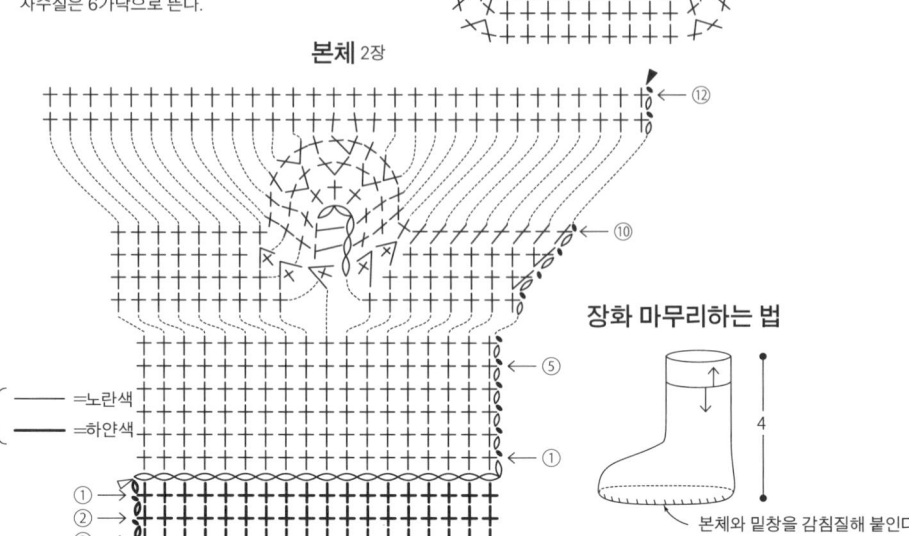

밑창 노란색 2장

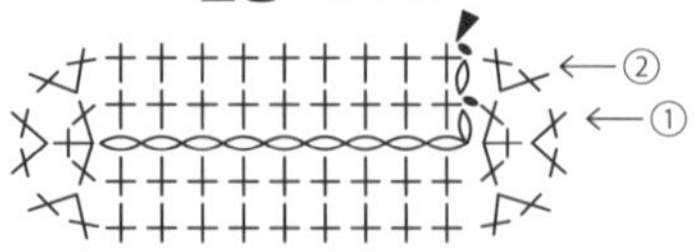

본체 2장

장화 마무리하는 법
본체와 밑창을 감침질해 붙인다

배색 ─=노란색 ━=하얀색

우산
※ 모두 레이스바늘 0호로 뜬다.
※ 자수실은 지정하지 않은 것은 6가닥으로 뜬다.

▷ = 실 잇기
▶ = 실 자르기

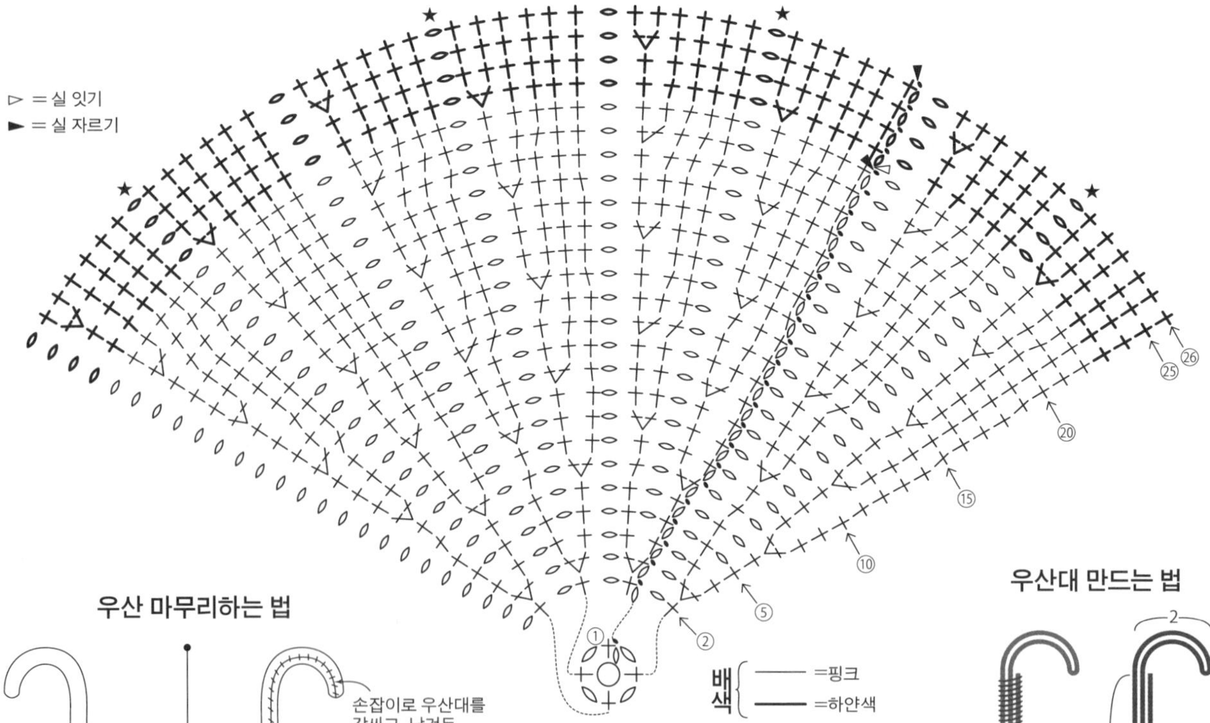

본체

본체의 늘림코

단수	콧수	
26단	56코	
25단	56코	(+4코)
24단	52코	
23단	52코	(+4코)
22단	48코	
21단	48코	(+4코)
20단	44코	
19단	44코	(+4코)
18단	40코	
17단	40코	(+4코)
16단	36코	
15단	36코	(+4코)
14단	32코	
13단	32코	(+4코)
12단	28코	
11단	28코	(+4코)
10단	24코	
9단	24코	(+4코)
8단	20코	
7단	20코	(+4코)
6단	16코	
5단	16코	(+4코)
4단	12코	
3단	12코	(+4코)
1·2단	8코	

배색 ─=핑크 ━=하얀색
※ 뜨개 시작의 고리는 공간을 비워둔다.

우산 마무리하는 법
펄 비즈를 꿰매서 고정한다
끈을 꿰매 단다
모양을 잡고 스프레이 풀로 굳힌다
손잡이로 우산대를 감싸고, 남겨둔 실로 휘감아 잇기
★ 위치가 산 모양이 되도록 사슬코 부분에서 접어주고, 본체를 꿰매서 고정한다
우산대 끝으로 우산대를 감싸고, 기초코와 3단의 머리를 남겨둔 실로 휘감아 잇기

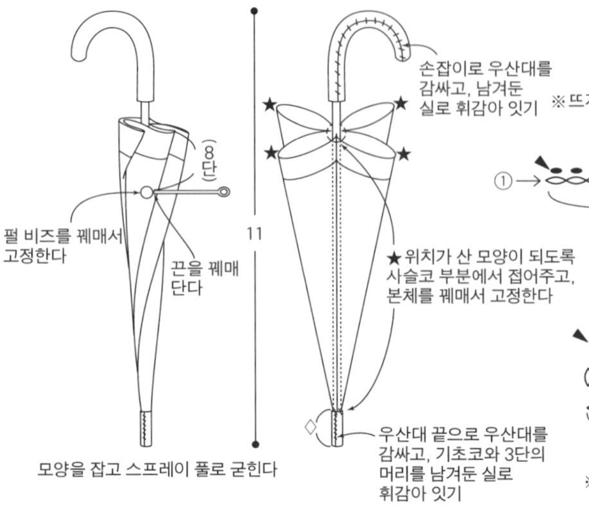

끈 핑크 1개
5(사슬 20코) 만들기

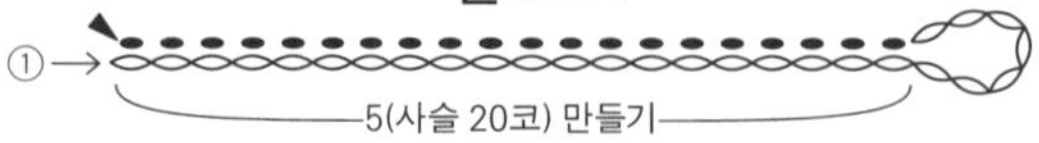

손잡이 베이지 1장 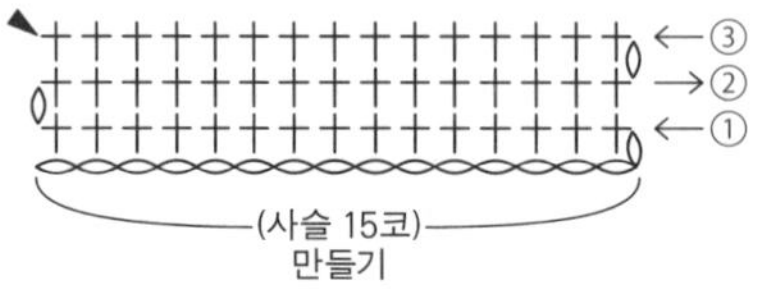
(사슬 15코) 만들기
※ 실 끝은 길게 남겨둔다

우산대 만드는 법
와이어 #20 만들기

우산대 끝 베이지 1장
(사슬 3코) 만들기
※ 실 끝은 길게 남겨둔다

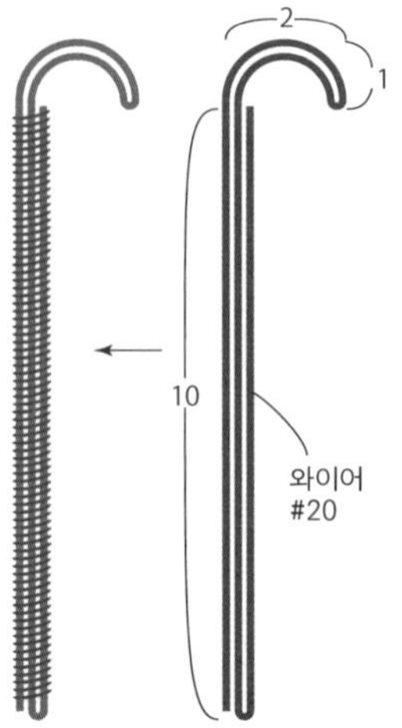

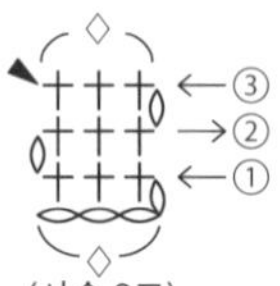

❶ 도안을 참고해 와이어 #20을 구부린다.
❷ 와이어에 본드를 바르면서 그레이 실(2가닥)을 감는다.

달팽이

※ 모두 레이스바늘 0호로 뜬다.
※ 자수실은 지정하지 않은 것은 6가닥으로 뜬다.

껍데기 '위'
연갈색 2장

껍데기 '아래'
연갈색 2장

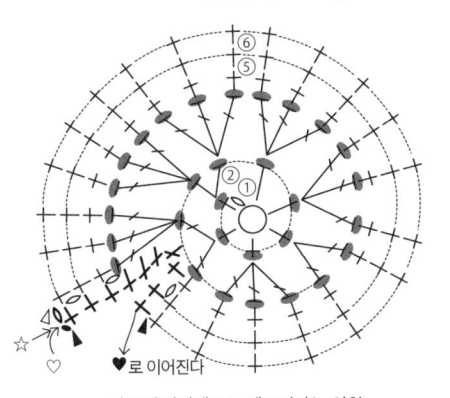

● = 나중에 암갈색으로 빼뜨기하는 위치

※ 1단의 첫 2코를 제외하고는 사슬을 다발로 주워서 뜬다.

실 사용량과 부자재

색상명(색번호)		사용량	부자재
달팽이 (2마리 분량)	연갈색(436)	2묶음	시드 비즈(소)(갈색) 4개 플라워 와이어 #30(하얀색) 36cm×1개 수예 솜 적당히
	에크뤼(712)	1묶음	
	암갈색(433)	0.5묶음	
수국	초록색(904)	3묶음	시드 비즈(대)(보라색) 32개 플라워 와이어 #30(초록색) 36cm×35개
	청자색(3838)	3묶음	
	보라색(3746)	3묶음	
	파란색(798)	2묶음	
	황록색(989)	1묶음	

껍데기 마무리하는 법

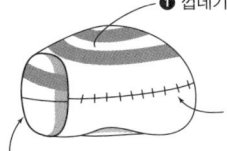

❶ 껍데기 '위'에 암갈색으로 빼뜨기한다.
❷ 껍데기 '위'와 껍데기 '아래'를 겹쳐서 휘감아 잇기한다.
❸ 짧은뜨기를 1단 뜬다(☆).

더듬이 만드는 법 (4개)

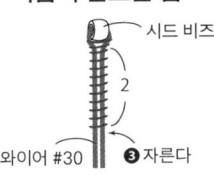

시드 비즈(소)
와이어 #30
❸ 자른다

❶ 와이어에 시드 비즈를 끼우고 와이어를 반으로 접는다.
❷ 와이어에 본드를 바르면서 에크뤼 실(2가닥)을 감는다.

몸통
에크뤼 2장

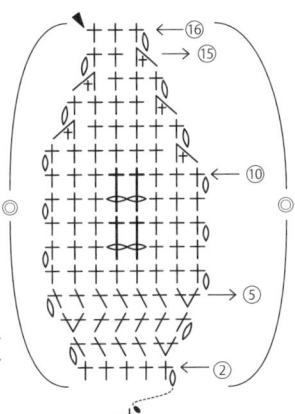

머리 쪽

✝ = 앞단의 사슬코를 감싸면서 앞앞단의 짧은뜨기에 뜬다

달팽이 마무리하는 법

몸통에 솜을 조금 넣고 감친다

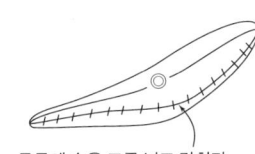

더듬이를 꽂는다
껍데기에 몸통을 끼운다

틈새로 솜을 채우고 모양을 다듬는다

2.5
5

수국

※ 모두 레이스바늘 0호로 뜬다.
※ 자수실은 지정하지 않은 것은 6가닥으로 뜬다.

꽃받침
청자색·보라색: 각 12장, 파란색: 8장

2

꽃받침 마무리하는 법

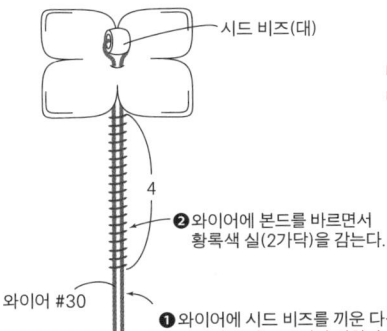

시드 비즈(대)

4

와이어 #30

❷ 와이어에 본드를 바르면서 황록색 실(2가닥)을 감는다.

❶ 와이어에 시드 비즈를 끼운 다음, 와이어를 반으로 접어 겹쳐서 꽃받침에 통과시킨다.

▷ = 실 잇기
► = 실 자르기

이파리 초록색 3장

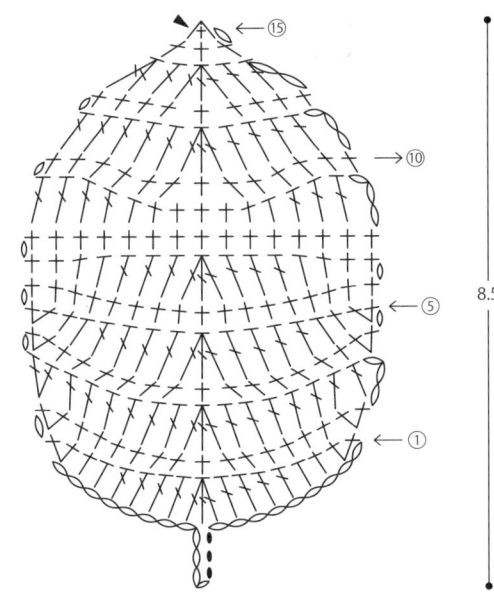

⤴ = 짧은 3코 모아뜨기(가운데 코 건너뛰기)

이파리 마무리하는 법

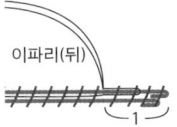

이파리를 앞면끼리 맞대어 접고, 그림처럼 반으로 접은 와이어를 이파리 뒷면에 초록색 실로 감침질해 붙인다

줄기에 달지 않은 단독 이파리는 와이어를 자른 다음, 끝을 접고 본드를 바르면서 초록색 실을 감는다

수국 마무리하는 법

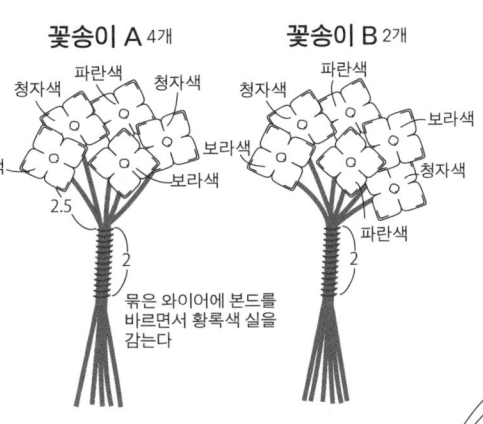

꽃송이 A 4개
꽃송이 B 2개

묶은 와이어에 본드를 바르면서 황록색 실을 감는다

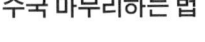

8
5
18 이파리
1.5
3
이파리
0.5

❷ 와이어를 밖으로 0.5cm 꺾어 접고 다시 실을 감아 정리한다.

❶ 꽃송이 A·B와 이파리를 균형감 있게 배치하고, 묶은 와이어에 본드를 바르면서 끝까지 황록색 실을 감는다.

캐미솔+α
36 page ★★★

퍼피 리넨 100

재료
[캐미솔] 퍼피 퍼피 리넨 100 베이지(902) 140g 4볼, 지름 15mm의 단추 2개
[랩오버 스커트] 퍼피 퍼피 리넨 100 베이지(902) 170g 5볼

도구
코바늘 4/0호·3/0호

완성 크기
[캐미솔] 가슴둘레 88cm, 기장 34cm(스트랩 길이 미포함)
[랩오버 스커트] 스커트 길이 59.5cm

게이지
무늬뜨기 A·A' 1무늬=12cm, 11단=10cm.
무늬뜨기 D(10×10cm) 27.5코×15.5단

POINT
●캐미솔…뒤판·앞판 '아래'는 사슬뜨기로 기초코를 만들어 뜨기 시작해 무늬뜨기 A·B로 뜨는데, 옆선의 무늬는 불규칙하므로 주의하세요. 뜨개 시작과 뜨개 끝을 빼뜨기 잇기를 합니다. 뒤판 '위'·앞판 '위'는 뒤판·앞판 '아래'에서 코를 주워 무늬뜨기 C·D로 뜹니다. 줄임코는 도안을 참고하세요. 옆선은 사슬뜨기와 빼뜨기로 꿰매기를 합니다. 테두리 둘레는 짧은뜨기로 앞뒤 몸판을 이어서 원형뜨기 합니다. 스트랩을 뜨고 지정 위치에 휘감아 잇기로 답니다. 단추를 달아 마무리합니다.
●랩오버 스커트…사슬뜨기로 기초코를 만들어 뜨기 시작해 무늬뜨기 A로 뜨는데, 뜨개 시작의 4단은 불규칙하므로 주의하세요. 이어서 테두리뜨기 A를 뜹니다. 벨트는 기초코의 사슬에서 코를 주워 테두리뜨기 B로 뜹니다. 끈을 스레드 코드로 4개 뜨고, 지정 위치에 꿰매 답니다.

캐미솔

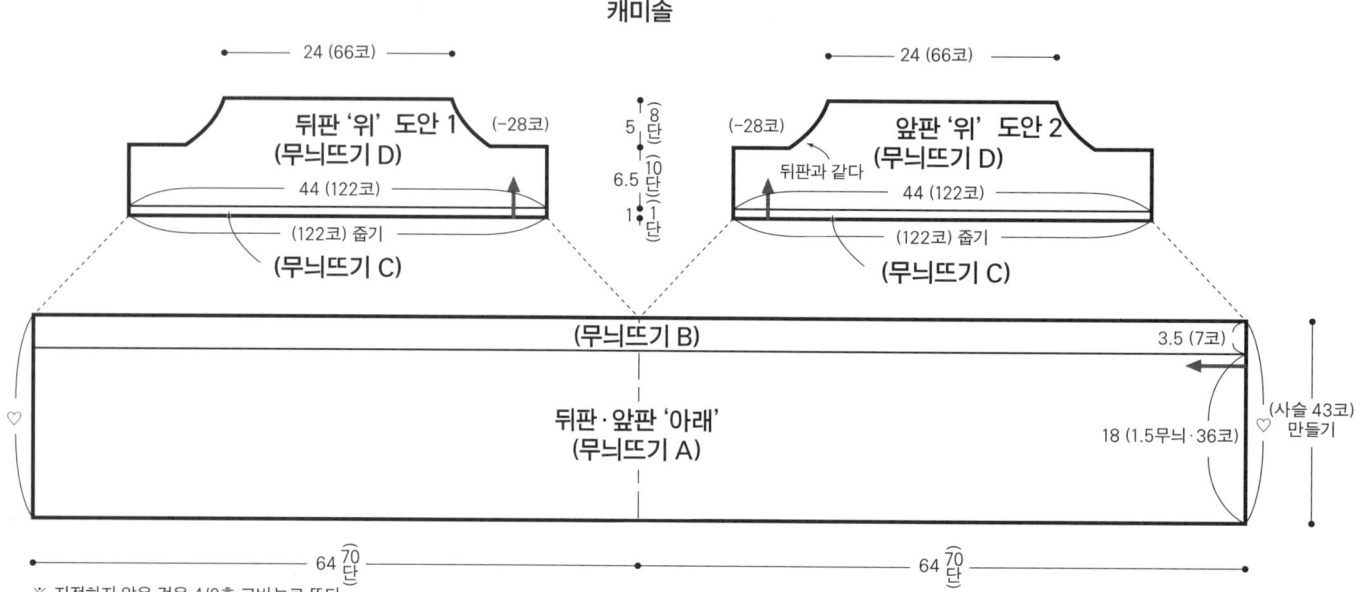

※ 지정하지 않은 것은 4/0호 코바늘로 뜬다.
※ ♡ 끼리는 빼뜨기 잇기한다.
※ 뒤판 '위'와 앞판 '위'의 옆선은 사슬뜨기와 빼뜨기로 꿰매기한다.

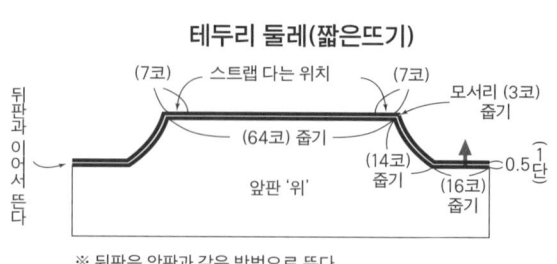

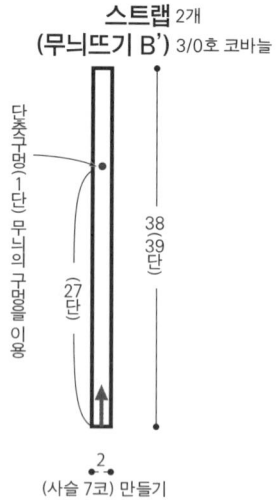

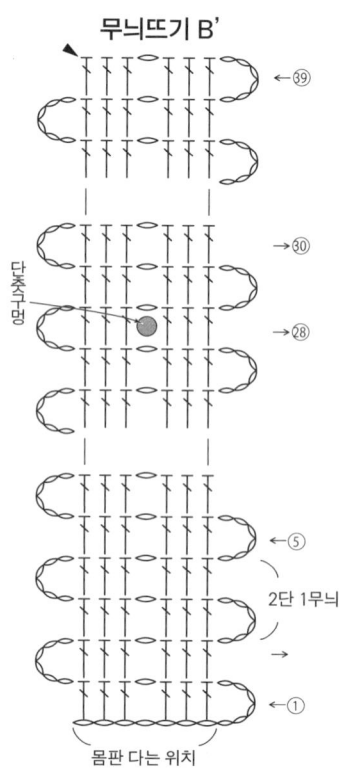

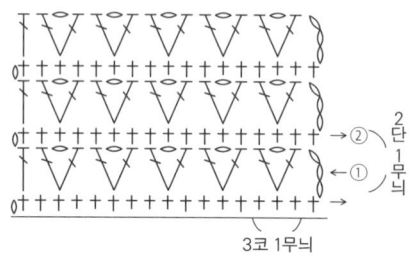

▶ 137페이지에서 이어집니다.

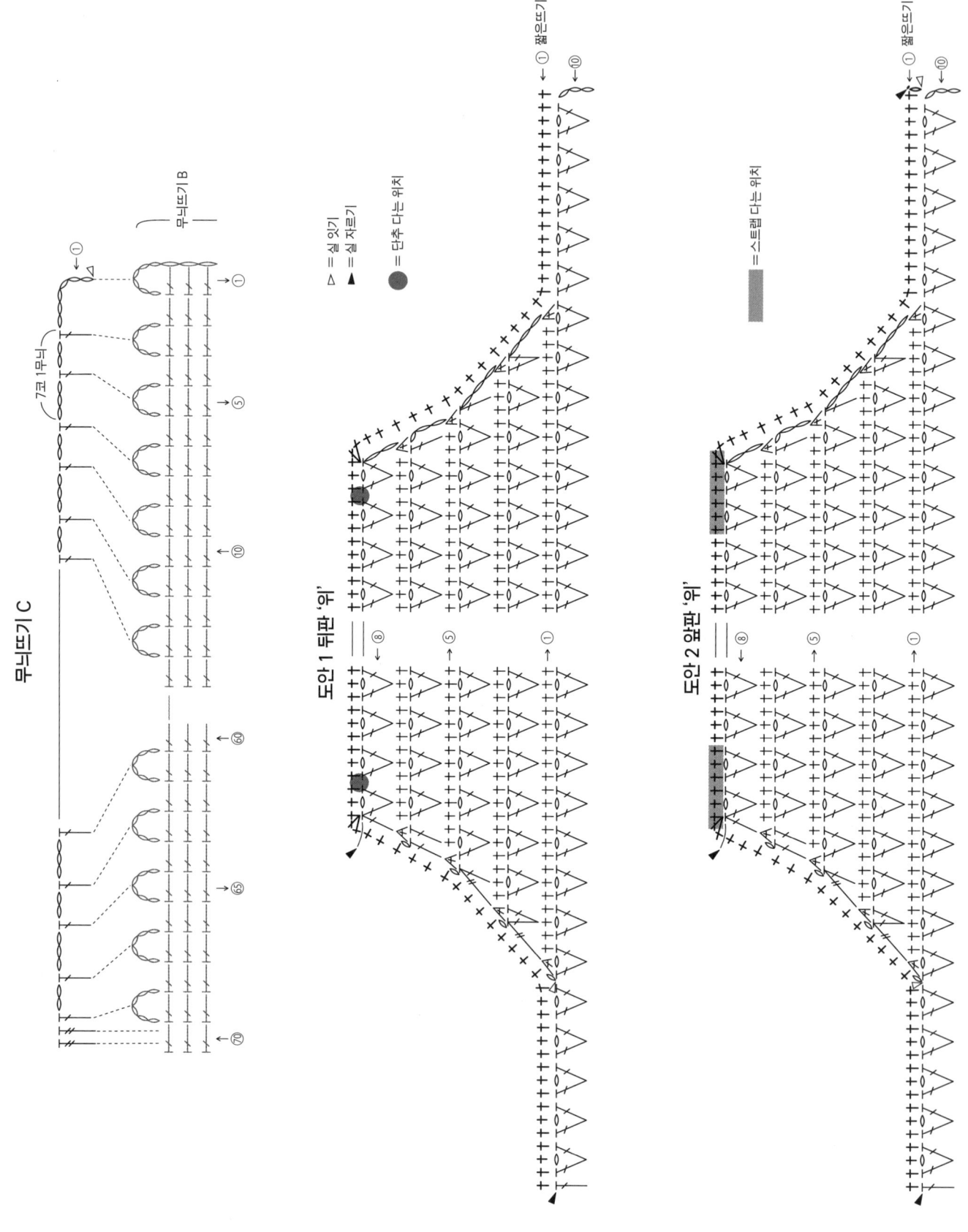

138

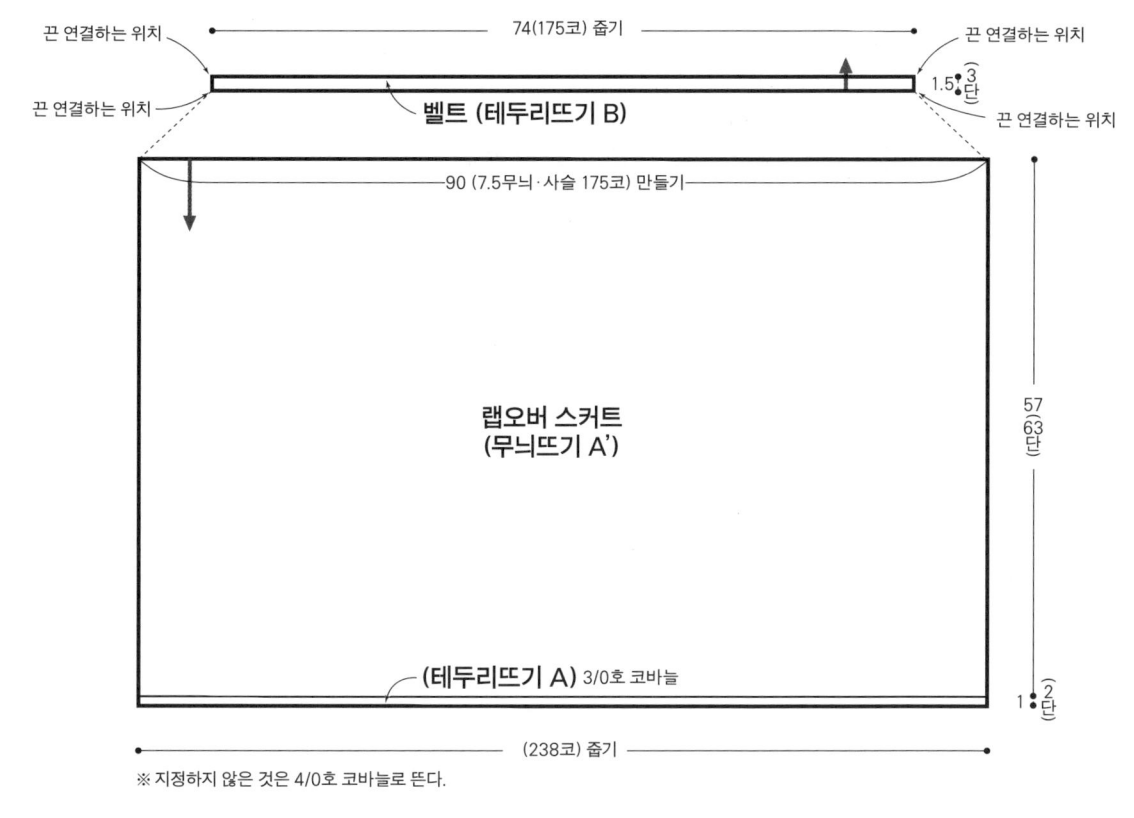

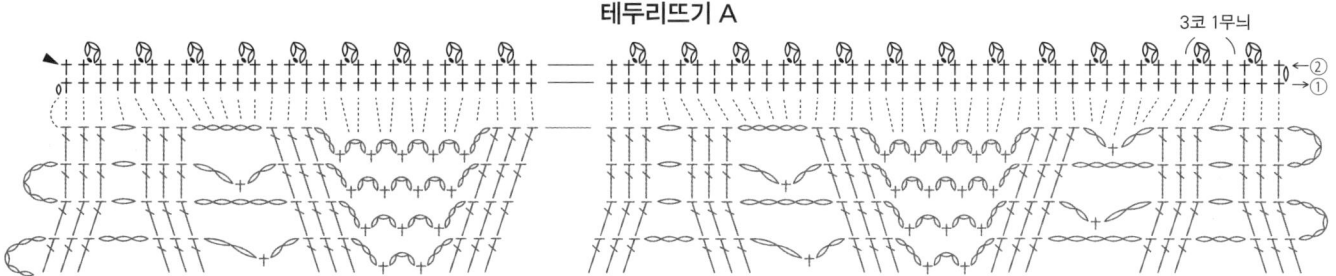

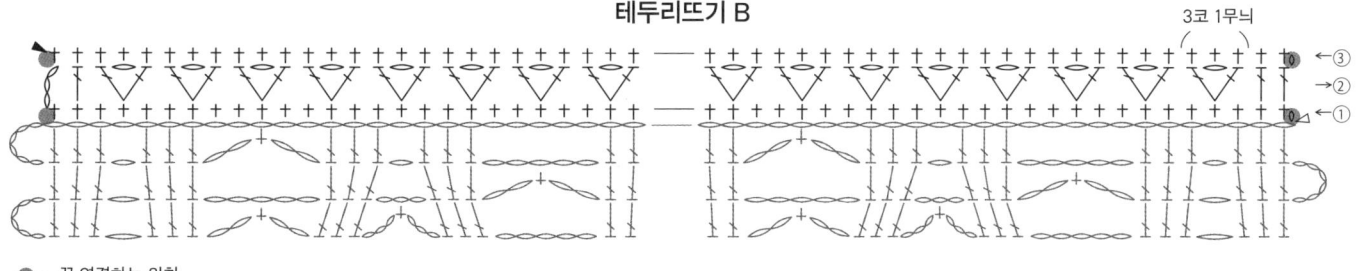

끈 4개
(스레드 코드)

65(218코)

스레드 코드

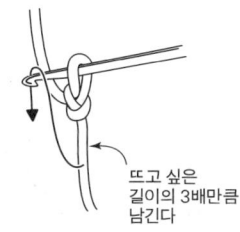

1 뜨고 싶은 길이의 3배만큼 꼬리 실을 남기고 1코를 만든다. 꼬리 실을 코바늘에 앞에서 뒤로 건다.

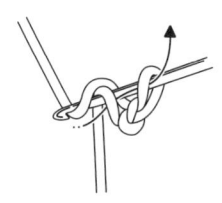

2 실을 걸어 코바늘에 걸린 실 2가 닥을 한꺼번에 통과한다.

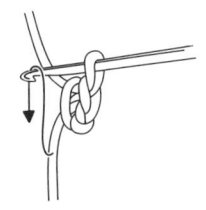

3 꼬리실을 코바늘에 앞에서 뒤로 건다.

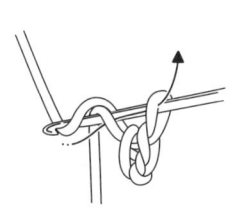

4 바늘에 걸린 실 2가닥을 한꺼번 에 통과한다.

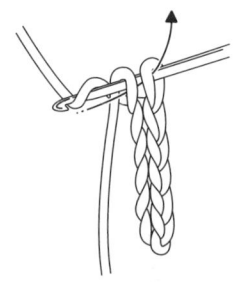

5 3~4를 반복한다. 마지막은 빼뜨 기한다.

140페이지로 이어집니다. ▶

▶ 139페이지에서 이어집니다.

무늬뜨기 A'

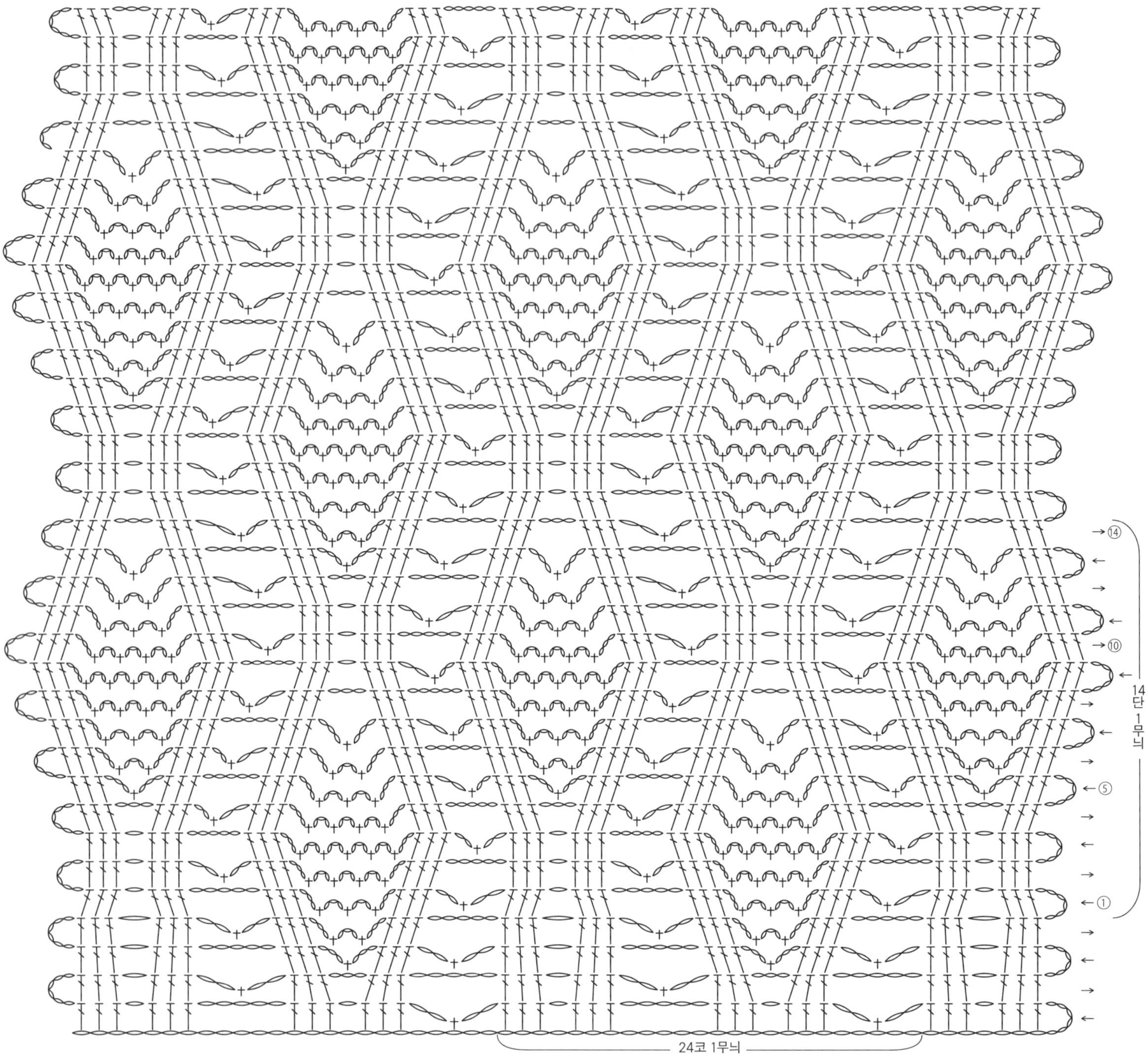

24코 1무늬
14단 1무늬

스레드 코드에서 코 줍기

1 지정 콧수만큼 스레드 코드를 뜨고, 가장자리 코에 바늘을 넣어 실을 빼낸다.

2 2번째 코 이후도 'ᄉ'자 모양 2가닥에 바늘을 넣고 실을 빼낸다.

3 한쪽을 다 뜨면 반대쪽 코에 화살표처럼 바늘을 넣어 코를 주워 간다.

4 중간까지 주운 모습. 양쪽 모두 2가닥씩 주워서 뜬다.

하야시 고토미의 Happy Knitting
63 page ★★★

퍼피 뉴 4PLY

떠서 만드는 기초코

※ 일본어 사이트

재료
퍼피 퍼피 뉴 4PLY, TOHO 큰 구멍 비즈, 색과 비즈의 색이름, 품번, 사용량은 도안의 표를 참고하세요.

도구
대바늘 0호

완성 크기
[A] 손목 둘레 15cm, 길이 13.5cm
[B, C] 손목 둘레 15cm, 길이 10cm

게이지(10×10cm)
무늬뜨기 36코×72단

POINT
● 63페이지를 참고해서 뜹니다. 미리 지정된 순서로 비즈를 실에 통과시켜둡니다. 떠서 만드는 기초코를 만들어 뜨기 시작하고, 비즈를 넣으면서 무늬뜨기로 뜹니다. 뜨개 끝은 쉼코를 하고, 편물을 안면이 겉으로 보도록 겹쳐서 기초코와 빼뜨기로 잇습니다. A는 지정 위치에서 코를 줍고, 1코 고무뜨기로 원형뜨기합니다. 뜨개 끝은 무늬를 이어 뜨면서 덮어씌워 코막음합니다.

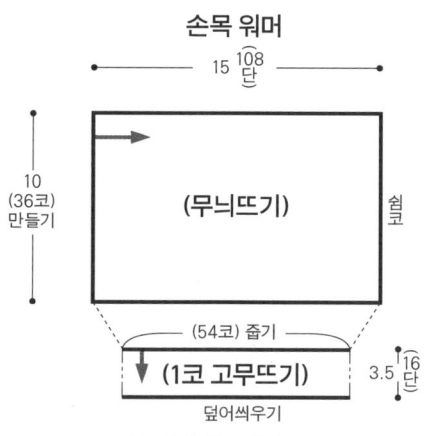

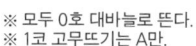

실과 비즈의 사용량(1컬레 분량)

	퍼피 4PLY	TOHO 큰 구멍 비즈	
A	빨간색(459) 40g 1볼	에크뤼(122) 720개	그레이(113) 54개
B	남색(421) 30g 1볼	에크뤼(122) 720개	빨간색(45) 54개
C	에크뤼(403) 30g 1볼	그레이(113) 522개	빨간색(45) 486개

무늬뜨기(A, B)

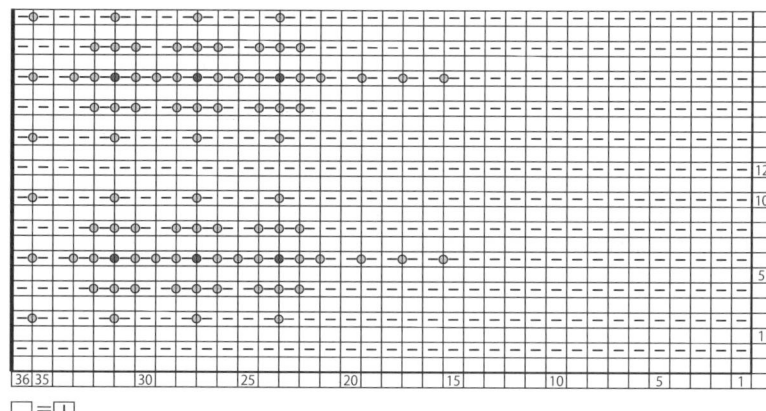

비즈의 배색

	A	B
○ · □	에크뤼	에크뤼
● · ■	그레이	빨간색

비즈 통과시키는 법(A, B)

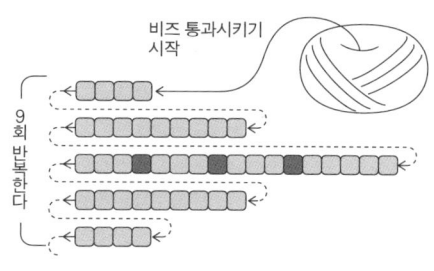

무늬뜨기(C)

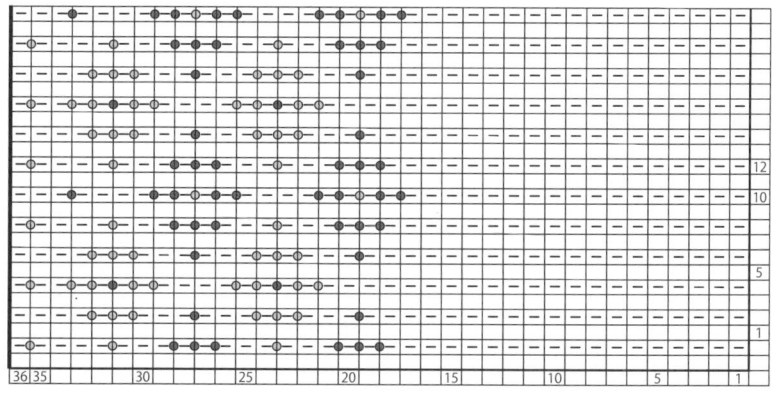

비즈의 배색

| ○ · □ | 그레이 |
| ● · ■ | 빨간색 |

비즈 통과시키는 법(C)

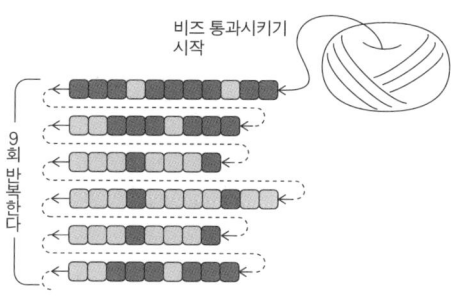

캐미솔+α
39 page ★★

다이아 오랑주

걸러뜨기
(1단일 때)

※ 일본어 사이트

재료
다이아몬드케이토 다이아 오랑주 그레이·잿빛 파랑 계열 그러데이션(5101)
[마거릿] 280g 10볼
[캐미솔] 155g 6볼

도구
대바늘 5호·3호·2호

완성 크기
[마거릿] 기장 58cm, 화장 57.5cm
[캐미솔] 가슴둘레 88cm, 기장 51.5cm

게이지(10×10㎝)
메리야스뜨기 26코×32단, 무늬뜨기 B 26코×38단

POINT
●마거릿…별도 사슬로 기초코를 만들어 뜨기 시작해 메리야스뜨기, 무늬뜨기 A·B로 뜹니다. 뜨개 끝은 쉼코를 합니다. 맞춤 표시끼리는 떠서 꿰매기 합니다. 소맷부리는 기초코의 사슬을 푼 코와 쉼코에서 각각 코를 주워 무늬뜨기 C로 원형뜨기합니다. 뜨개 끝은 무늬를 이어서 뜨면서 덮어씌워 코막음합니다. 목둘레·밑단은 지정 콧수를 주워 소맷부리와 같은 방법으로 합니다.

●캐미솔…몸판은 손가락에 실을 걸어서 기초코를 만들어 뜨기 시작해 무늬뜨기 D, 메리야스뜨기, 무늬뜨기 A로 앞뒤 몸판을 이어서 원형뜨기합니다. 진동둘레에서 위쪽은 앞뒤 몸판을 나눠 메리야스뜨기와 무늬뜨기 C로 왕복해 뜹니다. 진동둘레의 줄임코는 도안을 참고하세요. 뜨개 끝은 무늬를 이어서 뜨면서 쫀쫀하게 덮어씌워 코막음합니다. 진동둘레·어깨끈은 연결 사슬코산을 주워 만든 기초코와 진동둘레에서 코를 주워 무늬뜨기 C'로 원형뜨기합니다. 뜨개 끝은 몸판과 같은 방법으로 합니다.

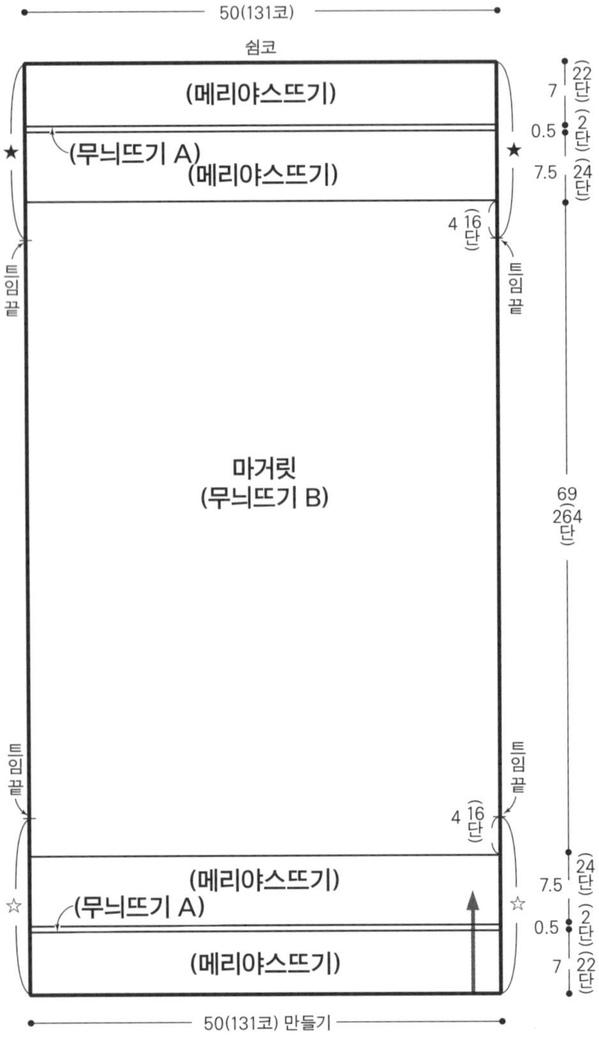

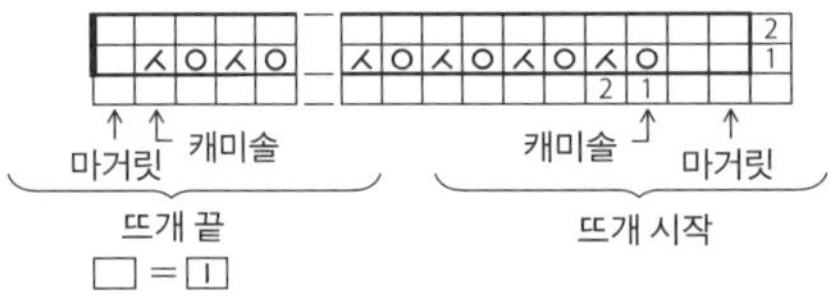

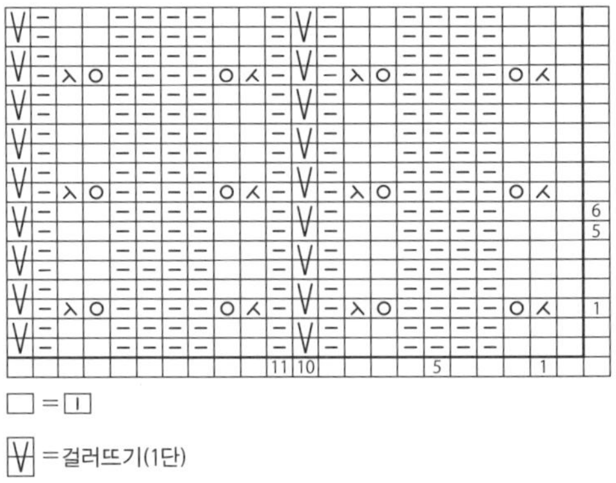

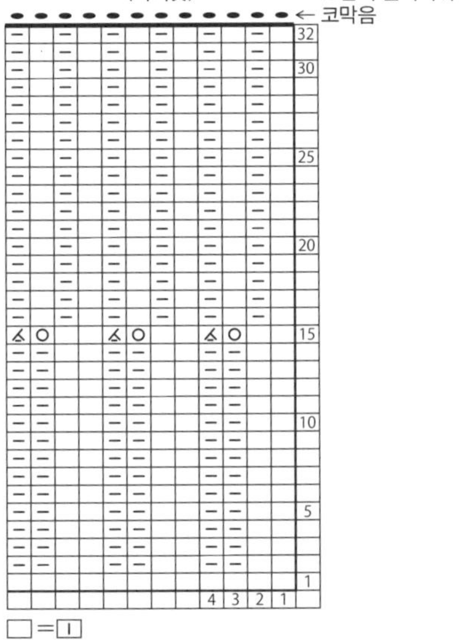

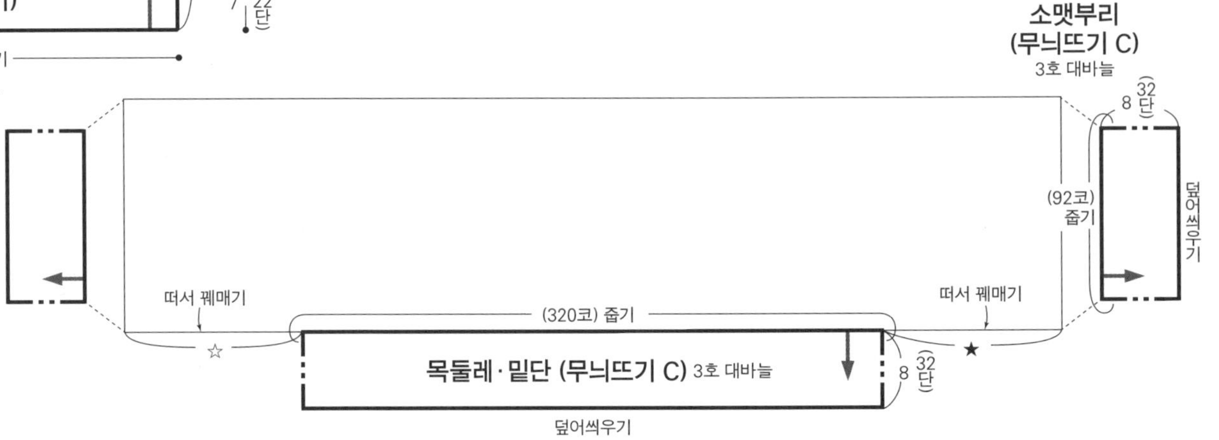

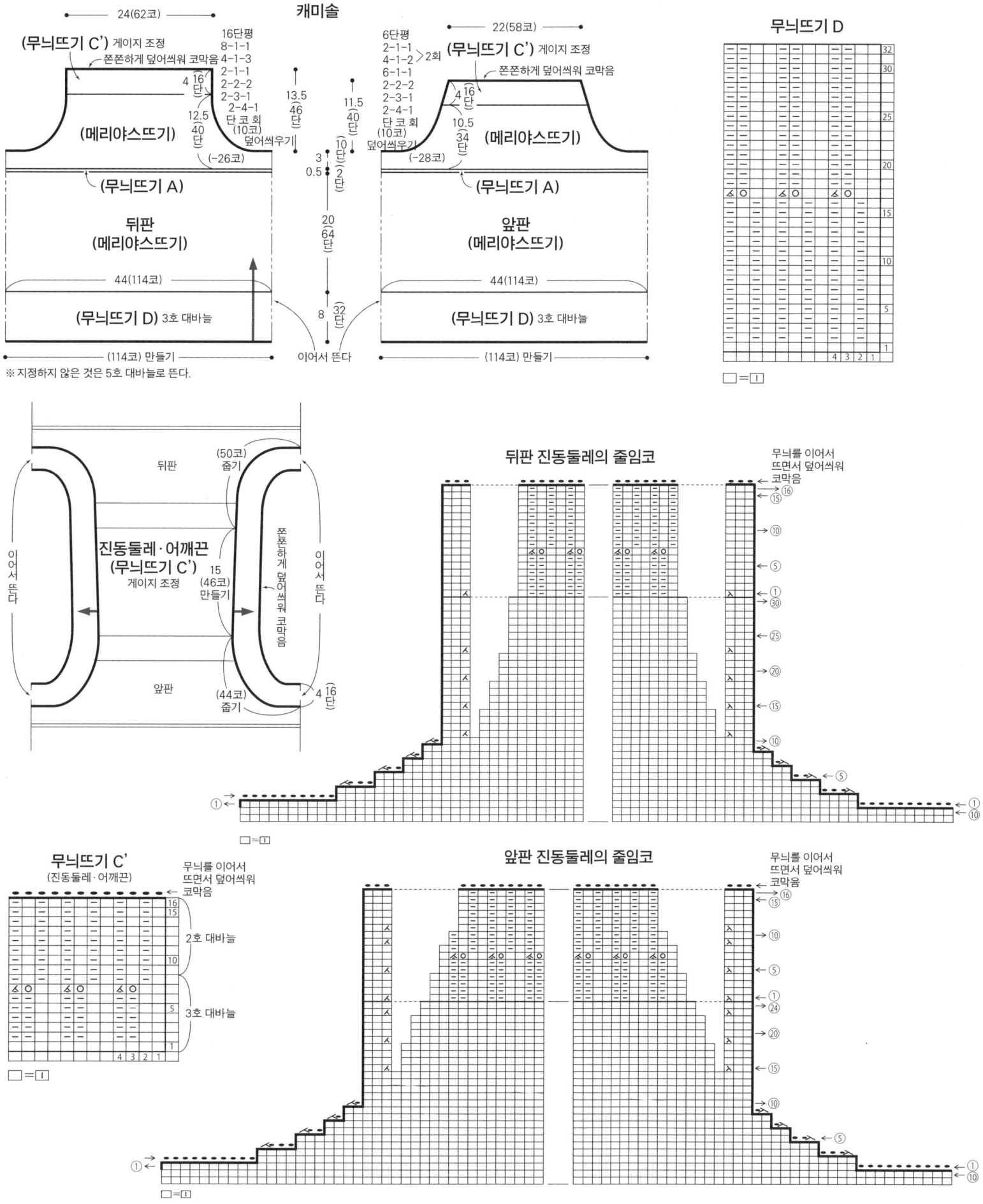

캐미솔+α

38 page ★★★

다이아 오랑주

재료
다이아몬드케이토 다이아 오랑주 핑크·초록색·노란색 계열 그러데이션(5104) 375g 13볼

도구
대바늘 5호, 코바늘 4/0호

완성 크기
가슴둘레 88cm, 기장 86cm

게이지(10×10cm)
무늬뜨기 A 25.5코×30단, 무늬뜨기 C 30코×23단(뒤판 '위', 앞판 '위')

POINT
● 몸판…뒤판 '아래'·앞판 '아래'는 손가락에 실을 걸어서 기초코를 만들어 뜨기 시작해 무늬뜨기 A·B로 뜹니다. 분산 늘림코는 도안을 참고하세요. 뜨개 끝은 덮어씌워 코막음합니다. 뒤판 '위'·앞판 '위'는 지정 콧수를 주워 무늬뜨기 C로 뜹니다. 줄임코는 도안을 참고하세요. 어깨끈은 앞판 '위'의 지정 위치에서 코를 주워 무늬뜨기 C로 뜹니다.
● 마무리…옆선은 떠서 꿰매기합니다. 어깨끈의 뜨개 끝 쪽을 뒤판 '위'에 휘감아 잇기로 답니다. 목둘레·진동둘레·어깨끈 둘레는 테두리뜨기로 원형뜨기합니다.

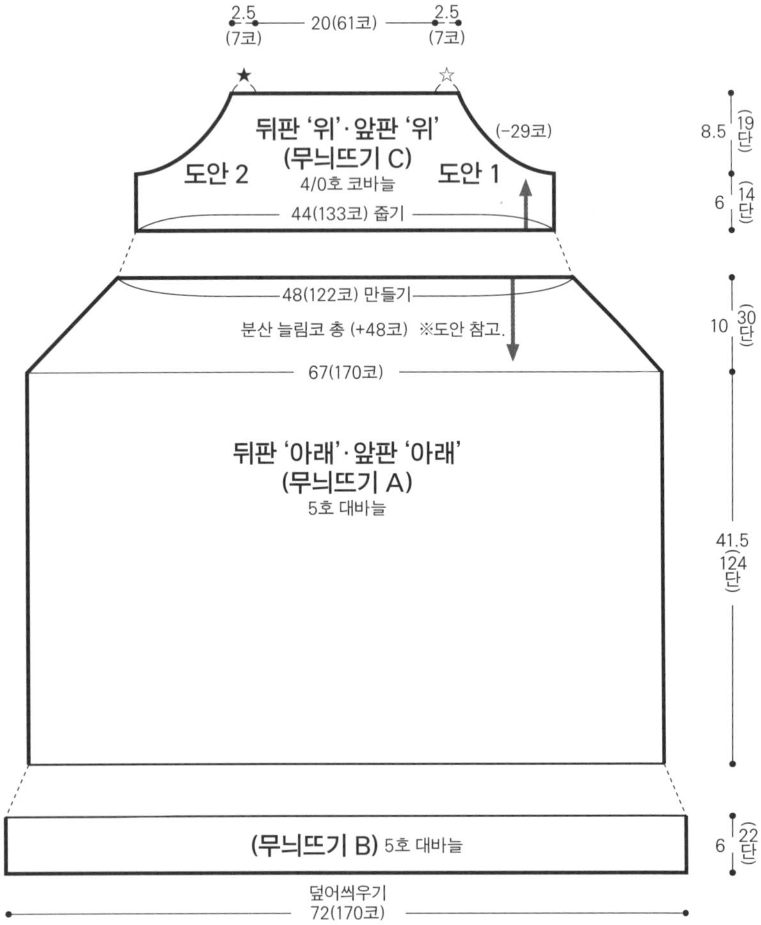

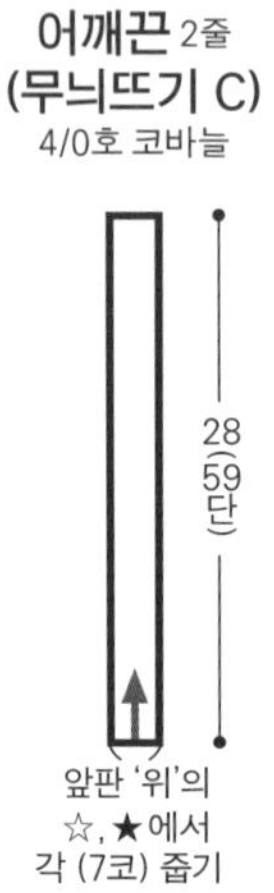

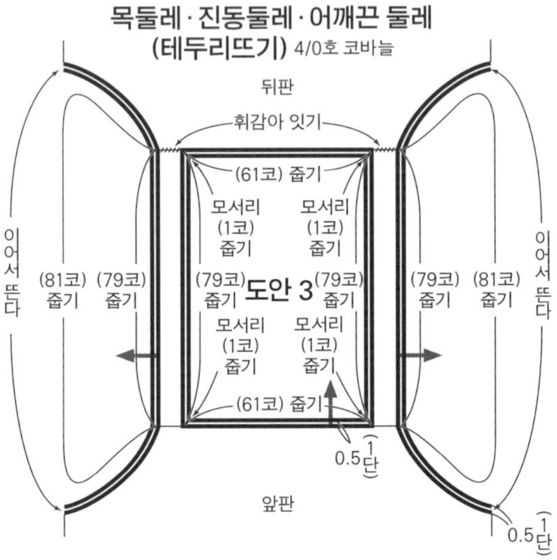

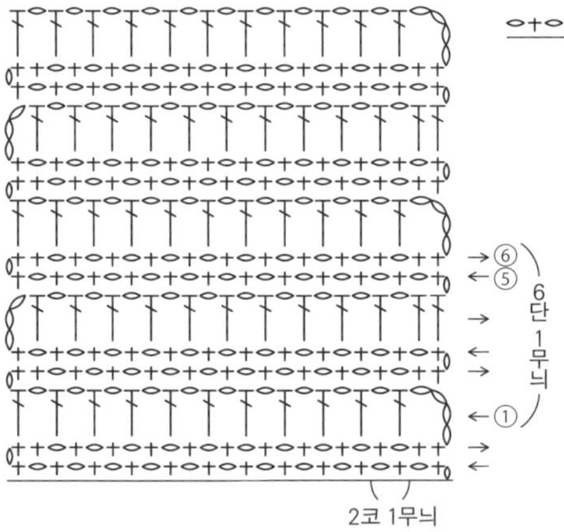

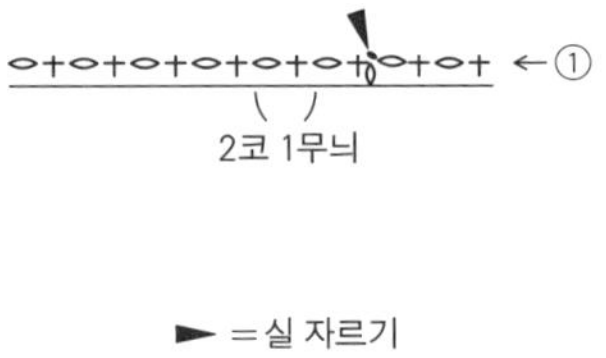

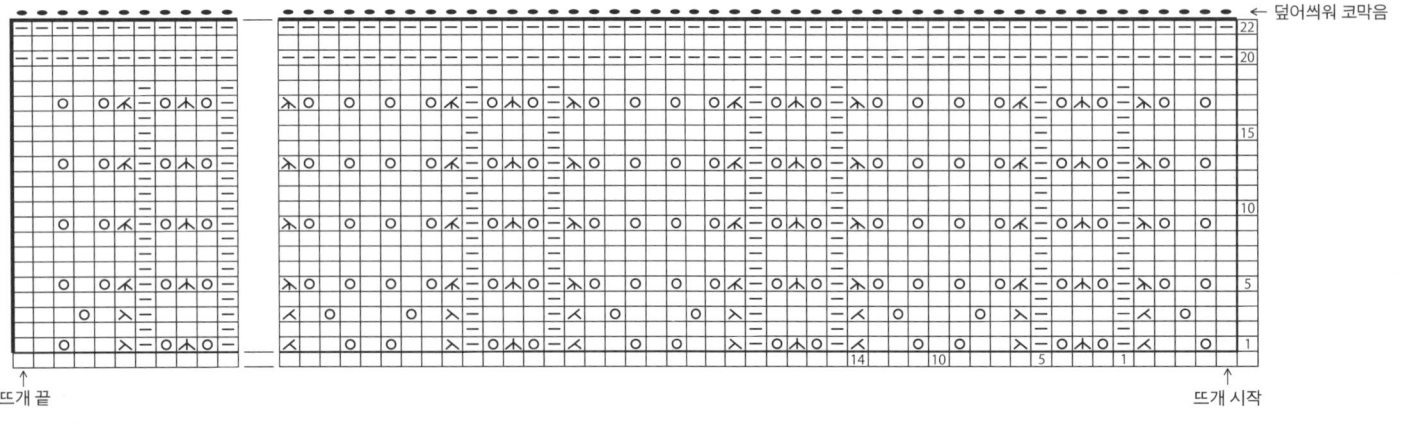

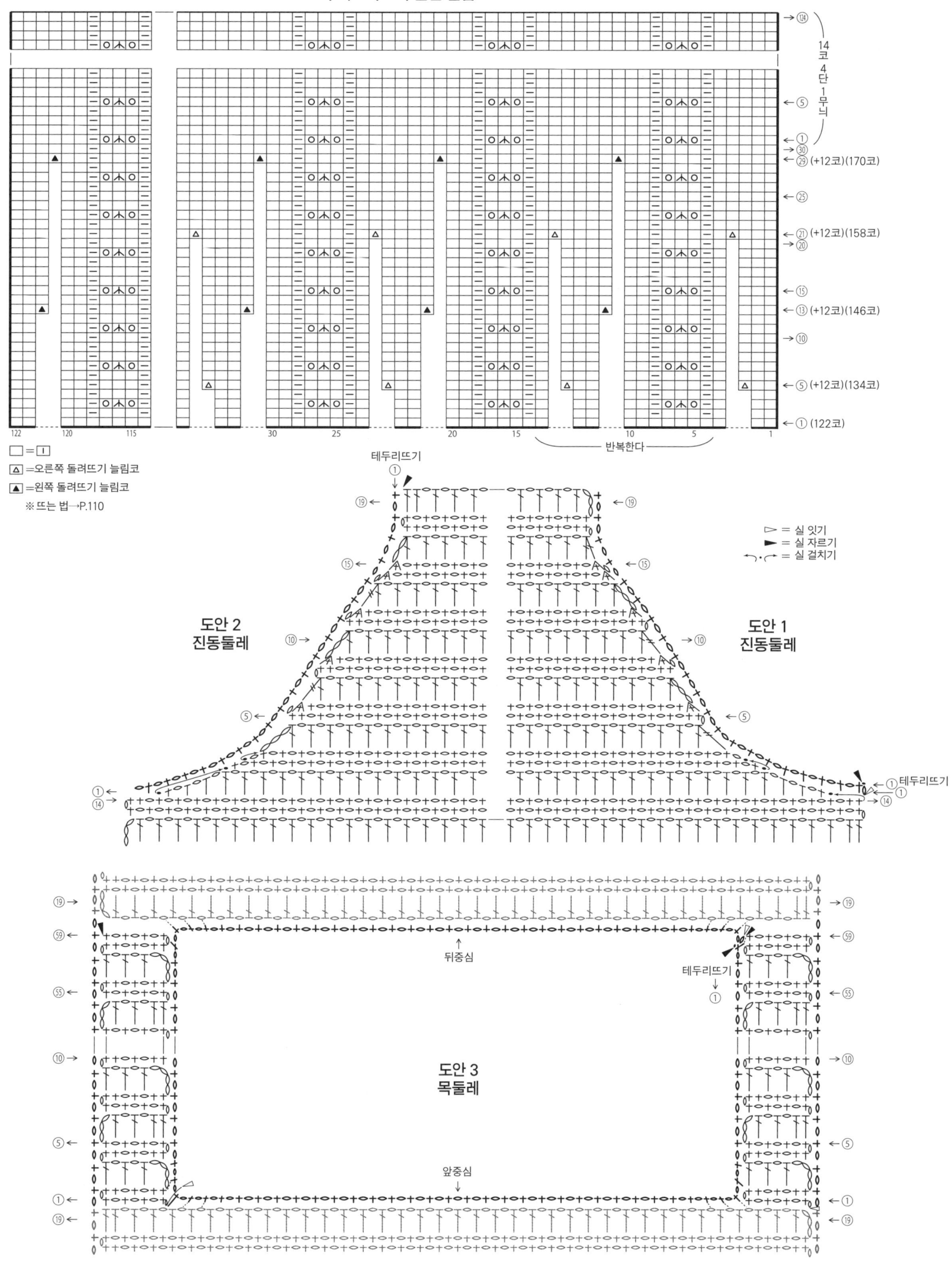

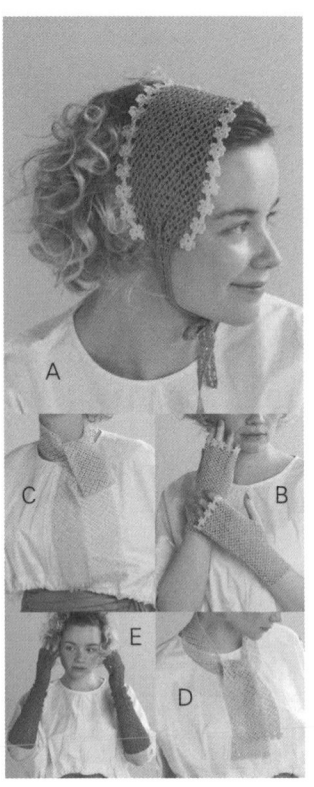

재료

올림포스 금표 40번 레이스 실(지정하지 않은 것은 1볼당 10g)

[A] 소프트 제이드 그린(202) 15g 2볼, 화이티 핑크(110) 5g 1볼

[B] 페일 베이비 블루(310) 30g 3볼, 화이티 핑크(110) 5g 1볼

[C] 화이티 핑크(110) 40g 1볼(1볼당 50g), 페일 베이비 블루(310) 조금 1볼

[D] 페일 옐로 그린(290) 30g 3볼, 페일 베이비 블루(310) 조금 1볼

[E] 마린 블루(333) 55g 2볼(1볼당 50g, 1볼당 10g)

도구

레이스바늘 6호

완성 크기

[A] 폭 11.5cm, 길이 103cm(리본 길이 포함)

[B] 손바닥 둘레 17cm, 기장 21.5cm

[C] 폭 8.5cm, 길이 133cm

[D] 폭 8.5cm, 길이 90cm

[E] 손바닥 둘레 17cm, 기장 44.5cm

게이지

무늬뜨기 A 1무늬=1.7cm, 28단=10cm

POINT

●A·C·D…연속 모티브를 지정 장수만큼 뜹니다. 연속 모티브에서 코를 주워 무늬뜨기 A로 뜹니다. 무늬뜨기 A의 마지막 단에서, 연속 모티브에 뜨면서 연결합니다. A는 양쪽 옆선에서 코를 주워 무늬뜨기 B로 리본을 뜹니다.

●B·E…연속 모티브를 지정 장수만큼 뜨고 원형뜨기합니다. 연속 모티브에서 코를 주워 무늬뜨기 A로 원형뜨기하는데, 엄지 위치는 왕복해 뜹니다. E는 도안을 참고해 중간에서 분산 늘림코를 합니다. 이어서 테두리뜨기를 뜹니다.

C, D

※모두 레이스바늘 6호로 뜬다.

※ ▒▒ 는 D, 그 외는 C 또는 공통.

=네길 긴뜨기

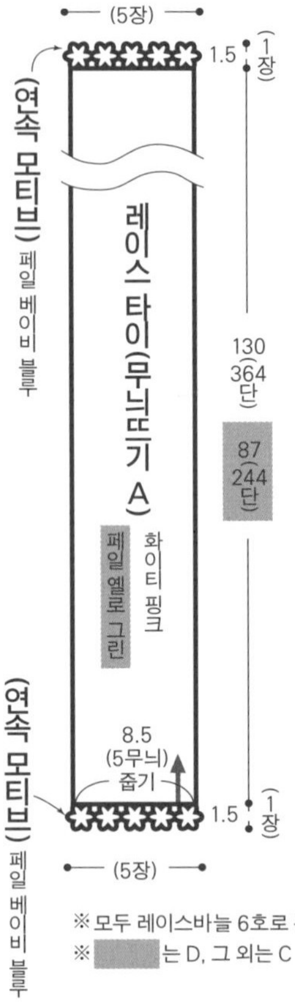

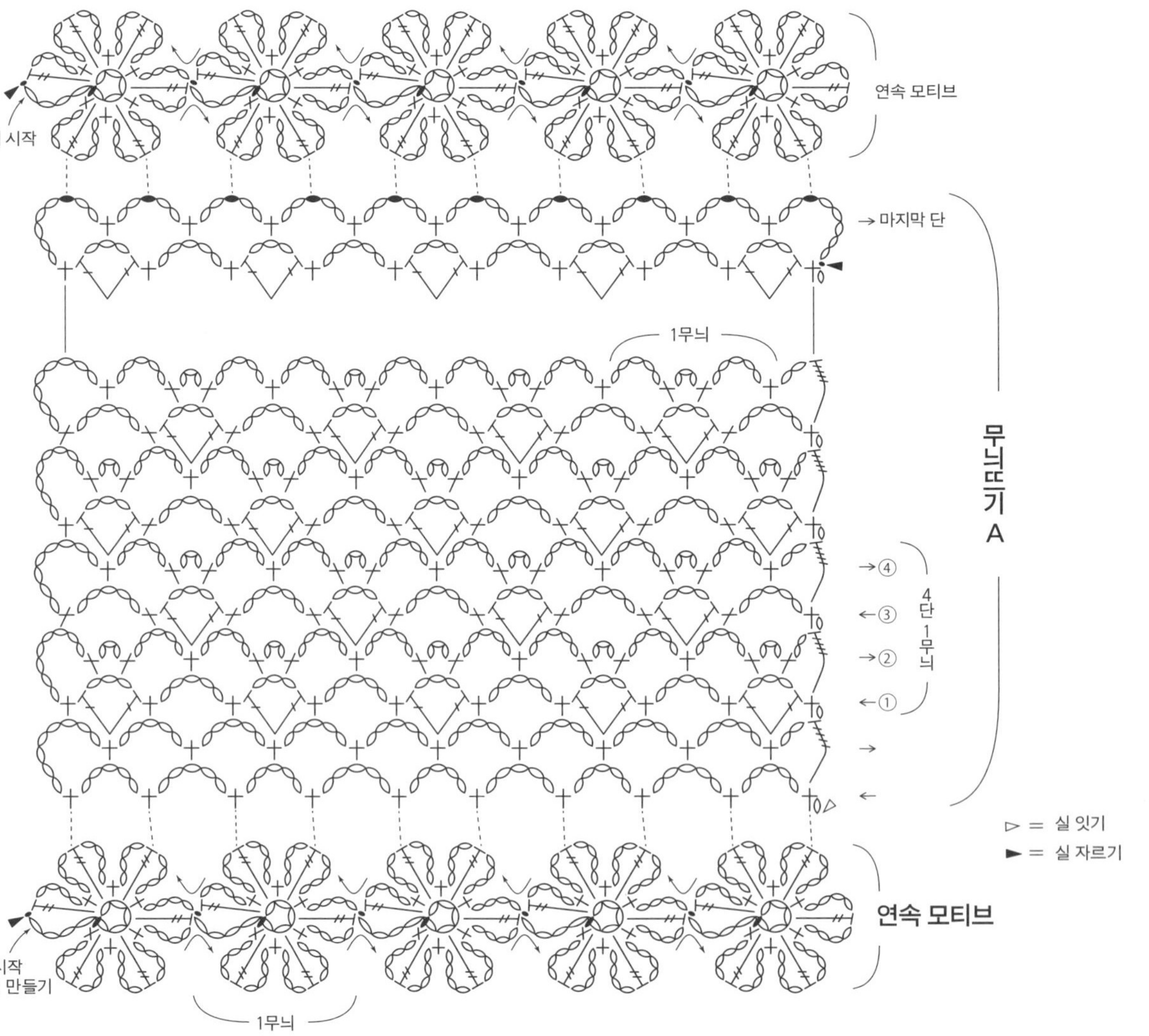

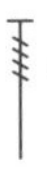

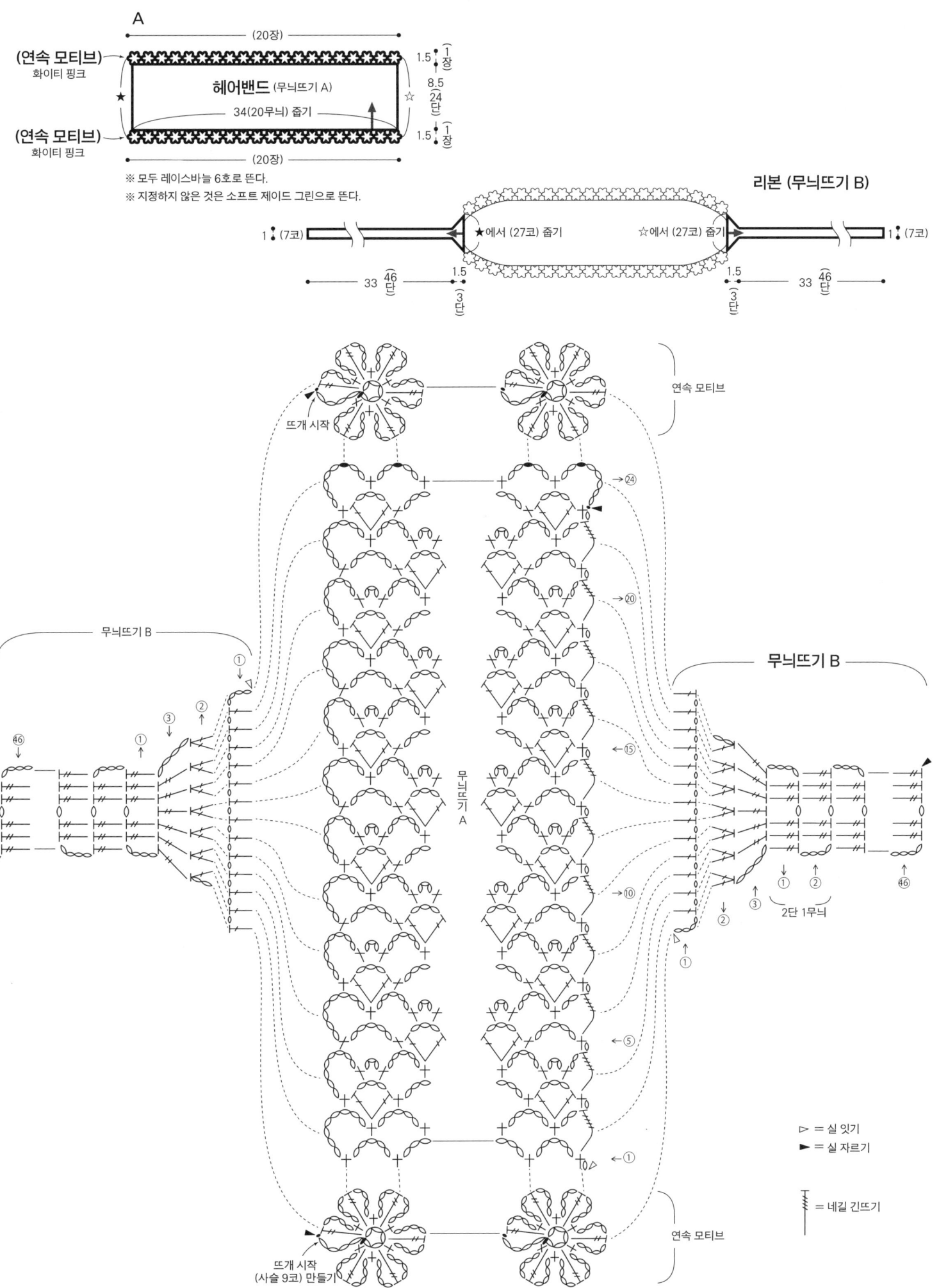

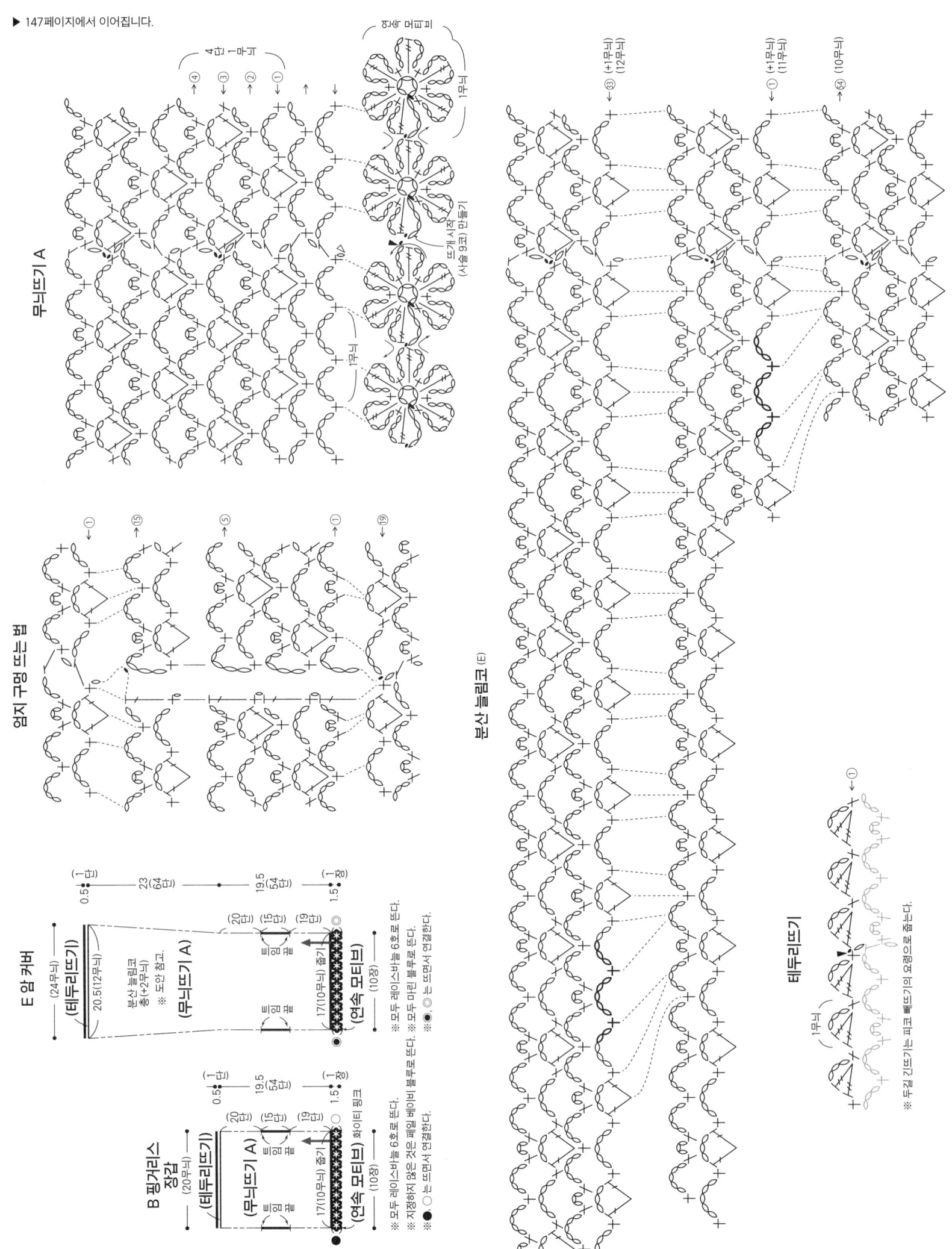

가방 & 모자
67 page ★★★

샤보뜨

한길 긴 앞걸어뜨기

※ 일본어 사이트

한길 긴 뒤걸어뜨기

※ 일본어 사이트

짧은 배색무늬뜨기
(가로로 실을 걸칠 경우)

※ 일본어 사이트

재료
[모자] 올림푸스 샤보뜨 남색(5) 100g 3볼, 주황색(9) 10g 1볼, 하얀색(16) 5g 1볼
[가방] 올림푸스 샤보뜨 남색(5) 95g 3볼, 하얀색(16) 20g 1볼, 주황색(9) 15g 1볼

도구
코바늘뜨기 6/0호

완성 크기
[모자] 머리둘레 56cm, 깊이 25cm
[가방] 폭 31.5cm, 깊이 16.5cm

게이지(10×10cm)
짧은뜨기·줄무늬 짧은뜨기 18.5코×20단,
배색무늬뜨기 18.5코×11.5단

POINT
● 모자…원으로 기초코를 만들어 뜨기 시작해 짧은뜨기, 배색무늬뜨기, 줄무늬 짧은뜨기로 뜹니다. 배색무늬뜨기는 배색실을 감싸면서 뜹니다. 늘림코는 도안을 참고하세요. 끈을 떠서 지정 위치에 끼웁니다. 끈 끝에 태슬을 만들고 끈을 묶습니다.
● 가방…안단·바닥은 사슬뜨기로 기초코를 만들어 뜨기 시작해 짧은뜨기로 원형뜨기합니다. 바닥의 늘림코는 도안을 참고하세요. 이어서 옆면은 짧은뜨기와 배색무늬뜨기로 뜹니다. 배색무늬뜨기는 가로로 실을 걸치는 방법으로 뜹니다. 마지막 단은 안단을 안끼리 겹쳐 놓고 2장 한꺼번에 코를 주워 뜨는데, 도안을 참고해 손잡이 끼우는 위치와 끈 끼우는 위치는 옆면만 주워서 뜹니다. 손잡이와 끈을 뜨고, 끈 끝에 태슬을 만듭니다. 마무리하는 법을 참고해 손잡이와 끈을 달아 완성합니다.

모자
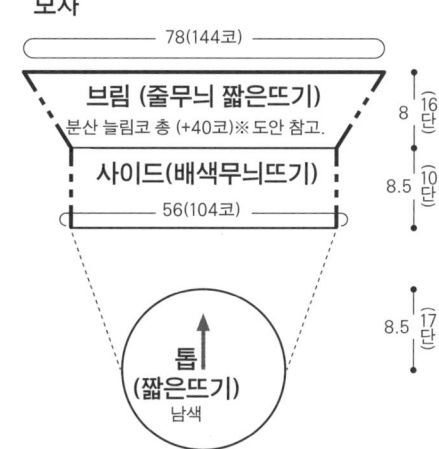

모자 마무리하는 법
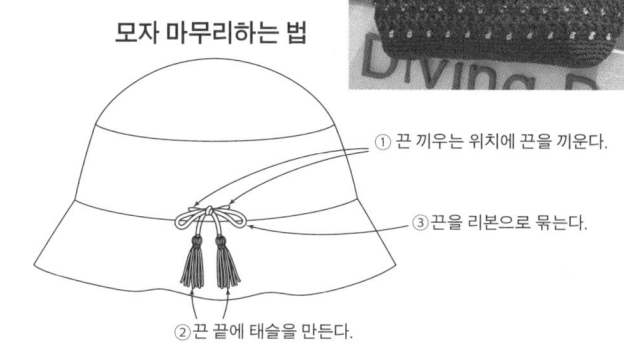
① 끈 끼우는 위치에 끈을 끼운다.
③ 끈을 리본으로 묶는다.
② 끈 끝에 태슬을 만든다.

가방
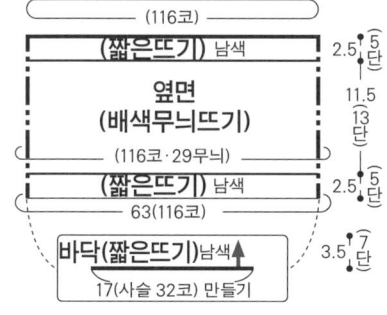

※ 모두 6/0호 코바늘로 뜬다.
※ 지정하지 않은 것은 실 1가닥으로 뜬다.
※ 옆면의 마지막 단은 안단이 겉으로 드러나도록 안면에 겹쳐 놓은 다음, ☆과 ★을 제외하고 겹쳐서 뜬다(도안 참고).

안단 (짧은뜨기) 하얀색
2 ↕ 4단
63(사슬 116코) 만들기

가방 마무리하는 법

① 끈 끝에 태슬을 만든다.
② 옆면과 안단 사이의 ★, ☆에 손잡이와 끈을 끼워 넣고 옆면의 안쪽에 꿰매 단다.

끈 (사슬뜨기) 주황색
모자:1개, 가방:2개
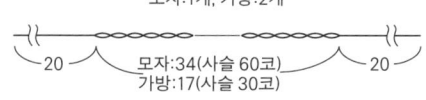
20 — 모자:34(사슬 60코) / 가방:17(사슬 30코) — 20
※ 양 끝의 실을 20cm 남겨둔다.

태슬 만드는 법 모자:2개, 가방:2개
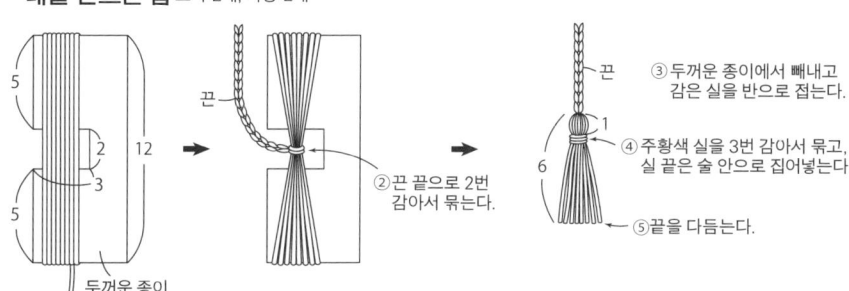
① 폭 12cm의 두꺼운 종이에 주황색 실을 12번 감는다.
② 끈 끝으로 2번 감아서 묶는다.
③ 두꺼운 종이에서 빼내고 감은 실을 반으로 접는다.
④ 주황색 실을 3번 감아서 묶고, 실 끝은 술 안으로 집어넣는다.
⑤ 끝을 다듬는다.

150페이지로 이어집니다. ▶

▶ 149페이지에서 이어집니다.

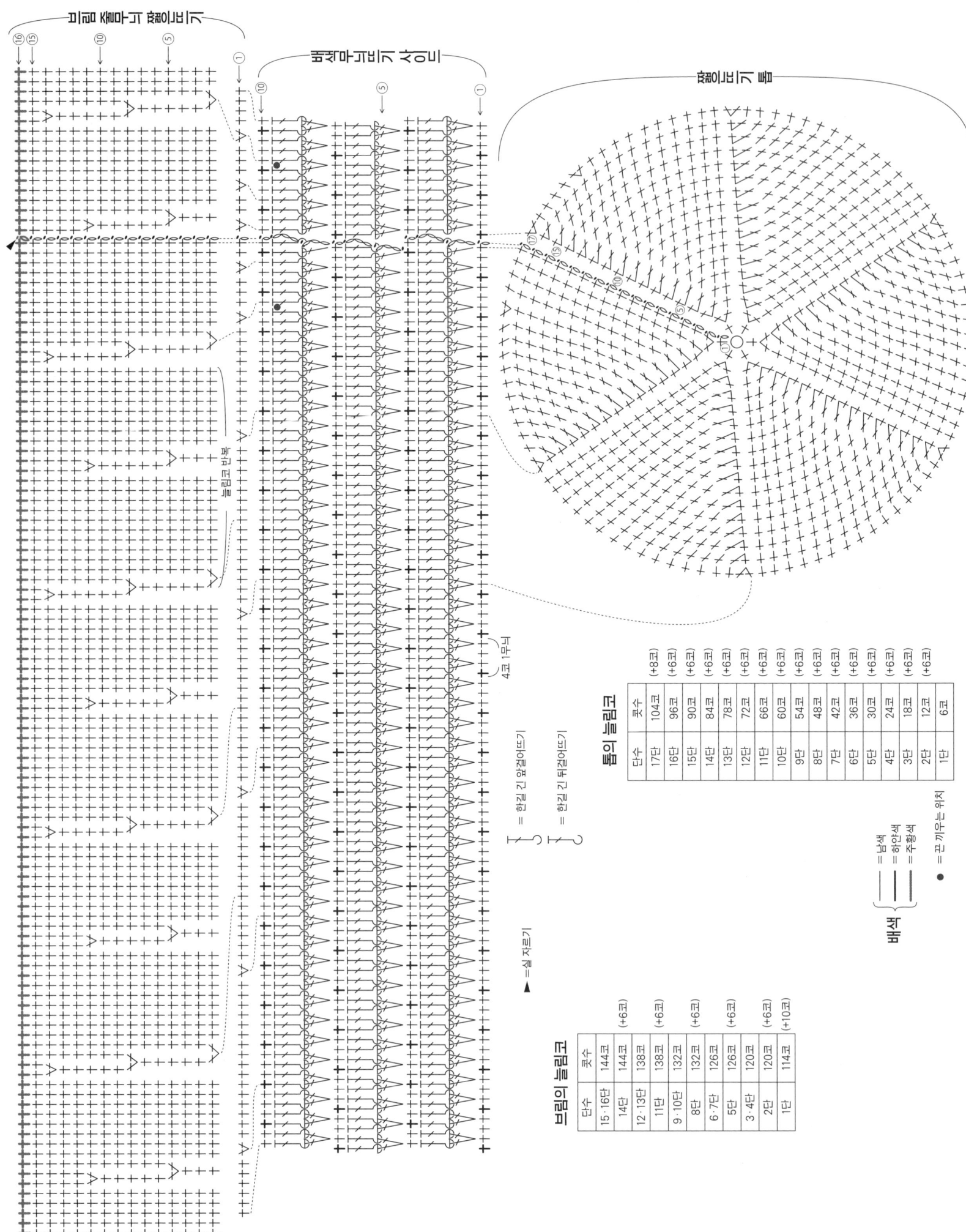

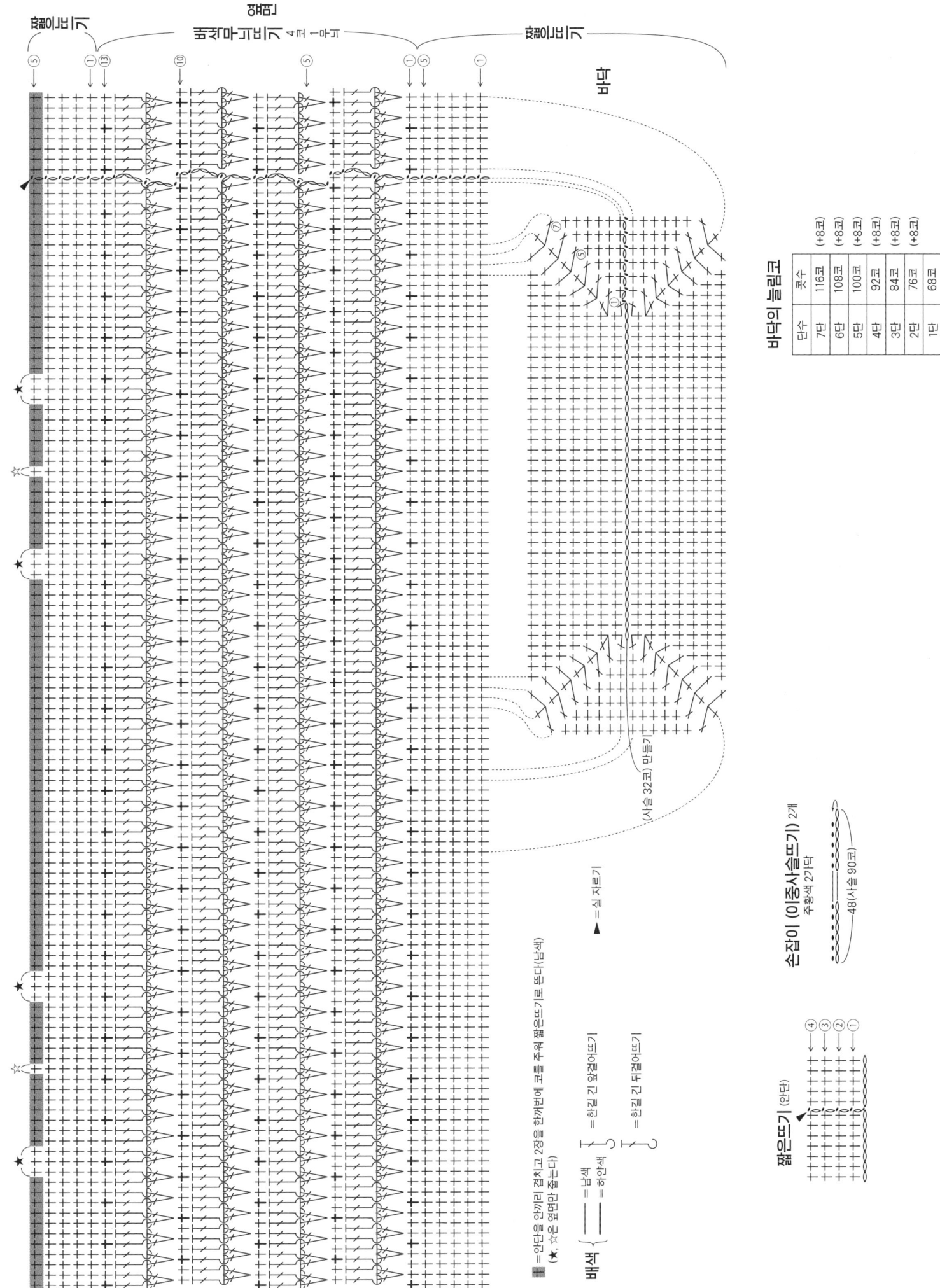

가방 & 모자
64 page ★★★

다이아 카프리

재료
[모자] 다이아몬드케이토 다이아 카프리 베이지(5401) 45g 2볼, 암갈색(5406) 15g 1볼
[가방] 다이아몬드케이토 다이아 카프리 베이지(5401) 100g 4볼, 암갈색(5406) 50g 2볼

도구
코바늘 7/0호

완성 크기
[모자] 머리둘레 55cm, 깊이 15cm
[가방] 폭 37.5cm, 깊이 27cm

게이지(10×10㎝)
줄무늬 무늬뜨기 18코×19단

POINT
●모자…원으로 기초코를 만들어 뜨기 시작해 톱·브림은 짧은뜨기, 사이드는 줄무늬 무늬뜨기로 뜹니다. 늘림코는 도안을 참고하세요.
●가방…사슬뜨기로 기초코를 만들어 뜨기 시작해 바닥을 짧은뜨기로 원형뜨기합니다. 늘림코는 도안을 참고하세요. 옆면은 줄무늬 무늬뜨기로 뜹니다. 입구는 짧은뜨기로 뜨는데, 지정 위치에서 끈 끼우는 구멍을 내므로 도안을 참고하세요. 손잡이는 입구에서 코를 주워 짧은뜨기로 왕복해 뜨고, 뜨개 끝끼리 휘감아 잇기를 합니다. 코드 스토퍼는 바닥과 같은 방법으로 뜨기 시작해 짧은뜨기로 원형뜨기합니다. 끈은 스레드 코드로 뜨고 마무리하는 법을 참고해 완성합니다.

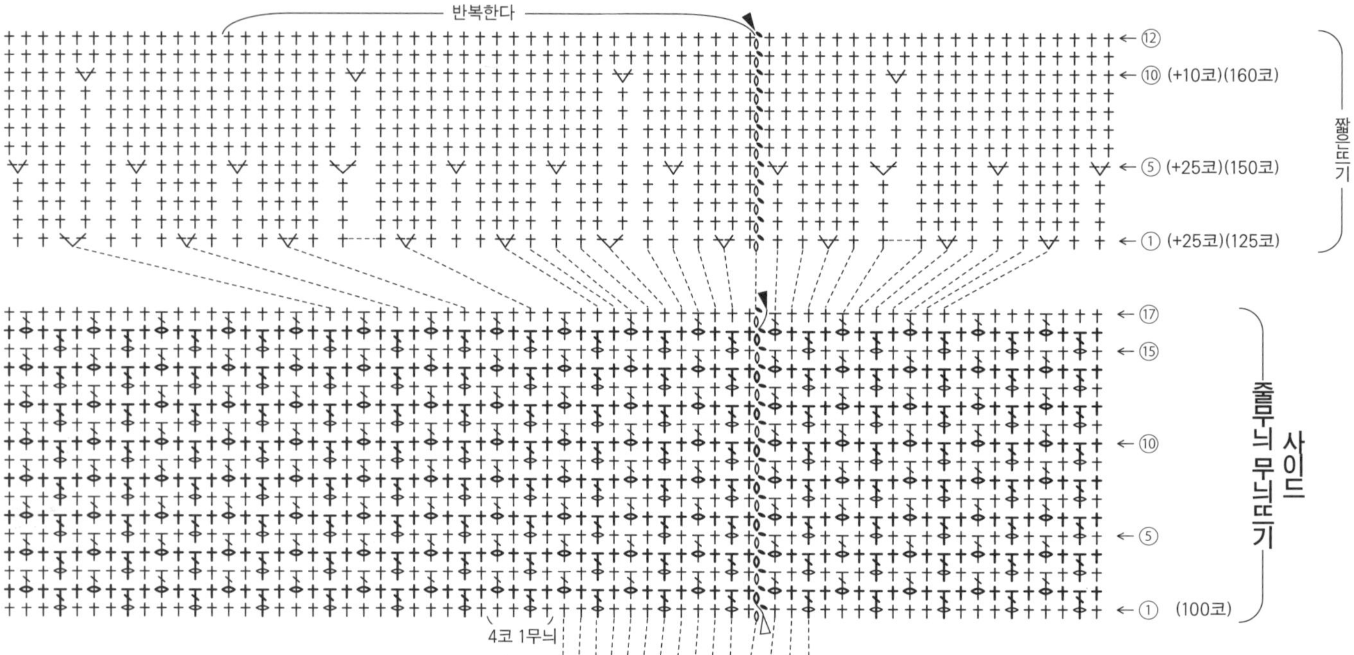

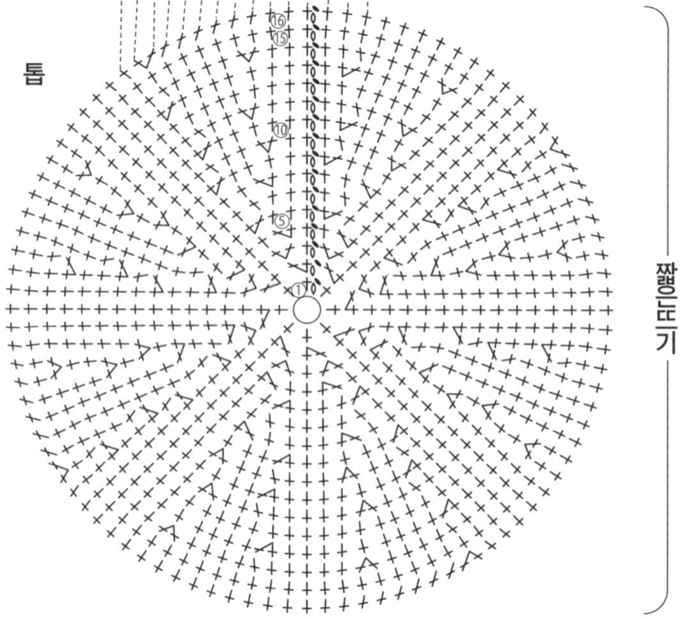

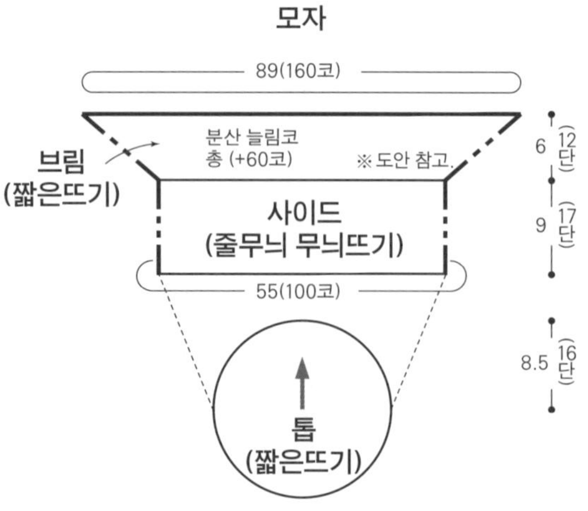

모자
- 브림(짧은뜨기) 89(160코)
- 사이드(줄무늬 무늬뜨기) 55(100코), 9 (17단)
- 톱(짧은뜨기) 8.5 (16단)
- 분산 늘림코 총 (+60코) ※도안 참고
- 6 (12단)

※ 모두 7/0호 코바늘로 뜬다.
※ 지정하지 않은 것은 베이지로 뜬다.

톱의 늘림코

단수	콧수	
16단	100코	(+4코)
15단	96코	
14단	96코	(+8코)
13단	88코	(+8코)
12단	80코	
11단	80코	(+8코)
10단	72코	(+8코)
9단	64코	(+8코)
8단	56코	(+8코)
7단	48코	(+8코)
6단	40코	
5단	40코	(+8코)
4단	32코	(+8코)
3단	24코	(+8코)
2단	16코	(+8코)
1단	8코	

배색 {　— = 베이지　— = 암갈색　▷ = 실 잇기　▶ = 실 자르기　Ŧ · Ŧ = 앞단 사슬을 감싸면서 앞앞단의 코를 주워 한길 긴뜨기를 뜬다.

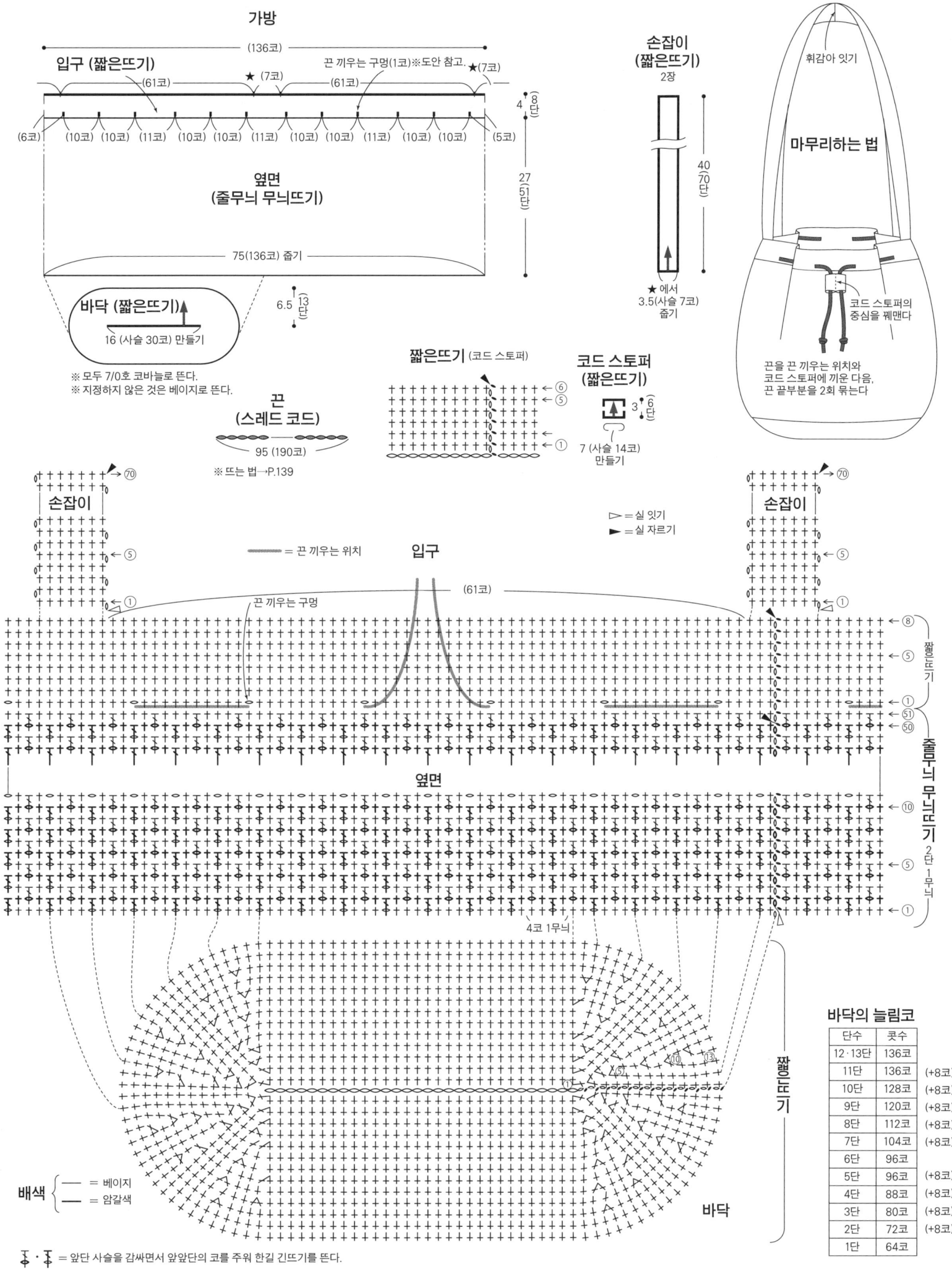

가방 & 모자
65 page ★★★

다이아 티아라

재료
[모자] 다이아몬드케이토 다이아 티아라 그레이 (5302) 75g 2볼
[백팩] 다이아몬드케이토 다이아 티아라 그레이 (5302) 170g 4볼, 안지름 25mm의 사각링 1개, 안지름 15mm의 D링 2개

도구
코바늘 9/0호

완성 크기
[모자] 머리둘레 52.5cm, 깊이 19.5cm
[백팩] 폭 23cm, 깊이 27cm

게이지(10×10cm)
무늬뜨기 A 18코×16단,
한길 긴뜨기 15코×9.5단

POINT
● 모자…모자 입구·브림은 별도 사슬로 기초코를 만들어 뜨기 시작해 무늬뜨기 A로 뜹니다. 증감코는 도안을 참고하세요. 기초코의 사슬과 마지막 단의 뒤 반 코를 겉끼리 맞대어 빼뜨기 잇기를 합니다. 모자 입구·브림에서 코를 주워 짧은뜨기를 1단 뜹니다. 이어서 크라운을 무늬뜨기 B로 원형으로 왕복뜨기합니다. 분산 줄임코는 도안을 참고하세요.

● 백팩…뒷면·플랩은 사슬뜨기로 기초코를 만들어 뜨기 시작해 한길 긴뜨기를 2단 뜹니다. 지정 위치에 사각링을 끼우고, 도안을 참고해 둘레를 한길 긴뜨기, 무늬뜨기 C·D로 뜹니다. 이어서 짧은뜨기를 1단 원형뜨기하는데, D링 다는 위치는 D링의 평평한 부분을 함께 감싸면서 뜹니다. 앞면은 같은 방법으로 뜨기 시작해 무늬뜨기 A, 긴뜨기, 한길 긴뜨기로 뜹니다. 이어서 둘레에 짧은뜨기를 뜹니다. 맞춤 표시끼리 휘감아 잇기로 연결합니다. 어깨끈을 뜬 다음, 마무리하는 법을 참고해 어깨끈을 사각링과 D링에 끼우고 지정 위치를 꿰매 답니다.

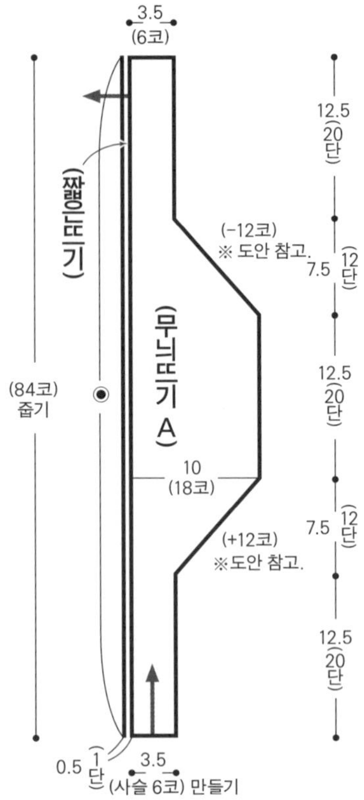

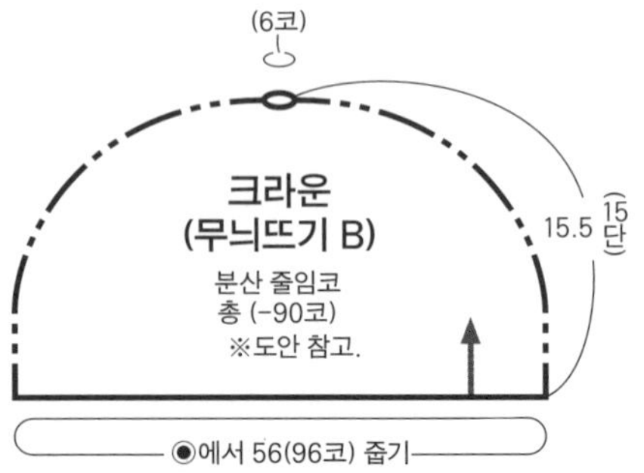

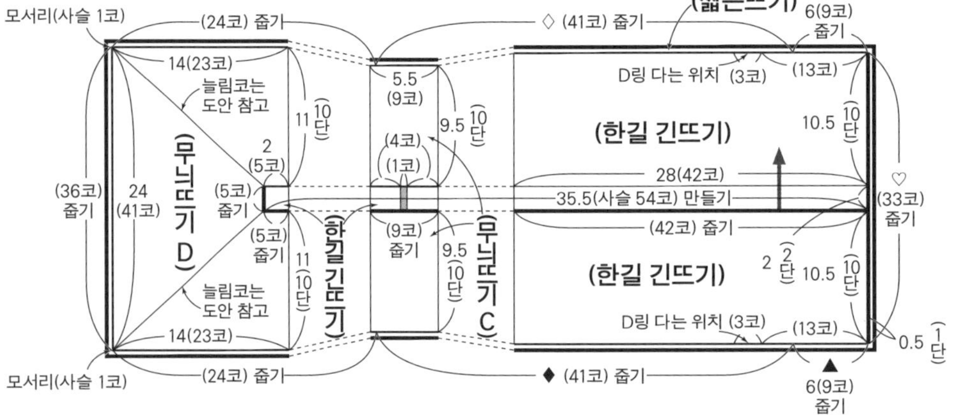

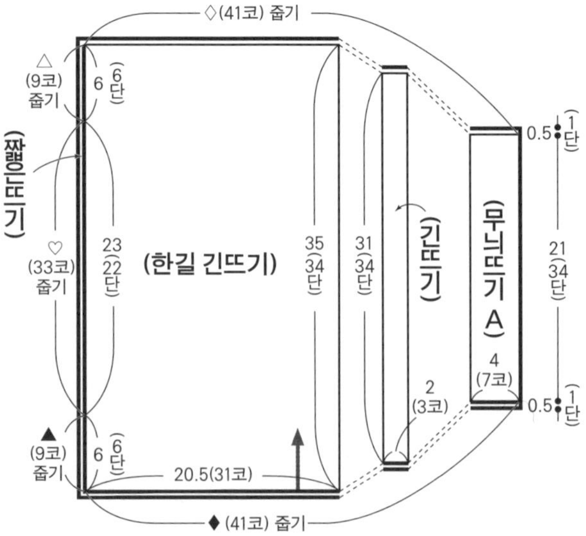

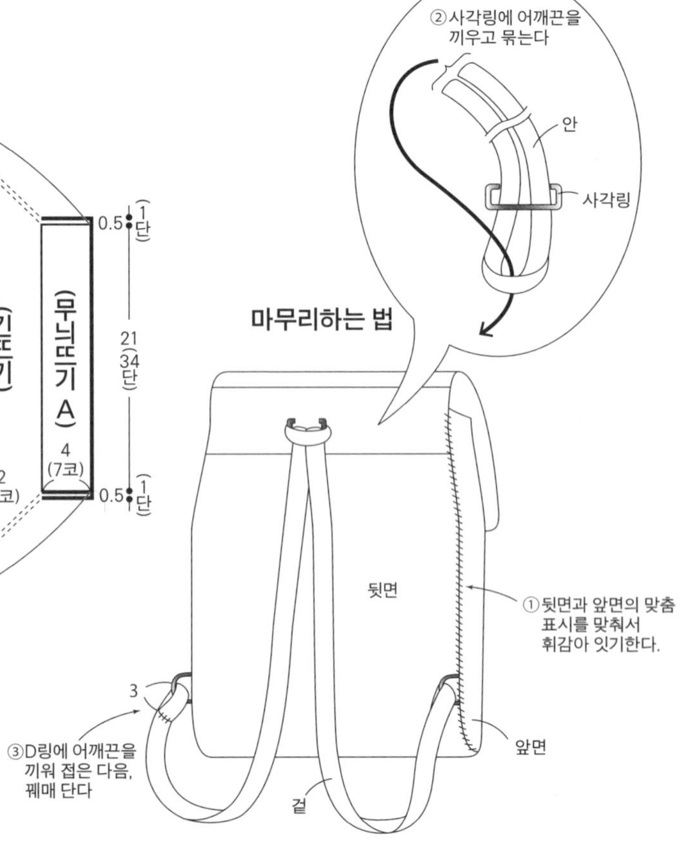

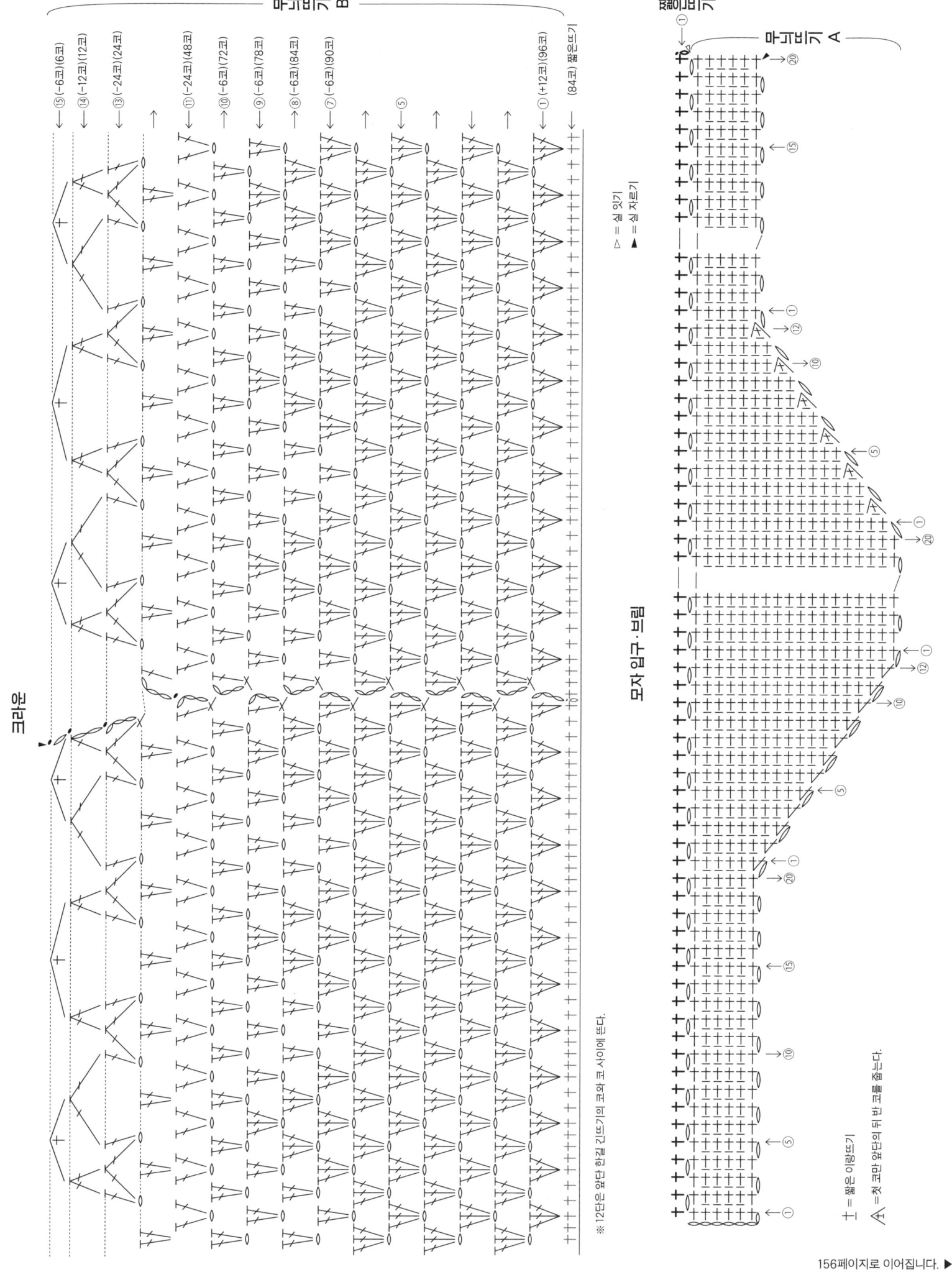

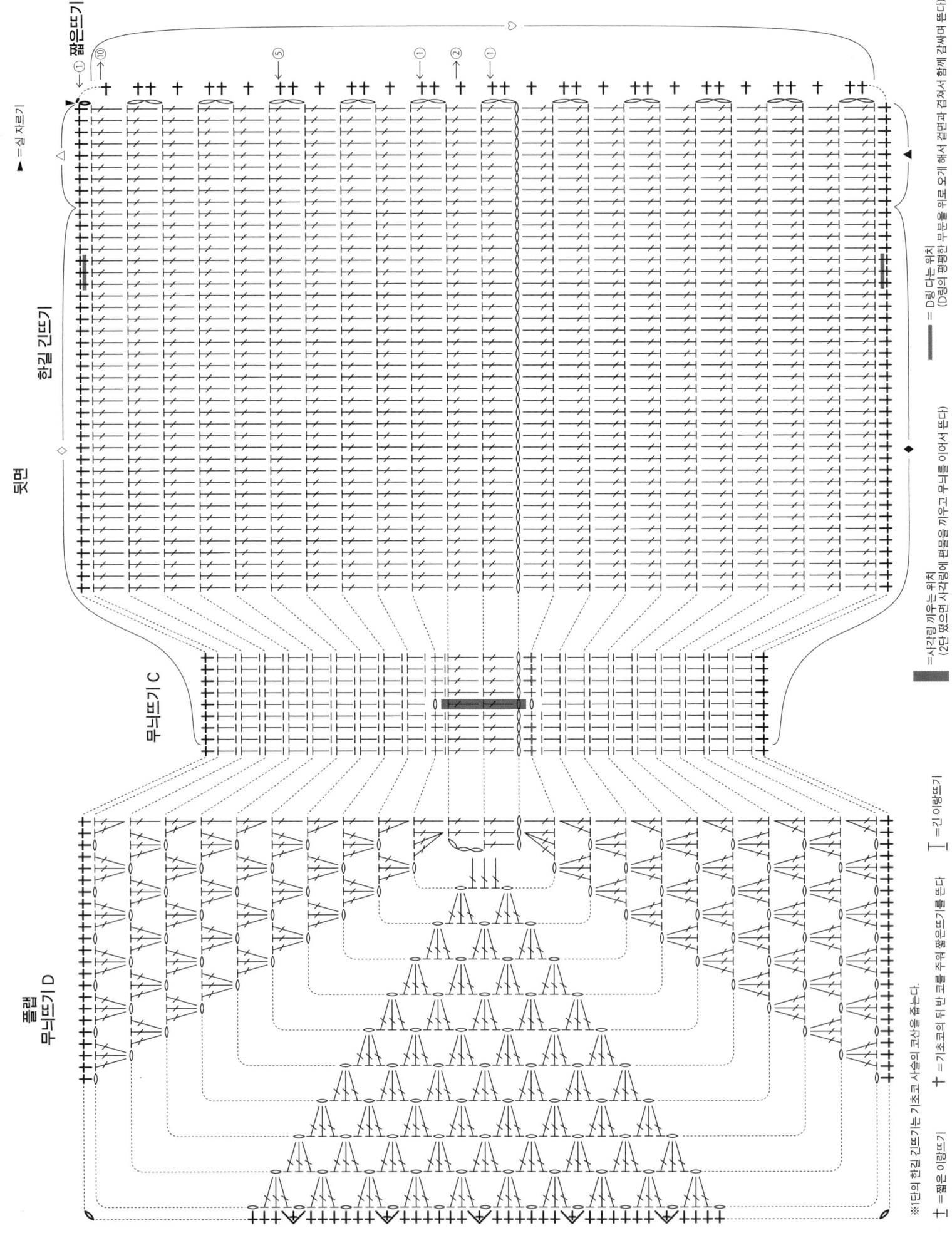

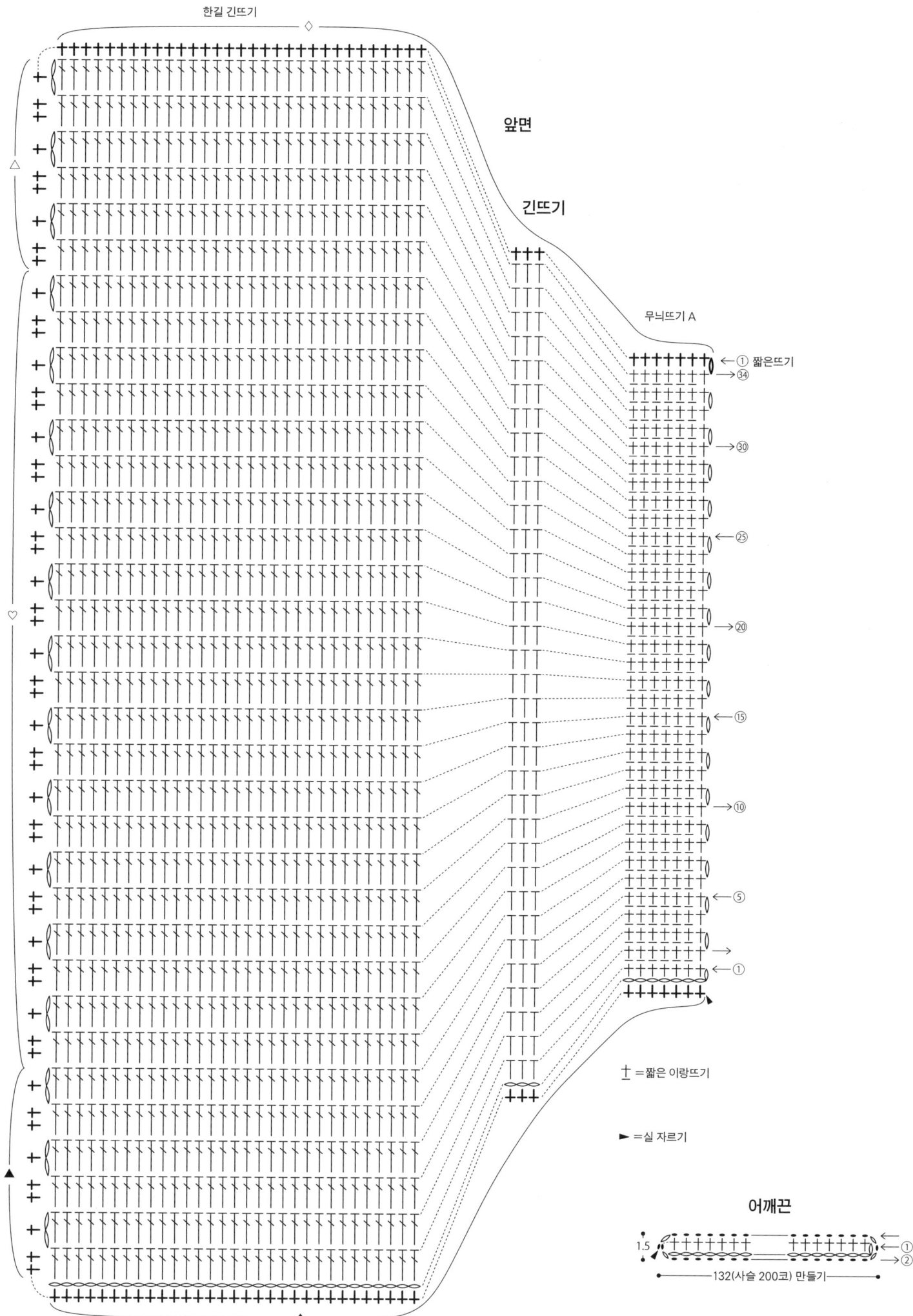

가방 & 모자
66 page ★★★

샤보뜨

한길 긴
앞걸어뜨기

※ 일본어 사이트

재료
올림푸스 샤보뜨. 실의 색이름·색번호·사용량은 도안의 표를 참고하세요.

도구
코바늘 5/0호

완성 크기
[모자] 머리둘레 55cm, 깊이 22.5cm
[가방] 폭 36.5cm, 깊이 22cm

게이지(10×10cm)
무늬뜨기 A·줄무늬 무늬뜨기 20.5코×13단

POINT
● 모자…원으로 기초코를 만들어 톱부터 뜨기 시작해 무늬뜨기 A, 줄무늬 무늬뜨기, 테두리뜨기로 뜹니다. 늘림코는 도안을 참고하세요.
● 가방…사슬뜨기로 기초코를 만들어 뜨기 시작해 바닥은 무늬뜨기 B, 옆면은 무늬뜨기 A로 원형으로 왕복뜨기합니다. 이어서 입구는 반씩 왕복해 뜹니다. 손잡이는 짧은뜨기로 뜨고 마지막 단끼리 휘감아 잇기로 연결합니다. 손잡이·입구 둘레는 짧은뜨기 1단으로 정리합니다. 모티브를 뜨고 마무리하는 법을 참고해 옆면에 꿰매 답니다.

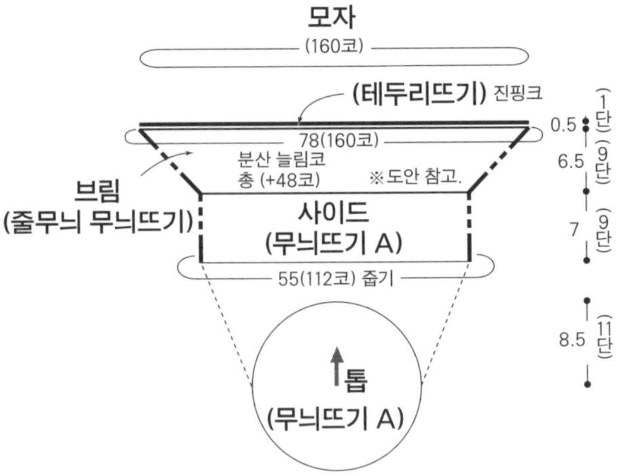

모자
(160코)
(테두리뜨기) 진핑크
78(160코) — 1단 0.5
분산 늘림코 총 (+48코) ※ 도안 참고. — 9단 6.5

브림 (줄무늬 무늬뜨기)
사이드 (무늬뜨기 A)
55(112코) 줍기 — 9단 7

↑톱 (무늬뜨기 A) — 1단 8.5

※ 모두 5/0호 코바늘로 뜬다.
※ 지정하지 않은 것은 에크뤼로 뜬다.

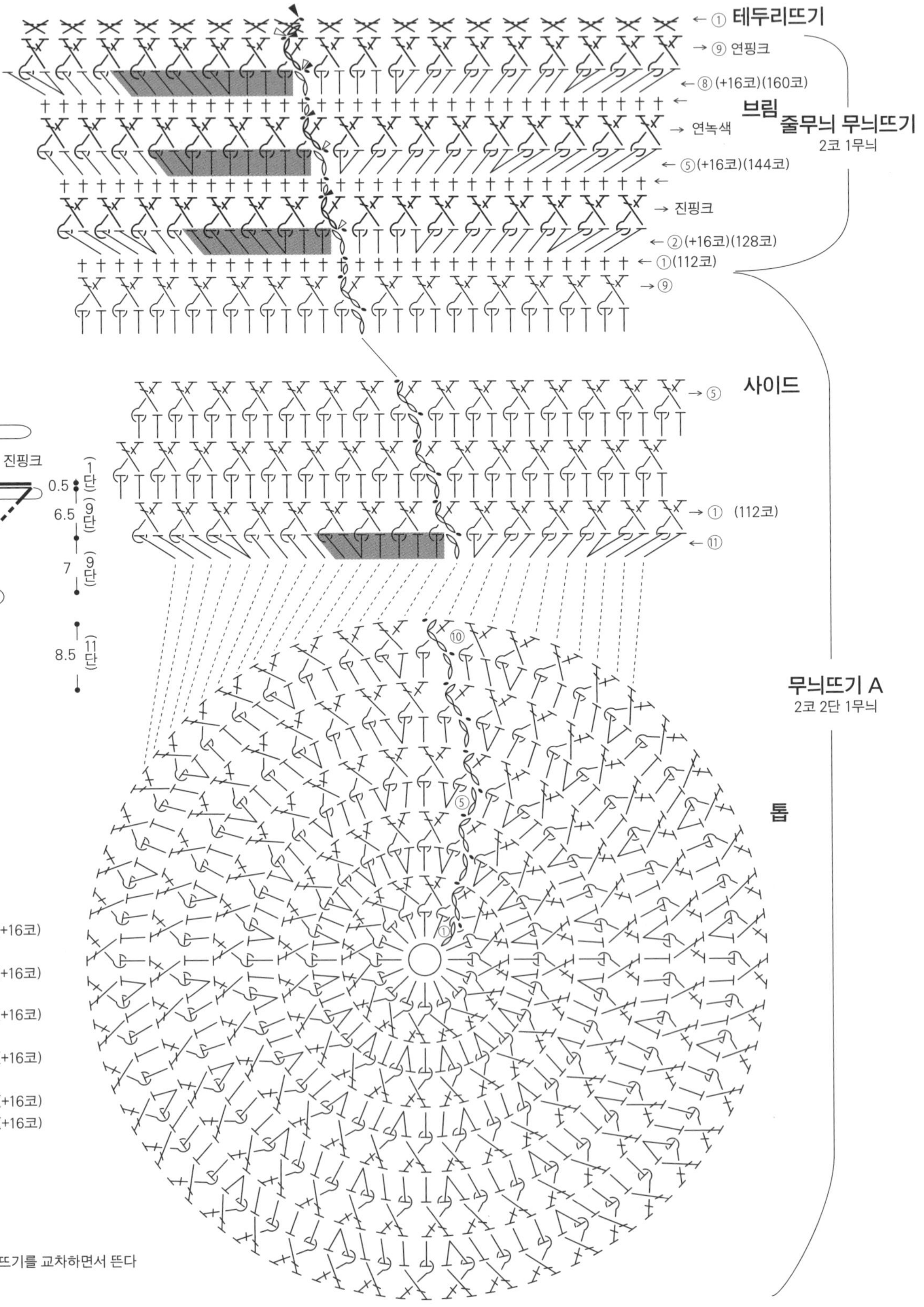

톱의 늘림코

단수	콧수	
11단	112코	(+16코)
10단	96코	
9단	96코	(+16코)
8단	80코	
7단	80코	(+16코)
6단	64코	
5단	64코	(+16코)
4단	48코	
3단	48코	(+16코)
2단	32코	(+16코)
1단	16코	

■ = 늘림코 반복
▷ = 실 잇기
▶ = 실 자르기

✕ = 안면에서 한길 긴뜨기와 한길 긴 앞걸어뜨기를 교차하면서 뜬다

╳ = 짧은 1코 교차뜨기

① 테두리뜨기
⑨ 연핑크
⑧ (+16코)(160코)
브림 줄무늬 무늬뜨기 2코 1무늬
연녹색
⑤ (+16코)(144코)
진핑크
② (+16코)(128코)
① (112코)
⑨

사이드 →⑤
① (112코)
←⑪

무늬뜨기 A
2코 2단 1무늬

톱

158

가방

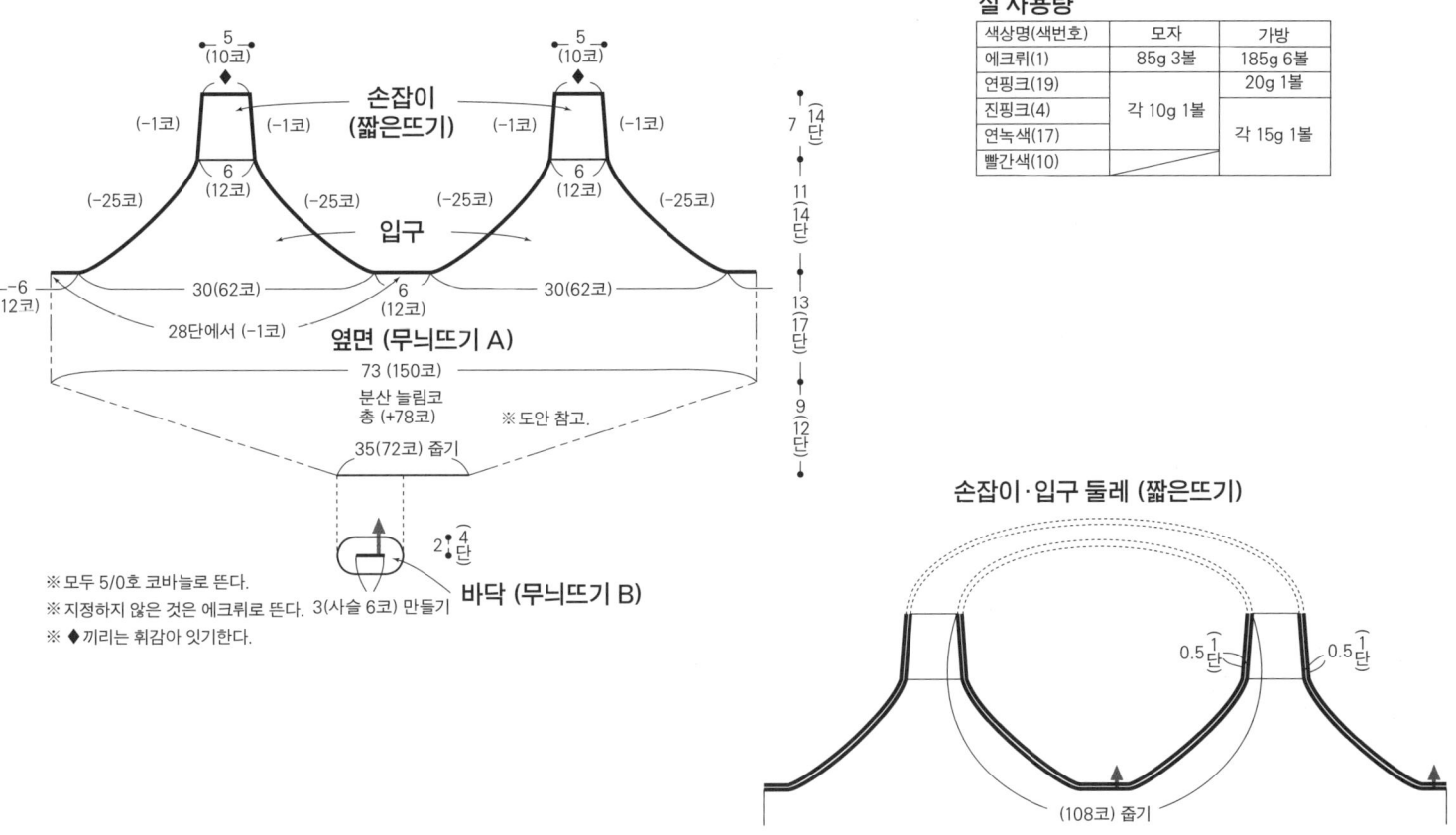

실 사용량

색상명(색번호)	모자	가방
에크뤼(1)	85g 3볼	185g 6볼
연핑크(19)		20g 1볼
진핑크(4)	각 10g 1볼	각 15g 1볼
연녹색(17)		
빨간색(10)		

※ 모두 5/0호 코바늘로 뜬다.
※ 지정하지 않은 것은 에크뤼로 뜬다.
※ ◆끼리는 휘감아 잇기한다.

마무리하는 법 본체의 한쪽 면에 각 모티브를 꿰매 단다

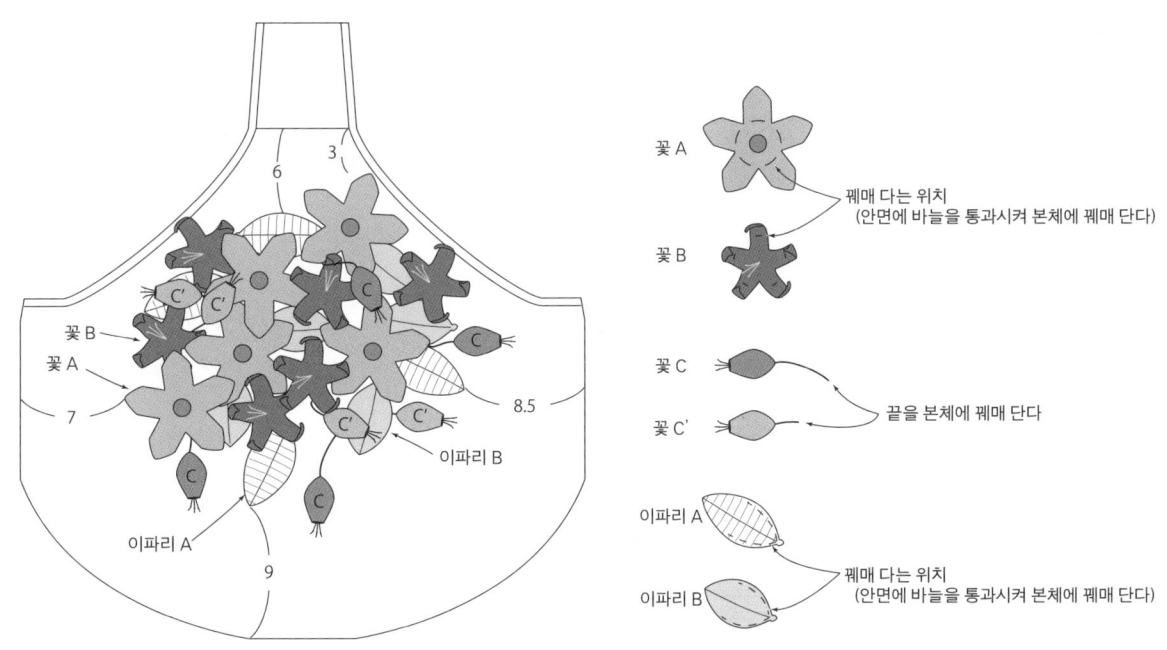

※ 이파리 A·B를 본체에 꿰매 단 다음, 꽃 A·B·C·C'를 균형감 있게 배치해 꿰매 단다.

160페이지로 이어집니다. ▶

▶ 159페이지에서 이어집니다.

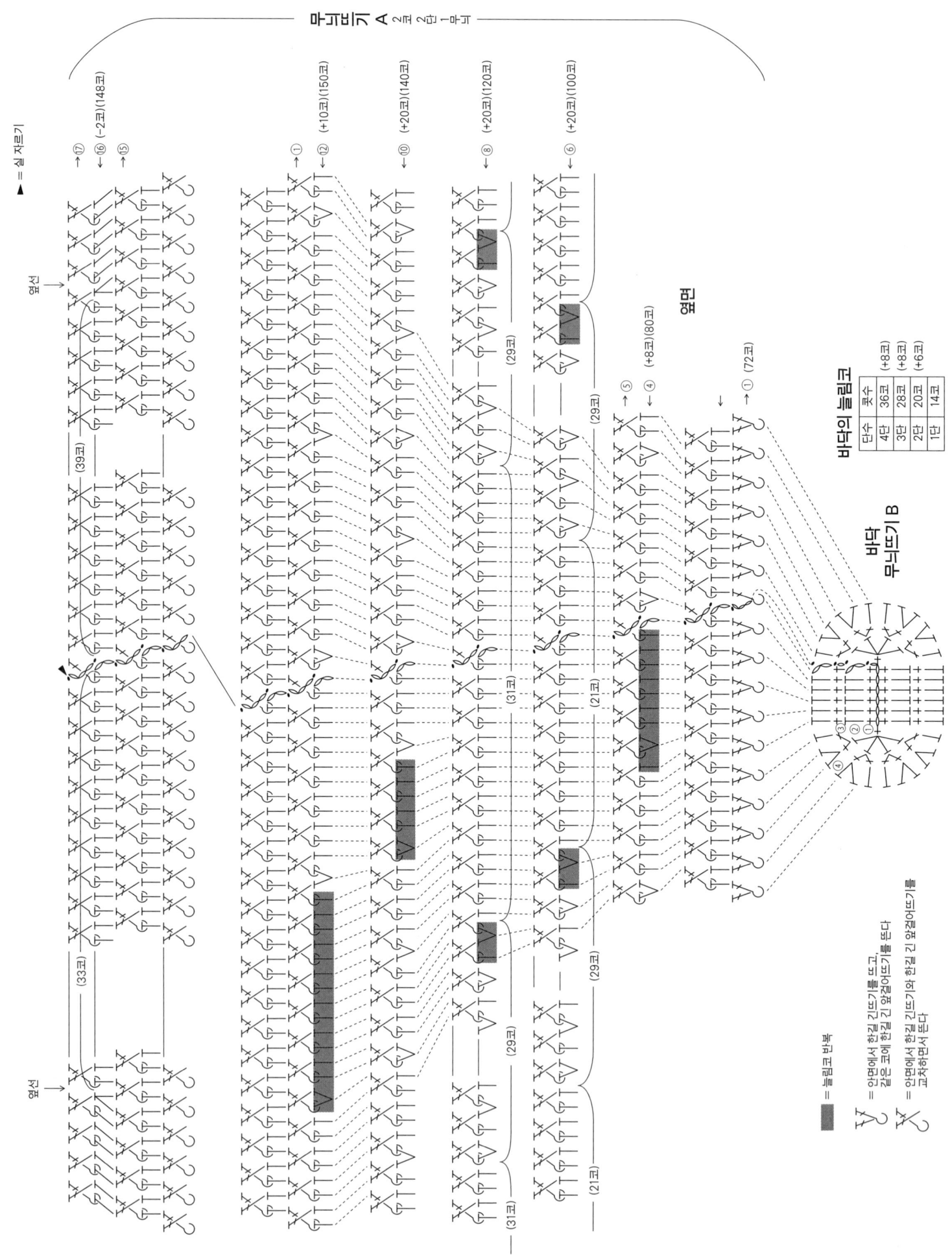

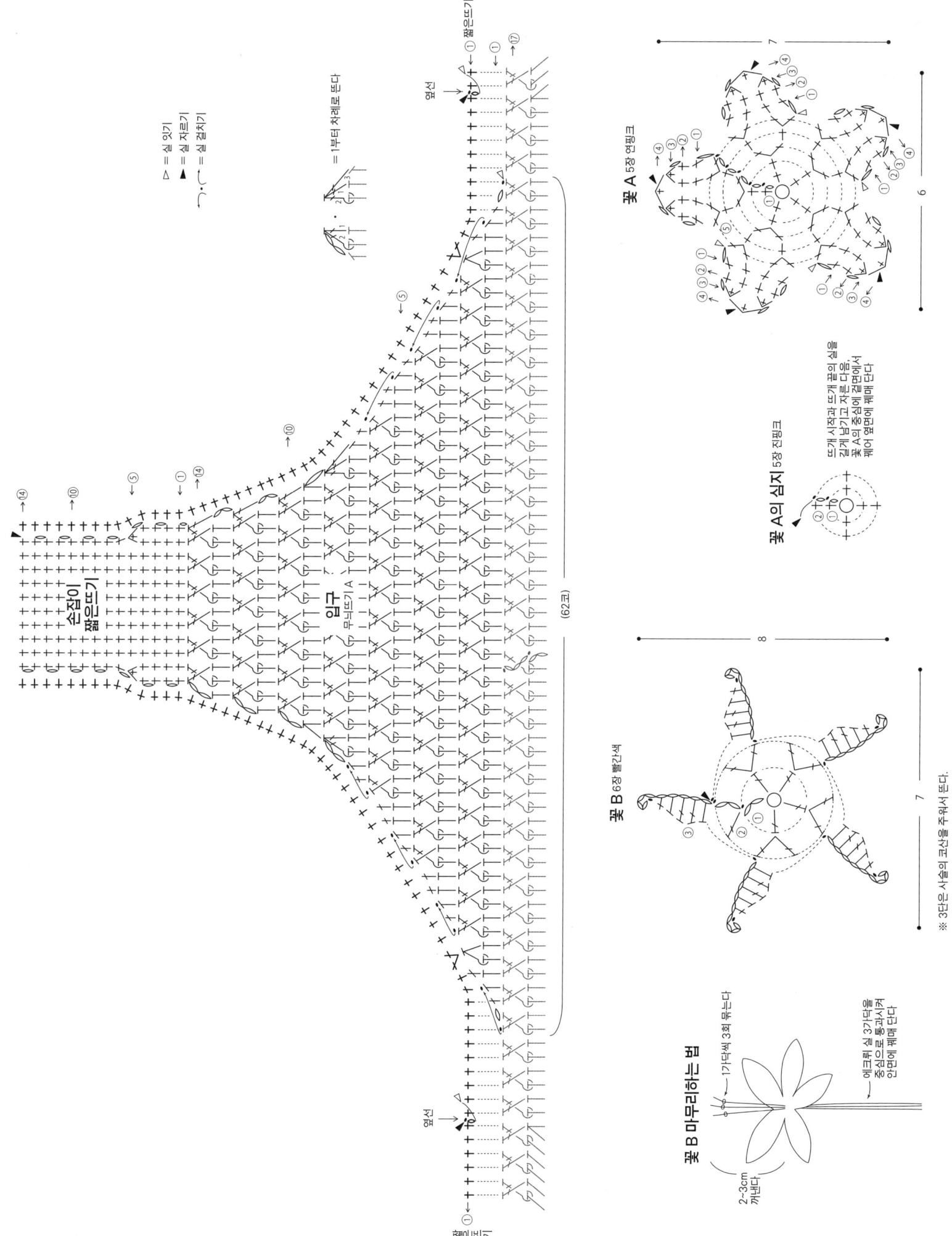

가방 & 모자
68 page ★★★

플래시 얀

옆면 무늬뜨기
코 줍는 법

※ 일본어 사이트

재료
메르헨 아트 플래시 얀 실버(691) 120g 6볼

도구
코바늘 7/0호

완성 크기
폭 26.5cm, 깊이 14cm(손잡이 길이 미포함)

게이지(10×10cm)
무늬뜨기 16.5코×20단

POINT
● 바닥은 사슬뜨기로 기초코를 만들어 뜨기 시작해 짧은뜨기로 원형뜨기합니다. 늘림코는 도안을 참고하세요. 이어서 도안을 참고해 코를 주워 옆면을 무늬뜨기로 원형으로 왕복뜨기합니다. 26단 떴으면 실을 자르고, 지정 위치에서 코를 주워 손잡이를 왕복해 뜹니다. 뜨개 끝끼리는 휘감아 잇기로 연결합니다.

● 마무리…입구·손잡이 둘레는 지정 콧수를 주워 짧은뜨기로 원형뜨기합니다. 맞춤 표시(☆, ★)끼리는 안끼리 맞대어 휘감아 잇기로 연결합니다.

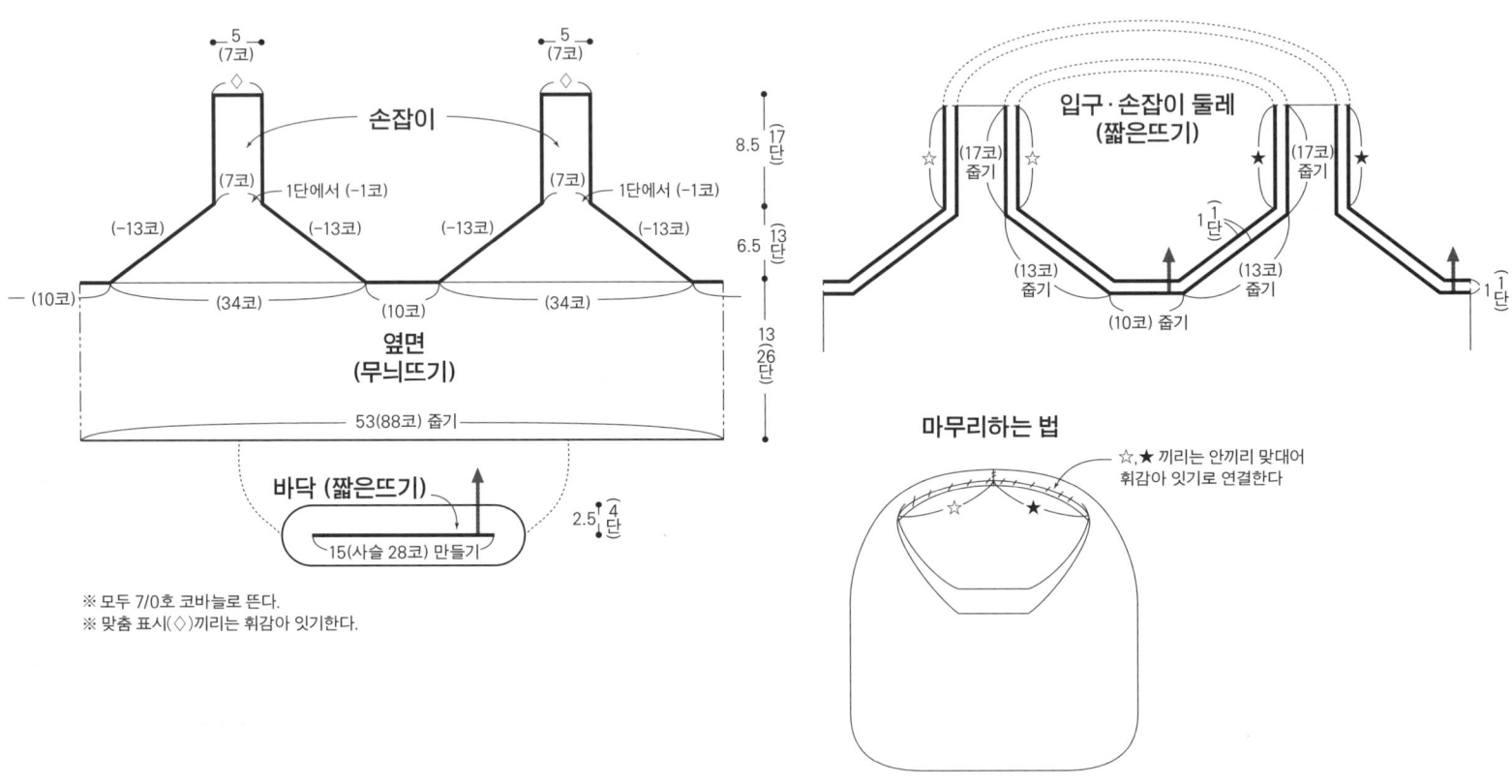

▶ 161페이지에서 이어집니다.

▷ = 실 잇기
▶ = 실 자르기

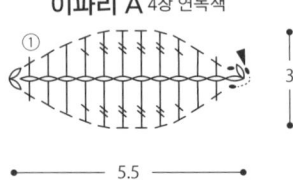

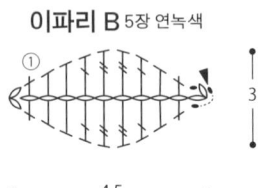

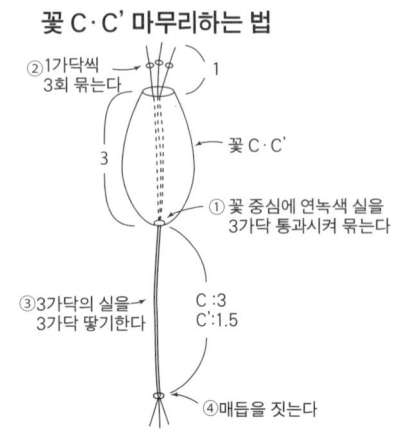

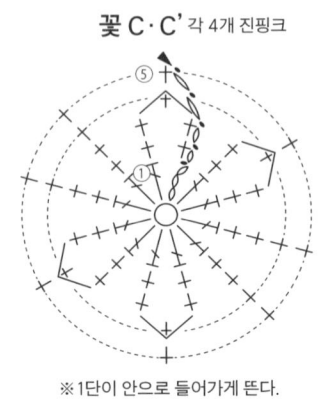

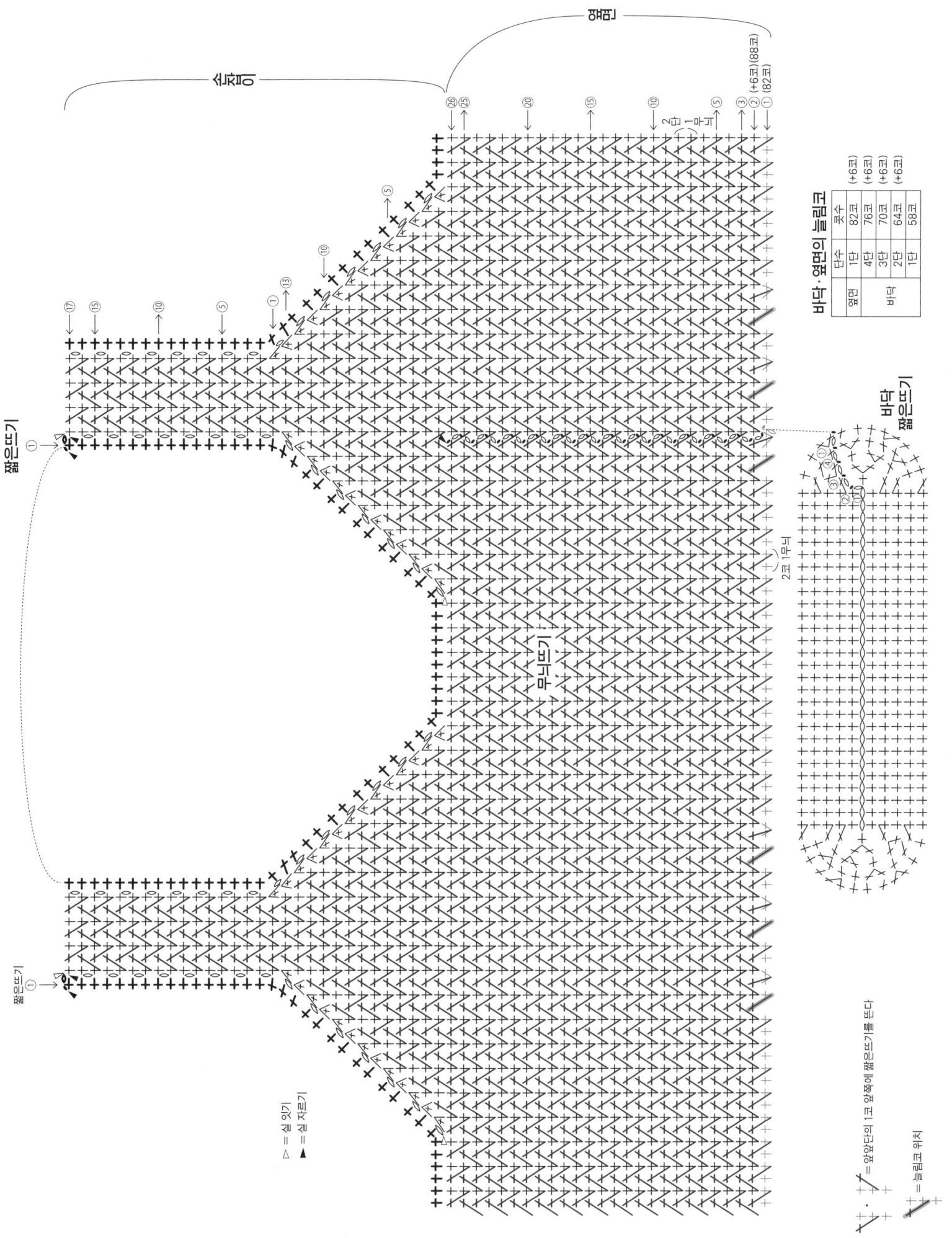

가방 & 모자
68 page ★★

플래시 얀

마닐라 헴프 얀

되돌아 짧은뜨기

※ 일본어 사이트

재료
메르헨 아트 플래시 얀 검정색(694) 80g 4볼, 마닐라 헴프 얀 밀크(511) 30g 2볼

도구
코바늘 8/0호·5/0호

완성 크기
폭 17cm, 깊이 24.5cm

게이지(10×10cm)
무늬뜨기·긴뜨기 14.5코×9단

POINT
● 본체…바닥은 사슬뜨기로 기초코를 만들어 뜨기 시작해 짧은뜨기로 원형뜨기합니다. 늘림코는 도안을 참고하세요. 옆면은 긴뜨기, 무늬뜨기로 원형뜨기합니다. 입구는 테두리뜨기로 뜨는데, 2단 떴으면 실을 자르고 3단은 1단 머리에 빼뜨기를 뜹니다.

● 마무리…바닥 둘레는 옆면의 1단을 감싸듯이 되돌아 짧은뜨기로 뜹니다. 손잡이는 바닥과 같은 방법으로 뜨기 시작해 짧은뜨기로 뜨는데, 뜨개 시작과 뜨개 끝의 4단은 왕복뜨기하고 나머지는 원형뜨기합니다. 마무리하는 법을 참고해 손잡이를 감침질로 답니다. 장식 끈을 사슬뜨기로 뜨고 손잡이에 묶습니다.

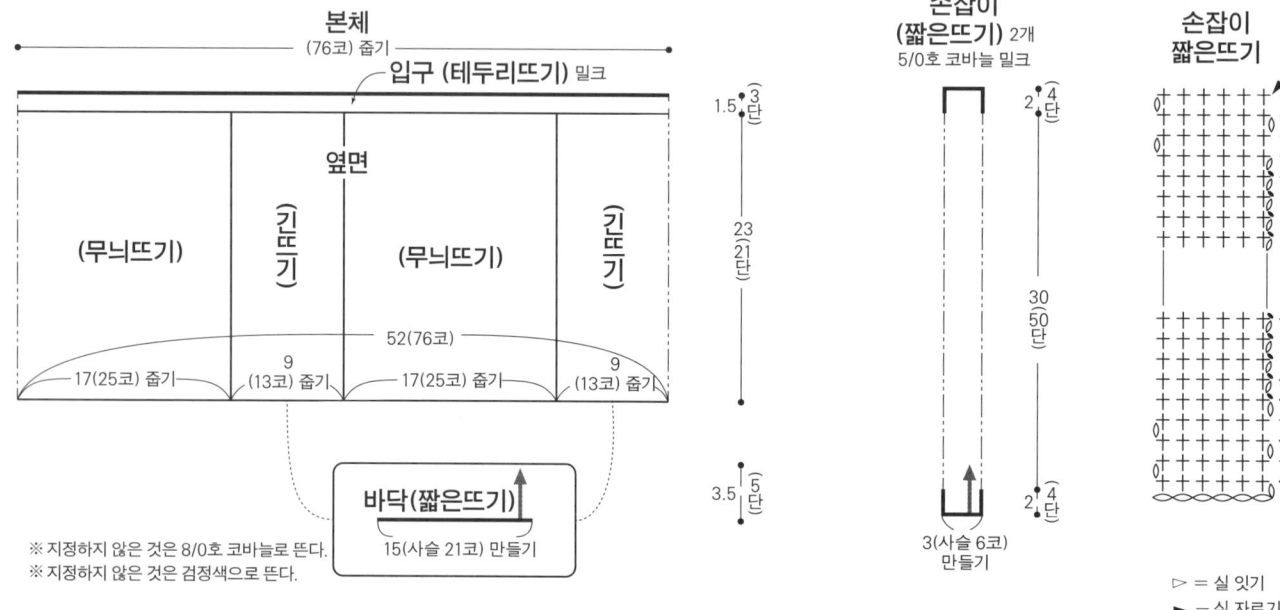

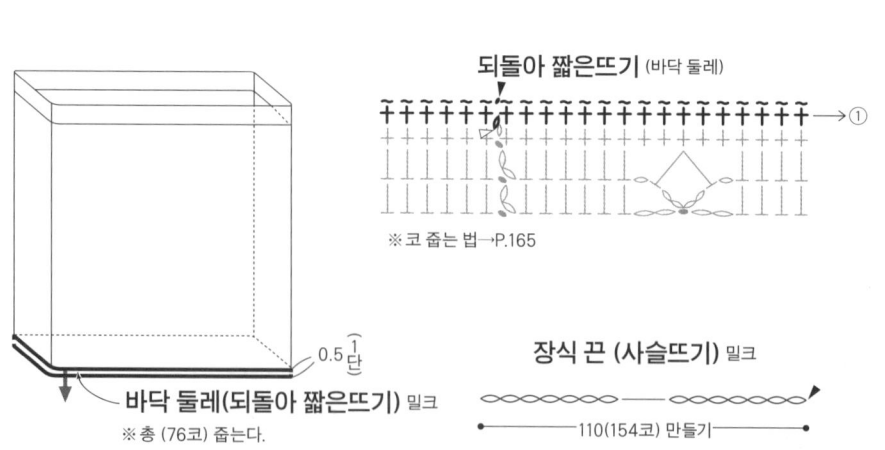

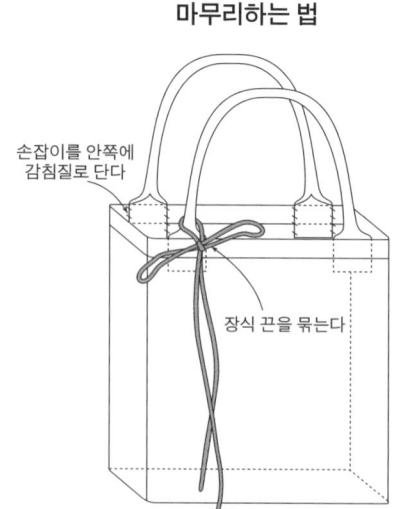

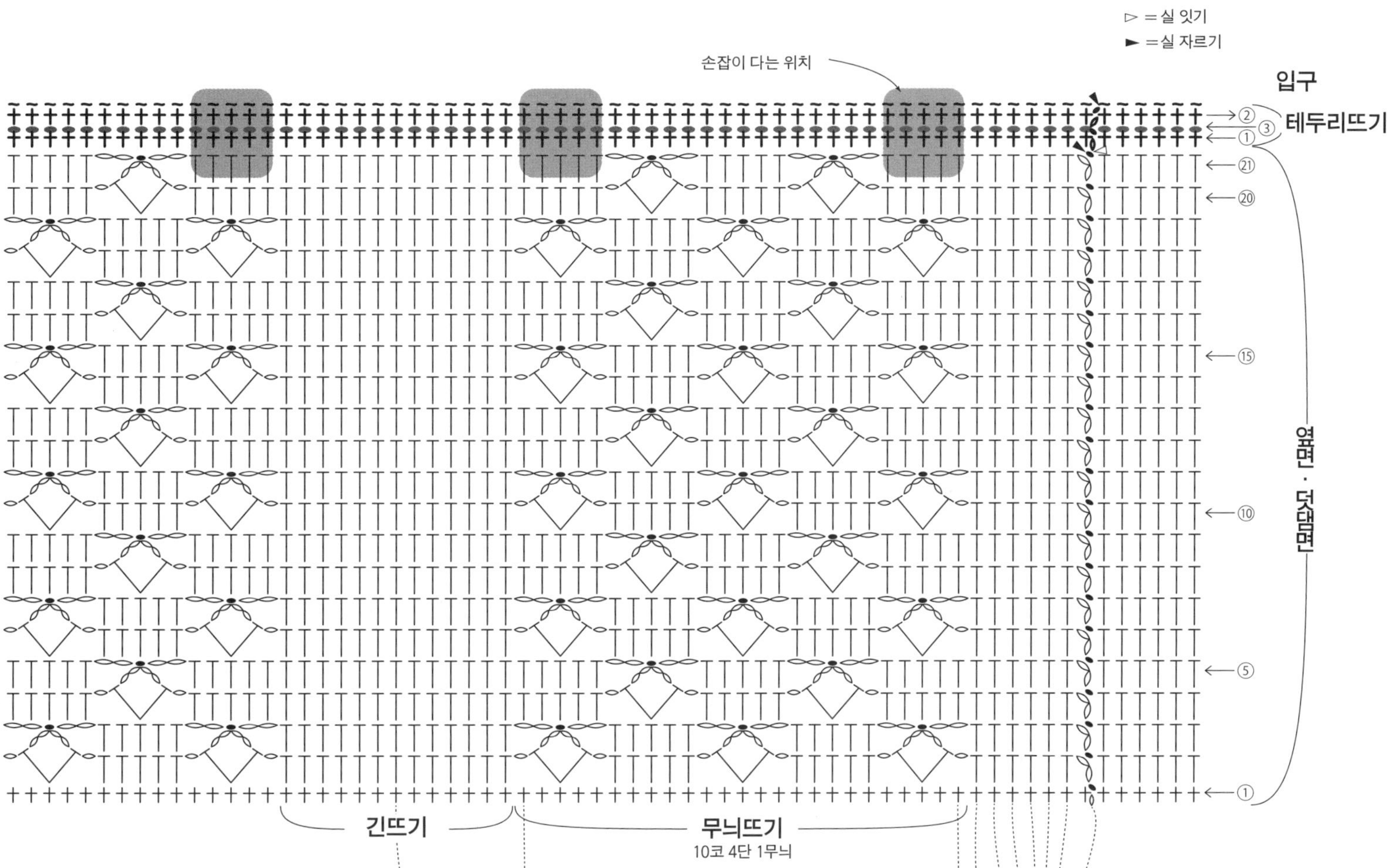

▷ = 실 잇기
▶ = 실 자르기

손잡이 다는 위치

입구
테두리뜨기

긴뜨기

무늬뜨기
10코 4단 1무늬

● = 빼뜨기 위치
※ 테두리뜨기 3단은 나중에 밀크 실을 잇고,
1단의 짧은뜨기 머리를 주워 빼뜨기한다.

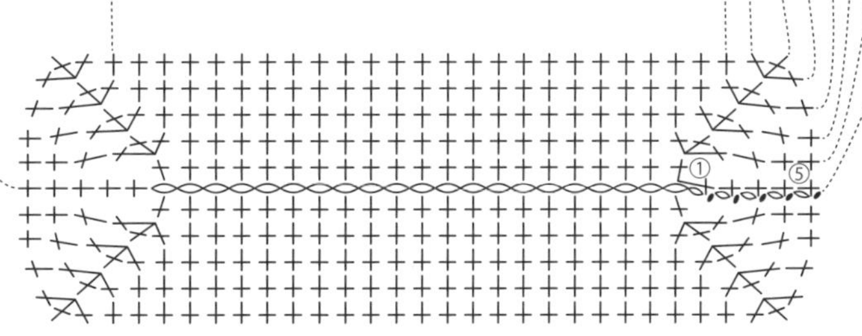

옆면 · 덧댐면

배색 {
— = 검정색
— = 밀크
}

바닥
짧은뜨기

바닥의 늘림코

단수	콧수	
5단	76코	(+8코)
4단	68코	(+8코)
3단	60코	(+8코)
2단	52코	(+8코)
1단	44코	

바닥 둘레 뜨는 법

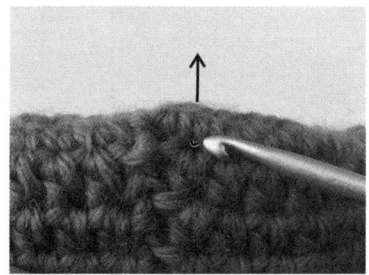

1 옆면 1단 머리에 바늘을 넣고, 바닥 5단 머리로 뺀다.

2 실을 걸어 빼내고, 실을 잇는다.

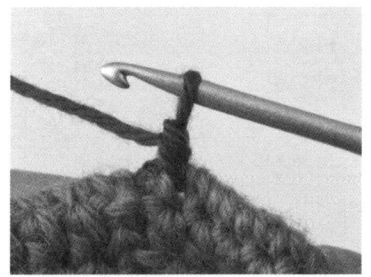

3 기둥코인 사슬을 1코 뜨고, 1과 같은 위치에 바늘을 넣어 되돌아 짧은뜨기를 뜬다.

4 옆면 1단을 감싸듯이 되돌아 짧은뜨기를 뜬다.

뜨개질 자유 연구
72 page ★★★

코트로 디그레이드

플로탕

재료
퍼피 코트로 디그레이드 파란색 계열 그러데이션(11) 190g 2볼, 플로탕 청록색(10) 30g 1볼, 하얀색(1) 20g 1볼

도구
아프간바늘 12호

완성 크기
폭 28cm, 길이 132cm

게이지(10×10cm)
줄무늬 무늬뜨기 17코×14.5단

POINT
● 파란색 계열 그러데이션으로 사슬뜨기 기초코를 만들어 뜨기 시작하고, 줄무늬 무늬뜨기로 뜹니다. 마지막 단은 변칙이므로 주의합니다. 뜨개 끝은 파란색 계열 그러데이션으로 빼뜨기로 코막음합니다.

줄무늬 무늬뜨기

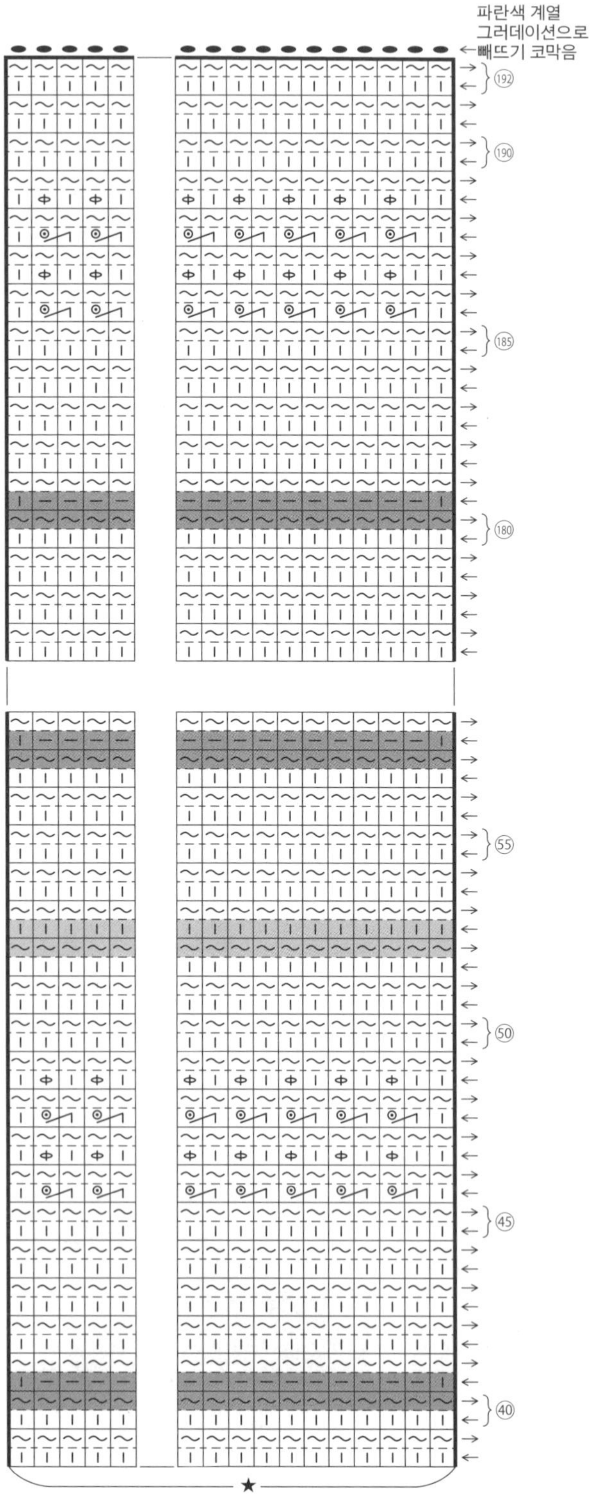

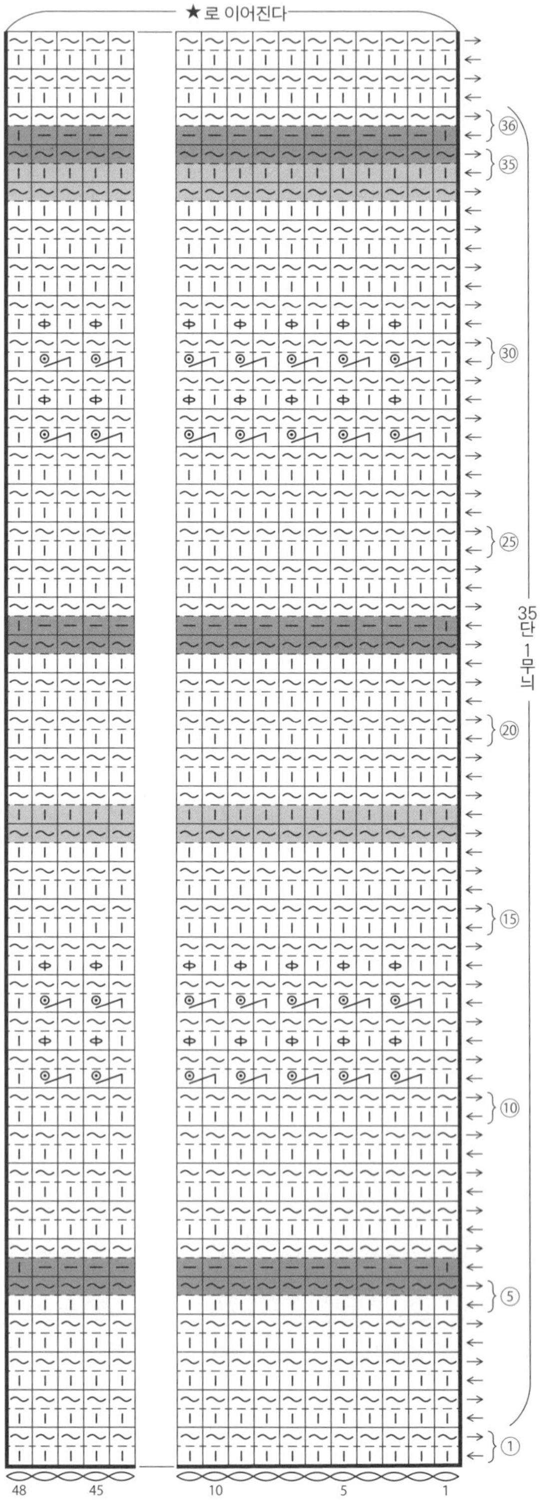

숄
(줄무늬 무늬뜨기)
아프간바늘 12호

132
192
단

28(48코) 만들기

배색
□ = 파란색 계열 그러데이션
■ = 청록색
▨ = 하얀색

I = 겉뜨기
∼ = 되돌아뜨기
− = 안뜨기
⊘ = 2코 모아뜨기·앞쪽 걸기코
⊕ = 되돌아뜨기의 사슬을 다발로 줍는다

뜨개질 자유 연구
73 page ★★★

워시 코튼

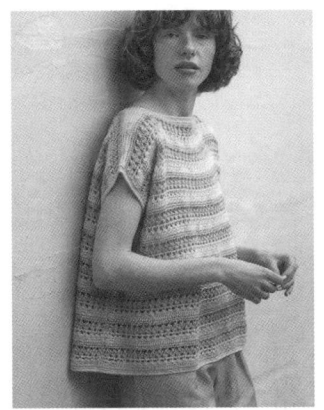

재료
하마나카 워시 코튼 에크뤼(2) 205g 6볼, 연그레이(20)·연청록(44) 각 90g 각 3볼

도구
아프간바늘 6호, 코바늘 5/0호

완성 크기
가슴둘레 116cm, 길이 52cm, 화장 30.5cm

게이지(10×10cm)
줄무늬 무늬뜨기 22.5코×11단,
플레인 아프간뜨기 21.5코×20단

POINT
● 몸판…에크뤼로 사슬뜨기 기초코를 만들어 뜨기 시작하고, 줄무늬 무늬뜨기, 플레인 아프간뜨기로 뜹니다. 목둘레선의 줄임코와 어깨 경사는 도안을 참고합니다.
● 마무리…어깨는 떠서 잇기, 옆선은 떠서 꿰매기를 합니다. 밑단, 목둘레, 소맷부리는 지정 콧수를 주워 짧은뜨기로 원형뜨기합니다. 도안을 참고해 목둘레의 2단째 모서리에서 줄임코합니다.

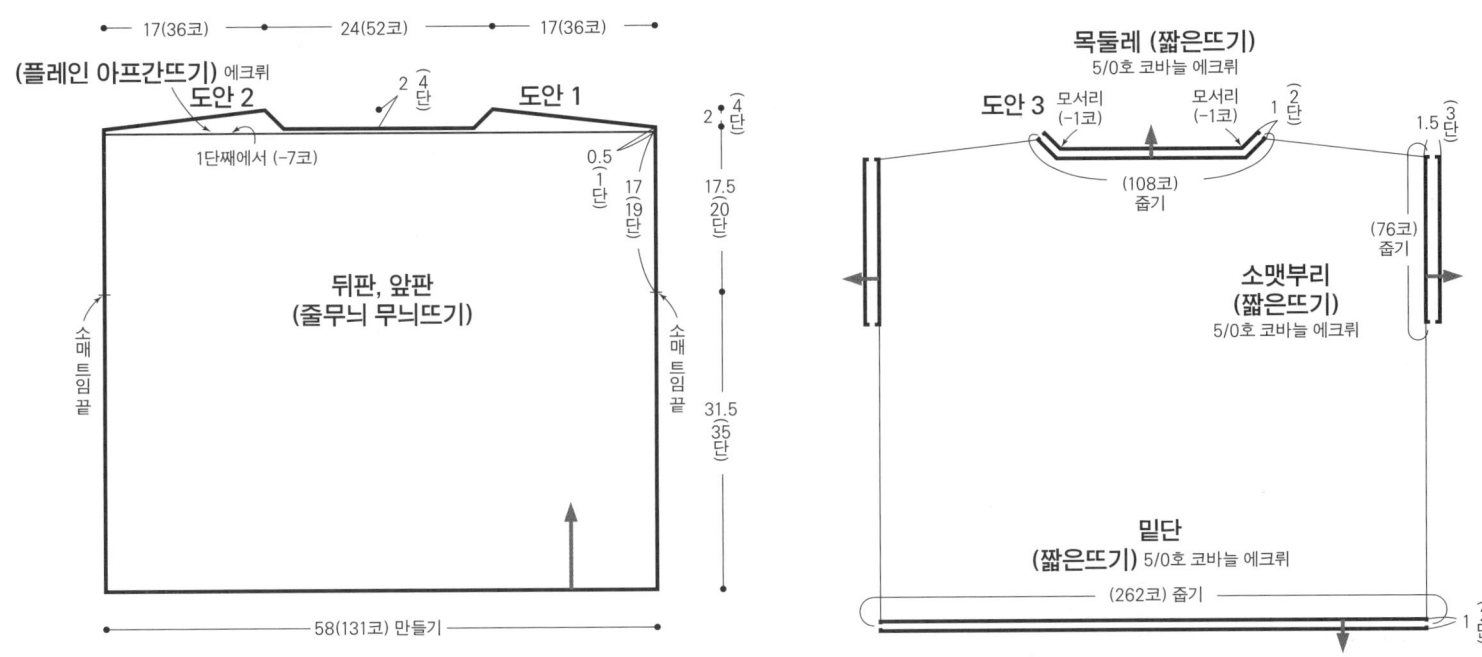

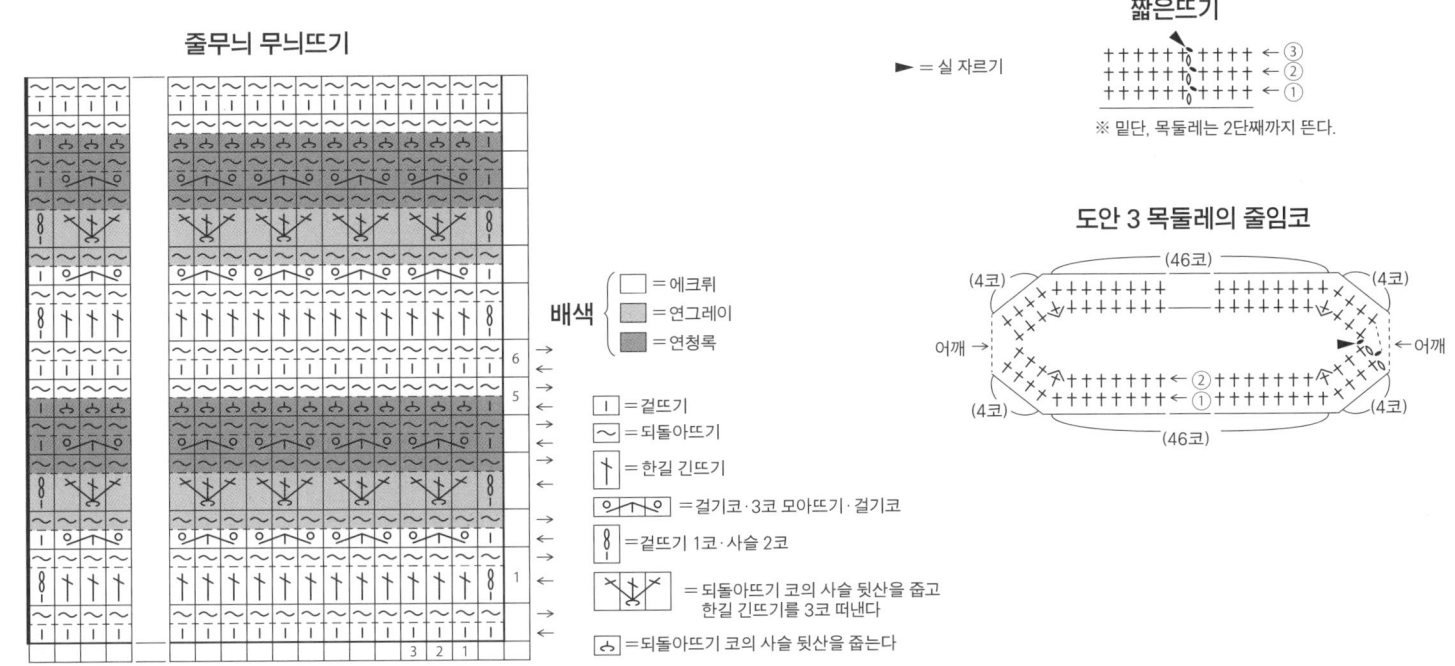

168페이지로 이어집니다. ▶

▶ 167페이지에서 이어집니다.

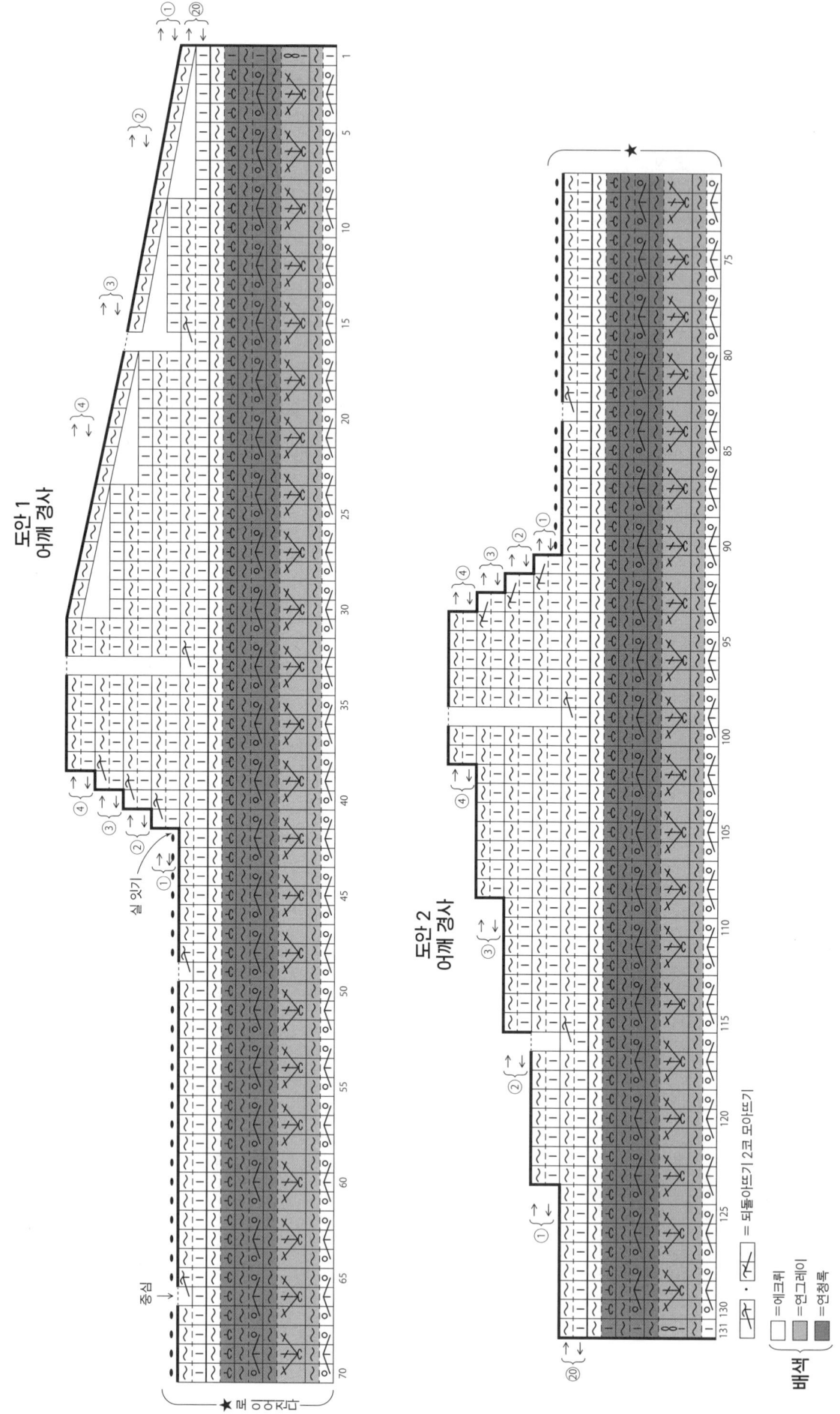

겉뜨기	되돌아뜨기	안뜨기

※일본어 사이트	※일본어 사이트	※일본어 사이트

겉뜨기

 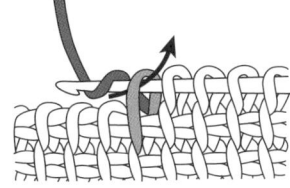 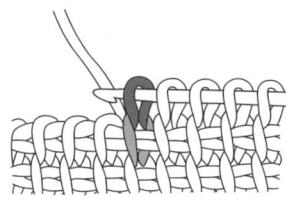

1 앞단의 코에 화살표처럼 바늘을 넣는다. 2 바늘에 실을 걸어 빼낸다. 3 겉뜨기를 완성했다. 플레인 아프간뜨기의 떠나가기(세로코).

되돌아뜨기

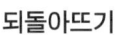

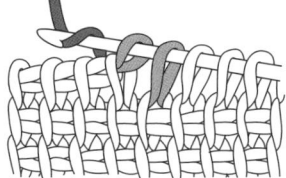 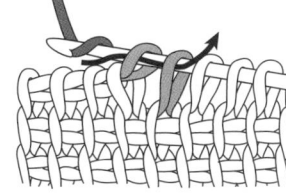 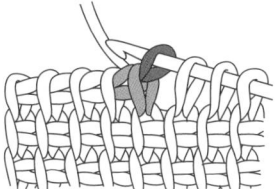

1 바늘에 실을 걸고, 2 화살표처럼 바늘에 걸린 2루프로 한 번에 빼낸다. 3 되돌아뜨기를 완성했다.

안뜨기

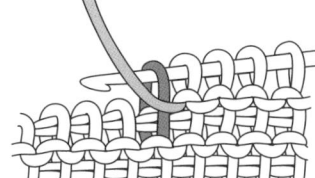 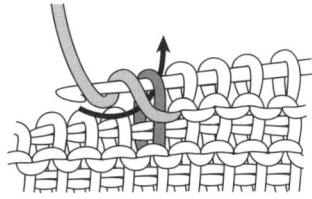 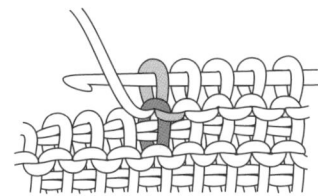

1 실을 앞쪽에 놓고, 앞단의 세로코에 바늘을 넣는다. 2 앞쪽에서 실을 걸고, 화살표처럼 뒤쪽으로 빼낸다. 3 안뜨기를 완성했다.

어깨의 되돌아뜨기(코로 남길 때)

오른쪽

 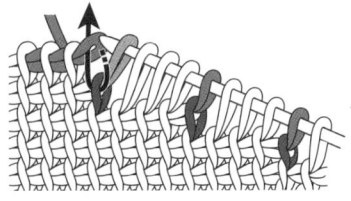 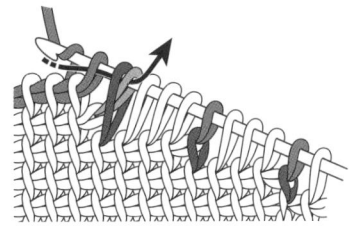

왼쪽

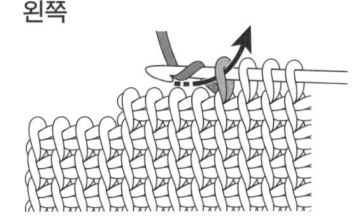

1 1단째의 되돌아뜨기에서 지정 콧수를 뜨지 않고 바늘에 남긴다. 2단째의 떠나가기는 화살표처럼 줍는다. 2 마지막 단의 되돌아뜨기에서 바늘에 걸린 모든 코를 1단째까지 통과시켜 되돌아뜨기를 뜬다. 단의 경계의 1코 직전까지 빼내고, 바늘의 코를 일단 빼 화살표처럼 바늘을 다시 넣는다. 3 화살표처럼 3루프로 한 번에 뜬다.

떠나가기는 지정 콧수만 뜨지 않고 남기고, 되돌아뜨기를 뜬다.

옆선의 떠서 꿰매기

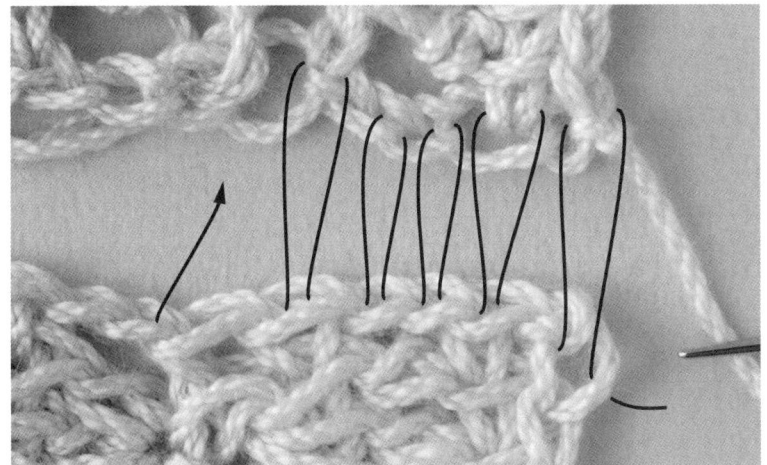

편물에 맞대고 화살표처럼 세로코에 바늘을 넣어 꿰맨다

어깨의 떠서 잇기

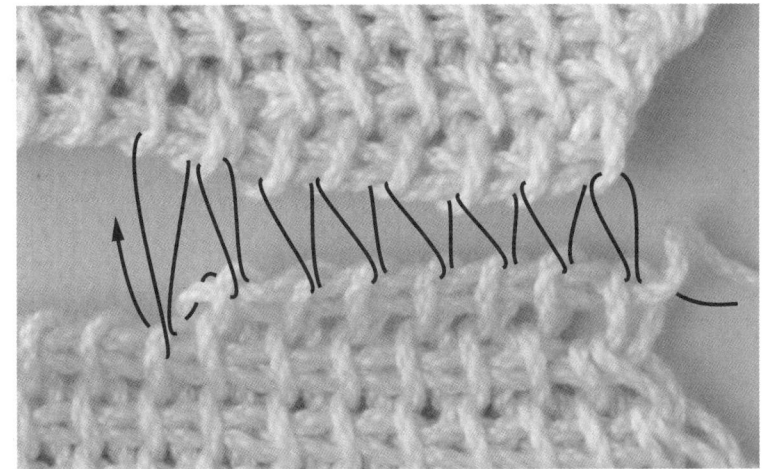

편물을 맞대고 화살표처럼 세로코에 바늘을 넣어 잇는다

쿠튀르 어레인지

76 page ★★★

다이아 시에로

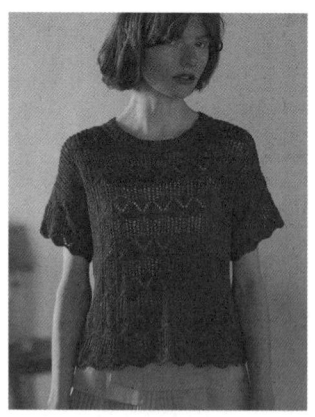

재료

다이아몬드케이토 다이아 시에로 연지색(108) 185g 7볼

도구

대바늘 5호·4호·3호

완성 크기

가슴둘레 106cm, 길이 48.5cm, 화장 36.5cm

게이지(10×10㎝)

무늬뜨기 A · A'=27코×38단(4호 대바늘), 무늬뜨기 A=25.5코×36단(5호 대바늘), 무늬뜨기 B=29코×38단(4호 대바늘)

POINT

●몸판, 소매…빡빡해지지 않게 2호 굵은 바늘로 손가락으로 만드는 기초코를 만들어 뜨기 시작하고, 테두리뜨기를 뜹니다. 이어서 몸판은 무늬뜨기 A, A', B, 소매는 무늬뜨기 A를 각각 게이지 조정하면서 뜹니다. 목둘레선의 줄임코는 도안을 참고합니다.

●마무리…어깨는 덮어씌워 잇기, 옆선, 소매 밑선은 떠서 꿰매기합니다. 목둘레는 지정 콧수를 줍고, 무늬뜨기 C로 원형뜨기합니다. 뜨개 끝은 1코 돌려 고무뜨기 코막음합니다. 소매는 코와 단 잇기로 몸판과 연결합니다.

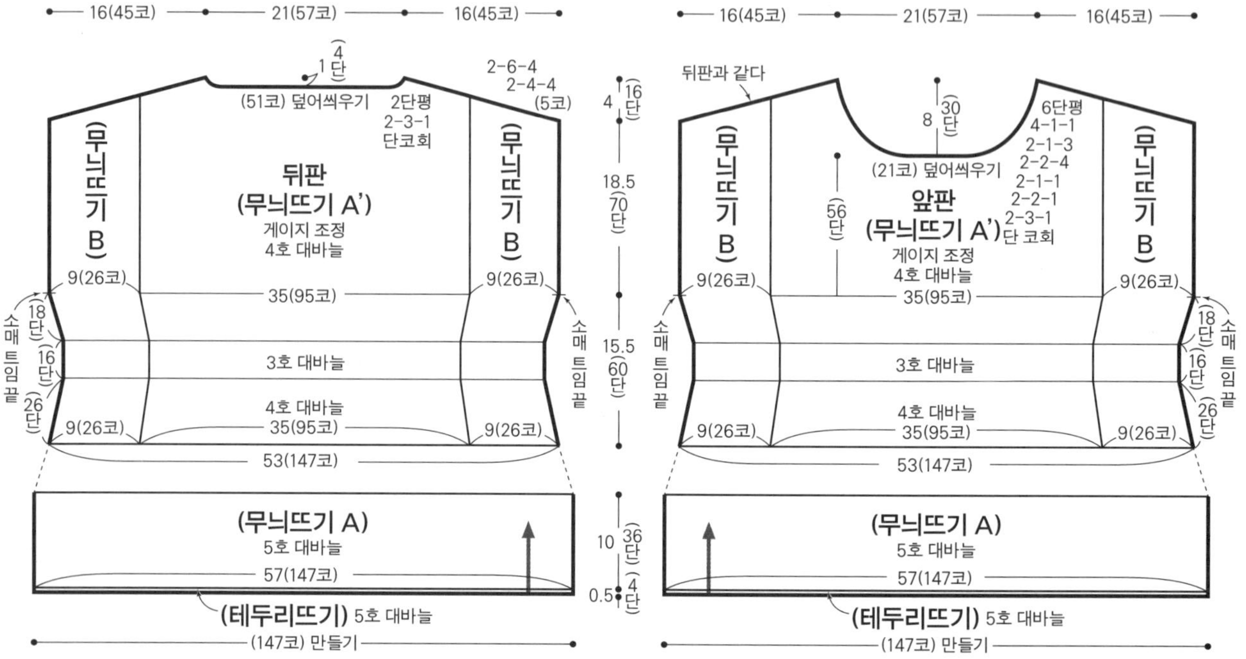

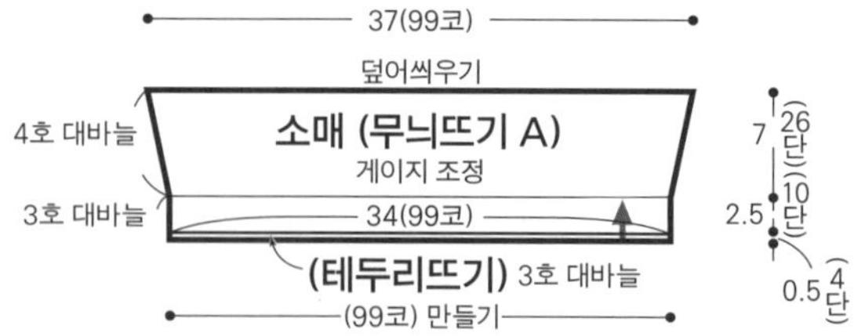

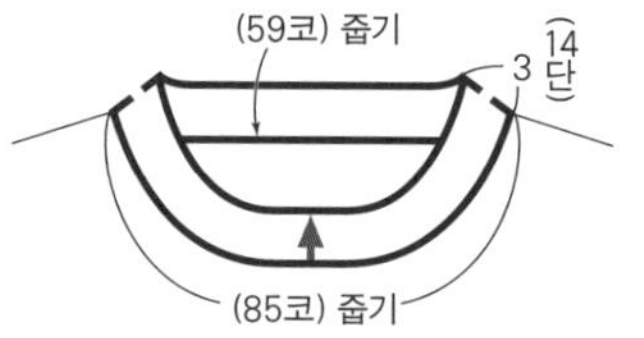

테두리뜨기

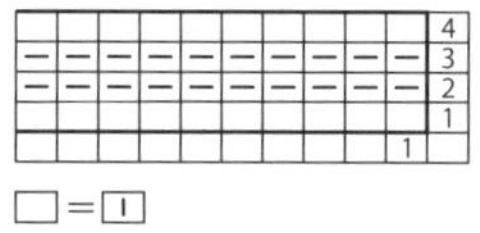

무늬뜨기 B

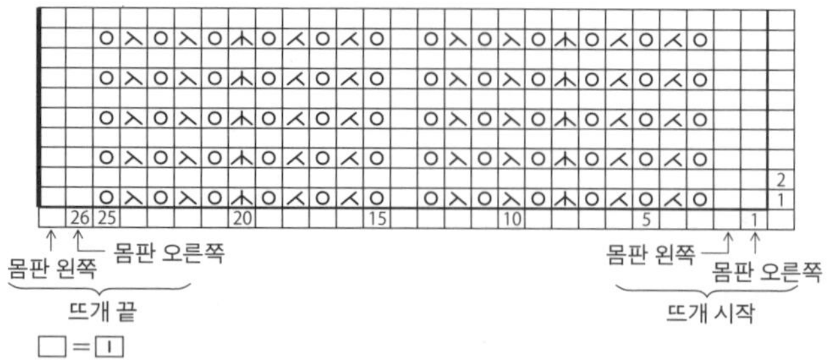

무늬뜨기 C

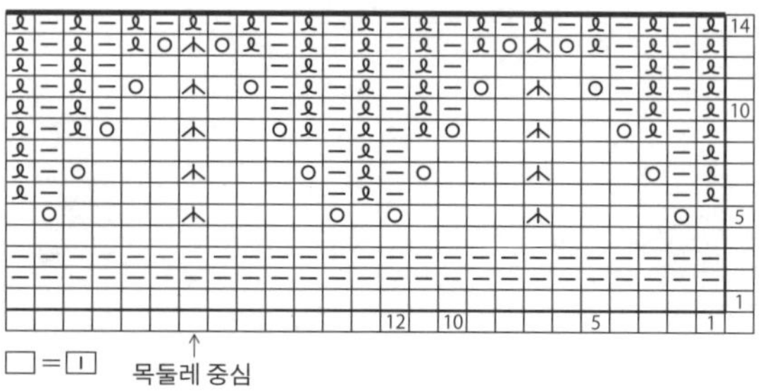

무늬뜨기 A, A'

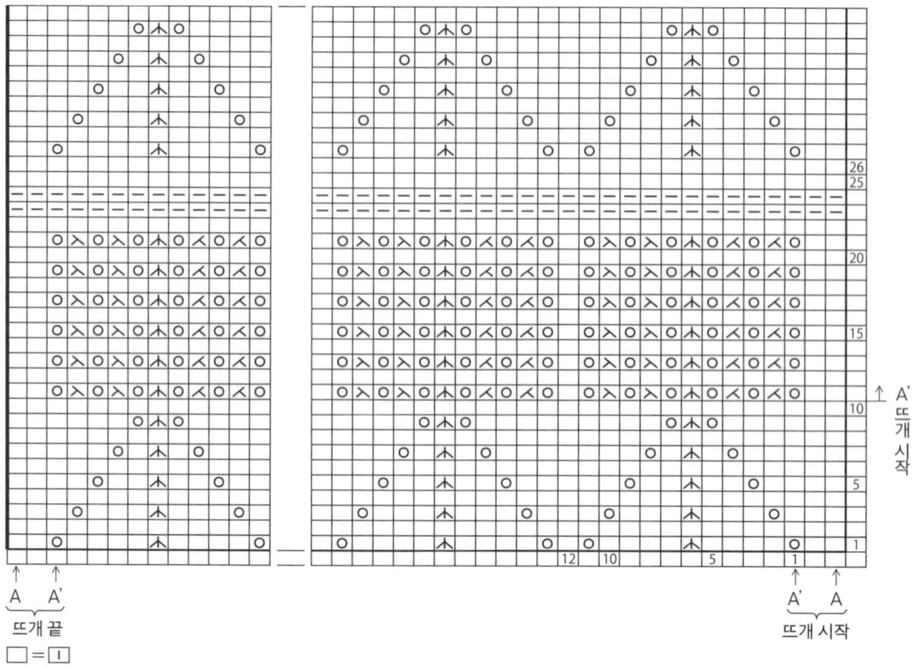

 ★ 개수는 작품을 선택하는 기준으로 참고해주세요. ★…초심자도 안심, ★★…자신이 조금 생겼다면, ★★★…끈기도 겸비한 중·상급자, ★★★★…솜씨에 자신 있음. 실은 실물 크기입니다.

뒤판 오른쪽 어깨의 되돌아뜨기

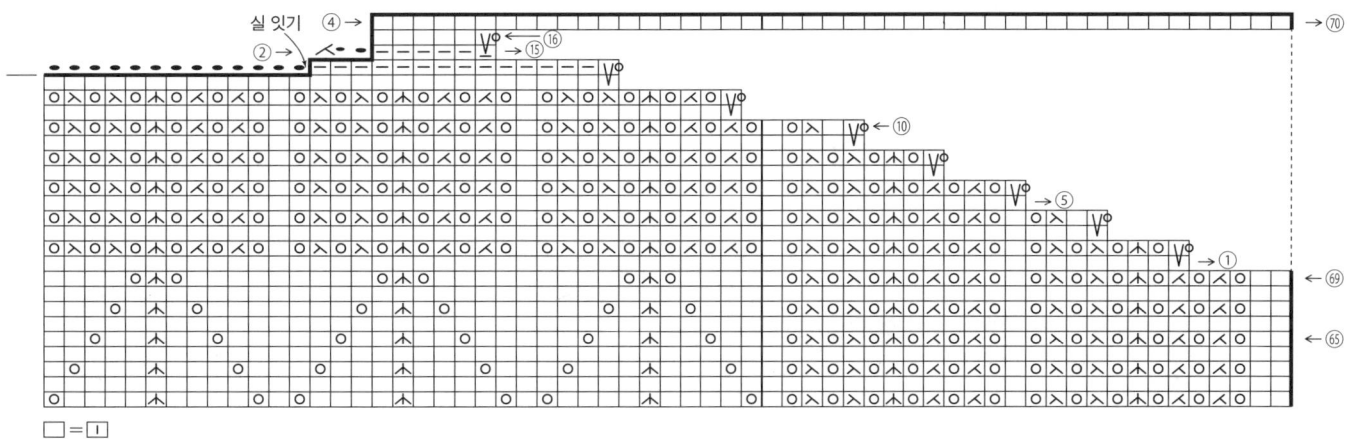

뒤판 왼쪽 어깨의 되돌아뜨기

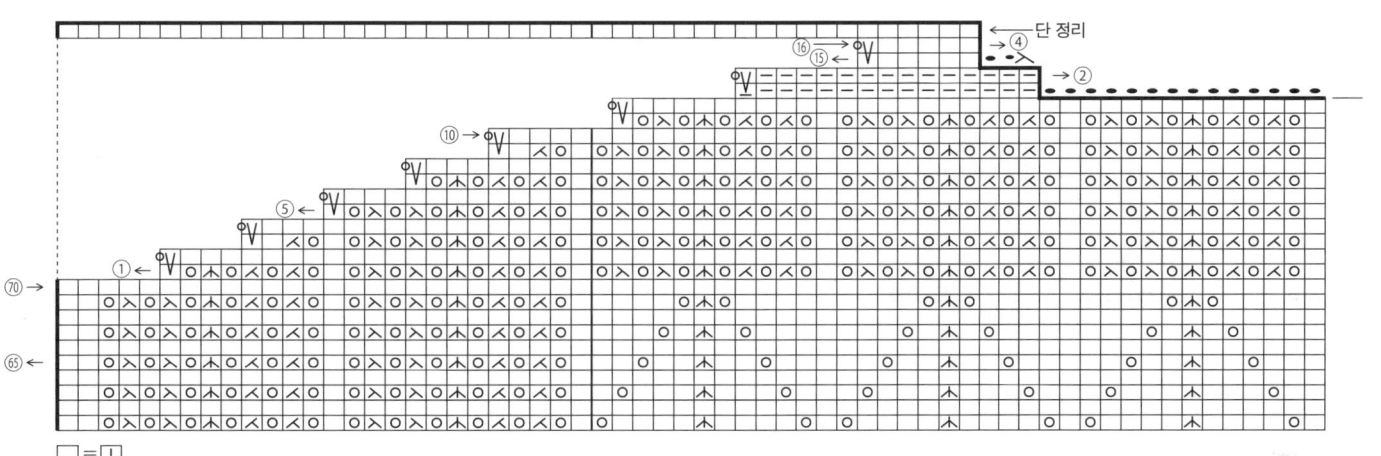

앞목둘레선의 줄임코

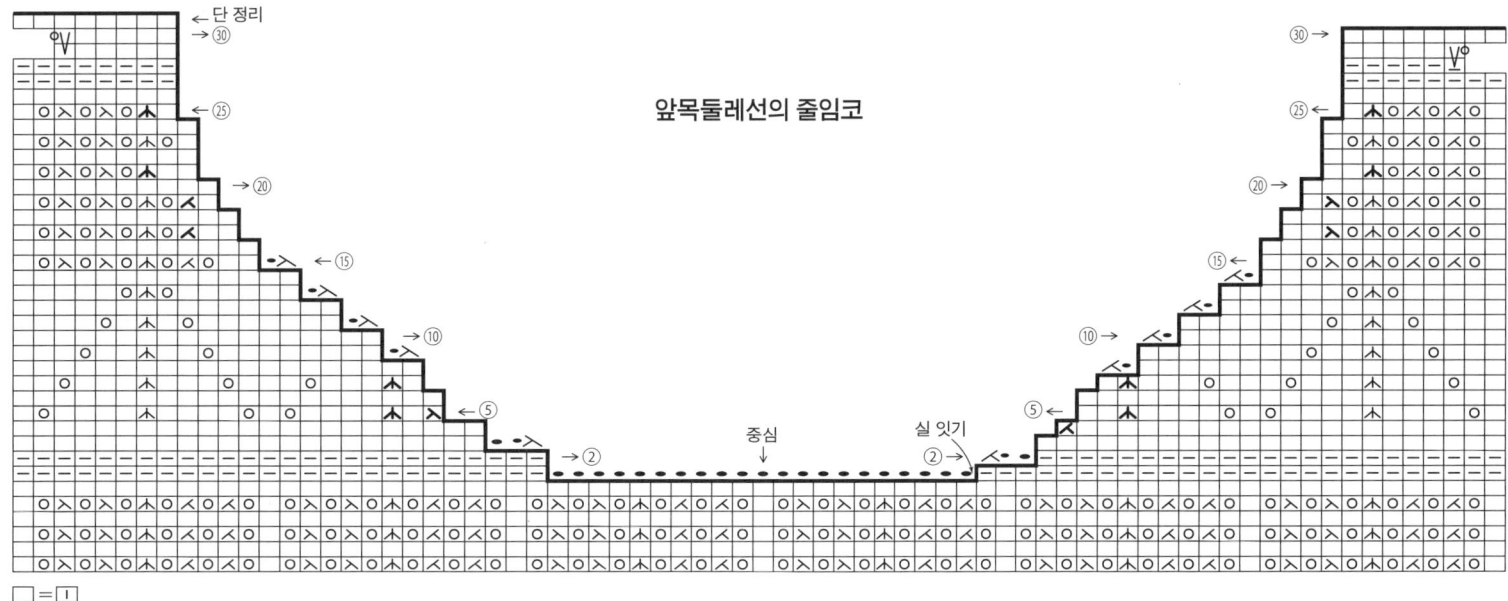

Knit+1 79 page ★★★

카펠리니

한길긴 5코
팝콘뜨기

※ 일본어 사이트

재료
K'sK 카펠리니 심녹색(17) 185g 4볼, 녹색(135) 85g 2볼, 겨자색(180) 45g 1볼

도구
코바늘 5/0호

완성 크기
가슴둘레 100cm, 길이 46.75cm, 화장 41.75cm

게이지
모티브 크기는 도안 참고

POINT
● 모두 모티브를 연결해서 뜹니다. 먼저 모티브 A를 지정 장수만큼 뜹니다. 다음으로 모티브 B를 모티브 A와 연결하면서 뜨고, 어깨의 모티브 B'는 모티브 A와 B'끼리 연결합니다. 모티브 C, D, E는 도안을 참고해서 모티브 A, B, B'의 사이를 채우듯이 떠서 연결합니다.

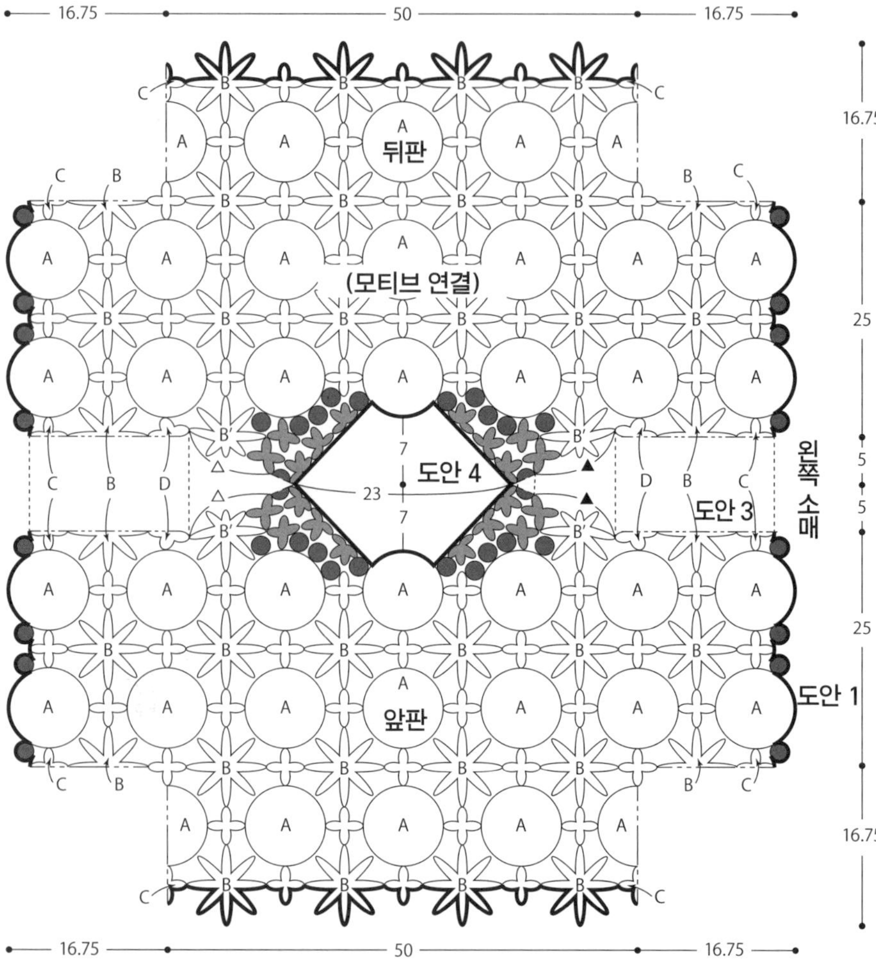

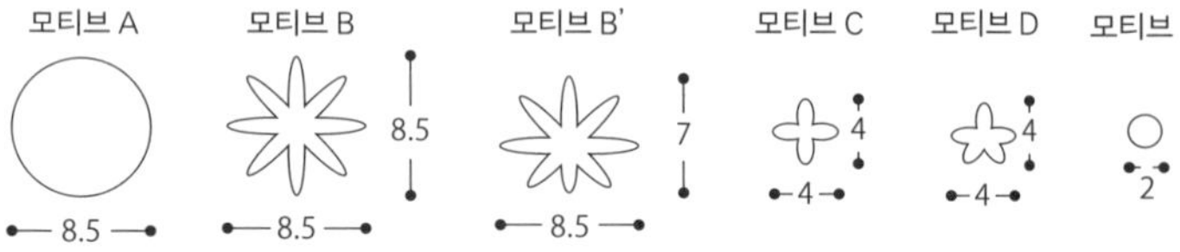

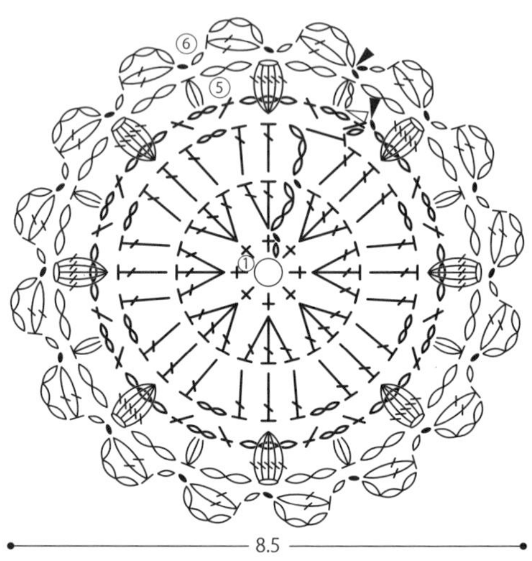

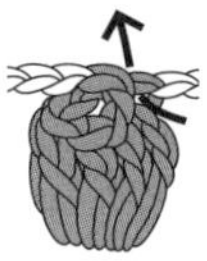

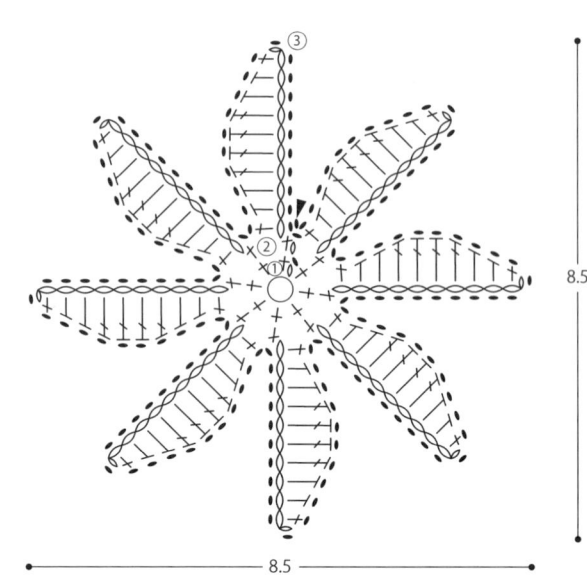

모티브 B' 4장
심녹색

모티브 C 88장
겨자색

● = 이웃한 모티브에 빼뜨기한다
(연결하는 모티브가 없는 부분은 빼뜨기를 생략하고 뜬다)

모티브 D 2장
겨자색

● = 이웃한 모티브에 빼뜨기한다

모티브 E 36장
녹색

► = 실 자르기

모티브 연결하는 법

배색
— = 녹색
— = 심녹색
▒ = 겨자색

174페이지로 이어집니다. ▶

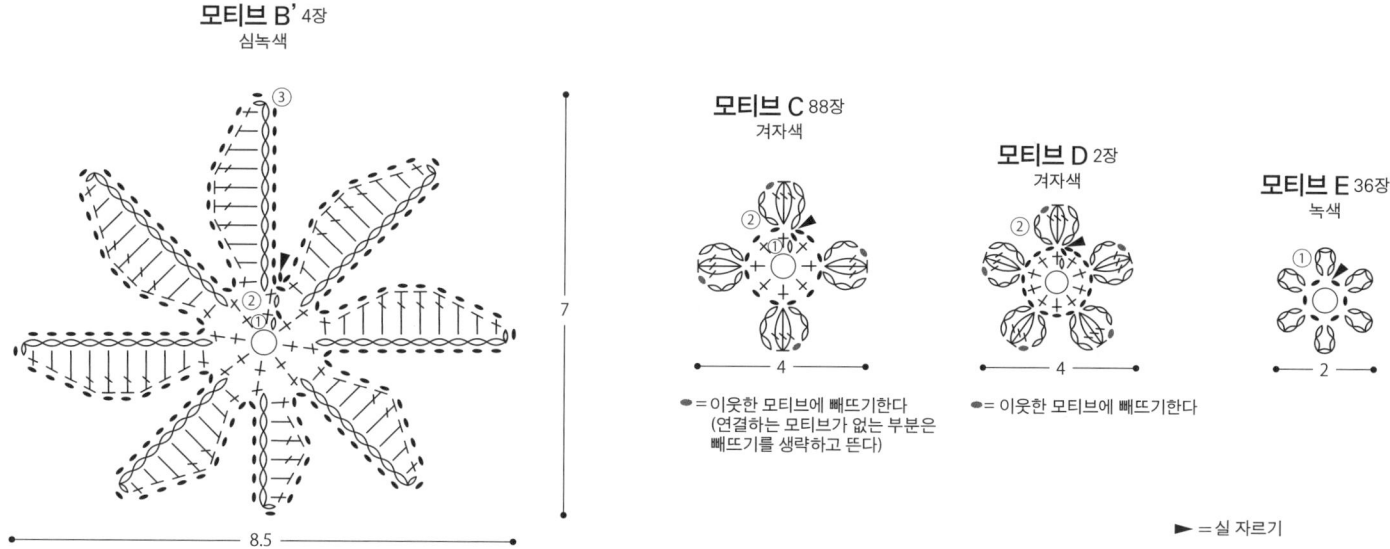

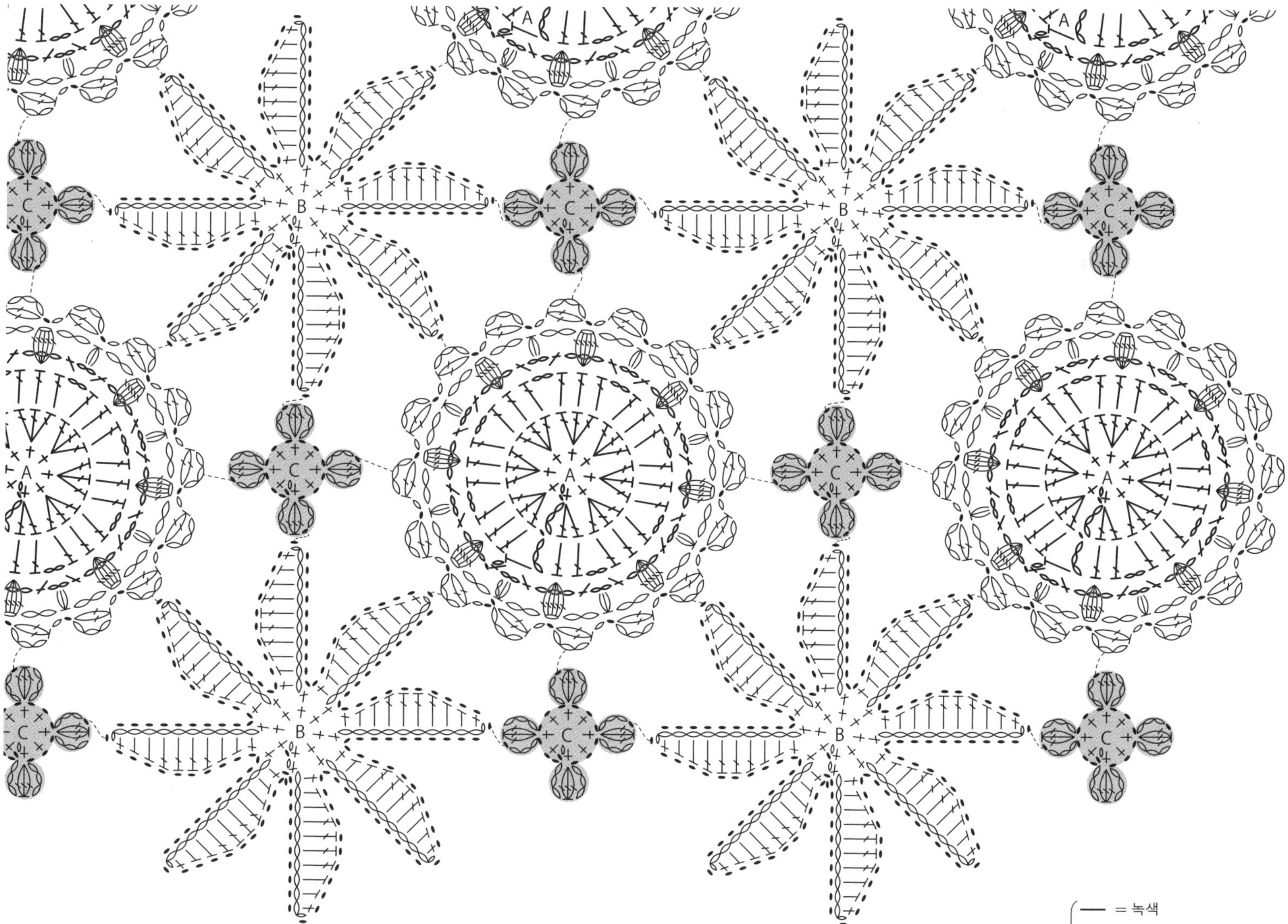

▶ 173페이지에서 이어집니다.

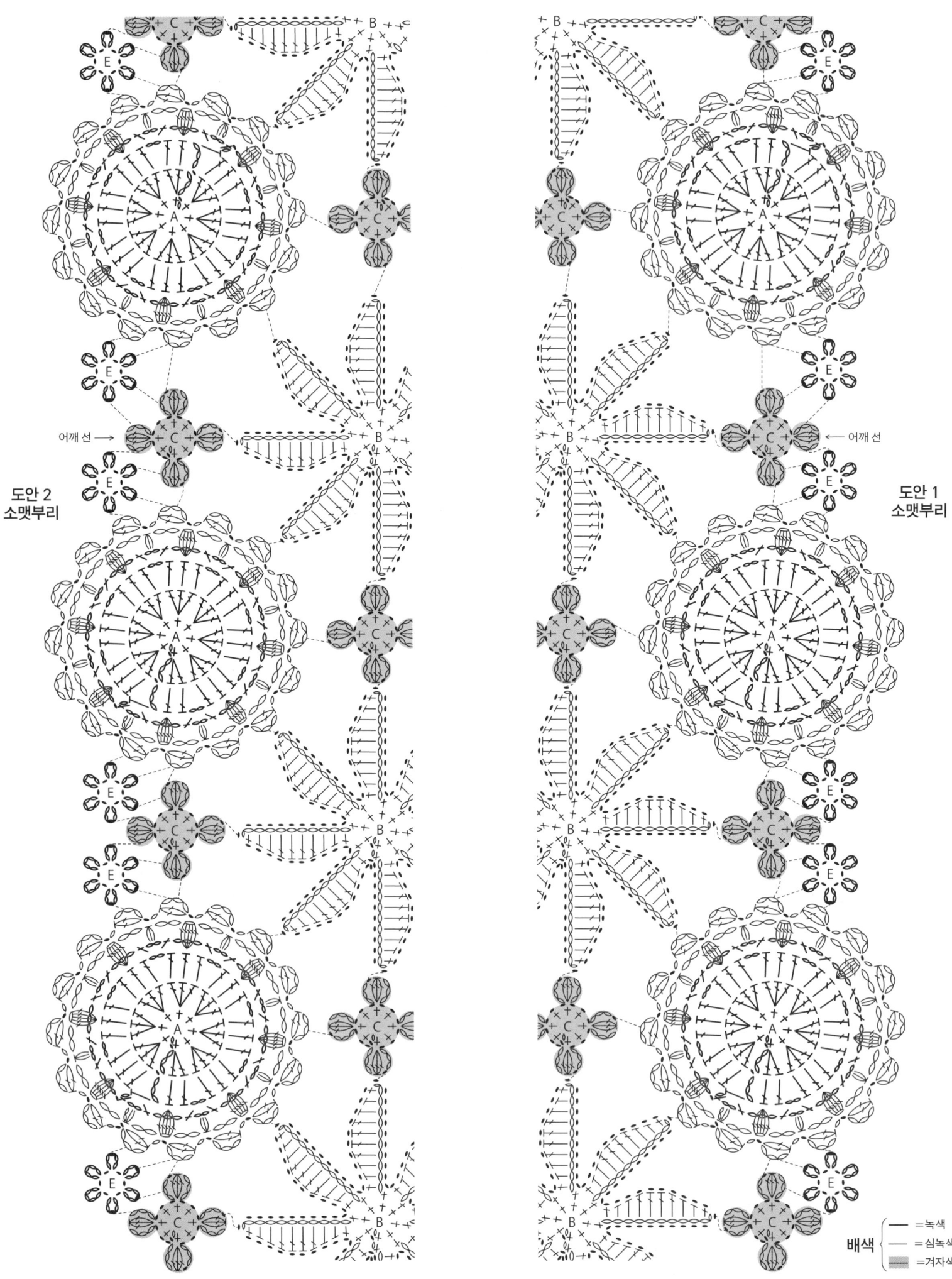

도안 2 소맷부리
어깨 선 →

도안 1 소맷부리
← 어깨 선

배색 {
─ =녹색
─ =심녹색
▨ =겨자색
}

▶ 176페이지로 이어집니다.

▶ 175페이지에서 이어집니다.

도안 4
목둘레선

Knit+1 78 page ★★★

카펠리니

재료
K'sK 카펠리니 베이지(49) 235g 5볼, 하얀색(911) 30g 1볼, 지름 13mm 단추 5개

도구
코바늘 3/0호

완성 크기
가슴둘레 96cm, 어깨너비 39cm, 길이 48cm, 소매길이 15.5cm

게이지(10×10cm)
무늬뜨기 A·B=31코×12단,
짧은뜨기=28코×34단

POINT
● 몸판, 소매…사슬뜨기 기초코를 만들어 뜨기 시작하고, 몸판은 무늬뜨기 A, 소매는 무늬뜨기 B로 뜹니다. 증감코는 도안을 참고합니다.

● 마무리…어깨는 떠서 잇기, 옆선, 소매 밑선은 떠서 꿰매기를 합니다. 칼라는 몸판과 같은 방법으로 기초코를 만들고 짧은뜨기, 줄무늬 테두리뜨기로 뜹니다. 몸판의 겉쪽과 칼라의 안쪽을 맞대고, 떠서 잇기로 연결합니다. 호주머니는 몸판과 같은 방법으로 기초코를 만들고 배색무늬뜨기, 테두리뜨기로 뜹니다. 배색무늬뜨기는 실을 세로로 걸치는 방법과 가로로 걸치는 방법을 조합해서 뜹니다. 장식 끈을 떠서 지정 위치에 꿰매 붙입니다. 호주머니를 앞몸판의 지정 위치에 반박음질해 붙입니다. 앞여밈단·밑단은 지정 콧수를 줍고, 줄무늬 테두리뜨기로 뜹니다. 왼쪽 앞여밈단에는 단춧고리를 만듭니다. 소맷부리는 줄무늬 테두리뜨기로 원형뜨기합니다. 소매는 떠서 잇기로 몸판과 연결합니다. 단추를 달아 완성합니다.

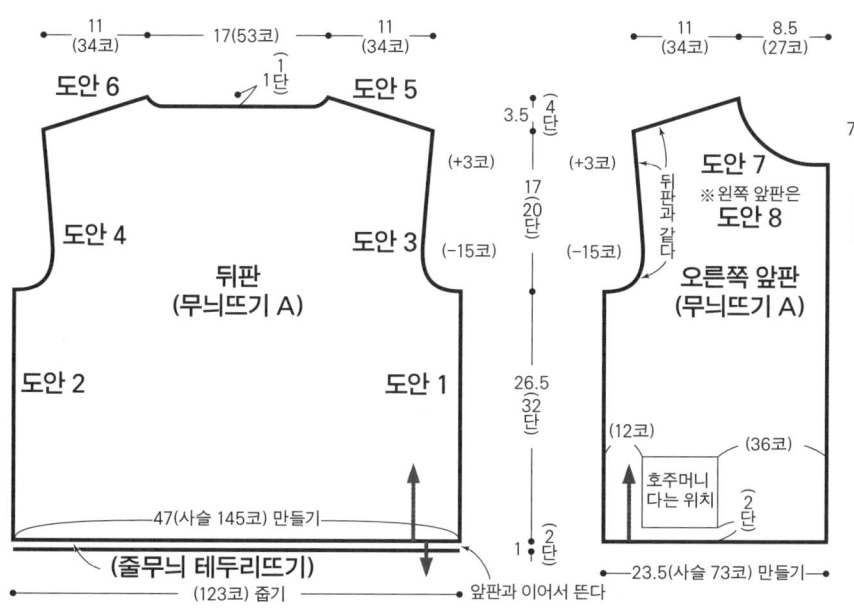

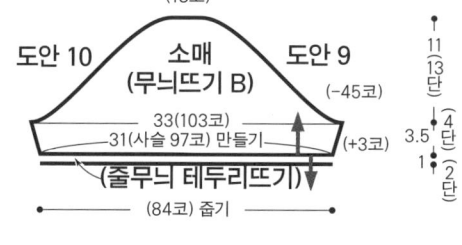

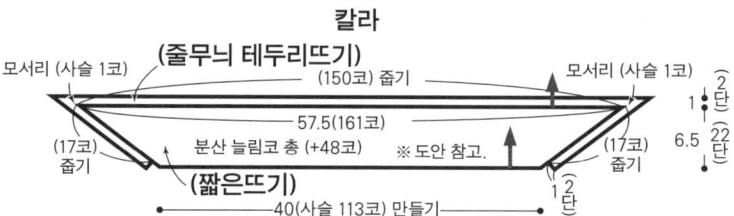

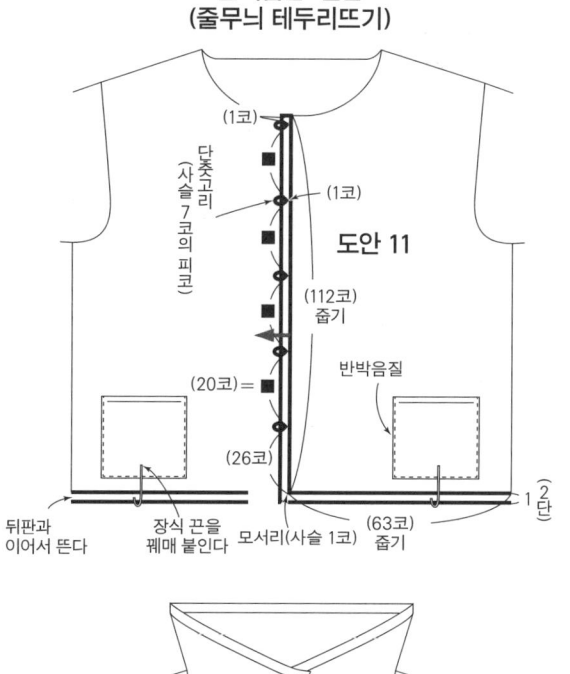

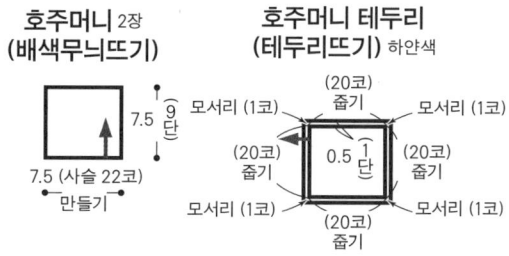

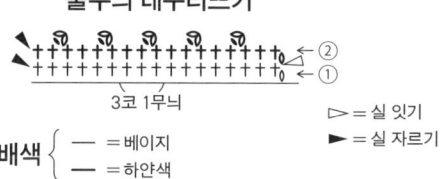

178페이지로 이어집니다. ▶

▶ 177페이지에서 이어집니다.

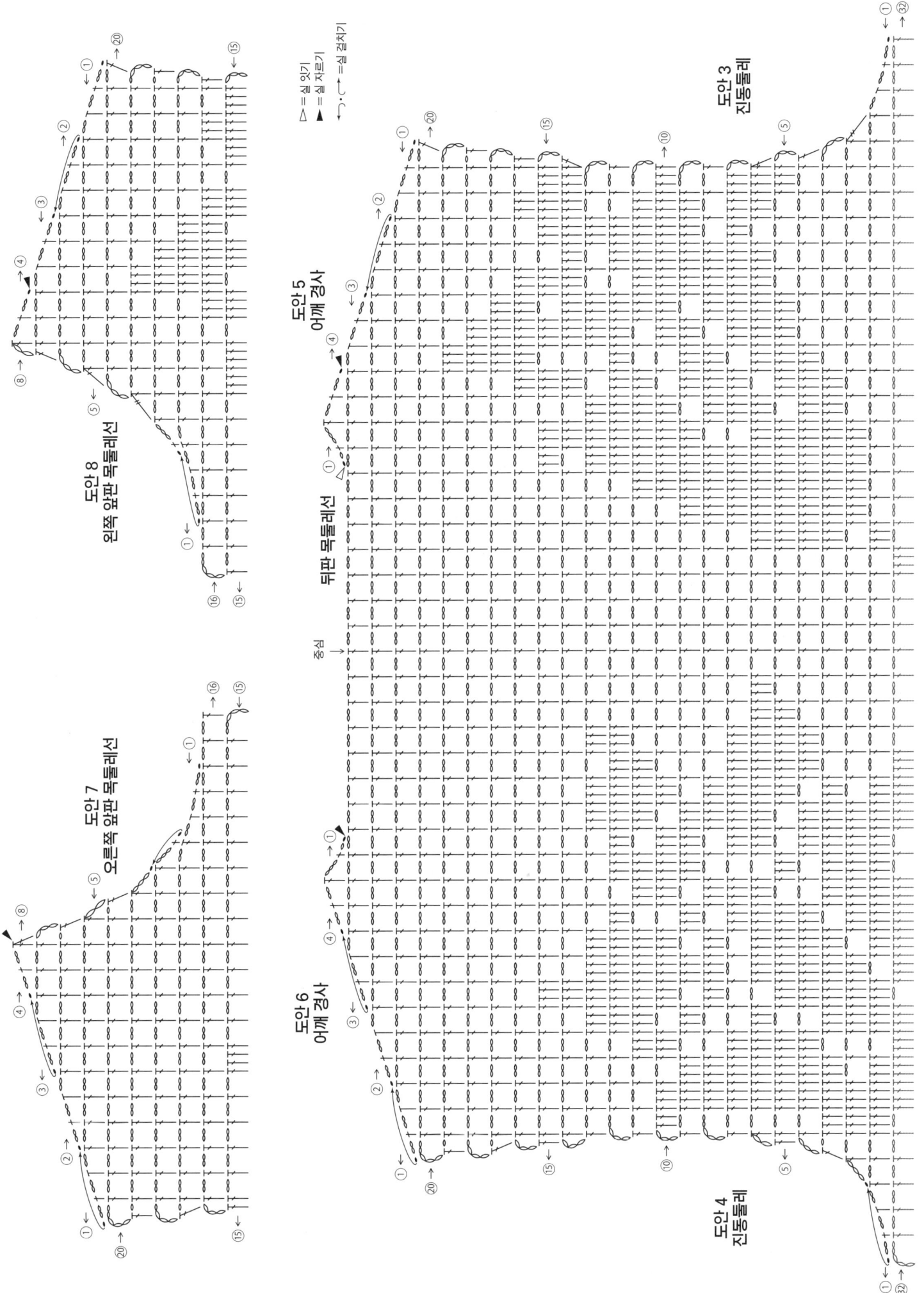

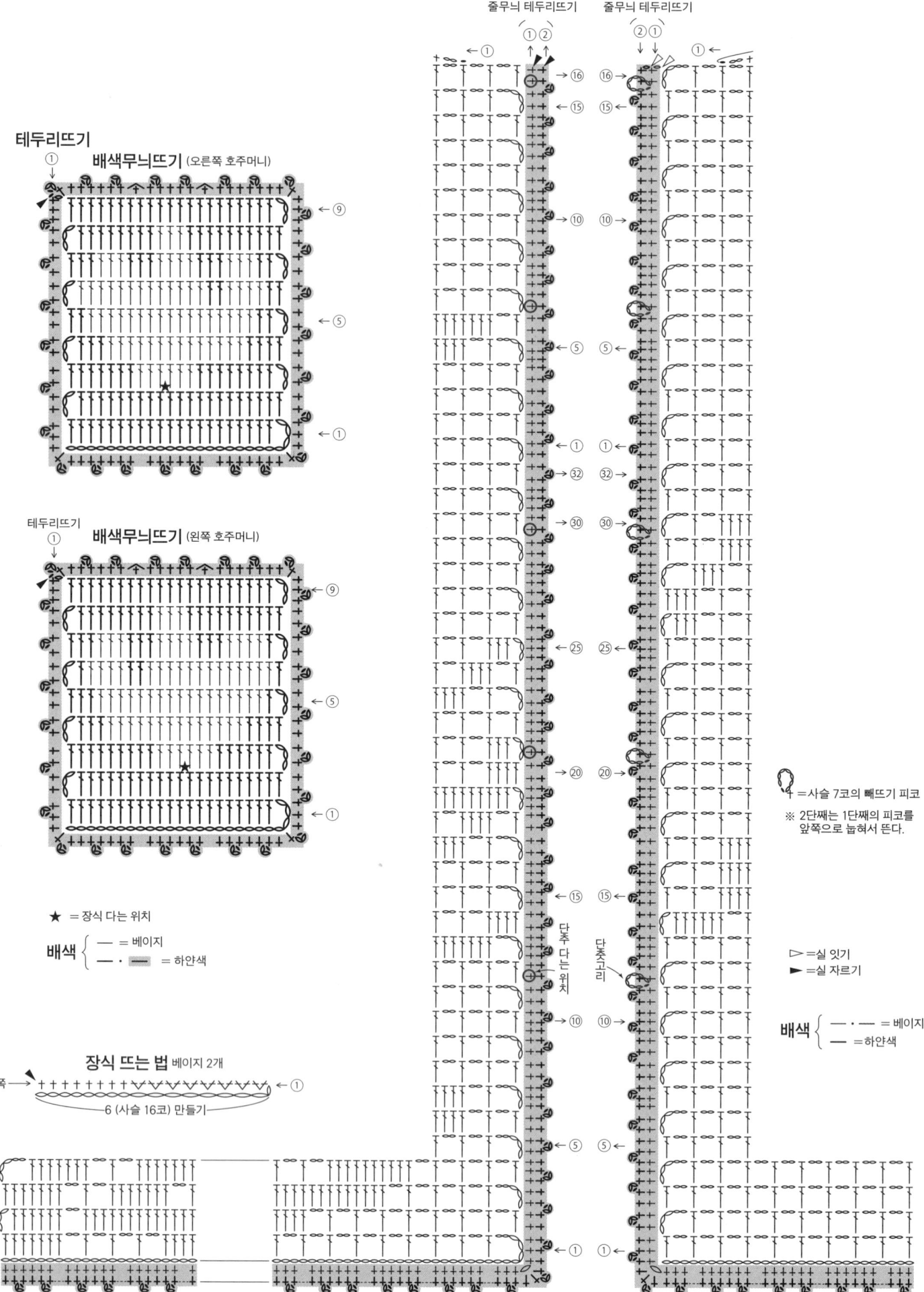

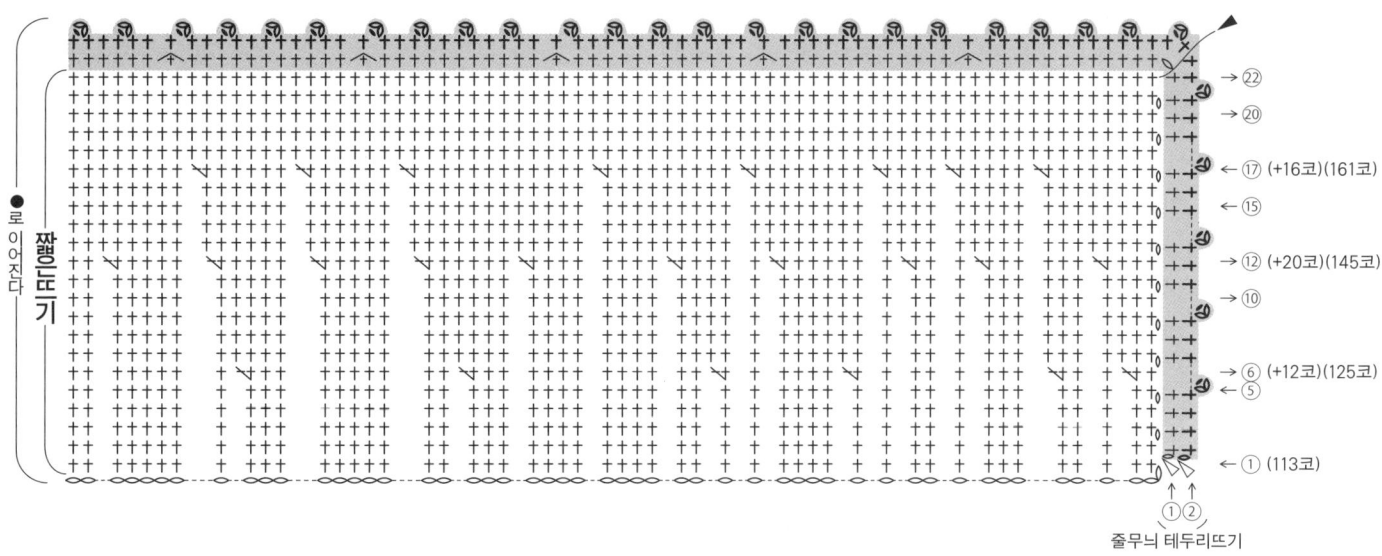
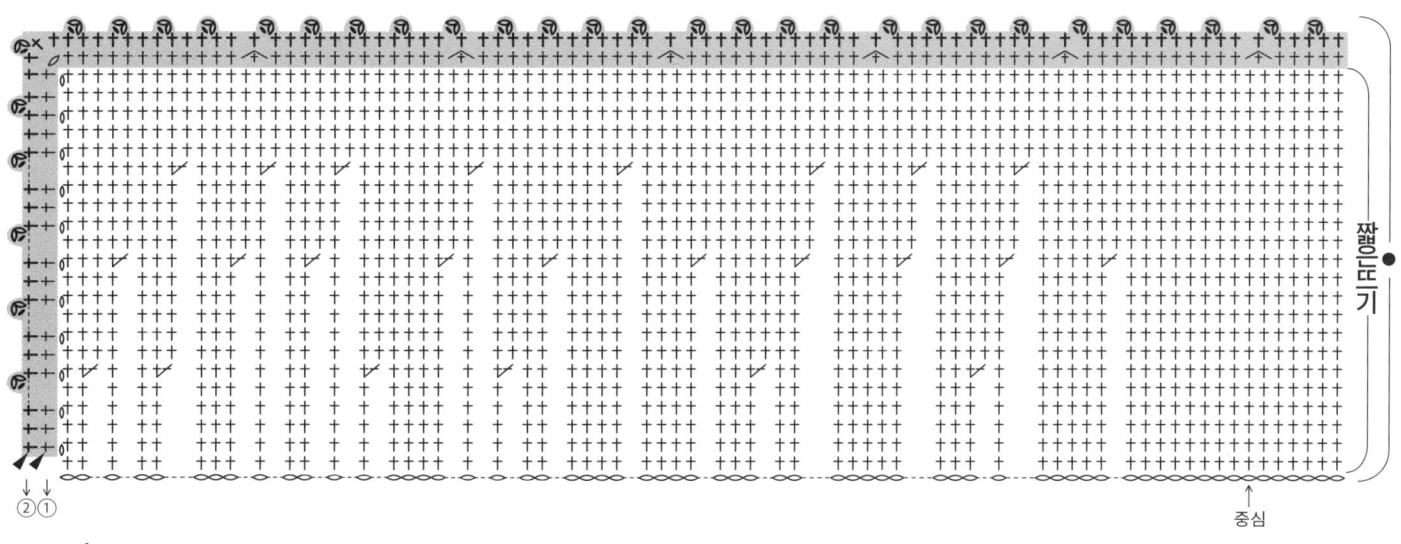
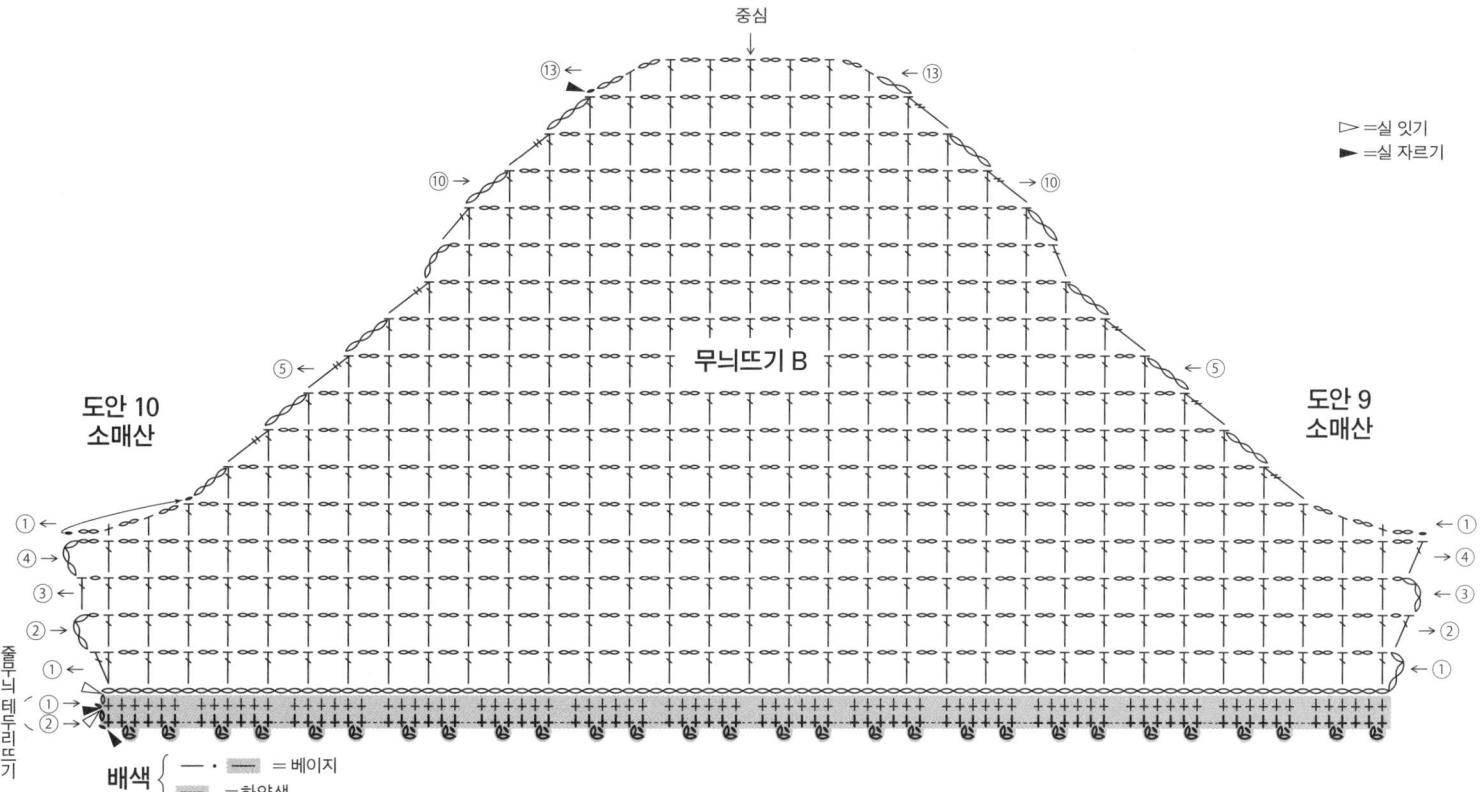

스이돈 강좌
84 page ★★★
코트네 트위드

재료
하마나카 코트네 트위드 하늘색 계열 믹스(1) 205g 7볼

도구
아미무메모(6.5mm)

완성 크기
가슴둘레 96cm, 기장 52.5cm, 화장 37.5cm

게이지(10×10cm)
메리야스뜨기 19.5코×29단.
무늬뜨기 19.5코×18.5단

POINT
●몸판, 소매…몸판은 버림뜨기 기초코로 뜨개를 시작해서 뒤판은 메리야스뜨기, 앞판은 메리야스뜨기와 무늬뜨기를 합니다. 뜨개 끝은 버림뜨기를 합니다. 밑단, 목둘레는 1코 고무뜨기 기초코로 뜨개를 시작해서 1코 고무뜨기합니다. 뜨개 끝은 몸판과 같은 방법으로 뜹니다.
●마무리…밑단은 몸판과 기계잇기를 합니다. 오른쪽 어깨는 떠서 꿰매기합니다. 목둘레는 밑단과 같은 방법으로 몸판과 잇습니다. 왼쪽 어깨는 빼뜨기 꿰매기, 목둘레 옆선은 떠서 꿰매기합니다. 소매는 몸판에서 코를 주워서 메리야스뜨기, 1코 고무뜨기를 합니다. 뜨개 끝은 1코 고무뜨기 코막음합니다. 옆선은 기계잇기, 소매 밑선은 떠서 꿰매기합니다.

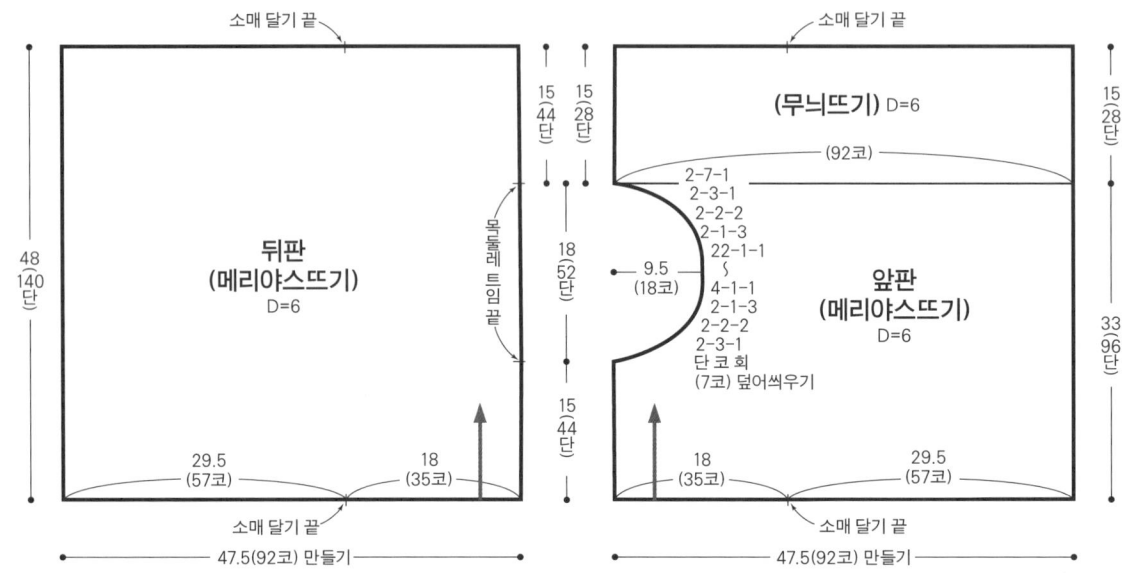

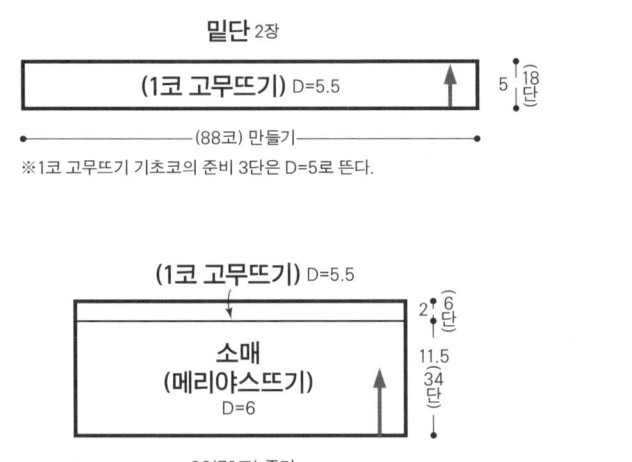

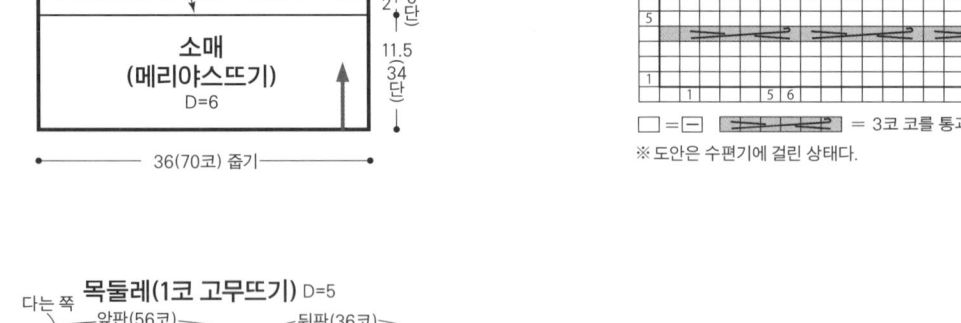

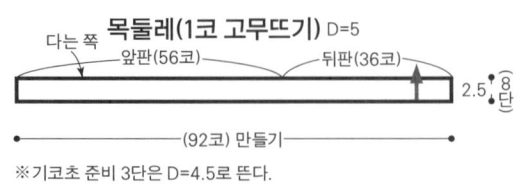

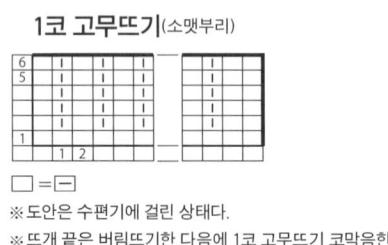

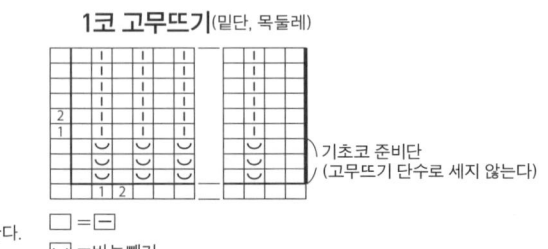

스이돈 강좌
85 page ★★★

다이아 코스터 노바

재료
다이아몬드케이토 다이아 코스터 노바 노란색 계열 그러데이션(722) 185g 5볼

도구
아미무메모(6.5mm), 코바늘 4/0호

완성 크기
가슴둘레 96cm, 기장 54cm, 화장 24.5cm

게이지(10×10cm)
무늬뜨기 22코×24.5단,
메리야스뜨기 21코×25.5단

POINT
● 요크, 몸판…요크는 버림뜨기 기초코로 뜨개를 시작해서 무늬뜨기를 합니다. 무늬뜨기는 87페이지를 참고하세요. 목둘레 트임은 앞뒤판을 나눠서 뜹니다. 각각 59단을 뜬 다음 앞뒤판을 이어서 뜹니다. 뜨개 끝은 버림뜨기를 합니다. 뒤판, 앞판은 요크에서 코를 주워서 메리야스뜨기를 합니다. 앞판 목둘레는 경계코를 1코 걸러뜨기하고 뜨면서 되돌아뜨기합니다. 뜨개 끝은 요크와 같은 방법으로 합니다.

● 마무리…옆선은 떠서 꿰매기합니다. 밑단은 테두리뜨기 A, 목둘레는 테두리뜨기 B, 소맷부리는 테두리뜨기 C를 합니다.

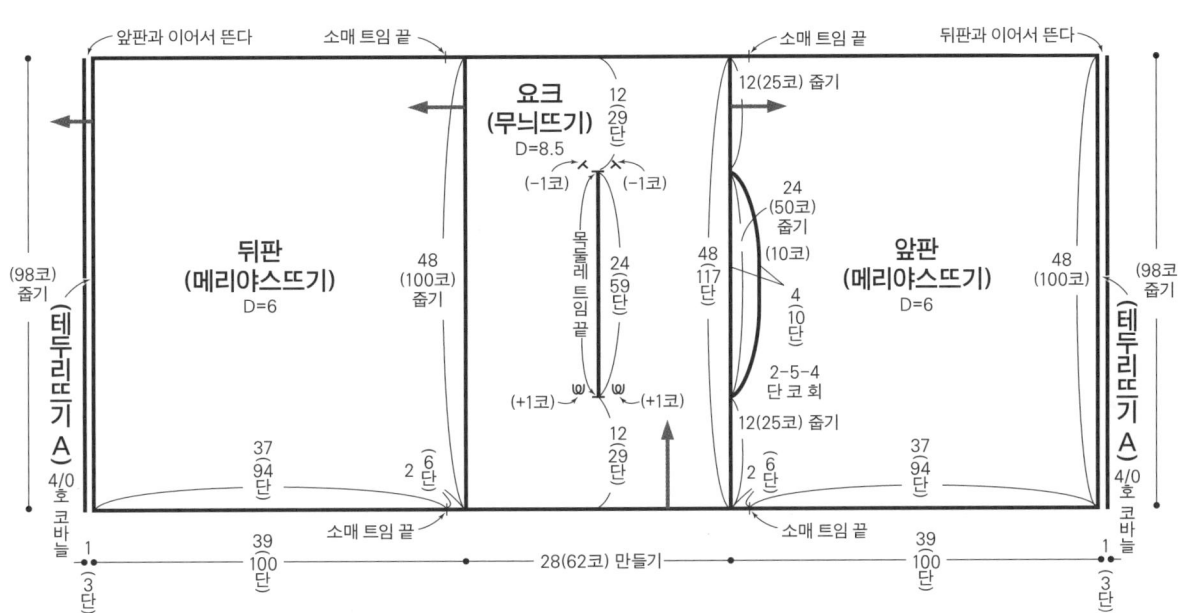

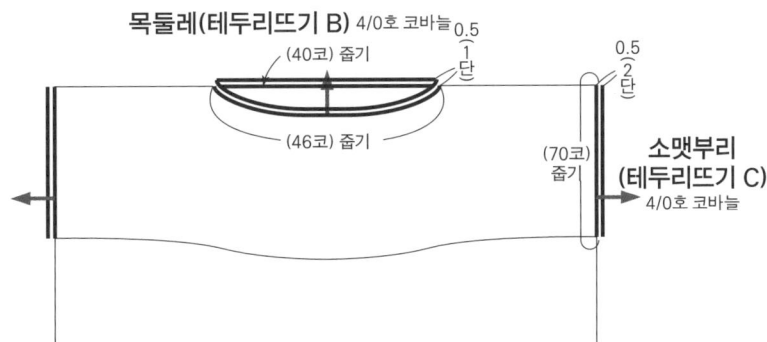

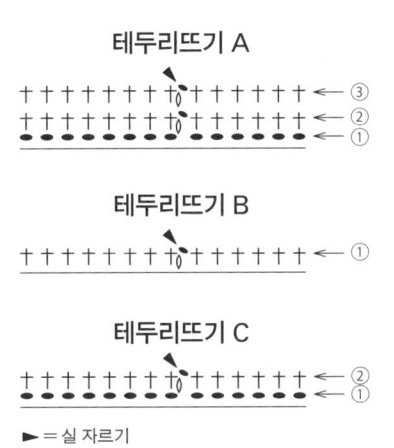

▶ = 실 자르기

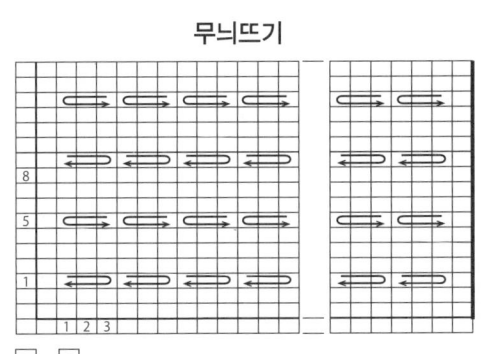

마토마 텀블러백
51 page ★

로미오

재료
로미오 30호(주황빛빨강) 20g, 56호(밝은초록색) 2g

도구
모사용 코바늘 5/0호(3.0mm)

완성 크기
(접었을 때) 지름 6.5cm, 높이 3.5cm
(펼쳤을 때) 지름 6.5cm, 높이 24cm

POINT
앞면…매직링으로 시작해 토마토의 별 모양 꼭지를 만듭니다. 이후 빨간색 실로 별 모양을 보강하며 원형을 뜹니다. 앞면과 뒷면을 연결할 수 있도록 실을 넉넉히 남긴 뒤 자릅니다.
뒷면…빨간색 실로 원형을 만든 뒤, 이어서 그물 형태의 가방을 진행합니다.

7단부터 12단의 그물 형태는 사슬뜨기와 빼뜨기로 만들며, 각 단의 마지막은 세길 긴뜨기로 마무리합니다. 이때 전 단의 사슬 가운데에 빼뜨기를 하면 더욱 완성도 높은 작품을 만들 수 있습니다. 13단과 14단에서는 손잡이를 만들기 위한 토대를 만들고, 15단부터 짧은뜨기와 사슬뜨기로 가방의 손잡이를 만듭니다. 16단에서는 15단에서 사슬뜨기로 만든 손잡이를 따라 짧은뜨기를 촘촘하게 뜹니다.
마무리…앞면과 뒷면을 겉면끼리 마주 보도록 포개고, 길게 남긴 실과 돗바늘을 이용해 앞면의 7단과 뒷면의 6단을 홈질로 연결합니다. 이때 총 24코만 연결하고 12코는 남겨 뒤집는 구멍이 되도록 합니다. 마지막으로 남은 실을 코 사이에 숨겨 깔끔하게 정리합니다. 군번줄을 끼워 키링으로도 활용 가능합니다.

[앞면]

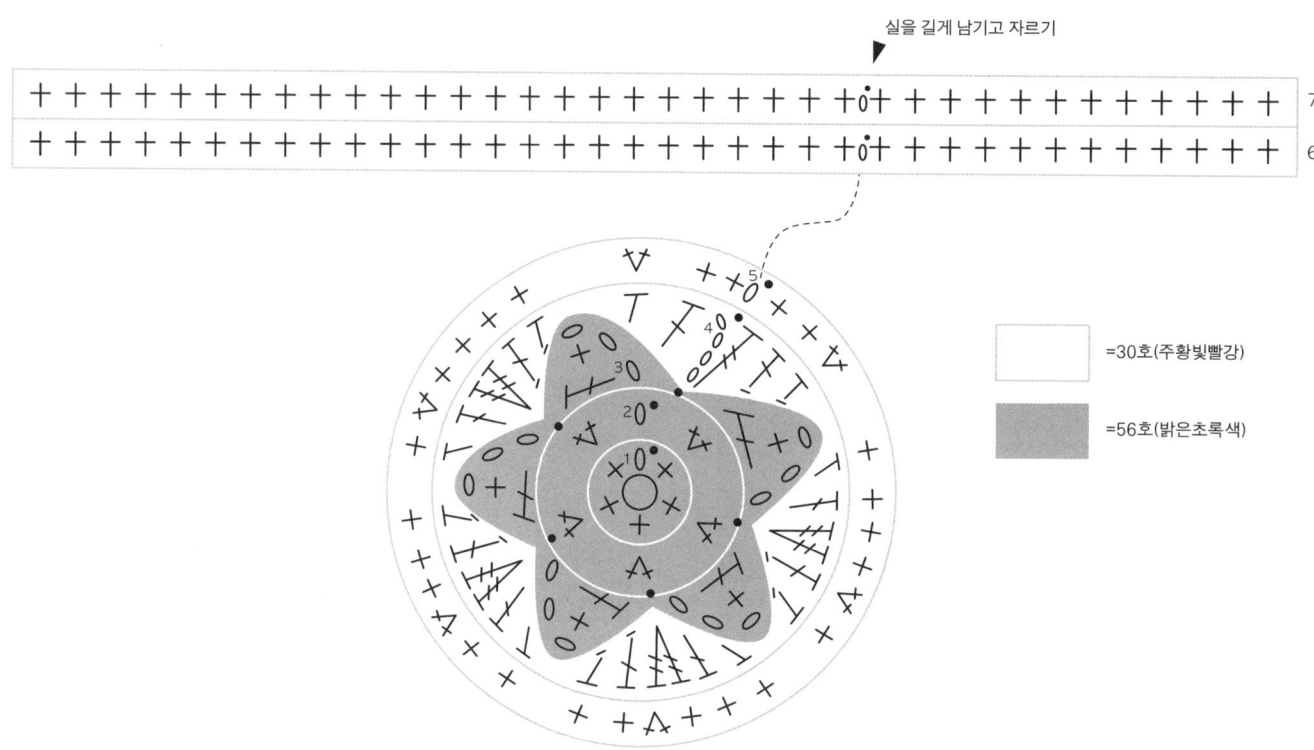

= 30호(주황빛빨강)
= 56호(밝은초록색)

○ 매직링
0 사슬뜨기
● 빼뜨기
+ 짧은뜨기
∀ 늘려뜨기(한 코에 짧은뜨기 2번)
T 긴뜨기
T 긴뜨기 뒤 반코뜨기
∓ 한길긴뜨기
∓ 한길긴뜨기 뒤 반코뜨기
∓ 두길긴뜨기
∀ 두길긴뜨기 늘려뜨기(한 코에 두길긴뜨기 2번)
∓ 세길긴뜨기
▼ 실 자르기

[뒷면]

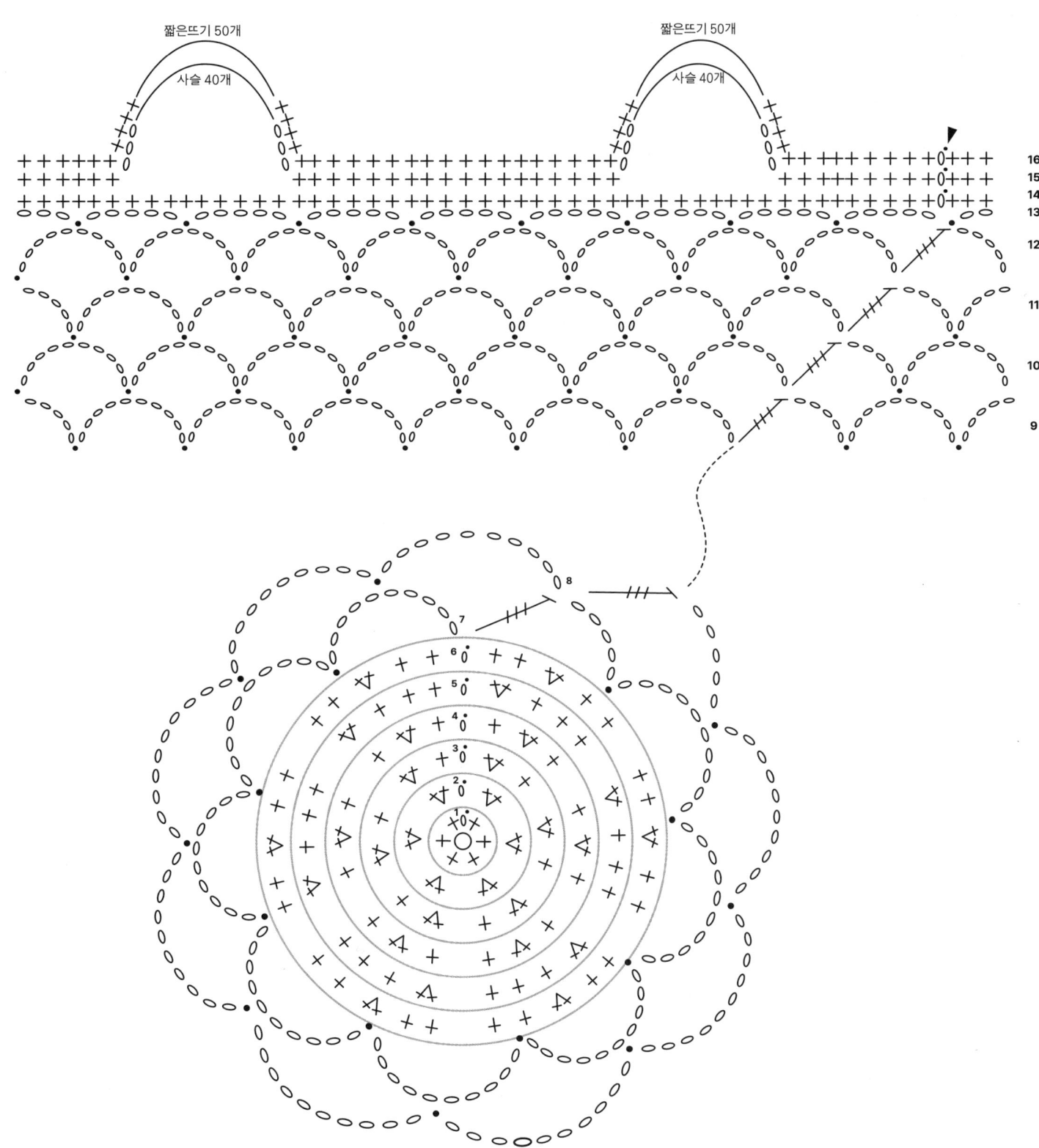

짧은뜨기 50개
사슬 40개

[뒷면] 늘림코

단수	콧수	(+)
6단	36	(+6코)
5단	30	(+6코)
4단	24	(+6코)
3단	18	(+6코)
2단	12	(+6코)
1단	6	

핫케이크 휴지 케이스
51 page ★

알리제

재료
알리제 벨루토 2호(머스타드) 35g, 13호(파스텔 노랑) 40g

도구
모사용 코바늘 10/0호(6.0mm)

완성 크기
지름 13cm, 높이 13cm

POINT
● 휴지 케이스 본체…매직링에 짧은뜨기 14코를 뜨며 시작합니다. 이때 구멍을 통해 휴지가 나올 수 있도록 매직링을 너무 조이지 않도록 주의합니다.

각 단마다 8코씩 늘리는 방식으로 원형을 만든 뒤, 짧은뜨기 늘려뜨기와 줄여뜨기로 겹겹이 쌓인 핫케이크를 표현합니다. 옆 단을 뜰 때는 배색과 앞 반코뜨기 위치를 반드시 확인합니다.
● 버터 조각 뚜껑…파스텔 노랑색 실로 진행합니다. 매직링으로 시작해 짧은뜨기와 한길긴뜨기로 사각형 모양을 만듭니다. 본체에 연결할 수 있도록 실을 넉넉히 남긴 뒤 마무리합니다.
● 마무리…완성된 본체에 버터 조각 뚜껑의 한 변을 돗바늘로 연결합니다. 휴지심을 제거한 두루마리 휴지를 넣어 사용합니다.

[휴지 케이스 본체]

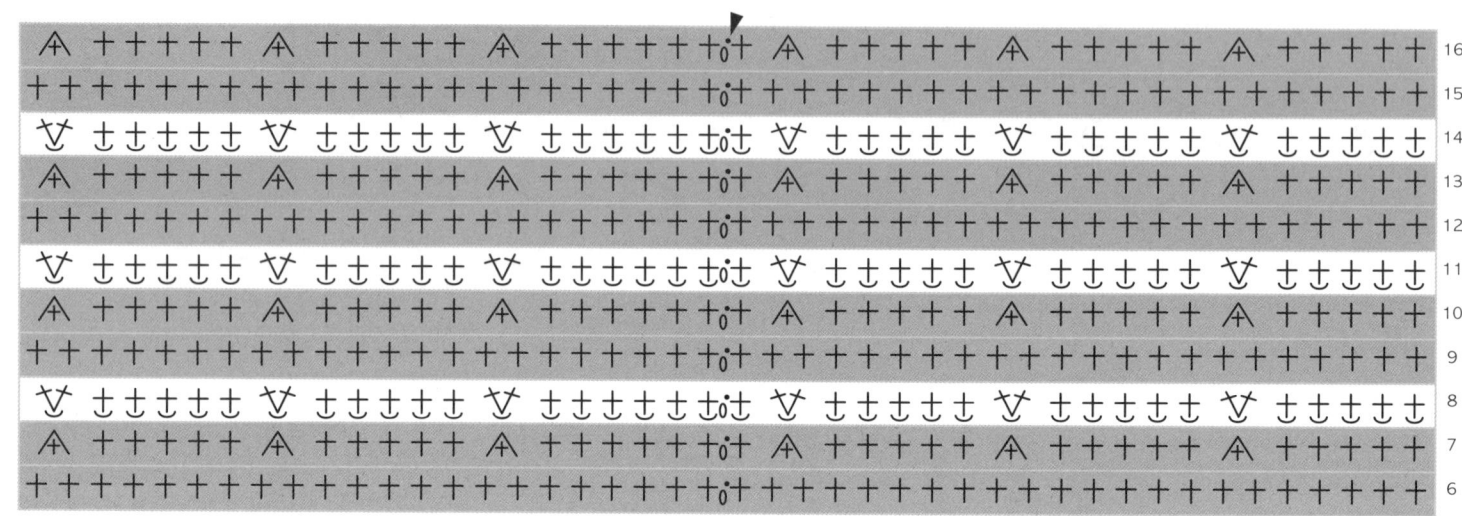

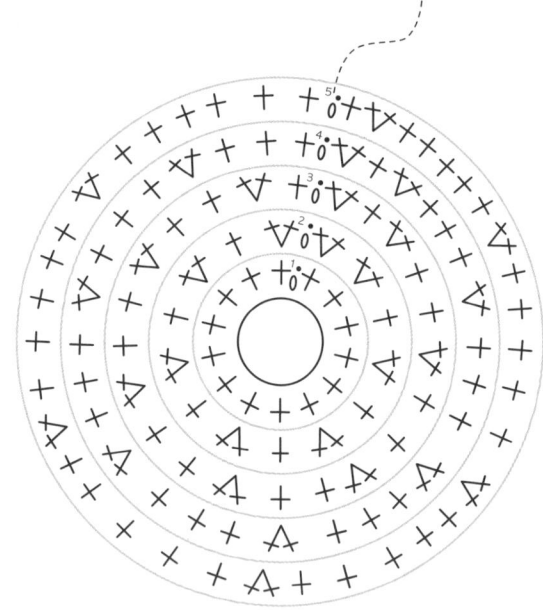

□ =2호(머스타드)
■ =13호(파스텔 노랑)

○ 매직링
0 사슬뜨기
● 빼뜨기
+ 짧은뜨기
V 늘려뜨기(한 코에 짧은뜨기 2번)
A 줄여뜨기
ϯ 짧은뜨기 앞 반코뜨기
Ψ 늘려뜨기 앞 반코뜨기
T 한길 긴뜨기
⊥ 한 코에 짧은뜨기-한길 긴뜨기-짧은뜨기
▼ 실 자르기

[버터 조각 뚜껑]
실을 길게 남기고 자르기

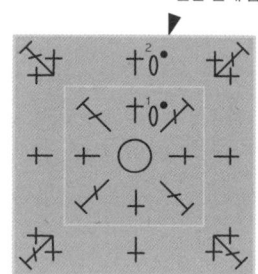

[휴지 케이스 본체] 윗단의 늘림코

단수	콧수	(+)
4단	38	(+8코)
3단	30	(+8코)
2단	22	(+8코)
1단	14	

[휴지 케이스 본체] 옆단의 늘림코

단수	콧수	(+)
16단	38	(-6코)
15단	44	
14단	44	(+6코)
13단	38	(-6코)
12단	44	
11단	44	(+6코)
10단	38	(-6코)
9단	44	
8단	44	(+6코)
7단	38	(-6코)
6단	44	
5단	44	(+6코)

겐모우 튤립 스틱 베스트
44 page ★★★

재료

실…겐모우 메인실 6볼, 배색실 3볼
네이비 : 메인실 #14(네이비), 배색실 #22(베이비핑크)
블루 : 메인실 #20(블루), 배색실 #01(화이트)
블랙 : 메인실 #10(블랙), 배색실(1볼씩) #20(블루), #06(연그린), #19(오렌지), #13(레드), #01(화이트)

도구

코바늘 8/0호, 대바늘 3.5mm, 4.5mm, 마커, 돗바늘, 가위, 바느질 실

완성 크기

가슴둘레 102cm, 기장 53.5cm

게이지(10×10cm)

무늬뜨기 23코X27단

POINT

● 튤립무늬를 가로로 배색하는 베스트입니다.
● 아래에서 위로 진행되는 보텀업 방식이며, 소매, 목 부분까지 전체를 원통으로 떠서 자르는 스틱(steek)기법을 사용합니다.
● 배색 간격이 긴 부분에 실을 걸쳐 뜨는 방법과 편물을 잘라 만드는 스틱 기법을 재미있게 도전해 볼 수 있는 작품입니다.

게이지 뜨는 법	배색실 걸치는 법	영상 1	영상 2	영상 3
● 아메리칸 배색 ● 양손 배색 ● 컨티넨탈 배색	● 별도 사슬의 코산을 줍는 기초코 ● 진동 스틱코 만들기, 줄이기 ● 목 부분 스틱코 만들기, 줄이기	● 어깨 연결하기(걸러빼어가로잇기) ● 스틱코 자르기 ● 진동, 목 칼라 고무뜨기 코줍기 ● 고무뜨기 예쁘게 마감하기 ● 도톰한 겹단 마감하기	● 별실 풀어 1코 고무뜨기 ● 스틱코 마무리하기	

1. 게이지를 내서 본인의 손땀에 맞는 바늘 사이즈를 정한다. (게이지 뜨는 법 QR 참고)
2. 코바늘 8/0호로 별도 사슬의 코산을 줍는 기초코를 만들고 4.5mm 대바늘로 234코를 뜬다. (영상 1 QR 참고)
기초코를 원통으로 만들어 61단까지 뜨고 기존 실은 자른다. *배색이 없는 구간에서는 메인색 1가지로만 뜨고 배색 구간에서는 2가지 실로 진행한다. 이때 간격이 긴 구간은 2~4코마다 실을 걸치면서 뜨거나 두 실을 꼬아주며 뜬다. (배색실 걸치는 법 QR 참고)
3. 진동 부분의 쉼코를 별실에 쉬어 두고, 배색실과 메인실을 새로 가져와 도안 순서대로 감아코로 스틱코를 만들어 뜬다. (영상 1 QR 참고)
4. 스틱코를 만든 다음 단인 2단부터 몸판코와 스틱코를 메인실로 10회 모아뜨기하고 앞목 줄임코까지 뜬다. (영상 1 QR 참고)
5. 앞목 부분에서 21코를 쉼코로 두고 감아코로 스틱코를 만들어 뜬다. 2단부터는 진동 부분과 같은 방법으로 몸판과 스틱코를 메인실로 13회 모아뜨기 한다. 뒷목도 앞목과 같은 방법으로 39코를 쉼코로 두고, 스틱코를 만들어 2단부터는 메인실로 4회 모아뜨기 한다. (영상 1 QR 참고)
6. 어깨에 남은 코를 안면에서 걸어빼어가로잇기로 연결하고 스틱 부분 12코에 스팀을 준 후, 스틱코의 중심을 가로로 자른다. (영상 2 QR 참고)
7. 3.5mm 대바늘로 왼쪽 쉼코 9코를 바늘에 옮겨 9코 겉뜨기, 앞판과 뒷판 68단에서 매 단마다 코를 줍고, (모아뜨기한 곳은 포개어져 있는 아래 코의 가운데서 코를 줍는다.) 오른쪽 쉼코 9코를 바늘에 옮겨 9코 겉뜨기를 진행한다. 총 154코를 주워 1코 고무뜨기를 3cm 또는 원하는 길이만큼 떠서 코막음한다. (영상 2 QR 참고)
8. 목 부분의 칼라도 쉼코를 다른 바늘로 옮겨 놓고 3.5mm 대바늘로 오른쪽 어깨 뒤쪽 (입었을 때 왼쪽) 스틱 시작에서부터 매 단마다 코를 줍는다. 쉼코는 겉뜨기로 떠서 총 132코를 주워 1코 고무뜨기를 3cm 또는 원하는 길이만큼 떠서 코막음한다. 이때 고무뜨기를 길게 뜨고 접어서 도톰한 겹단으로 만들어도 좋다. (영상 2 QR 참고)
9. 3.5mm 대바늘로 밑단의 별도 사슬을 풀어 코를 줍고 1단은 겉뜨기를 한다. 2단부터는 1코 고무뜨기를 6cm 또는 원하는 길이만큼 떠서 코막음한다. (영상 2 QR 참고)
10. 스틱코를 4코만 남기고 자른 후, 자른 부분을 안으로 접고 감싸서 마무리한다. 마무리하지 않아도 겐모우 실의 경우 잘 풀리지 않는다. (영상 3 QR 참고)

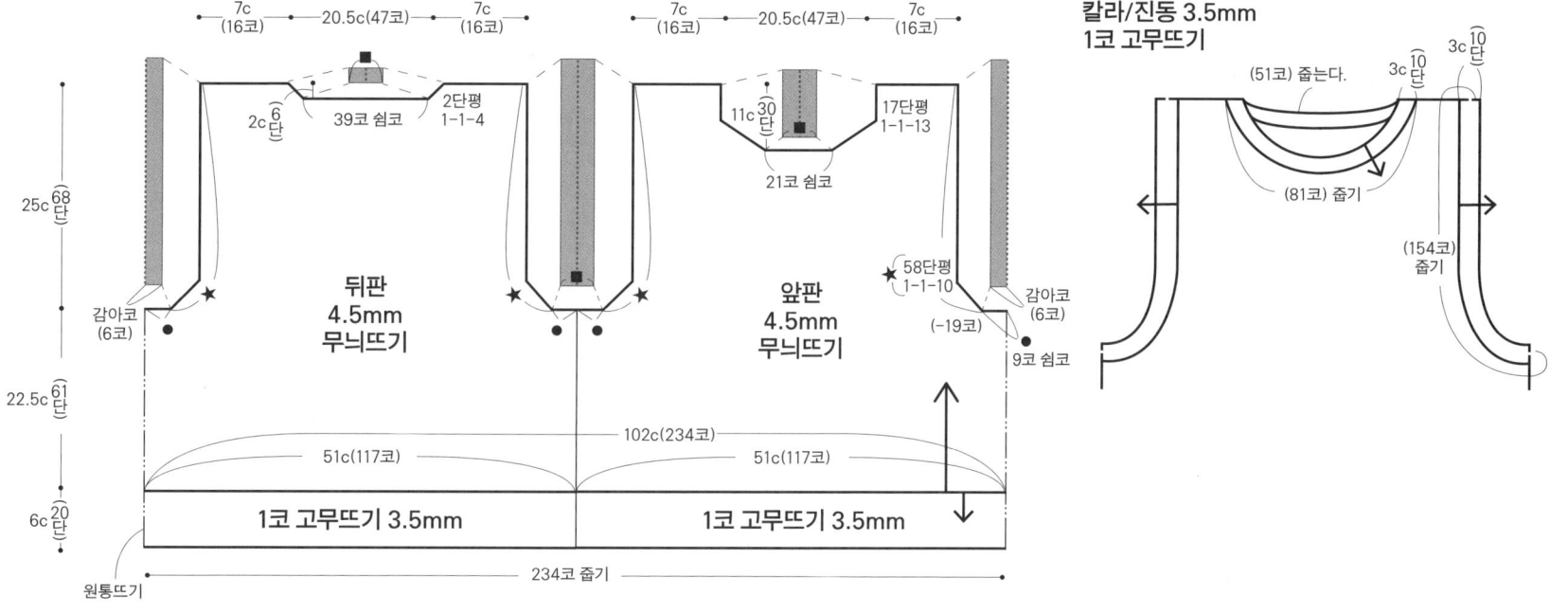

뒤판

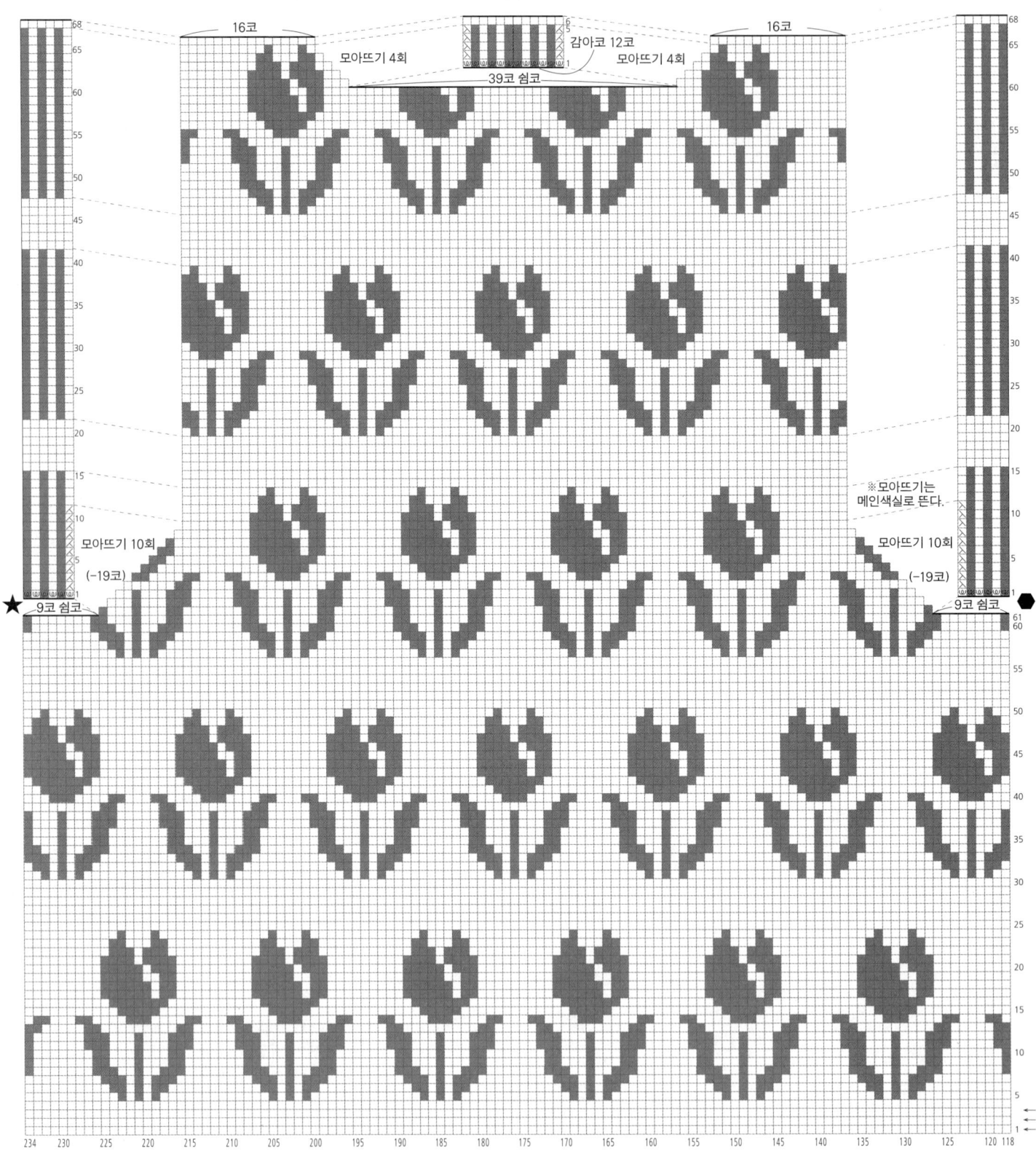

뒷몸판 234코와 앞몸판 1코
원통으로 연결되어 있음.

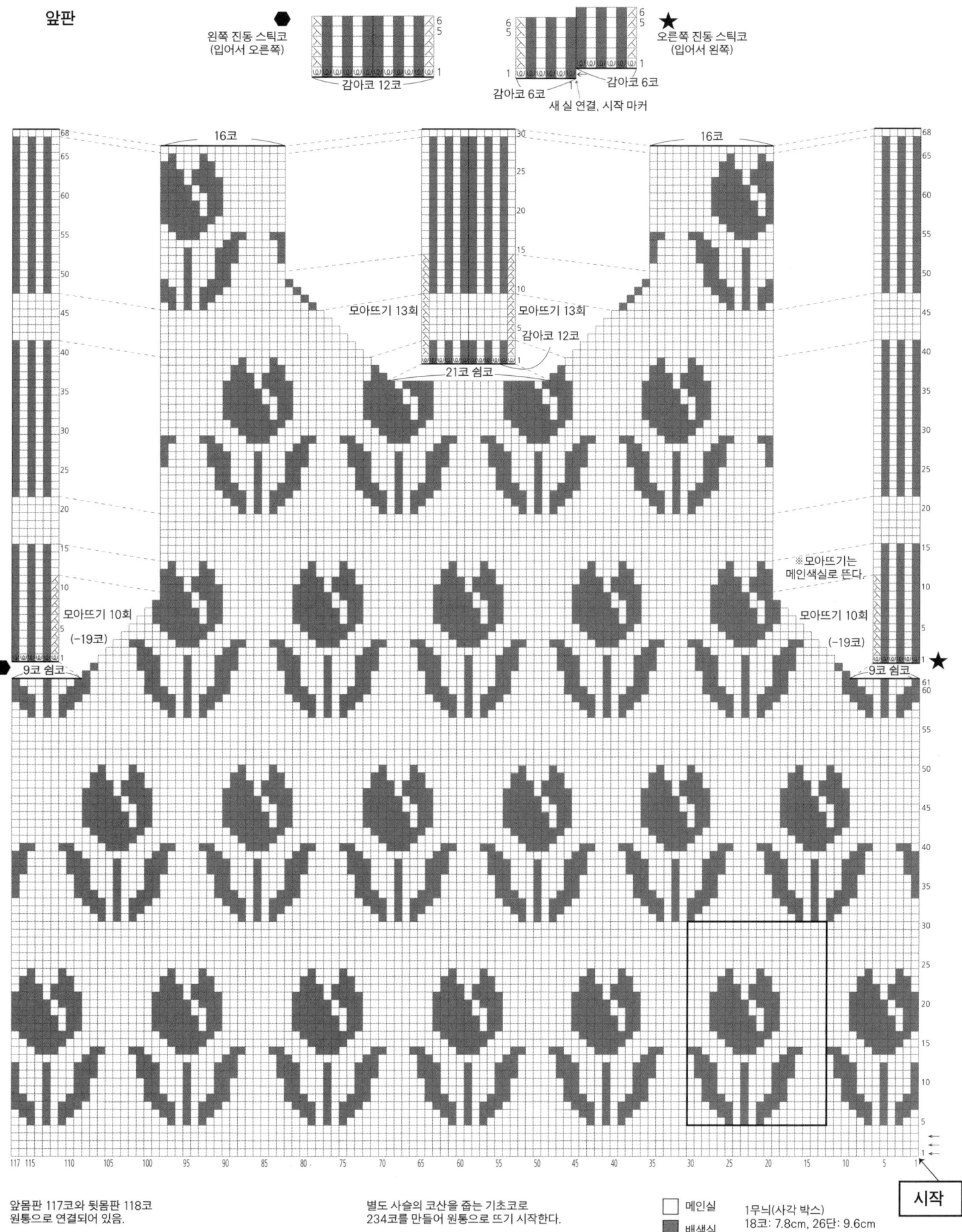

"KEITODAMA" Vol. 206, 2025 Summer issue (NV11746)
Copyright © NIHON VOGUE-SHA 2025
All rights reserved.
First published in Japan in 2025 by NIHON VOGUE Corp.
Photographer: Shigeki Nakashima, Hironori Handa, Toshikatsu Watanabe, Noriaki Moriya,
Bunsaku Nakagawa, Nobuhiko Honma
This Korean edition is published by arrangement with NIHON VOGUE Corp.,
Tokyo in care of Tuttle-Mori Agency, Inc., Tokyo, through Botong Agency, Seoul.

이 책의 한국어판 저작권은 Botong Agency를 통한 저작권자와의 독점 계약으로 한스미디어가 소유합니다.
저작권법에 의하여 한국 내에서 보호를 받는 저작물이므로 무단 전재와 무단 복제를 금합니다.
이 책에 게재된 작품을 복제하여 판매하는 것은 금지되어 있습니다.

광고 및 제휴 문의
070-4678-7118
info@hansmedia.com

털실타래 Vol.12 2025년 여름호

1판 1쇄 인쇄 2025년 6월 20일
1판 1쇄 발행 2025년 6월 27일

지은이 (주)일본보그사
옮긴이 김보미, 김수연, 남가영, 배혜영
펴낸이 김기옥

라이프스타일팀장 이나리
편집 장윤선, 김민주
마케터 이지수
지원 고광현, 김형식

한국어판 도안 사진 촬영 김신정
한국어판 도안 수록 작가 나리뜨개, 임금손

본문 디자인 책장점
표지 디자인 형태와내용사이
인쇄·제본 민언프린텍

펴낸곳 한스미디어(한즈미디어(주))
주소 121-839 서울시 마포구 양화로 11길 13(서교동, 강원빌딩 5층)
전화 02-707-0337 | **팩스** 02-707-0198 | **홈페이지** www.hansmedia.com
출판신고번호 제 313-2003-227호 | **신고일자** 2003년 6월 25일

ISBN 979-11-94777-15-1 13590

책값은 뒤표지에 있습니다.
잘못 만들어진 책은 구입하신 서점에서 교환해드립니다.